NCS·PSAT
수리능력
킬러문항
300제

자료해석
150

응용수리
150

박문각 취업연구소 편저

PSAT 핵심기출문제 **자료해석**

기본연산법+핵심이론 수록 응용수리

· 반드시 필요한 유형별 대표예제 및 핵심공식
· 모든 문제의 난도를 표시해 효과적 학습 가능
· 문제 해결전략, 키포인트로 빠른 이해를 돕는 킬러해설

 박문각

Preface

머리말

취업시장에서 공공기관·공기업은 취업준비생들에게 큰 인기를 얻고 있습니다. 점점 더 많은 취준생들이 몰리며 공공기관·공기업 취업의 문은 좁아지고 있습니다.

공공기관·공기업의 가장 큰 관문은 바로 NCS입니다. 많은 취업준비생들이 NCS 준비에 어려움을 겪고 있습니다. 특히 수리능력은 수학을 접한 지 오래된 취준생들이 학습방법에 대해 많이 걱정하고 막연하게 두려워하는 영역입니다. 하지만 수리능력은 NCS 직업기초능력 중 거의 모든 공기업 시험에 포함되는 영역이므로 포기하거나 학습을 게을리해서는 안 됩니다.

이에, 박문각 취업연구소에서는 수리능력을 유형별로 학습하여 완벽히 대비할 수 있도록 교재를 기획, 출간하게 되었습니다. 교재를 구성하면서 우선 고려한 것은, 최대한 많은 문제를 풀 수 있도록 하는 것이었습니다. 문제를 풀며 유형을 익힐 수 있고, 유형을 알게 되면 문제를 풀어 나가는 방법을 습득할 수 있게 되고, 이를 통해 문제를 푸는 시간도 단축할 수 있습니다. 실제 시험에서 가장 중요한 문제, 시험을 보는 독자들이 가장 어려워하는 문제, 시험에 나올 가능성이 높은 유형의 문제만을 골라 "킬러문항"으로 교재를 구성하였습니다.

이 책은 자료해석 150제와 응용수리 150제로 구성하였습니다.

자료해석에는 모두 PSAT 기출문제를 수록하였습니다. PSAT 문항은 NCS직업기초능력으로 출제되는 수리능력 문항과 그 유형이 유사하고, 난이도는 약간 높은 편입니다. 또한 PSAT 문제로 NCS에서 출제되는 모든 유형의 자료해석 문제 대비가 가능하기 때문에 PSAT 기출문항으로 효율적인 학습을 할 수 있습니다.

응용수리는 채용 시 NCS 수리능력 시험에 포함하지 않는 기업도 있고, 자료해석에 비해 많은 문항이 출제되지는 않습니다. 하지만 난이도가 높은 편이 아니므로 자료해석보다 점수를 얻기가 상대적으로 수월하여, 오히려 놓치지 않고 학습해 둘 가치가 충분합니다. 문제 수준은 중학교 교과과정 정도의 수준으로, 챕터별로 제시되는 공식을 숙지하는 것이 중요합니다.

NCS를 처음 접하고 수리능력에 대해 잘 모르는 독자라 해도 이 책의 1번부터 300번까지 풀어 나가 다 보면, 수리능력의 모든 유형을 익히고 나아가 정확하게 문제를 푸는 방법을 익힐 수 있습니다.

이 책이 공공기관·공기업 입사를 꿈꾸는 독자들에게 많은 도움이 되기를 바랍니다.

박문각 취업연구소 편저자

Structure

이 책의 구성과 특징

이 책은,

✓ 자료해석 150문항과 응용수리 150문항을 수록하였습니다.

✓ 실제 시험에 도움이 될 수 있는 고난도 문항, 출제가능성이 높은 문항만을 엄선하였습니다.

✓ 모든 자료해석 문항은 PSAT 등 기출문제로 구성돼 있으며, 출처를 표시하였습니다.

✓ 독자가 문제의 특징과 풀이법을 체계적으로 파악할 수 있도록 해설을 구성하였습니다.

기본연산법

빠른 문제풀이법의 길라잡이

자료해석은 복잡한 숫자 계산을 최대한 빠른 시간 내에 해내야 합니다. 〈기본연산법〉에서는 비교법, 어림산, 변화율과 같이 단시간에 계산을 할 수 있는 방법을 소개하여, 자료해석에서 고득점을 올릴 수 있도록 하는 이론적 단서를 제공합니다.

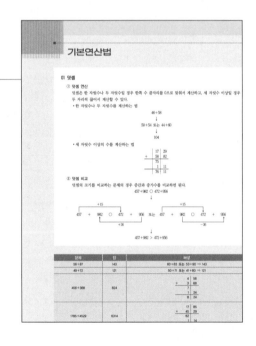

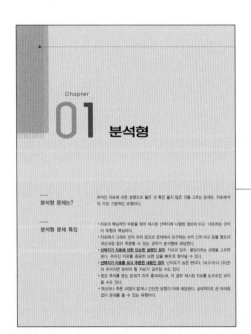

자료해석

NCS 유형을 대비할 수 있는 PSAT 기출문항 수록

NCS 수리능력과 그 유형이 유사한 PSAT 자료해석 150문항을 유형별로 6개 챕터에 나누어 수록하였습니다. 챕터 앞부분에는 유형소개와 대표예제를 실었습니다.

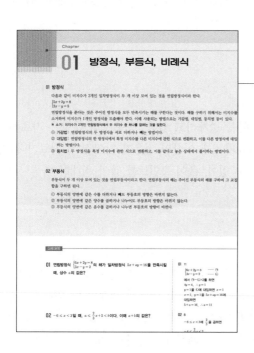

응용수리

Chapter별 이론·주요공식 수록

NCS 수리능력의 모듈형에 속하는 응용수리 150문항을 유형별로 7개 챕터에 나누어 수록하였습니다. 챕터별로 문제 풀이에 필요한 주요공식을 정리하였고, 간단하게 문제를 풀어볼 수 있는 대표예제를 실었습니다.

정답 및 해설

체계적인 해설과 풀이요령

<정답 및 해설>은 책속의 책으로 별도 구성하였습니다. 우선 문제의 어려움 정도를 상·중·하로 구분했고, 문제를 푸는 데 중요한 '키포인트'와 '해결전략'을 모든 문제에 수록해 문제를 푼 뒤 해설을 통해 학습할 때 문제의 해결 포인트를 알 수 있도록 했습니다. '킬러힌트'에는 문제를 푸는 데 핵심이 되는 요소, 즉 빨리 푸는 방법이나 꼭 알아두어야 할 공식, 헷갈리기 쉬운 내용 등을 수록하였습니다.

Guide
가이드

▌ 수리능력이란?

NCS의 수리능력은 사칙연산, 통계, 확률의 기본적인 의미를 이해하고 이를 업무에 적용하는 능력을 평가하는 것이다. 하위능력별로 살펴보면, 기초연산능력, 기초통계능력, 도표분산능력, 도표작성능력이 있다. 이 중 기초연산능력은 주로 응용수리나 단순계산 문제로, 나머지 능력들은 표와 그래프 해석이 기본이 되는 자료해석 문제로 평가한다.

▌ 수리능력 출제경향

① 자료해석 출제비중 증가

대부분의 공공기관에서는 채용시험에서 자료해석 문항을 출제하고 있다. 응용수리 문항은 자료해석보다 출제 비중이 낮다. 자료해석 문항에서는 제시되는 자료가 2개 이상인 경우가 많아졌다. 자료가 늘어나는 경우 문제의 난도가 높아지고 푸는 시간이 오래 걸릴 수 있어, 풀이 포인트를 잡아 최대한 빠른 시간 내에 문제를 푸는 것이 중요하다.

② 높아진 응용수리 난이도

응용수리 문항은 출제를 하지 않는 기관들이 꽤 많다. 단, 최근에는 응용수리를 출제하는 경우 응용수리 문제의 난이도를 올려 문제가 전보다 어려워지는 추세이다. 국민연금공단은 응용수리 문항의 비중이 자료해석보다 높고, 한전KPS는 응용수리 문제가 자료해석 문제보다 어렵게 출제된 바 있다. 부산교통공사와 LH한국토지주택공사의 경우는 응용수리 문항의 비중이 높은 것은 물론이고 문제도 어렵게 출제돼 시간 안에 문제를 풀기도 힘든 수준이었다. 최근에는 자료해석과 응용수리 모두 추가적인 자료나 조건을 더 추가하여 문제를 더 복잡하게 출제하는 편이기 때문에 기초를 탄탄하게 하고 이를 이용해 응용력을 키워야 한다.

③ 주요기관의 자료해석·응용수리 문항 출제 여부

기업명	자료해석	응용수리	출제 문제
한국철도공사	○	○	확률, 가격계산 문제 등
국민연금공단	○	○	속력, 경우의 수, 도형 문제 등
한국수력원자력	○		전기요금, 여비계산 문제 등
근로복지공단	○		증가율 구하기, 틀린 그래프 찾기 문제 등
국민건강보험공단	○		비율 계산, 증감률 구하기 문제 등
한국전력공사	○	○	할인액 구하기, 그래프 해석 문제 등
한전KPS	○	○	경우의 수, 거리·속력·시간 문제 등
부산교통공사	○	○	요금계산, 순서배열, 원의 둘레 구하기 문제 등
LX한국국토정보공사	○	○	그래프 해석, 사칙계산, 속력 문제 등
LH한국토지주택공사	○	○	속력, 나이 구하기, 막대 그래프 문제 등

※ 2022년 채용 기준임

※ 위 내용은 채용공고에 따라 변경될 수 있음

3 수리능력의 유형별 특징

① 자료해석

자료해석 영역은 분석을 통한 정보의 이해, 계산을 통한 자료 수치 응용, 분석과 계산 등이 혼합된 문제를 통한 더 자세한 이해, 보고서나 표를 작성할 수 있는 능력, 빈칸에 옳은 수치나 답을 넣을 수 있는 능력 등을 측정한다. 이를 위해서는 기본적인 기초연산능력, 기초통계능력, 도표분석능력 등이 필요하다. 일반적으로 대기업 적성검사나 공기업 NCS 시험에서 빈번하게 출제되기 때문에 꼭 학습하고 넘어가야 하는 영역 중 하나이다. 과학, 경제, 경영, 시사적 자료 등 다양한 분야의 자료가 제시되는데, 특히 정부나 국제기구에서 발표하는 통계자료나 도표, 논문 등이 자료해석 문제에 많이 사용된다.

> **문제 형태**
> 자료에 대한 설명으로 옳은(옳지 않은) 것은?
> 자료에 대한 〈보고서〉의 설명 중 옳은 것(옳지 않은 것)만을 모두 고르면?
> 자료를 보고, ~~값을 바르게 나열한 것은?
> 자료를 보고, ~가 큰 순서대로 나열하면?
> 〈조건〉을 만족하는 A, B를 비교한 것으로 옳은 것은?

※ PSAT 자료해석 문항의 필요성

PSAT 자료해석 문항은 NCS 수리능력의 자료해석 문항과 그 유형이 유사하다. 2018년 이전에는 PSAT문항보다 NCS의 자료해석 문항 난이도가 낮았으나, NCS 자료해석 문항의 난이도가 점점 높아지며 PSAT 문항과의 난이도 차이가 거의 없어졌다. 따라서 PSAT 문제로 학습하면 여러 유형을 접하고 난이도 높은 문제를 풀 수 있어 NCS 대비에도 효과적이다.

PSAT은 5급 공채, 7급 공채, 민간경력자 시험으로 나누어볼 수 있다. 각 시험의 난이도와 문항수, 시험시간은 아래와 같다. 난이도에는 차이가 날 수 있으나 그 유형은 거의 동일하다.

민간경력자 25문항/60분	<	7급 공채 25문항/60분	<	5급 공채 40문항/90분

② 응용수리

응용수리가 자료해석보다는 출제비중이 떨어지나, 자료해석보다 상대적으로 높은 비중으로 출제되는 기관이 있기 때문에 반드시 준비해야 한다. 응용수리 영역은 중학교 수학이나 대학교 적성검사에서 출제되는 문제 스타일을 가지고 온 것으로 방정식과 부등식, 비례식, 배수와 약수, 경우의 수, 확률, 원가와 정가, 비율, 농도, 속력·시간·거리, 일률, 날짜 등 가장 기본이 되는 내용들이 출제된다. 보통은 방정식 관련 문제가 가장 많이 출제되고, 경우의 수와 확률이 그 다음으로 많이 출제된다. NCS 시험을 준비하는 취준생들은 보통 의사소통, 수리능력, 문제해결능력, 자원관리능력 중 수리능력을 가장 어려워하는데, 그중 응용수리를 가장 어렵다고 하는 비중도 높다. 따라서 다양한 문제를 많이 풀어보는 것이 중요하다.

Guide
가이드

4 수리능력 학습전략

① 자료해석

NCS·PSAT의 '자료해석' 영역은 분석력, 계산능력, 추론능력 등을 평가하기 위한 영역이다. 표나 그래프, 그림과 같은 자료가 주어지고 이와 관련한 선택지가 제시되는 형태가 일반적이다. 자료에 대한 설명이 옳은지 그른지를 판단하는 문제, 자료와 관련된 수치를 묻는 형식의 문제 등이 출제된다. 다음과 같은 6개 영역으로 나누어 살펴볼 수 있다.

영역	출제유형	
분석형	자료를 분석하고 추론하여 답을 구하는 유형	제시된 자료에 대한 설명이 옳은지 그른지를 판단하는 기본 유형
계산형	제시된 자료의 수치를 계산하여 답을 구하는 유형	
혼합형	분석형과 계산형이 혼합된 유형	
작성형	제시된 자료를 보고 이와 관련된 다른 자료를 고르는 유형. 주로 표 형태의 자료를 보고 작성할 수 있는 그래프를 고르는 문제가 출제됨	
매칭형	제시된 자료의 항목이나 계산 수치를 함께 제시된 조건을 통해 추론하여 매칭시키는 유형	
추론형	제시된 자료를 조건과 상황에 맞게 적용하여 계산·추론하는 유형. 논리퀴즈나 상황판단에 가까움	

학습법

자주 출제되는 유형을 집중적으로 익힌다.

증가 추이를 묻는 문제, 전년 대비 비율을 계산해 비교하는 문제 등이 이에 속한다.

〈기본연산법〉을 통해 계산을 빠르게 할 수 있는 방법을 익힌다.

정확한 계산을 하지 않고도 대략적인 계산만으로 충분히 답을 찾을 수 있는 문제가 많다.

제시된 자료에 대해 먼저 파악한 후, 이와 관련 있는 선택지만 확인하는 연습을 한다.

2개 이상의 자료가 제시되는 문항이 많아지고 있는데, 자료 내용이 많으므로 선택지의 일부만 확인하여 답을 찾는 것이 시간절약에 도움이 된다. 해설과 Killer hint에는 이와 관련된 방법이 자세히 서술돼 있다.

② 응용수리

일차방정식과 연립방정식을 이용하여 미지수를 찾는 문제가 가장 많이 출제되고, 부등식과 비례식 관련 문제도 많이 출제되는 편이다. 그 다음으로는 경우의 수와 확률, 순열, 조합 등 문제가 많이 출제되는데, 어느 기업에서든 방정식 다음으로 출제율이 높은 문제이므로 잘 알아두어야 한다.

영역	출제유형
방정식, 부등식, 비례식	방정식, 부등식, 비례식에서는 응용수리 문제를 푸는 데 도움이 되는 기본적인 이론과 공식에 대해 알 수 있다. 여기에 해당하는 문제로는 페이지 수 구하기, 학생 수 구하기, 넓이 구하기, 판매가 구하기 문제 등이 있다.
약수와 배수	약수와 배수에서는 소인수분해와 최대공약수, 최소공배수에 대한 이론을 학습할 수 있다. 여기에 해당하는 문제로는 출발 시각 구하기, 나무나 꽃의 간격 구하기, 가로등 문제 등이 있다.
경우의 수	경우의 수에서는 합과 곱의 법칙, 순열, 조합 등에 대한 이론을 학습할 수 있다. 여기에 해당하는 문제로는 계단 오르기, 일렬로 앉기, 연속하지 않는 문자열 만들기, 원순열, 주사위 눈의 합 문제 등이 있다.
확률	확률에서는 확률의 기본성질, 조건부확률, 독립사건, 기댓값 등에 대한 이론을 학습할 수 있다. 여기에 해당하는 문제로는 공이나 구슬 뽑기, 주사위나 동전 던지기, 대표 뽑기 문제 등이 있다.
원가와 정가, 비율	원가와 정가, 비율에서는 이익과 할인에 대한 이론을 학습할 수 있다. 여기에 해당하는 문제로는 비율(%) 구하기, 원가 구하기, 개수 구하기, 차와 합 구하기 문제 등이 있다.
농도, 거리·속력·시간	농도에서는 용액에서 용질의 농도를 구하는 법을 학습하고, 거리·속력·시간에서는 이 셋의 관계와 이를 활용한 공식을 이해할 수 있다. 여기에 해당하는 문제로는 일정 농도가 되기 위해 추가로 필요한 물의 양 구하기, 소금물의 농도, 왕복 거리 계산, 동시에 출발해 만나는 데 걸리는 시간 계산, 터널을 통과하는 기차의 속력 문제 등이 있다.
일률, 기타 응용수리	일률에서는 일과 일률의 개념과 공식 적용 방법을, 기타 응용수리에서는 숫자와 시계의 시침·분침 관련 개념, 일주일·1달·1년의 요일 계산과 윤년의 개념을 학습할 수 있다. 여기에 해당하는 문제로는 일을 하는 데 걸리는 시간 구하기, 나이 계산, 시침과 분침 사이 거리 구하기, 3년 후 같은 날짜의 요일 추론 문제 등이 있다.

학습법

챕터별로 제시된 공식은 반드시 외운다.
이를 적용할 수만 있다면 모든 문제를 풀 수 있다.

최대한 많은 문제를 풀어보는 것이 중요하다.
반복학습을 통해 어떤 공식을 적용해야 하는지 빠르게 파악할 수 있다.

문제를 빨리 푸는 방법을 연습한다.
자료해석 문제에 비해 할애할 수 있는 시간이 길지 않으므로, 실제 시험 시에도 시간안배에 주의해야 한다.

Contents

이 책의 차례

Part 2 　　응용수리

기본연산법

01 덧셈

① 덧셈 연산

덧셈은 한 자릿수나 두 자릿수일 경우 한쪽 수 끝자리를 0으로 맞춰서 계산하고, 세 자릿수 이상일 경우 두 자리씩 끊어서 계산할 수 있다.

- 한 자릿수나 두 자릿수를 계산하는 법

$$46+58$$
$$\downarrow$$
$$50+54 \text{ 또는 } 44+60$$
$$\downarrow$$
$$104$$

- 세 자릿수 이상의 수를 계산하는 법

	17	29
+	58	82
	75	
	1	11
	76	11

② 덧셈 비교

덧셈의 크기를 비교하는 문제의 경우 증감과 증가수를 비교하면 된다.

$$457+982 \bigcirc 472+956$$
$$\downarrow$$

$$457 \quad + \quad 982 \quad \bigcirc \quad 472 \quad + \quad 956 \quad \text{또는} \quad 457 \quad + \quad 982 \quad \bigcirc \quad 472 \quad + \quad 956$$

(왼쪽: +15, +26 / 오른쪽: +15, −26)

$$\downarrow$$
$$457+982 > 472+956$$

문제	답	해설
56+87	143	60+83 또는 53+90 ⇒ 143
49+72	121	50+71 또는 41+80 ⇒ 121
456+368	824	(4 56 / + 3 68 / 7 / 1 24 / 8 24)
1785+4529	6314	(17 85 / + 45 29 / 62 / 1 14 / 63 14)
187+625 ○ 145+687	<	187 + 625 < 145 + 687 (+42, +62)

02 뺄셈

① 뺄셈 연산

뺄셈은 각 자릿수를 분리하여 계산하거나 징검다리 방식을 이용하여 계산할 수 있다.

- 각 자릿수를 분리하여 계산하는 법

$$56-27$$
$$\downarrow$$
$$(50+6)-(20+7)=(50-20)+(6-7)$$
$$\downarrow$$
$$30-1=20+(10-1)=29$$

- 징검다리 방식

$$56-27$$
$$\downarrow$$

27	$\rightarrow$	30	$\rightarrow$	56
	+3		+26	

$$\downarrow$$
$$3+26=29$$

② 뺄셈 비교

뺄셈의 크기를 비교하는 문제의 경우 덧셈으로 전환해서 비교하면 된다.

$(A-B < C-D \Rightarrow A+D < C+B)$

$$3270-255 \ \bigcirc \ 2910-150$$
$$\downarrow$$
$$3270+150 \ \bigcirc \ 2910+255$$
$$\downarrow$$
$$3420 > 3165$$

문제	답	해설	
$82-59$	23	$(80+2)-(50+9)=(80-50)+(2-9)$ $\downarrow$ $30-7=20+(10-7)=23$	59 $\rightarrow$ 60 $\rightarrow$ 82 +1 +22 $\downarrow$ $1+22=23$
$486-397$	89	397 $\rightarrow$ 400 $\rightarrow$ 486 +3 +86 $\downarrow$ $3+86=89$	
$1543-688$	855	688 $\rightarrow$ 700 $\rightarrow$ 1543 +12 +843 $\downarrow$ $12+843=855$	
$251-64 \ \bigcirc \ 237-78$	>	$251+78 \ \bigcirc \ 237+64$ $\downarrow$ $329 > 301$	
$1987-589 \ \bigcirc \ 1846-387$	<	$1987+387 \ \bigcirc \ 1846+589$ $\downarrow$ $2374 < 2435$	

03 곱셈

① 2×1자리와 3×1자리의 연산

2×1자리와 3×1자리의 경우 앞자리부터 곱하여 계산한다.

$$52 \times 8 = \begin{array}{rr} 4 & 0 \\ 1 & 6 \\ \hline 4 & 1 & 6 \end{array} \qquad 428 \times 6 = \begin{array}{rrr} 2 & 4 & \\ & 1 & 2 \\ & & 4 & 8 \\ \hline 2 & 5 & 6 & 8 \end{array}$$

② 2×2자리의 연산

T자 곱셈법을 이용하여 계산할 수 있다.

$$\begin{array}{rr} & 4 & 2 \\ \times & 3 & 5 \\ \hline 1 & 2 & 1 & 0 \\ & 2 & 0 \\ & 0 & 6 \\ \hline 1 & 4 & 7 & 0 \end{array}$$

→ 앞은 십의 자리 수를 곱한 값(4×3=12), 뒤는 일의 자리 수를 곱한 값(2×5)을 넣는다.
→ 크로스로 곱한다.(4×5=20)
→ 크로스로 곱한다.(3×2=6)
→ 합산

③ 십의 자릿수가 같고 일의 자릿수의 합이 10인 곱셈

$$\boxed{a \ \ b} \times \boxed{a \ \ c} = \underset{\underset{=b \times c}{}}{\boxed{\overset{=a \times (a+1)}{} \ \ \ }}$$

$$\begin{array}{rr} & 6 & 2 \\ \times & 6 & 8 \\ \hline & 1 & 6 \\ 4 & 2 & 0 & 0 \\ \hline 4 & 2 & 1 & 6 \end{array}$$

→ 일의 자릿수를 곱한다.(2×8=16)
→ 십의 자릿수와 십의 자릿수에 1을 더한 값을 곱한다.(6×7=42)
→ 합산

④ 일의 자릿수가 같고 십의 자릿수 합이 10인 곱셈

$$\boxed{a \ \ c} \times \boxed{b \ \ c} = \underset{\underset{=c \times c}{}}{\boxed{\overset{=a \times b + c}{} \ \ \ }}$$

$$\begin{array}{rr} & 4 & 2 \\ \times & 6 & 2 \\ \hline & 0 & 4 \\ 2 & 6 & 0 & 0 \\ \hline 2 & 6 & 0 & 4 \end{array}$$

→ 일의 자릿수를 곱한다.(2×2=4)
→ 십의 자릿수끼리 곱한 후 일의 자릿수를 더한다.(4×6+2=26)
→ 합산

⑤ 곱셈 비교

곱셈의 크기를 비교하는 문제의 경우 증가율을 비교하면 된다.

$$400 \times 58 \ \bigcirc \ 412 \times 50$$

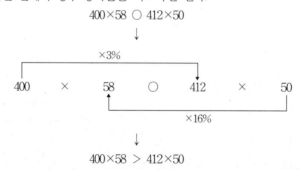

$$400 \times 58 > 412 \times 50$$

※ 400과 50에 어림으로 10%를 곱하면 각각 40, 5씩 증가하므로 10% 이상 증가한 왼쪽이 더 크다는 것을 알 수 있다.

문제	답	해설
84×6	504	$$84×6= \begin{array}{ccc} & 4 & 8 \\ & 2 & 4 \\ \hline 5 & 0 & 4 \end{array}$$
76×7	532	$$76×7= \begin{array}{ccc} & 4 & 9 \\ & 4 & 2 \\ \hline 5 & 3 & 2 \end{array}$$
567×6	3402	$$567×6= \begin{array}{cccc} 3 & 0 & & \\ & 3 & 6 & \\ & & 4 & 2 \\ \hline 3 & 4 & 0 & 2 \end{array}$$
692×4	2768	$$692×4= \begin{array}{cccc} 2 & 4 & & \\ & 3 & 6 & \\ & & 0 & 8 \\ \hline 2 & 7 & 6 & 8 \end{array}$$
78×34	2652	$$\begin{array}{cccc} & & 7 & 8 \\ × & & 3 & 4 \\ \hline 2 & 1 & 3 & 2 \\ & 2 & 8 & \\ & 2 & 4 & \\ \hline 2 & 6 & 5 & 2 \end{array}$$
45×57	2565	$$\begin{array}{cccc} & & 4 & 5 \\ × & & 5 & 7 \\ \hline 2 & 0 & 3 & 5 \\ & 2 & 8 & \\ & 2 & 5 & \\ \hline 2 & 5 & 6 & 5 \end{array}$$
47×43	2021	$=4×(4+1)$ $\boxed{2}\ \boxed{0}\ \boxed{2}\ \boxed{1}$ $=7×3$
52×58	3016	$=5×(5+1)$ $\boxed{3}\ \boxed{0}\ \boxed{1}\ \boxed{6}$ $=2×8$
38×78	2964	$=3×7+8$ $\boxed{2}\ \boxed{9}\ \boxed{6}\ \boxed{4}$ $=8×8$
45×65	2925	$=4×6+5$ $\boxed{2}\ \boxed{9}\ \boxed{2}\ \boxed{5}$ $=5×5$
250×44 ○ 285×40	<	×14% 로 연결 250 × 44 < 285 × 40 ×10%
560×30 ○ 500×36	<	×12% 로 연결 560 × 30 < 500 × 36 ×20%

04 나눗셈 및 분수

① 나눗셈 연산

- 곱셈 전환

$427 \div 2 \Rightarrow 427 \times 0.5 = 213.5$

- 쪼개기

$152 \div 4 \Rightarrow (160-8) \div 4 = 40-2 = 38$

$248 \div 8 \Rightarrow 248 \div 4 \div 2 = 62 \div 2 = 31$

② 분수의 연산

- 덧셈

$$\frac{B}{A} + \frac{C}{A} = \frac{B+C}{A}$$

- 뺄셈

$$\frac{B}{A} - \frac{C}{A} = \frac{B-C}{A}$$

- 곱셈

$$\frac{A}{B} \times \frac{C}{D} = \frac{AC}{BD}$$

- 나눗셈

$$\frac{A}{B} \div \frac{C}{D} = \frac{A}{B} \times \frac{D}{C} = \frac{AD}{BC}$$

- 통분

$$\left(\frac{2}{5}, \frac{3}{4} \right) \Rightarrow \left(\frac{2 \times 4}{5 \times 4}, \frac{3 \times 5}{4 \times 5} \right) \Rightarrow \left(\frac{8}{20}, \frac{15}{20} \right)$$

③ 분수 비교

- 어떤 수의 분모가 작고 분자가 크다면 분모가 크고 분자가 작은 수보다 큰 수이다.

$\frac{7}{15} > \frac{5}{16}$ ($\because$ 교차하여 곱하면 $7 \times 16 > 15 \times 5$이다.)

- 약분을 하여 분자를 1로 만들어 비교할 경우 분모의 값이 작을수록 큰 수이다.

$\frac{48}{240} \bigcirc \frac{27}{162} \Rightarrow \frac{1}{5} > \frac{1}{6}$ ($\because$ 교차하여 곱하면 $1 \times 6 > 1 \times 5$이다.)

- 분수의 비교는 교차하여 곱할 경우 빠르게 답을 구할 수 있다.

$\frac{A}{B} \bigcirc \frac{C}{D} \Rightarrow \frac{A \times D}{B \times D} \bigcirc \frac{C \times B}{D \times B} \Rightarrow A \times D \bigcirc B \times C$

- 분자의 증가율이 분모의 증가율보다 크다면 큰 수이고, 분자의 증가율이 분모의 증가율보다 작다면 작은 수이다.

$\frac{32}{53} < \frac{44}{59}$ ($\because$ 왼쪽 수 대비 오른쪽 수의 분자의 증가율이 분모의 증가율보다 크므로 오른쪽 수가 더 크다.)

$\frac{47}{63} > \frac{53}{78}$ ($\because$ 왼쪽 수 대비 오른쪽 수의 분자의 증가율이 분모의 증가율보다 작으므로 왼쪽 수가 더 크다.)

$\frac{53}{69} > \frac{36}{61}$ ($\because$ 오른쪽 수 대비 왼쪽 수의 분자의 증가율이 분모의 증가율보다 크므로 왼쪽 수가 더 크다.)

$\frac{69}{88} < \frac{65}{74}$ ($\because$ 오른쪽 수 대비 왼쪽 수의 분자의 증가율이 분모의 증가율보다 작으므로 오른쪽 수가 더 크다.)

문제	답	해설
$124 \div 8$	15.5	$124 \times 0.125 = 15.5$
$684 \div 5$	136.8	$684 \times 0.2 = 136.8$
$234 \div 6$	39	$(240-6) \div 6 = 40-1 = 39$
$381 \div 3$	127	$(390-9) \div 3 = 130-3 = 127$
$348 \div 6$	58	$348 \div 3 \div 2 = 116 \div 2 = 58$
$540 \div 15$	36	$540 \div 5 \div 3 = 108 \div 3 = 36$
$\dfrac{3}{12} + \dfrac{6}{12}$	$\dfrac{3}{4}$	$\dfrac{9}{12} = \dfrac{3}{4}$
$\dfrac{27}{49} - \dfrac{13}{49}$	$\dfrac{2}{7}$	$\dfrac{14}{49} = \dfrac{2}{7}$
$\dfrac{12}{35} \times \dfrac{40}{69}$	$\dfrac{32}{161}$	$\dfrac{4}{7} \times \dfrac{8}{23} = \dfrac{32}{161}$
$\dfrac{32}{49} \div \dfrac{16}{63}$	$\dfrac{18}{7}$	$\dfrac{32}{49} \times \dfrac{63}{16} = \dfrac{2}{7} \times \dfrac{9}{1} = \dfrac{18}{7}$
$\left(\dfrac{4}{9}, \dfrac{2}{5} \right)$	$\left(\dfrac{20}{45}, \dfrac{18}{45} \right)$	$\left(\dfrac{4 \times 5}{9 \times 5}, \dfrac{2 \times 9}{5 \times 9} \right) \Rightarrow \left(\dfrac{20}{45}, \dfrac{18}{45} \right)$
$\left(\dfrac{3}{5}, \dfrac{7}{13} \right)$	$\left(\dfrac{39}{65}, \dfrac{35}{65} \right)$	$\left(\dfrac{3 \times 13}{5 \times 13}, \dfrac{7 \times 5}{13 \times 5} \right) \Rightarrow \left(\dfrac{39}{65}, \dfrac{35}{65} \right)$
$\dfrac{8}{25} \bigcirc \dfrac{9}{23}$	$<$	오른쪽 수의 분모가 작고 분자가 크므로 왼쪽 수보다 큰 수이다.
$\dfrac{22}{49} \bigcirc \dfrac{19}{52}$	$>$	왼쪽 수의 분모가 작고 분자가 크므로 오른쪽 수보다 큰 수이다.
$\dfrac{37}{148} \bigcirc \dfrac{62}{372}$	$>$	$\dfrac{1}{4} > \dfrac{1}{6}$
$\dfrac{36}{432} \bigcirc \dfrac{41}{369}$	$<$	$\dfrac{1}{12} < \dfrac{1}{9}$
$\dfrac{16}{35} \bigcirc \dfrac{24}{67}$	$>$	$16 \times 67 \bigcirc 24 \times 35 \Rightarrow 1072 > 840$
$\dfrac{9}{25} \bigcirc \dfrac{32}{59}$	$<$	$9 \times 59 \bigcirc 25 \times 32 \Rightarrow 531 < 800$
$\dfrac{12}{25} \bigcirc \dfrac{21}{29}$	$<$	$\dfrac{12}{25} \xrightarrow[16\%]{75\%} \dfrac{21}{29}$ 왼쪽 수 대비 오른쪽 수의 분자의 증가율이 분모의 증가율보다 크므로 오른쪽 수가 더 크다.
$\dfrac{35}{41} \bigcirc \dfrac{31}{37}$	$>$	$\dfrac{35}{41} \xleftarrow[\text{약 }11\%]{\text{약 }13\%} \dfrac{31}{37}$ 오른쪽 수 대비 왼쪽 수의 분자의 증가율이 분모의 증가율보다 크므로 왼쪽 수가 더 크다.

05 편차와 어림산 및 변화율

① 편차를 이용한 곱셈법

• 곱하는 숫자가 같을 경우

```
      7   8   (+2)  → 80−78=2(80과 78의 편차)
  ×   7   8   (+2)  → 80−78=2(80과 78의 편차)
  ─────────────
          0   4    → 2×2=4(편차의 곱)
  6   0   8   0    → 78에서 편차 2를 뺀 후 80을 곱한다.
                     (78−2)×80=6080
  ─────────────
  6   0   8   4    → 합산
```

• 곱하는 숫자가 다를 경우

```
      4   2   (+8)  → 50−42=8(50과 42의 편차)
  ×   5   1   (−1)  → 50−51=−1(50과 51의 편차)
  ─────────────
      −   0   8    → 8×−1=−8(편차의 곱)
  2   1   5   0    → 42와 −1 또는 51과 8을 크로스로 뺄셈을 한 후 50과 곱한다.
                     43×50=2150
  ─────────────
  2   1   4   2    → 합산
```

② 곱셈 어림산

곱셈 어림산을 할 때는 오차범위 ±5% 이내의 값이 나와야 하고, 정확한 계산을 요구하는 문제의 경우는 ±2.5% 이내의 값이 나와야 한다.

	188	×	162	=	30456	정답과의 오차범위
어림산	190	×	160	=	30400	−0.18%
오차범위	+1.06%		−1.23%		오차 : −0.17%	

③ 분수 어림산

분수의 어림산을 할 때는 분모를 10 단위로 맞춰서 계산하는 것이 편하고, 이를 위해 분자가 1인 분수표를 암기하는 것이 좋다.

$\frac{1}{2}$	$\frac{1}{3}$	$\frac{1}{4}$	$\frac{1}{5}$	$\frac{1}{6}$	$\frac{1}{7}$	$\frac{1}{8}$	$\frac{1}{9}$	$\frac{1}{11}$
50%	33.3%	25%	20%	16.7%	14.3%	12.5%	11.1%	9.1%
$\frac{1}{12}$	$\frac{1}{13}$	$\frac{1}{14}$	$\frac{1}{15}$	$\frac{1}{16}$	$\frac{1}{17}$	$\frac{1}{18}$	$\frac{1}{19}$	$\frac{1}{20}$
8.3%	7.7%	7.1%	6.7%	6.3%	5.9%	5.6%	5.3%	5%

$$\frac{352}{637} \xrightarrow[\times 16]{\times 16} \frac{약 5600}{약 10000} = 56\%$$

※ 분수표를 보면 $\frac{1}{16}$ 의 값이 6.3%이므로 이것을 분모와 분자에 각각 곱해 분모를 10000으로 만들어준다. 이때 나온 값은 원래 값과 오차범위가 56−55.26≒0.74(%)이다.

④ 변화율 계산

변화율은 전년 대비 얼마나 변화했는지를 계산하는 것으로 증가율 또는 감소율 문제에 사용하는 공식이다.

• 초기값 대비 후기값의 변화율이 100%을 넘지 않는 경우 : $\frac{후기값 − 초기값}{초기값} \times 100$

• 초기값 대비 후기값의 변화율이 100%을 넘는 경우 : $\left(\frac{후기값}{초기값} − 1 \right) \times 100$

문제	해설
63×63	<div>6　3　(+7) → 70−63=7(70과 63의 편차)</div><div>× 6　3　(+7) → 70−63=7(70과 63의 편차)</div><div>　　4　9 → 7×7=49(편차의 곱)</div><div>3　9　2　0 → 63에서 편차 7를 뺀 후 70을 곱한다.</div><div>　　　　(63−7)×70=3920</div><div>3　9　6　9 → 합산</div>
97×97	<div>9　7　(+3) → 100−97=3(100과 97의 편차)</div><div>× 9　7　(+3) → 100−97=3(100과 97의 편차)</div><div>　　0　9 → 3×3=9(편차의 곱)</div><div>9　4　0　0 → 97에서 편차 3을 뺀 후 100을 곱한다.</div><div>　　　　(97−3)×100=9400</div><div>9　4　0　9 → 합산</div>
59×64	<div>5　9　(+1) → 60−59=1(60과 59의 편차)</div><div>× 6　4　(−4) → 60−64=−4(60과 64의 편차)</div><div>− 0　4 → 1×−4=−4(편차의 곱)</div><div>3　7　8　0 → 59와 −4 또는 64와 1을 크로스로 뺄셈을 한 후 60과 곱한다.</div><div>　　　　63×60=3780</div><div>3　7　7　6 → 합산</div>
93×88	<div>9　3　(−3) → 90−93=−3(90과 93의 편차)</div><div>× 8　8　(+2) → 90−88=2(90과 88의 편차)</div><div>− 0　6 → −3×2=−6(편차의 곱)</div><div>8　1　9　0 → 93과 2 또는 88과 −3을 크로스로 뺄셈을 한 후 90과 곱한다.</div><div>　　　　91×90=8190</div><div>8　1　8　4 → 합산</div>
372×125	<table><tr><td></td><td>372</td><td>×</td><td>125</td><td>=</td><td>46500</td></tr><tr><td>어림산</td><td>370</td><td>×</td><td>120</td><td>=</td><td>44400</td></tr></table>
259×264	<table><tr><td></td><td>259</td><td>×</td><td>264</td><td>=</td><td>68376</td></tr><tr><td>어림산</td><td>260</td><td>×</td><td>260</td><td>=</td><td>67600</td></tr></table>
$\dfrac{129}{206}$	$\dfrac{129}{206} \xrightarrow[\times 5]{\times 5} \dfrac{약\ 640}{약\ 1000} = 64\%$
$\dfrac{257}{536}$	$\dfrac{257}{536} \xrightarrow[\times 19]{\times 19} \dfrac{약\ 4800}{약\ 10000} = 48\%$
$187 \to 212$ (변화율)	$\dfrac{212-187}{187} \times 100 \fallingdotseq 13.4(\%)$
$256 \to 487$ (변화율)	$\dfrac{487-256}{256} \times 100 \fallingdotseq 90.2(\%)$
$127 \to 526$ (변화율)	$\left(\dfrac{526}{127}-1\right) \times 100 \fallingdotseq 314.2(\%)$
$329 \to 847$ (변화율)	$\left(\dfrac{847}{329}-1\right) \times 100 \fallingdotseq 157.4(\%)$

06 자료해석에 적용

① 분수 비교 및 분수 어림산

2020년도 주요 시도별 다문화 대상자 현황

(단위 : 명)

구분	계	중국	미국	일본	필리핀	베트남	캄보디아	기타
전국	584,060	118,390	10,536	22,642	34,888	122,976	13,642	55,836
서울시	135,072	26,282	3,950	4,752	3,422	10,688	966	11,886
부산시	22,600	4,528	504	978	1,570	6,874	566	3,210
대구시	15,234	3,030	338	500	960	5,328	688	1,630
인천시	36,842	9,550	440	1,042	1,660	5,560	442	4,074
광주시	11,130	2,520	136	514	1,176	3,446	498	1,064
대전시	11,122	2,776	342	474	1,084	3,104	450	1,214
울산시	11,468	2,188	100	318	772	3,712	298	822
세종시	1,710	334	36	69	150	510	74	181
경기도	171,428	38,176	3,018	5,718	7,220	24,342	2,294	16,680
강원도	13,044	1,720	216	974	1,578	4,072	676	1,338
제주도	6,864	1,238	172	316	792	1,860	180	904

• 경기도에 거주하는 중국인 다문화 대상자 수는 전국에 거주하는 중국인 다문화 대상자 수의 35% 이상이다. (○, ×)

> **해설**
> 전국에 거주하는 중국인 다문화 대상자 수는 118,390명이고, 경기도에 거주하는 중국인 다문화 대상자 수는 38,176명이다. 기본 계산은 $\frac{38,176}{118,390} \times 100 \fallingdotseq 32.2$(%)이지만 분수 비교로 계산하면 다음과 같다.
>
> 35% 이상이라는 것은 $\frac{35}{100}$ 이상이라는 것과 같으므로 $\frac{38,176}{118,390}$과 $\frac{35}{100}$을 크로스 비교해보면 된다.
>
> $\frac{38,176}{118,390} \bigcirc \frac{35}{100} \Rightarrow \frac{19,088}{59,195} \bigcirc \frac{7}{20} \Rightarrow 381,760(19,088 \times 20) < 414,365(59,195 \times 7)$
>
> $\frac{35}{100}$ 보다 $\frac{38,176}{118,390}$ 이 더 작으므로 경기도에 거주하는 중국인 다문화 대상자 수는 전국에 거주하는 중국인 다문화 대상자 수의 35% 이상이 아니다.

• 광주시에 거주하는 다문화 대상자 중 일본인의 비율은 4% 이상이다. (○, ×)

> **해설**
> 광주에 거주하는 다문화 대상자 수는 11,130명이고, 그중 일본인 다문화 대상자 수는 514명이다. 기본 계산은 $\frac{514}{11,130} \times 100 \fallingdotseq 4.6$(%)이지만 어림산으로 계산하면 다음과 같다.
>
> $\frac{514}{11,130} \xrightarrow[\times 9]{\times 9} \frac{약\ 4600}{약\ 100,000} = 4.6\%$
>
> ※ $\frac{1}{9}$ 의 값이 11.1%이므로 이것을 분모와 분자에 각각 곱해 분모를 100000으로 만들어준다.
> 따라서 광주시에 거주하는 다문화 대상자 중 일본인의 비율은 4% 이상이다.

② 변화율 계산

한국과 중국의 시멘트 생산능력과 생산량

(단위: 만 톤)

구분		2014년	2015년	2016년	2017년	2018년	2019년	2020년
생산능력	한국(A)	3,082.3	4,028.9	4,798.1	5,600.0	5,800.0	5,887.0	6,169.2
	중국(B)	1,117.5	1,202.0	1,202.0	1,202.0	1,202.0	1,202.0	1,202.0
생산량	한국(C)	3,047.4	3,357.5	4,265.0	5,163.4	5,726.0	5,979.6	4,609.1
	중국(D)	510.0	503.0	474.7	433.0	379.0	334.0	315.0

• 2014년 대비 2020년 중국의 시멘트 생산량은 40% 이상 감소하였다. (○, ×)

> **해설**
> 2014년 중국의 시멘트 생산량은 510.0만 톤이고, 2020년 중국의 시멘트 생산량은 315.0만 톤이다.
> 초기값 대비 후기값의 변화율이 100%을 넘지 않기 때문에 기본 공식을 사용해서 계산해야 한다.
>
> $$\frac{\text{후기값} - \text{초기값}}{\text{초기값}} \times 100 = \frac{315.0 - 510.0}{510.0} \times 100$$
> $$= -38.2(\%)$$
>
> 따라서 2014년 대비 2020년 중국의 시멘트 생산량은 40% 이상 감소하지 않았다.

• 2014년 대비 2020년 한국의 시멘트 생산능력은 100% 이상 증가하였다. (○, ×)

> **해설**
> 2014년 한국의 시멘트 생산능력은 3,082.3만 톤이고, 2020년 한국의 시멘트 생산능력은 6,169.2만 톤이다.
> 초기값 대비 후기값의 변화율이 100%을 넘기 때문에 변환 공식을 사용해서 계산해야 한다.
>
> $$\left(\frac{\text{후기값}}{\text{초기값}} - 1 \right) \times 100 = \left(\frac{6,169.2}{3,082.3} - 1 \right) \times 100$$
> $$= 100.1(\%)$$
>
> 따라서 2014년 대비 2020년 한국의 시멘트 생산능력은 100% 이상 증가하였다.

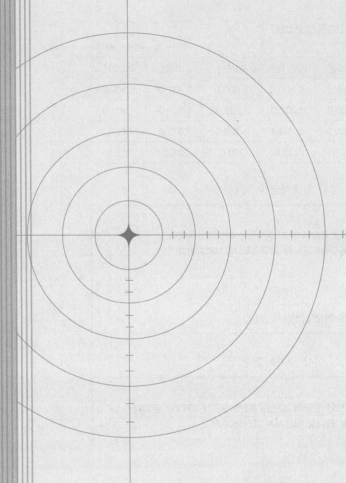

자료해석

01

분석형

분석형 문제는?

주어진 자료에 대한 설명으로 옳은 것 혹은 옳지 않은 것을 고르는 문제로, 자료해석의 가장 기본적인 유형이다.

분석형 문제 특징

- 자료의 핵심적인 부분을 찾아 제시된 선택지에 나열된 정보와 비교·대조하는 것이 이 유형의 핵심이다.
- 자료에서 그래프 선의 위치 등으로 문제에서 요구하는 수치 간의 비교 등을 별도의 계산과정 없이 추론할 수 있는 경우가 분석형에 해당한다.
- **선택지가 자료에 대한 단순한 설명인 경우**, 자료와 일치·불일치하는 설명을 고르면 된다. 주어진 자료를 꼼꼼히 보면 답을 빠르게 찾아낼 수 있다.
- **선택지가 자료를 보고 추론한 내용인 경우**, 난이도가 높은 편이다. 〈보고서〉나 〈조건〉이 주어지면 읽어야 할 자료가 길어질 수도 있다.
- 증감 추이를 묻는 문제가 자주 출제되는데, 이 경우 제시된 자료를 눈으로만 보아 풀 수도 있다.
- 계산이나 추론 과정이 없거나 간단한 문항이 이에 해당된다. 상대적으로 큰 어려움 없이 문제를 풀 수 있는 유형이다.

대표예제

다음 〈그림〉은 2015년 16개 지역의 초미세먼지 농도, 연령표준화사망률 및 초미세먼지로 인한 조기사망자수를 조사한 자료이다. 이에 대한 〈보기〉의 설명 중 옳은 것만을 고르면? 2020 민간경력자 채용 PSAT

〈그림〉 지역별 초미세먼지 농도, 연령표준화사망률 및
초미세먼지로 인한 조기사망자수

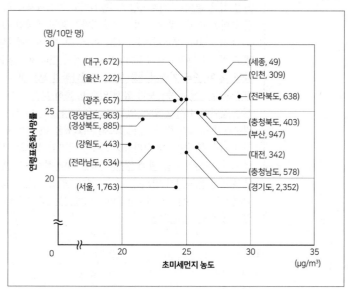

※ 1) (지역, N)은 해당 지역의 초미세먼지로 인한 조기사망자수가 N 명임을 의미함
　2) 연령표준화사망률은 인구구조가 다른 집단 간의 사망 수준을 비교하기 위하여 연령 구조가 사망률에 미치는 영향을 제거한 사망률을 의미함

┤ 보기 ├

ㄱ. 초미세먼지로 인한 조기사망자수가 가장 많은 지역은 서울이다.
ㄴ. 연령표준화사망률이 높은 지역일수록 초미세먼지로 인한 조기사망자수는 적다.
ㄷ. 초미세먼지 농도가 가장 낮은 지역의 초미세먼지로 인한 조기사망자수는 충청북도보다 많다.
ㄹ. 대구는 부산보다 연령표준화사망률은 높지만 초미세먼지로 인한 조기사망자수는 적다.

① ㄱ, ㄴ
② ㄱ, ㄷ
③ ㄴ, ㄷ
④ ㄴ, ㄹ
⑤ ㄷ, ㄹ

정답 ⑤

해설

ㄷ. (○) 초미세먼지 농도가 가장 낮은 지역은 가로축을 기준으로 가장 왼쪽에 위치한 강원도이다. 강원도의 초미세먼지로 인한 조기사망자수는 443명으로, 충청북도의 403명보다 많다.

ㄹ. (○) 대구는 부산보다 세로축을 기준으로 높은 곳에 위치하므로 연령표준화사망률이 높다는 것을 알 수 있다. 대구의 초미세먼지로 인한 조기사망자수는 672명, 부산은 947명으로, 초미세먼지로 인한 조기사망자수는 대구가 부산보다 적다.

ㄱ. (×) 미세먼지로 인한 조기사망자수는 그래프 안의 (지역, N)에서 N을 의미한다고 하였으므로, N의 값이 가장 큰 지역을 찾는다. 따라서 2,352인 경기 지역의 조기사망자수가 가장 많다.

ㄴ. (×) 연령표준화사망률은 그래프의 세로축 기준 가장 높은 곳에 위치한 지역에서 가장 높다. 초미세먼지로 인한 조기사망자수는 (지역, N)의 N값으로 나타낸다. 하지만 높은 곳에 위치할수록 N값이 낮은 것은 아니므로, 연령표준화사망률이 높은 지역일수록 초미세먼지로 인한 조기사망자수가 적은 것은 아니다.

001

2017 5급공채 PSAT

다음 〈그림〉과 〈표〉는 우리나라 10대 전략기술 분야의 기술수준과 기술격차를 나타낸 것이다. 이에 대한 〈보고서〉의 설명 중 옳은 것만을 모두 고르면?

〈그림〉 우리나라 10대 전략기술 분야의 최고기술보유국 대비
기술수준과 기술격차

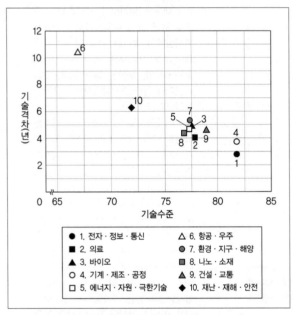

● 1. 전자 · 정보 · 통신   △ 6. 항공 · 우주
■ 2. 의료   ● 7. 환경 · 지구 · 해양
▲ 3. 바이오   ■ 8. 나노 · 소재
○ 4. 기계 · 제조 · 공정   ▲ 9. 건설 · 교통
□ 5. 에너지 · 자원 · 극한기술   ◆ 10. 재난 · 재해 · 안전

※ 1) 기술수준은 비교대상국가(지역)의 기술 발전 정도를 100으로 볼 때 특정국가(지역)의 해당 기술 발전 정도임
2) 기술격차는 특정국가(지역)가 비교대상국가(지역)의 기술 발전 정도에 도달하는데 소요될 것으로 예측되는 시간임. 단, 음수의 경우 비교대상국가(지역)가 특정국가(지역)의 기술 발전 정도에 도달하는데 그 절댓값만큼의 시간이 소요됨을 의미함

〈표〉 10대 전략기술 분야별 우리나라의 기술격차

(단위 : 년)

분야＼기술격차	대(對)중국 기술격차	대(對)일본 기술격차	대(對)미국 기술격차	대(對)EU 기술격차
전자 · 정보 · 통신	−2.4	1.3	2.9	1.0
의료	−1.9	2.2	4.1	2.6
바이오	−2.5	3.1	5.0	3.5
기계 · 제조 · 공정	−2.3	2.7	3.8	2.9
에너지 · 자원 · 극한기술	−1.3	3.3	4.8	3.9
항공 · 우주	4.5	5.4	10.4	7.6
환경 · 지구 · 해양	−2.9	4.1	5.4	4.9
나노 · 소재	−1.2	3.4	4.5	2.8
건설 · 교통	−2.8	4.0	4.7	3.9
재난 · 재해 · 안전	−1.9	4.2	6.3	3.6

┤ 보고서 ├

㉠ 최고기술보유국 대비 우리나라 10대 전략기술 분야 기술수준의 평균은 75 이하이고, 기술격차의 평균은 4년 이상인 것으로 나타났다. ㉡ 최고기술보유국 대비 우리나라의 기술수준은 전자 · 정보 · 통신과 기계 · 제조 · 공정 분야가 80 이상이고 항공 · 우주 분야는 70 미만이다. 기술격차가 가장 작은 분야는 전자 · 정보 · 통신이고 기술격차가 가장 큰 분야는 항공 · 우주 분야로 기술격차가 10년 이상인 것으로 조사되었다. 우리나라는 일본, 미국, EU에 비하여 분야별로 최소 1년에서 최대 10.4년까지 뒤쳐져 있다. ㉢ 우리나라의 대(對)중국 기술격차를 보면, 우리나라가 모든 10대 전략기술 분야에서 중국보다 앞서 있으며, 특히 환경 · 지구 · 해양 분야에서 2.9년 앞서 있는 것으로 나타났다. 미국은 우리나라뿐 아니라 중국, 일본, EU와 비교했을 때 모든 10대 전략 기술 분야에서 최고기술을 보유한 국가인 것으로 나타났다. ㉣ 일본의 기술 발전 정도는 모든 10대 전략기술 분야에서 미국에 뒤쳐져 있으나, 전자 · 정보 · 통신, 나노 · 소재, 건설 · 교통, 재난 · 재해 · 안전의 분야에서는 EU보다 앞서 있는 것으로 나타났다.

① ㉠, ㉡ ② ㉠, ㉣
③ ㉡, ㉢ ④ ㉡, ㉣
⑤ ㉢, ㉣

002

2016 5급공채 PSAT

다음 〈그림〉은 A국의 세계시장 수출점유율 상위 10개 산업에 관한 자료이다. 이에 대한 〈보기〉의 설명 중 옳은 것만을 모두 고르면?

〈그림 1〉 A국의 세계시장 수출점유율 상위 10개 산업(2008년)

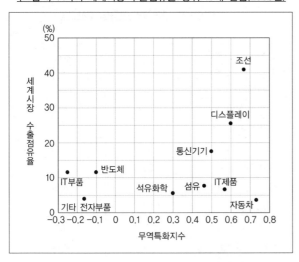

〈그림 2〉 A국의 세계시장 수출점유율 상위 10개 산업(2013년)

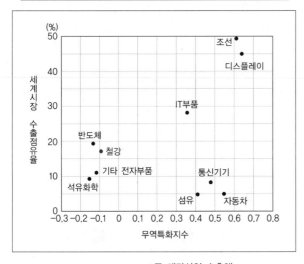

※ 1) 세계시장 수출점유율(%) = $\dfrac{\text{A국 해당산업 수출액}}{\text{세계 해당산업 수출액}} \times 100$

2) 무역특화지수 = $\dfrac{\text{A국 해당산업 수출액} - \text{A국 해당산업 수입액}}{\text{A국 해당산업 수출액} + \text{A국 해당산업 수입액}}$

┤ 보기 ├

ㄱ. 2008년 세계시장 수출점유율 상위 10개 산업 중에서 2013년 세계시장 수출점유율이 2008년에 비해 하락한 산업은 모두 3개이다.

ㄴ. 세계시장 수출점유율 상위 10개 산업 중에서 세계시장 수출점유율이 10% 이상이면서 무역특화지수가 0.3 이하인 산업은 2008년과 2013년 각각 3개이다.

ㄷ. 세계시장 수출점유율 상위 10개 산업 중에서 A국 수출액보다 A국 수입액이 큰 산업은 2008년에 3개, 2013년에 4개이다.

ㄹ. 2008년 세계시장 수출점유율 상위 5개 산업 중에서 2013년 무역특화지수가 2008년에 비해 증가한 산업은 모두 2개이다.

① ㄱ, ㄴ   ② ㄱ, ㄷ
③ ㄴ, ㄹ   ④ ㄱ, ㄷ, ㄹ
⑤ ㄴ, ㄷ, ㄹ

003

2021 민간경력자 채용 PSAT

다음 〈표〉는 전분기 대비 2분기의 권역별 지역경제 동향을 부문별로 정리한 자료이다. 이에 대한 〈보고서〉의 내용이 〈표〉와 부합하지 않은 부문은?

〈표〉 전분기 대비 2분기의 권역별 지역경제 동향

부문＼권역	수도권	동남권	충청권	호남권	대경권	강원권	제주권
제조업 생산	▲	－	▲	▲	▲	－	▽
서비스업 생산	－	▽	－	▽	－	－	▲
소비	▲	▽	－	－	－	－	－
설비투자	▲	－	▲	▲	▲	－	－
건설투자	－	▲	▽	▽	－	▽	▽
수출	▲	▽	▲	▲	▲	▲	－

※ 전분기 대비 경제동향은 ▲(증가), －(보합), ▽(감소)로만 구분됨

┤ 보고서 ├

　제조업 생산은 수도권과 충청권, 호남권, 대경권이 '증가'이고, 동남권 및 강원권이 '보합', 제주권이 '감소'였다. 서비스업 생산은 제주권이 '증가'이고, 동남권과 호남권이 '감소'인 가운데 나머지 권역이 '보합'이었다. 소비는 수도권이 '증가'이고 동남권이 '감소'였으며, 나머지 권역의 소비는 모두 '보합'이었다. 설비투자는 수도권과 충청권, 호남권, 대경권이 '증가'이고 나머지 권역이 '보합'이었다. 건설투자는 동남권만 '증가'인 반면, 수출은 동남권을 제외한 모든 권역이 '증가'였다.

① 제조업 생산   ② 서비스업 생산
③ 소비   ④ 건설투자
⑤ 수출

004

2021 7급공채 PSAT 예시

다음 〈표〉는 '갑' 박물관 이용자를 대상으로 12개 평가항목에 대해 항목별 중요도와 만족도를 조사한 결과이다. 이를 바탕으로 평가항목을 〈그림〉과 같이 4가지 영역으로 분류할 때, 이에 대한 설명으로 옳은 것은?

〈표〉 평가항목별 중요도와 만족도 조사결과

(단위 : 점)

평가항목＼구분	중요도	만족도
홈페이지	4.45	4.51
안내 직원	(　)	4.23
안내 자료	4.39	4.13
안내 시설물	4.32	4.42
전시공간 규모	4.33	4.19
전시공간 환경	4.46	4.38
전시물 수	4.68	4.74
전시물 다양성	4.59	4.43
전시물 설명문	4.34	4.44
기획 프로그램	4.12	4.41
휴게 시설	4.18	4.39
교통 및 주차	4.29	4.17
평균	4.35	4.37

〈그림〉 중요도와 만족도에 따른 평가항목 영역 분류

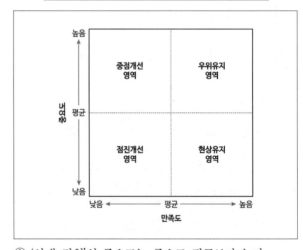

① '안내 직원'의 중요도는 중요도 평균보다 높다.
② '교통 및 주차'는 '현상유지 영역'으로 분류된다.
③ '점진개선 영역'으로 분류되는 항목은 2개이다.
④ '우위유지 영역'으로 분류되는 항목의 수는 '현상유지 영역'으로 분류되는 항목의 수와 같다.
⑤ '중점개선 영역'으로 분류된 항목은 없다.

005

2020 민간경력자 채용 PSAT

다음 〈조사개요〉와 〈표〉는 A 기관 5개 지방청에 대한 외부 고객 만족도 조사 결과이다. 이에 대한 설명으로 옳지 않은 것은?

┤ 조사개요 ├

- 조사기간 : 2019년 7월 28일 ~ 2019년 8월 8일
- 조사방법 : 전화 조사
- 조사목적 : A기관 5개 지방청 외부고객의 주소지 관할 지방청에 대한 만족도 조사
- 응답자 수 : 총 101명(조사항목별 무응답은 없음)
- 조사항목 : 업무 만족도, 인적 만족도, 시설 만족도

〈표〉 A 기관 5개 지방청 외부고객 만족도 조사 결과

(단위 : 점)

구분	조사항목	업무 만족도	인적 만족도	시설 만족도
	전체	4.12	4.29	4.20
성별	남자	4.07	4.33	4.19
	여자	4.15	4.27	4.20
연령대	30세 미만	3.82	3.83	3.70
	30세 이상 40세 미만	3.97	4.18	4.25
	40세 이상 50세 미만	4.17	4.39	4.19
	50세 이상	4.48	4.56	4.37
지방청	경인청	4.35	4.48	4.30
	동북청	4.20	4.39	4.28
	호남청	4.00	4.03	4.04
	동남청	4.19	4.39	4.30
	충청청	3.73	4.16	4.00

※ 1) 주어진 점수는 응답자의 조사항목별 만족도의 평균이며, 점수가 높을수록 만족도가 높음(5점 만점)
2) 점수는 소수점 아래 셋째 자리에서 반올림한 값임

① 모든 연령대에서 '업무 만족도'보다 '인적 만족도'가 높다.
② '업무 만족도'가 높은 지방청일수록 '인적 만족도'도 높다.
③ 응답자의 연령대가 높을수록 '업무 만족도'와 '인적 만족도'가 모두 높다.
④ '업무 만족도', '인적 만족도', '시설 만족도'의 합이 가장 큰 지방청은 경인청이다.
⑤ 남자 응답자보다 여자 응답자가 많다.

006

2017 5급공채 PSAT

다음 〈그림〉은 '갑'국 4대 유통업태의 성별, 연령대별 구매액 비중에 대한 자료이다. 이에 대한 〈보기〉의 설명 중 옳은 것만을 모두 고르면?

〈그림〉 '갑'국 4대 유통업태의 성별, 연령대별 구매액 비중

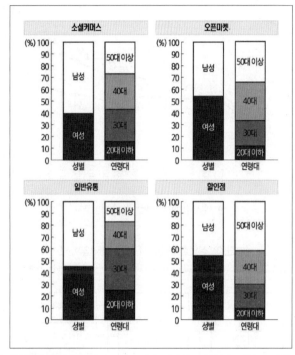

※ 유통업태는 소셜커머스, 오픈마켓, 일반유통, 할인점으로만 구성됨

┤ 보기 ├

ㄱ. 유통업태별 전체 구매액 중 50대 이상 연령대의 구매액 비중이 가장 큰 유통업태는 할인점이다.
ㄴ. 유통업태별 전체 구매액 중 여성의 구매액 비중이 남성보다 큰 유통업태 각각에서는 40세 이상의 구매액 비중이 60% 이상이다.
ㄷ. 4대 유통업태 각각에서 50대 이상 연령대의 구매액 비중은 20대 이하보다 크다.
ㄹ. 유통업태별 전체 구매액 중 40세 미만의 구매액 비중이 50% 미만인 유통업태에서는 여성의 구매액 비중이 남성보다 크다.

① ㄱ, ㄴ
② ㄱ, ㄷ
③ ㄴ, ㄷ
④ ㄱ, ㄴ, ㄹ
⑤ ㄴ, ㄷ, ㄹ

007

2016 5급공채 PSAT

다음 〈그림〉은 2000 ~ 2014년 A국의 50 ~ 64세 장년층의 고용 실태를 조사한 자료이다. 이에 대한 〈보고서〉의 설명 중 옳은 것만을 모두 고르면?

〈그림 1〉 전체 고용률과 장년층 고용률 추이(2000 ~ 2014년)

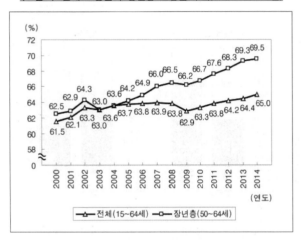

〈그림 2〉 장년층 재취업자 고용 형태(2013년)

(단위: 천명, %)

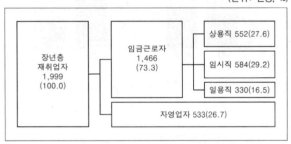

〈그림 3〉 장년층 재취업 전후 직종 구성비(2013년)

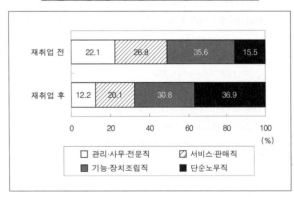

〈그림 4〉 자영업자 중 50대의 비중 추이(2009 ~ 2014년)

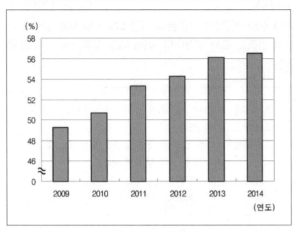

┤ 보고서 ├

A국의 2000~2014년 장년층의 고용실태를 조사한 내용은 다음과 같다. ㉠장년층 고용률은 2005년 이후 매년 전체 고용률보다 높고 2009년 이후 지속적으로 상승하고 있다. ㉡ 전체 고용률과 장년층 고용률의 차이를 연도별로 비교하면 2013년 전체 고용률과 장년층 고용률의 차이가 조사기간 중 두 번째로 크다.

장년층 고용이 양적으로는 확대되고 있는 반면, 장년층이 조기퇴직한 후 재취업 및 창업 과정을 거치며 고용의 질은 악화되고 있다. ㉢2013년 장년층 재취업자 중 임금근로자의 고용 형태를 비중이 높은 것부터 순서대로 나열하면 임시직, 상용직, 일용직 순이다. 또한, ㉣2013년 장년층 재취업 전 직종 구성비에서 단순노무직이 차지하는 비중은 15.5%로 가장 낮으나, 장년층 재취업 후 직종 구성비에서 단순노무직이 차지하는 비중은 36.9%로 가장 높다.

한편, 자영업종에 대한 과다진입으로 자영업 영세화가 심화되고 베이비붐 세대의 퇴직까지 본격화되고 있다. ㉤ 2009년 이후 자영업자 중 50대의 비중이 50.0% 이상이고 이 비중은 매년 증가하고 있다.

① ㉠, ㉡, ㉢   ② ㉠, ㉢, ㉣
③ ㉠, ㉣, ㉤   ④ ㉡, ㉢, ㉣
⑤ ㉡, ㉣, ㉤

008

2017 5급공채 PSAT

다음 〈표〉는 2012년 34개국의 국가별 1인당 GDP와 학생들의 수학성취도 자료이고, 〈그림〉은 〈표〉의 자료를 그래프로 나타낸 것이다. 이에 대한 〈보기〉의 설명 중 옳은 것만을 모두 고르면?

〈표〉 국가별 1인당 GDP와 수학성취도

(단위: 천달러, 점)

국가	1인당 GDP	수학성취도
룩셈부르크	85	490
카타르	77	( )
싱가포르	58	573
미국	47	481
노르웨이	45	489
네덜란드	42	523
아일랜드	41	501
호주	41	504
덴마크	41	500
캐나다	40	518
스웨덴	39	478
독일	38	514
핀란드	36	519
일본	35	536
프랑스	34	495
이탈리아	32	485
스페인	32	484
한국	29	554
이스라엘	27	466
포르투갈	26	487
체코	25	499
헝가리	21	477
폴란드	20	518
러시아	20	482
칠레	17	423
아르헨티나	16	388
터키	16	448
멕시코	15	413
말레이시아	15	421
불가리아	14	439
브라질	13	391
태국	10	427
인도네시아	5	( )
베트남	4	511

〈그림〉 국가별 1인당 GDP와 수학성취도

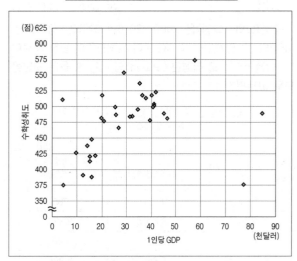

※ 국가별 학생 수는 동일하지 않고, 각 국가의 수학성취도는 해당국 학생 전체의 수학성취도 평균이며, 34개국 학생 전체의 수학성취도 평균은 500점임

┤ 보기 ├

ㄱ. 1인당 GDP가 체코보다 높은 국가 중에서 수학성취도가 체코보다 높은 국가의 수와 낮은 국가의 수는 같다.

ㄴ. 수학성취도 하위 7개 국가의 1인당 GDP는 모두 2만 달러 이하이다.

ㄷ. 1인당 GDP 상위 5개 국가 중에서 수학성취도가 34개국 학생 전체의 평균보다 높은 국가는 1개이다.

ㄹ. 수학성취도 상위 2개 국가의 1인당 GDP 차이는 수학성취도 하위 2개 국가의 1인당 GDP 차이보다 크다.

① ㄱ, ㄴ　　　　② ㄱ, ㄷ
③ ㄴ, ㄷ　　　　④ ㄴ, ㄹ
⑤ ㄱ, ㄷ, ㄹ

009

2015 민간경력자 채용 PSAT

다음 〈표〉와 〈그림〉은 2000~2010년 3개국(한국, 일본, 미국)의 3D 입체영상 및 CG 분야 특허출원에 관한 자료이다. 이를 바탕으로 작성된 〈보고서〉의 내용 중 옳은 것만을 모두 고르면?

〈표〉 2000 ~ 2010년 3개국 3D 입체영상 및
CG 분야 특허출원 현황

(단위 : 건)

국가＼분야	3D 입체영상	CG
한국	1,155	785
일본	3,620	2,380
미국	880	820
3개국 전체	5,655	3,985

〈그림 1〉 연도별 3D 입체영상 분야 3개국 특허출원 추이

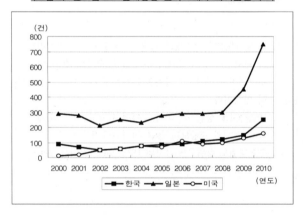

〈그림 2〉 연도별 CG 분야 3개국 특허출원 추이

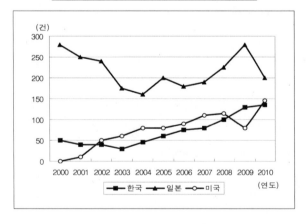

┤ 보고서 ├

3D 입체영상 및 CG 분야에 대한 특허출원 경쟁은 한국, 일본, 미국을 중심으로 전개되고 있다. 일본이 기술개발을 선도하고 있는 ㉠3D 입체영상 분야의 경우 2000 ~ 2010년 일본 특허출원 건수는 3개국 전체 특허출원 건수의 60% 이상을 차지하였다. 하지만 2006년 이후부터 한국에서 관련 기술에 대한 연구가 활발히 진행되어 특허출원 건수가 증가하고 있다. 그 결과 ㉡3D 입체영상 분야에서 2007 ~ 2010년 동안 한국 특허출원 건수는 매년 미국 특허출원 건수를 초과하였다.

CG 분야에서도, 2000 ~ 2010년 3개국 전체 특허출원 건수대비 일본 특허출원 건수가 차지하는 비중이 가장 높았으며, 그 다음으로 미국, 한국 순으로 나타났다. 이를 연도별로 살펴보면 ㉢2003년 이후 CG 분야에서 한국 특허출원 건수는 매년 미국 특허출원 건수보다 적지만, 관련 기술의 특허출원이 매년 증가하는 추세를 보이고 있다. 한편, ㉣2000 ~ 2010년 동안 한국과 일본의 CG 분야 특허출원 건수의 차이는 2010년에 가장 작았다.

① ㉠, ㉡

② ㉠, ㉢

③ ㉢, ㉣

④ ㉠, ㉡, ㉣

⑤ ㉡, ㉢, ㉣

010

다음 〈그림〉은 2019년 '갑'국의 가구별 근로장려금 산정기준에 관한 자료이다. 이에 대한 〈보기〉의 설명 중 옳은 것만을 모두 고르면?

〈그림〉 2019년 가구별 근로장려금 산정기준

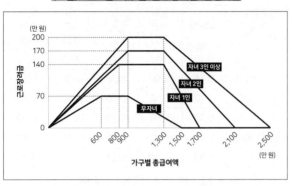

※ 2019년 가구별 근로장려금은 2018년 가구별 자녀수와 총급여액을 기준으로 산정함

┤ 보기 ├

ㄱ. 2018년 총급여액이 1,000만 원이고 자녀가 1명인 가구의 2019년 근로장려금은 140만 원이다.

ㄴ. 2018년 총급여액이 800만 원 이하인 무자녀 가구는 2018년 총급여액이 많을수록 2019년 근로장려금도 많다.

ㄷ. 2018년 총급여액이 2,200만 원이고 자녀가 3명 이상인 가구의 2019년 근로장려금은 2018년 총급여액이 600만 원이고 자녀가 1명인 가구의 2019년 근로장려금보다 적다.

ㄹ. 2018년 총급여액이 2,000만 원인 가구의 경우, 자녀가 많을수록 2019년 근로장려금도 많다.

① ㄱ, ㄷ
② ㄱ, ㄹ
③ ㄴ, ㄷ
④ ㄱ, ㄴ, ㄹ
⑤ ㄴ, ㄷ, ㄹ

011

다음 〈표〉는 동일한 상품군을 판매하는 백화점과 TV홈쇼핑의 상품군별 2015년 판매수수료율에 대한 자료이다. 이에 대한 〈보고서〉의 설명 중 옳은 것만을 모두 고르면?

〈표 1〉 백화점 판매수수료율 순위

(단위 : %)

판매수수료율 상위 5개			판매수수료율 하위 5개		
순위	상품군	판매수수료율	순위	상품군	판매수수료율
1	셔츠	33.9	1	디지털기기	11.0
2	레저용품	32.0	2	대형가전	14.4
3	잡화	31.8	3	소형가전	18.6
4	여성정장	31.7	4	문구	18.7
5	모피	31.1	5	신선식품	20.8

〈표 2〉 TV홈쇼핑 판매수수료율 순위

(단위 : %)

판매수수료율 상위 5개			판매수수료율 하위 5개		
순위	상품군	판매수수료율	순위	상품군	판매수수료율
1	셔츠	42.0	1	여행패키지	8.4
2	여성캐주얼	39.7	2	디지털기기	21.9
3	진	37.8	3	유아용품	28.1
4	남성정장	37.4	4	건강용품	28.2
5	화장품	36.8	5	보석	28.7

┤ 보고서 ├

백화점과 TV홈쇼핑의 전체 상품군별 판매수수료율을 조사한 결과, ㉠ 백화점, TV홈쇼핑 모두 셔츠 상품군의 판매수수료율이 전체 상품군 중 가장 높았다. 그리고 백화점, TV홈쇼핑 모두 상위 5개 상품군의 판매수수료율이 30%를 넘어섰다. ㉡ 여성정장 상품군과 모피 상품군의 판매수수료율은 TV홈쇼핑이 백화점보다 더 낮았으며, ㉢ 디지털기기 상품군의 판매수수료율은 TV홈쇼핑이 백화점보다 더 높았다. ㉣ 여행패키지 상품군의 판매수수료율은 백화점이 TV홈쇼핑의 2배 이상이었다.

① ㉠, ㉡
② ㉠, ㉢
③ ㉡, ㉣
④ ㉠, ㉢, ㉣
⑤ ㉡, ㉢, ㉣

012

2015 5급공채 PSAT

다음 〈그림〉은 우리나라 광역지자체 간 산업연관성을 나타 낸 자료이다. 이에 대한 〈보기〉의 설명 중 옳은 것만을 모두 고르면?

〈그림〉 광역지자체의 타지역 전방연관성 및 타지역 후방연관성

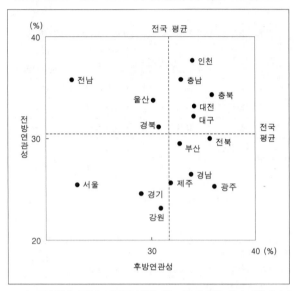

※ 1) 타지역(자기지역) 전방연관성은 한 지역의 생산이 타지역(자기지역) 생산에 의해 어느 정도 유발되는지를, 타지역(자기지역) 후방연관성은 한 지역의 생산이 타지역(자기지역) 생산을 어느 정도 유발시키는지를 의미함
2) 자기지역 전방연관성 + 타지역 전방연관성 = 100%
3) 자기지역 후방연관성 + 타지역 후방연관성 = 100%

┤ 보기 ├

ㄱ. 타지역 전방연관성이 가장 큰 지역은 인천이다.
ㄴ. 자기지역 전방연관성과 자기지역 후방연관성이 각각의 전국 평균보다 큰 지역은 인천, 충남, 충북, 대전, 대구이다.
ㄷ. 경남의 자기지역 전방연관성은 강원의 자기지역 후방연관성보다 작다.
ㄹ. 인천, 부산, 대구, 대전, 광주, 울산은 각각 자기지역 전방연관성이 타지역 전방연관성보다 크다.

① ㄱ, ㄴ   ② ㄱ, ㄷ
③ ㄱ, ㄹ   ④ ㄴ, ㄷ
⑤ ㄷ, ㄹ

013

2015 5급공채 PSAT

다음 〈표〉와 〈그림〉은 A시 30대와 50대 취업자의 최종학력, 직종 분포이다. 이에 대한 설명으로 옳은 것은?

〈표〉 A시 30대와 50대 취업자의 최종학력 분포

(단위 : %)

구분	최종학력	미취학	초등학교 졸업	중학교 졸업	고등학교 졸업	대학 졸업 이상
전체	30대	0.10	0.10	0.40	14.50	84.90
	50대	0.76	9.55	16.56	41.92	31.21
남성	30대	0.10	0.10	0.50	15.50	83.80
	50대	0.60	6.60	12.80	39.30	40.70
여성	30대	0.10	0.10	0.30	13.50	86.00
	50대	0.90	12.00	19.70	44.10	23.30

※ 주어진 값은 소수점 아래 셋째 자리에서 반올림한 값임

〈그림〉 A시 30대와 50대 취업자의 직종 분포

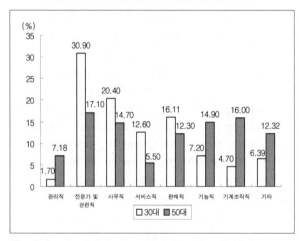

① 서비스직 취업자 수는 30대가 50대보다 많다.
② 30대 기능직 취업자 수가 최종학력이 고등학교 졸업인 30대 남성 취업자 수보다 많다.
③ 모든 30대 판매직 취업자의 최종학력은 고등학교 졸업 이하이다.
④ 최종학력이 중학교 졸업인 50대 취업자 수가 50대 기계조작직 취업자 수보다 적다.
⑤ 50대 취업자 수는 남성이 여성보다 적다.

014

2017 5급공채 PSAT

다음 〈표〉는 2013~2015년 A국의 13대 수출 주력 품목에 관한 자료이다. 이에 대한 〈보기〉의 설명 중 옳은 것만을 모두 고르면?

〈표 1〉 전체 수출액 대비 13대 수출 주력 품목의 수출액 비중

(단위 : %)

연도 품목	2013	2014	2015
가전	1.83	2.35	2.12
무선통신기기	6.49	6.42	7.28
반도체	8.31	10.04	11.01
석유제품	9.31	8.88	6.09
석유화학	8.15	8.35	7.11
선박류	10.29	7.09	7.75
섬유류	2.86	2.81	2.74
일반기계	8.31	8.49	8.89
자동차	8.16	8.54	8.69
자동차부품	4.09	4.50	4.68
철강제품	6.94	6.22	5.74
컴퓨터	2.25	2.12	2.28
평판디스플레이	5.22	4.59	4.24
계	82.21	80.40	78.62

〈표 2〉 13대 수출 주력 품목별 세계수출시장 점유율

(단위 : %)

연도 품목	2013	2014	2015
가전	2.95	3.63	2.94
무선통신기기	6.77	5.68	5.82
반도체	8.33	9.39	8.84
석유제품	5.60	5.20	5.18
석유화학	8.63	9.12	8.42
선박류	24.55	22.45	21.21
섬유류	2.12	1.96	1.89
일반기계	3.19	3.25	3.27
자동차	5.34	5.21	4.82
자동차부품	5.55	5.75	5.50
철강제품	5.47	5.44	5.33
컴퓨터	2.23	2.11	2.25
평판디스플레이	23.23	21.49	18.50

─┤ 보기 ├─

ㄱ. 13대 수출 주력 품목 중 2014년 수출액이 큰 품목부터 차례대로 나열하면 반도체, 석유제품, 자동차, 일반기계, 석유화학, 선박류 등의 순이다.

ㄴ. 13대 수출 주력 품목 중 2013년에 비해 2015년에 전체 수출액 대비 수출액 비중이 상승한 품목은 총 7개이다.

ㄷ. 13대 수출 주력 품목 중 세계수출시장 점유율 상위 5개 품목의 순위는 2013년과 2014년이 동일하다.

① ㄱ   ② ㄴ

③ ㄱ, ㄴ   ④ ㄴ, ㄷ

⑤ ㄱ, ㄴ, ㄷ

015
2018 민간경력자 채용 PSAT

다음 〈그림〉은 주요국(한국, 미국, 일본, 프랑스)이 화장품 산업 경쟁력 4대 분야에서 획득한 점수에 대한 자료이다. 이에 대한 설명으로 옳은 것은?

〈그림〉 주요국의 화장품산업 경쟁력 4대 분야별 점수

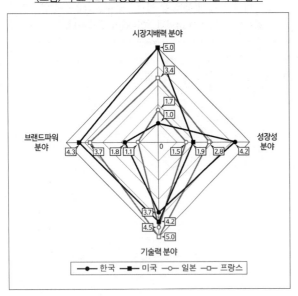

① 기술력 분야에서는 한국의 점수가 가장 높다.
② 성장성 분야에서 점수가 가장 높은 국가는 시장지배력 분야에서도 점수가 가장 높다.
③ 브랜드파워 분야에서 각국이 획득한 점수의 최댓값과 최솟값의 차이는 3 이하이다.
④ 미국이 4대 분야에서 획득한 점수의 합은 프랑스가 4대 분야에서 획득한 점수의 합보다 크다.
⑤ 시장지배력 분야의 점수는 일본이 프랑스보다 높지만 미국보다는 낮다.

016
2014 5급공채 PSAT

다음 〈그림〉은 2000 ~ 2009년 A국의 수출입액 현황을 나타낸 자료이다. 이에 대한 설명으로 옳지 않은 것은?

〈그림〉 A국의 수출입액 현황 (2000 ~ 2009년)

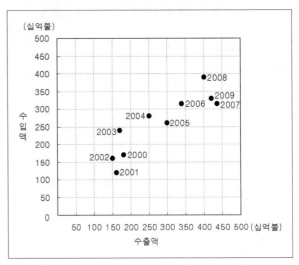

※ 1) 무역규모 = 수출액 + 수입액
   2) 무역수지 = 수출액 - 수입액

① 무역규모가 가장 큰 해는 2008년이고, 가장 작은 해는 2001년이다.
② 수출액 대비 수입액의 비율이 가장 높은 해는 2003년이다.
③ 무역수지 적자폭이 가장 큰 해는 2003년이며, 흑자폭이 가장 큰 해는 2007년이다.
④ 2001년 이후 전년대비 무역규모가 감소한 해는 수출액도 감소하였다.
⑤ 수출액이 가장 큰 해는 2007년이고, 수입액이 가장 큰 해는 2008년이다.

017

2021 민간경력자 채용 PSAT

다음 〈표〉는 아프리카연합이 주도한 임무단의 평화유지활동에 관한 자료이다. 이를 바탕으로 작성한 〈보고서〉의 설명 중 옳지 않은 것은?

〈표〉 임무단의 평화유지활동(2021년 5월 기준)

(단위 : 명)

임무단	파견지	활동기간	주요 임무	파견 규모
부룬디 임무단	부룬디	2003. 4. ~ 2004. 6.	평화협정 이행 지원	3,128
수단 임무단	수단	2004. 10. ~ 2007. 12.	다르푸르 지역 정전 감시	300
코모로 선거감시 지원 임무단	코모로	2006. 3. ~ 2006. 6.	코모로 대통령 선거 감시	462
소말리아 임무단	소말리아	2007. 1. ~ 현재	구호 활동 지원	6,000
코모로 치안 지원 임무단	코모로	2007. 5. ~ 2008. 10.	앙주앙 섬 치안 지원	350
다르푸르 지역 임무단	수단	2007. 7. ~ 현재	민간인 보호	6,000
우간다 임무단	우간다	2012. 3. ~ 현재	반군 소탕작전	3,350
말리 임무단	말리	2012. 12. ~ 2013. 7.	정부 지원	1,450
중앙아프리카 공화국 임무단	중앙 아프리카 공화국	2013. 12. ~ 2014. 9.	안정 유지	5,961

┤ 보고서 ├

아프리카연합은 아프리카 지역 분쟁 해결 및 평화 구축을 위하여 2021년 5월 현재까지 9개의 임무단을 구성하고 평화유지활동을 주도하였다. ⊙ 평화유지활동 중 가장 오랜 기간 동안 활동한 임무단은 '소말리아 임무단'이다. 이 임무는 소말리아 과도 연방정부가 아프리카연합에 평화유지군을 요청한 것을 계기로 시작되어 현재에 이르고 있다. 한편, ⓛ '코모로 선거감시 지원 임무단'은 가장 짧은 기간 동안 활동하였다. 2006년 코모로는 대통령 선거를 앞두고 아프리카연합에 지원을 요청하였고 같은 해 3월 시작된 평화유지활동은 선거가 끝난 6월에 임무가 종료되었다.

ⓒ 아프리카연합이 현재까지 평화유지활동을 위해 파견한 임무단의 총규모는 25,000명 이상이며, 현재 활동 중인 임무단의 규모는 소말리아 6,000명, 수단 6,000명, 우간다 3,350명으로 총 15,000여 명이다.

아프리카연합은 아프리카 내의 문제를 자체적으로 해결하기 위해 다양한 임무단 활동을 활발히 수행하였다. 특히 ⓔ 수단과 코모로에서는 각각 2개의 임무단이 활동하였다. 현재 평화유지활동을 수행 중인 임무단은 3개이지만 ⓜ 2007년 10월 기준 평화유지활동을 수행 중이었던 임무단은 5개였다.

① ⊙   ② ⓛ
③ ⓒ   ④ ⓔ
⑤ ⓜ

018

2019 5급공채 PSAT

다음 〈표〉는 2016년 경기도 10개 시의 문화유산 보유건수 현황에 대한 자료이다. 이에 대한 설명으로 옳은 것은?

〈표〉 경기도 10개 시의 유형별 문화유산 보유건수 현황

(단위: 건)

유형 시	국가 지정 문화재	지방 지정 문화재	문화재 자료	등록 문화재	합
용인시	64	36	16	4	120
여주시	24	32	11	3	70
고양시	16	35	11	7	69
안성시	13	42	13	0	68
남양주시	18	34	11	4	67
파주시	14	28	9	12	63
성남시	36	17	3	3	59
화성시	14	26	9	0	49
수원시	14	24	8	2	48
양주시	11	19	9	0	39
전체	224	293	100	35	( )

※ 문화유산은 국가 지정 문화재, 지방 지정 문화재, 문화재 자료, 등록 문화재로만 구성됨

① '등록 문화재'를 보유한 시는 6개이다.
② 유형별 전체 보유건수가 가장 많은 문화유산은 '국가 지정 문화재'이다.
③ 파주시 문화유산 보유건수 합은 전체 문화유산 보유건수 합의 10% 이하이다.
④ '문화재 자료' 보유건수가 가장 많은 시는 안성시다.
⑤ '국가 지정 문화재'의 시별 보유건수 순위는 '문화재 자료'와 동일하다.

019

2013 외교관후보자 선발시험

다음 〈그림〉은 2012년 3개 기관 유형의 분야별 연구개발비 비중을 나타낸 것이다. 이에 대한 〈보기〉의 설명 중 옳은 것을 모두 고르면?

〈그림〉 3개 기관 유형의 분야별 연구개발비 비중

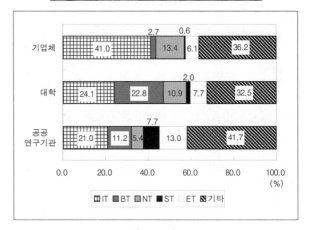

| 보기 |

ㄱ. 공공연구기관의 연구개발비는 BT분야가 NT분야의 2배 이상이다.
ㄴ. 기업체의 IT, NT분야 연구개발비 합은 기업체 전체 연구개발비의 50% 이상이다.
ㄷ. 3개 기관 유형 중 ET분야 연구개발비는 공공연구기관이 가장 많다.
ㄹ. 공공연구기관의 ST분야 연구개발비는 기업체와 대학의 ST분야 연구개발비 합보다 크다.
ㅁ. 기타를 제외하고 연구개발비 비중이 가장 작은 분야는 3개 기관 유형에서 모두 동일하다.

① ㄱ, ㄴ   ② ㄴ, ㄹ
③ ㄱ, ㄴ, ㄷ   ④ ㄱ, ㄴ, ㄹ
⑤ ㄷ, ㄹ, ㅁ

020

2015 민간경력자 채용 PSAT

다음 〈표〉는 2012년 지역별 PC 보유율과 인터넷 이용률에
관한 자료이다. 이에 대한 〈보기〉의 설명 중 옳은 것만을 모
두 고르면?

〈표〉 2012년 지역별 PC 보유율과 인터넷 이용률

(단위 : %)

지역 \ 구분	PC 보유율	인터넷 이용률
서울	88.4	80.9
부산	84.6	75.8
대구	81.8	75.9
인천	87.0	81.7
광주	84.8	81.0
대전	85.3	80.4
울산	88.1	85.0
세종	86.0	80.7
경기	86.3	82.9
강원	77.3	71.2
충북	76.5	72.1
충남	69.9	69.7
전북	71.8	72.2
전남	66.7	67.8
경북	68.8	68.4
경남	72.0	72.5
제주	77.3	73.6

┤ 보기 ├

ㄱ. PC 보유율이 네 번째로 높은 지역은 인터넷 이용률도
네 번째로 높다.
ㄴ. 경남보다 PC 보유율이 낮은 지역의 인터넷 이용률은
모두 경남의 인터넷 이용률보다 낮다.
ㄷ. 울산의 인터넷 이용률은 인터넷 이용률이 가장 낮은 지
역의 1.3배 이상이다.
ㄹ. PC 보유율보다 인터넷 이용률이 높은 지역은 전북, 전
남, 경남이다.

① ㄱ, ㄴ ② ㄱ, ㄷ
③ ㄱ, ㄹ ④ ㄴ, ㄷ
⑤ ㄴ, ㄹ

02 계산형

계산형 문제는?

분석형 문제와 함께 자료해석의 대표적인 유형이다. 주어진 자료를 보고, 문제에서 요구하는 수치를 계산하는 문제 또는 계산한 선택지가 맞는지 틀린지를 고르는 문제로 출제된다. 분석형과 계산형이 섞여 "혼합형" 문제로 출제되기도 한다.
(→ Chater 3 혼합형)

계산형 문제 특징

- 자료의 수치에 대한 설명이 선택지에 제시되어 있고, 선택지가 옳은지 틀린지를 판단하는 형태로 가장 많이 출제된다.
- 겉보기에 유형 자체는 분석형과 유사하게 출제되는 경우가 많으나, **분석형 문제와는 달리 수치를 계산해야 답을 고를 수 있는 것이 특징이**다.
- **비율 계산, 수량·금액 계산**을 해야 하는 문제가 많다. 또한, **계산 후 수치의 대소 비교를 하거나 순위를 매겨야 하는 문제도** 출제된다.
- '전년 대비', '20XX년과 비교해', 'A지역에 비해 B지역은'과 같이, **수치를 비교하여 그 비율이 얼마나 차이가 있는지 물어보는 선택지가 많다.**
  (~% 이상 증가하였다 / ~% 이하이다 / 증가율이 A가 B보다 작다)
- 문제 자체가 어렵다기보다는, 계산하는 과정이 복잡해서 시간이 오래 걸리는 경우가 많다. **어림산을 이용하여 시간을 절약하는 것이 요령이다.** 하지만 수치가 비슷한 경우 과감하게 시간을 들여 계산을 하는 것이 나을 때도 있다. 잘 판단하여 결정해야 한다.
- 자료 아래 제시된 **각주의 공식을 활용해 계산**을 해야 하는 문제가 많다.
- 선택지를 보고 선택지 내용에 맞는 수치를 제시된 자료에서 찾아 계산을 해나가는 것이 순서이다.

대표예제

다음 〈표〉는 2019년 5월 10일 A 프랜차이즈의 지역별 가맹점수와 결제 실적에 관한 자료이다. 이에 대한 설명으로 옳지 않은 것은?

2019 민간경력자 채용 PSAT

〈표 1〉 A 프랜차이즈의 지역별 가맹점수, 결제건수 및 결제금액

(단위: 개, 건, 만 원)

지역	구분	가맹점수	결제건수	결제금액
서울		1,269	142,248	241,442
6대 광역시	부산	34	3,082	7,639
	대구	8	291	2,431
	인천	20	1,317	2,548
	광주	8	306	793
	대전	13	874	1,811
	울산	11	205	635
전체		1,363	148,323	257,299

〈표 2〉 A 프랜차이즈의 가맹점 규모별 결제건수 및 결제금액

(단위: 건, 만 원)

가맹점 규모 \ 구분	결제건수	결제금액
소규모	143,565	250,390
중규모	3,476	4,426
대규모	1,282	2,483
전체	148,323	257,299

① '서울' 지역 소규모 가맹점의 결제건수는 137,000건 이하이다.
② 6대 광역시 가맹점의 결제건수 합은 6,000건 이상이다.
③ 결제건수 대비 결제금액을 가맹점 규모별로 비교할 때 가장 작은 가맹점 규모는 중규모이다.
④ 가맹점수 대비 결제금액이 가장 큰 지역은 '대구'이다.
⑤ 전체 가맹점수에서 '서울' 지역 가맹점수 비중은 90% 이상이다.

정답 ①

해설

① (×) 〈표 1〉에서 '서울' 지역의 결제건수는 142,248건이다. 〈표 2〉에서 전체 중규모와 대규모 가맹점 결제건수는 3,476+1,282=4,758(건)이다. 그런데 전체 중·대규모 가맹점 결제건수가 모두 서울 지역에서 결제되었다고 가정하더라도 서울 지역 전체 결제건수에서 중·대규모 가맹점 결제건수를 뺀 나머지 142,248−4,758=137,490(건)은 소규모 가맹점의 결제건수가 된다. 즉, 서울 지역 소규모 가맹점 결제건수는 최소한 137,490건은 된다는 말이다.
따라서, '서울' 지역 소규모 가맹점의 결제건수가 137,000건 이하가 될 수는 없다.

② (○) 6대 광역시 가맹점의 결제건수 합은 '전체 결제건수−서울의 결제건수'이므로, 148,323−142,248=6,075(건)이다.

③ (○) 결제건수 대비 결제금액을 가맹점 규모별로 비교하면 아래와 같다.

소규모: $\frac{250,390}{143,565}$ ≒1.74(만 원),

중규모: $\frac{4,426}{3,476}$ ≒1.27(만 원),

대규모: $\frac{2,483}{1,282}$ ≒1.94(만 원)이므로,

결제건수 대비 결제금액이 가장 작은 가맹점 규모는 중규모이다.

④ (○) 대구를 기준으로, 대구와 가맹점수가 비슷하거나 많은 지역 중 결제금액이 대구보다 낮은 곳은 제외한다.(인천, 광주, 대전, 울산 제외)
가맹점수 대비 결제금액을 구하면,

서울: $\frac{241,442}{1,269}$ ≒190.3(만 원),

부산: $\frac{7,639}{34}$ ≒224.68(만 원),

대구: $\frac{2,431}{8}$ ≒303.88(만 원)이므로,

가맹점수 대비 결제금액이 가장 큰 지역은 '대구'이다.

⑤ (○) 전체 가맹점수 1,363개에서 '서울' 지역 가맹점수는 1,269개이므로,
$\frac{1,269}{1,363}$×100≒93.1(%)이다.

021

2022 5급공채 PSAT

다음 〈그림〉은 '갑'국 및 글로벌 e스포츠 산업 규모에 관한 자료이다. 이에 대한 〈보고서〉의 내용 중 옳지 않은 것은?

〈그림 1〉 2017 ~ 2021년 '갑'국 e스포츠 산업 규모

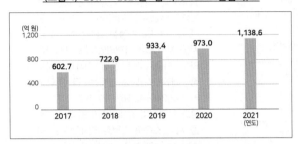

〈그림 2〉 2020년, 2021년 '갑'국 e스포츠 산업의 세부항목별 규모

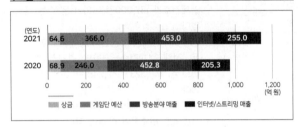

〈그림 3〉 2017 ~ 2021년 글로벌 e스포츠 산업 규모

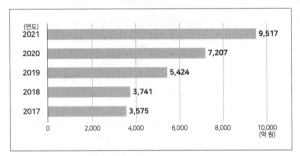

┤ 보고서 ├

2021년 '갑'국 e스포츠 산업 규모는 1,138억 6,000만 원으로 집계되었다. ㉠이는 2020년 973억 원에서 15% 이상 성장한 것이다. 세부항목별로 살펴보면 ㉡방송분야 매출이 453억 원으로 전체의 35% 이상을 차지하여 가장 비중이 큰 것으로 나타났다. 이외에 게임단 예산은 366억 원, 인터넷/스트리밍 매출은 255억 원, 상금은 64억 6,000만 원이었다. 게임단 예산은 전년 대비 45% 이상 증가한 것이고, 인터넷/스트리밍 매출 또한 전년 대비 20% 이상 증가한 것이다. 하지만 방송분야 매출은 큰 차이가 없었으며, 상금은 전년 대비 5% 이상 감소한 것으로 나타났다.

한편 글로벌 e스포츠 산업 규모와 '갑'국 e스포츠 산업 규모의 성장세를 살펴보면, ㉢글로벌 e스포츠 산업 규모는 2019년부터 전년 대비 30% 이상 성장하였고, '갑'국 e스포츠 산업 규모도 매년 성장하였다. 그러나, ㉣'갑'국 e스포츠 산업 규모가 2020년에는 전년 대비 5% 미만의 성장에 그쳐 글로벌 e스포츠 산업 규모에서 차지하는 비중이 15% 미만이 되었다. 이는 ㉤글로벌 e스포츠 산업 규모 대비 '갑'국 e스포츠 산업 규모의 비중이 2017년 이후 매년 감소한 것으로, '갑'국 e스포츠 산업 규모가 꾸준히 성장하고는 있으나 글로벌 e스포츠 산업 규모의 성장세에는 미치지 못하고 있기 때문이다.

① ㉠

② ㉡

③ ㉢

④ ㉣

⑤ ㉤

022

2017 민간경력자 채용 PSAT

다음 〈표〉는 2016년 '갑'국 10개 항공사의 항공기 지연 현황에 대한 자료이다. 이에 대한 〈보기〉의 설명 중 옳은 것만을 모두 고르면?

〈표〉 10개 항공사의 지연사유별 항공기 지연 대수

(단위: 대)

항공사	총 운항 대수	총 지연 대수	지연사유별 지연 대수			
			연결편 접속	항공기 정비	기상 악화	기타
EK	86,592	21,374	20,646	118	214	396
JL	71,264	12,487	11,531	121	147	688
EZ	26,644	4,037	3,628	41	156	212
WT	7,308	1,137	1,021	17	23	76
HO	6,563	761	695	7	21	38
8L	6,272	1,162	1,109	4	36	13
ZH	3,129	417	135	7	2	273
BK	2,818	110	101	3	1	5
9C	2,675	229	223	3	0	3
PR	1,062	126	112	3	5	6
계	214,327	41,840	39,201	324	605	1,710

※ 지연율(%) = $\dfrac{\text{총 지연 대수}}{\text{총 운항 대수}} \times 100$

┤ 보기 ├

ㄱ. 지연율이 가장 낮은 항공사는 BK항공이다.

ㄴ. 항공사별 총 지연 대수 중 항공기 정비, 기상 악화, 기타로 인한 지연 대수의 합이 차지하는 비중은 ZH항공이 가장 높다.

ㄷ. 기상 악화로 인한 전체 지연 대수 중 EK항공과 JL항공의 기상 악화로 인한 지연 대수 합이 차지하는 비중은 50% 이하이다.

ㄹ. 항공기 정비로 인한 지연 대수 대비 기상악화로 인한 지연 대수 비율이 가장 높은 항공사는 EZ항공이다.

① ㄱ, ㄴ ② ㄱ, ㄷ
③ ㄴ, ㄹ ④ ㄱ, ㄷ, ㄹ
⑤ ㄴ, ㄷ, ㄹ

023

2019 민간경력자 채용 PSAT

다음 〈표〉와 〈그림〉은 '갑'국의 방송사별 만족도지수, 질평가지수, 시청자평가지수를 나타낸 자료이다. 이에 대한 〈보기〉의 설명 중 옳은 것만을 모두 고르면?

〈표〉 방송사별 전체 및 주시청 시간대의 만족도지수와 질평가지수

유형	구분 방송사	전체 시간대		주시청 시간대	
		만족도지수	질평가지수	만족도지수	질평가지수
지상파	A	7.37	7.33	( )	7.20
	B	7.22	7.05	7.23	( )
	C	7.14	6.97	7.11	6.93
	D	7.32	7.16	( )	7.23
종합편성	E	6.94	6.90	7.10	7.02
	F	7.75	7.67	( )	7.88
	G	7.14	7.04	7.20	( )
	H	7.03	6.95	7.08	7.00

〈그림〉 방송사별 주시청 시간대의 시청자평가지수

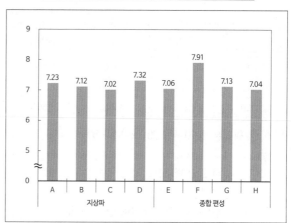

※ 전체(주시청)시간대 시청자평가지수 =

$$\dfrac{\text{전체(주시청)시간대 만족도지수} + \text{전체(주시청)시간대 질평가지수}}{2}$$

┤ 보기 ├

ㄱ. 각 지상파 방송사는 전체 시간대와 주시청 시간대 모두 만족도지수가 질평가지수보다 높다.

ㄴ. 각 종합편성 방송사의 질평가지수는 주시청 시간대가 전체 시간대보다 높다.

ㄷ. 각 지상파 방송사의 시청자평가지수는 전체 시간대가 주시청 시간대보다 높다.

ㄹ. 만족도지수는 주시청 시간대가 전체 시간대보다 높으면서 시청자평가지수는 주시청 시간대가 전체 시간대보다 낮은 방송사는 2개이다.

① ㄱ, ㄴ ② ㄱ, ㄷ
③ ㄴ, ㄹ ④ ㄱ, ㄷ, ㄹ
⑤ ㄴ, ㄷ, ㄹ

정답 및 해설 ▶ 20~22p

024

2020 민간경력자 채용 PSAT

다음 〈그림〉과 〈표〉는 조사연도별 '갑'국 병사의 계급별 월급과 군내매점에서 판매하는 주요품목 가격에 관한 자료이다. 이에 대한 설명으로 옳은 것은?

〈그림〉 조사연도별 병사의 계급별 월급

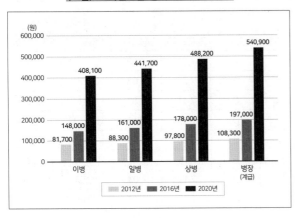

〈표〉 조사연도별 군내매점 주요품목 가격

(단위 : 원/개)

품목 조사연도	캔커피	단팥빵	햄버거
2012	250	600	2,400
2016	300	1,000	2,800
2020	500	1,400	3,500

① 이병 월급은 2020년이 2012년보다 500% 이상 증액되었다.

② 2012년 대비 2016년 상병 월급 증가율은 2016년 대비 2020년 상병 월급 증가율보다 더 높다.

③ 군내매점 주요품목 각각의 2012년 대비 2016년 가격인상률은 2016년 대비 2020년 가격인상률보다 낮다.

④ 일병이 한 달 월급만을 사용하여 군내매점에서 해당 연도 가격으로 140개의 단팥빵을 구매하고 남은 금액은 2016년이 2012년보다 15,000원 이상 더 많다.

⑤ 병장이 한 달 월급만을 사용하여 군내매점에서 해당 연도 가격으로 구매할 수 있는 햄버거의 최대 개수는 2020년이 2012년의 3배 이하이다.

025

2021 민간경력자 채용 PSAT

다음 〈그림〉은 2014 ~ 2020년 연말 기준 '갑'국의 국가채무 및 GDP에 관한 자료이다. 이에 대한 〈보기〉의 설명 중 옳은 것만을 모두 고르면?

〈그림 1〉 GDP 대비 국가채무 및 적자성채무 비율 추이

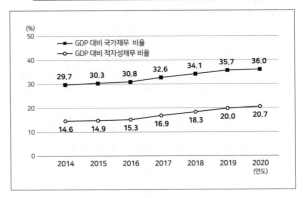

※ 국가채무 = 적자성채무 + 금융성채무

〈그림 2〉 GDP 추이

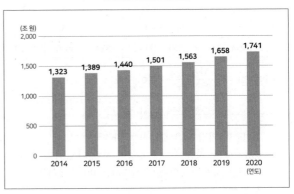

┤ 보기 ├

ㄱ. 2020년 국가채무는 2014년의 1.5배 이상이다.

ㄴ. GDP 대비 금융성채무 비율은 매년 증가한다.

ㄷ. 적자성채무는 2019년부터 300조 원 이상이다.

ㄹ. 금융성채무는 매년 국가채무의 50% 이상이다.

① ㄱ, ㄴ
② ㄱ, ㄷ
③ ㄴ, ㄹ
④ ㄱ, ㄷ, ㄹ
⑤ ㄴ, ㄷ, ㄹ

026

2015 민간경력자 채용 PSAT

다음 〈표〉는 '갑'국의 2013년 복지종합지원센터, 노인복지관, 자원봉사자, 등록노인 현황에 관한 자료이다. 이에 대한 〈보기〉의 설명 중 옳은 것만을 모두 고르면?

〈표〉 복지종합지원센터, 노인복지관, 자원봉사자, 등록노인 현황

(단위: 개소, 명)

구분 지역	복지종합 지원센터	노인복지관	자원봉사자	등록노인
A	20	1,336	8,252	397,656
B	2	126	878	45,113
C	1	121	970	51,476
D	2	208	1,388	69,395
E	1	164	1,188	59,050
F	1	122	1,032	56,334
G	2	227	1,501	73,825
H	3	362	2,185	106,745
I	1	60	529	27,256
전국	69	4,377	30,171	1,486,980

┤ 보기 ├

ㄱ. 전국의 노인복지관, 자원봉사자 중 A지역의 노인복지관, 자원봉사자의 비중은 각각 25% 이상이다.

ㄴ. A~I지역 중 복지종합지원센터 1개소당 노인복지관 수가 100개소 이하인 지역은 A, B, D, I이다.

ㄷ. A~I지역 중 복지종합지원센터 1개소당 자원봉사자 수가 가장 많은 지역과 복지종합지원센터 1개소당 등록노인 수가 가장 많은 지역은 동일하다.

ㄹ. 노인복지관 1개소당 자원봉사자 수는 H지역이 C지역보다 많다.

① ㄱ, ㄴ
② ㄱ, ㄷ
③ ㄱ, ㄹ
④ ㄴ, ㄷ
⑤ ㄴ, ㄹ

027

2015 5급공채 PSAT

다음 〈표〉는 A국 기업의 회계기준 적용에 관한 자료이다. 이에 대한 설명으로 옳지 않은 것은?

〈표 1〉 A국 기업의 회계기준 적용 현황

(단위: 개, %)

회계기준	연도 구분	2011		2012	
		기업수	비율	기업수	비율
국제 회계 기준		2,851	15.1	3,097	15.9
	의무기업 (상장기업)	1,709	9.1	1,694	8.7
	선택기업 (비상장기업)	1,142	6.0	1,403	7.2
일반회계기준 (비상장기업)		16,027	84.9	16,366	84.1
전체		18,878	100.0	19,463	100.0

※ 상장기업은 국제회계기준을 의무적용해야 하며, 비상장기업은 국제회계기준과 일반회계기준 중 하나를 적용해야 함

〈표 2〉 2011년 A국 비상장기업의 자산규모별 회계기준 적용 현황

(단위: 개, %)

자산규모	회계기준 구분	국제회계기준		일반회계기준		합	
		기업수	비율	기업수	비율	기업수	비율
2조 원 이상		38	73.1	14	26.9	52	100.0
5천억 원 이상 2조 원 미만		80	36.9	137	63.1	217	100.0
1천억 원 이상 5천억 원 미만		285	18.8	1,231	81.2	1,516	100.0
1천억 원 미만		739	4.8	14,645	95.2	15,384	100.0
계		1,142	—	16,027	—	17,169	—

① 2011년 국제회계기준을 적용한 비상장기업의 80% 이상이 자산규모 5천억 원 미만이다.

② 2011년 자산규모가 2조 원 이상인 비상장기업 중, 일반회계기준을 적용한 기업 수보다 국제회계기준을 적용한 기업 수가 더 많다.

③ 2012년 전체 기업 대비 국제회계기준을 적용한 기업의 비율은 2011년에 비해 증가하였다.

④ 2012년 비상장기업의 수는 2011년에 비해 증가하였다.

⑤ 2012년 비상장기업 중 국제회계기준을 적용한 비상장기업이 차지하는 비율은 전년에 비해 2%p 이상 증가하였다.

028

2019 민간경력자 채용 PSAT

다음 〈표〉와 〈그림〉은 2018년 A 대학의 학생상담 현황에 대한 자료이다. 이에 대한 〈보기〉의 설명 중 옳은 것만을 모두 고르면?

〈표〉 상담자별, 학년별 상담건수

(단위: 건)

상담자＼학년	1학년	2학년	3학년	4학년	합
교수	1,085	1,020	911	1,269	4,285
상담직원	154	97	107	56	414
진로컨설턴트	67	112	64	398	641
전체	1,306	1,229	1,082	1,723	5,340

〈그림 1〉 상담횟수별 학생 수

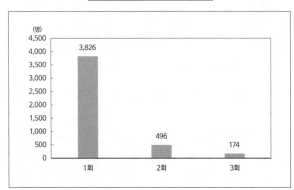

〈그림 2〉 전체 상담건수의 유형별 구성비

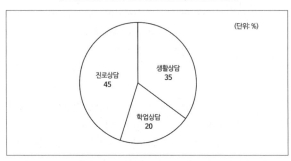

┤ 보기 ├

ㄱ. 학년별 전체 상담건수 중 '상담직원'의 상담건수가 차지하는 비중이 큰 학년부터 순서대로 나열하면 1학년, 2학년, 3학년, 4학년 순이다.

ㄴ. '진로컨설턴트'가 상담한 유형이 모두 진로상담이고, '상담직원'이 상담한 유형이 모두 생활상담 또는 학업상담이라면, '교수'가 상담한 유형 중 진로상담이 차지하는 비중은 30% 이상이다.

ㄷ. 상담건수가 많은 학년부터 순서대로 나열하면 4학년, 1학년, 2학년, 3학년 순이다.

ㄹ. 최소 한 번이라도 상담을 받은 학생 수는 4,600명 이하이다.

① ㄱ, ㄷ　　② ㄴ, ㄹ　　③ ㄱ, ㄴ, ㄷ
④ ㄱ, ㄷ, ㄹ　　⑤ ㄴ, ㄷ, ㄹ

029

2019 민간경력자 채용 PSAT

다음 〈그림〉은 '갑' 자치구의 예산내역에 관한 자료이다. 이에 대한 〈보기〉의 설명 중 옳은 것만을 모두 고르면?

〈그림〉 '갑' 자치구 예산내역

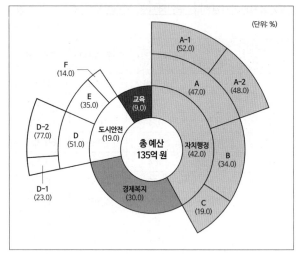

※ 1) 괄호 안의 값은 예산 비중을 의미함
　 2) 예를 들어, A(47.0)은 A 사업의 예산이 '자치행정' 분야 예산의 47.0%임을 나타내고, D-1 사업의 예산은 3.0억 원임

┤ 보기 ├

ㄱ. '교육' 분야 예산은 13억 원 이상이다.

ㄴ. C 사업 예산은 D 사업 예산보다 적다.

ㄷ. '경제복지' 분야 예산은 B 사업과 C 사업 예산의 합보다 많다.

ㄹ. '도시안전' 분야 예산은 A-2 사업 예산의 3배 이상이다.

① ㄱ, ㄴ　　　　② ㄱ, ㄷ
③ ㄴ, ㄷ　　　　④ ㄴ, ㄹ
⑤ ㄷ, ㄹ

030

2020 민간경력자 채용 PSAT

다음 〈표〉는 2018년과 2019년 14개 지역에 등록된 5톤 미만 어선 수에 관한 자료이다. 이에 대한 설명으로 옳은 것은?

〈표〉 2018년과 2019년 14개 지역에 등록된 5톤 미만 어선 수

(단위: 척)

연도 \ 톤급 \ 지역	1톤 미만	1톤 이상 2톤 미만	2톤 이상 3톤 미만	3톤 이상 4톤 미만	4톤 이상 5톤 미만
2019 부산	746	1,401	374	134	117
대구	6	0	0	0	0
인천	98	244	170	174	168
울산	134	378	83	51	32
세종	8	0	0	0	0
경기	910	283	158	114	118
강원	467	735	541	296	179
충북	427	5	1	0	0
충남	901	1,316	743	758	438
전북	348	1,055	544	168	184
전남	6,861	10,318	2,413	1,106	2,278
경북	608	640	370	303	366
경남	2,612	4,548	2,253	1,327	1,631
제주	123	145	156	349	246
2018 부산	793	1,412	351	136	117
대구	6	0	0	0	0
인천	147	355	184	191	177
울산	138	389	83	52	33
세종	7	0	0	0	0
경기	946	330	175	135	117
강원	473	724	536	292	181
충북	434	5	1	0	0
충남	1,036	1,429	777	743	468
전북	434	1,203	550	151	188
전남	7,023	10,246	2,332	1,102	2,297
경북	634	652	372	300	368
경남	2,789	4,637	2,326	1,313	1,601
제주	142	163	153	335	250

① 2019년 경기의 5톤 미만 어선 수의 전년 대비 증감률은 10% 미만이다.
② 2019년 대구를 제외한 각 지역에서 '1톤 미만' 어선 수는 전년보다 감소한다.
③ 2018년 대구, 세종, 충북을 제외한 각 지역에서 '1톤 이상 2톤 미만'부터 '4톤 이상 5톤 미만'까지 톤급이 증가할수록 어선 수는 감소한다.
④ 2018년과 2019년 모두 '1톤 이상 2톤 미만' 어선 수는 충남이 세 번째로 크다.
⑤ 2018년과 2019년 모두 '1톤 미만' 어선 수 대비 '3톤 이상 4톤 미만' 어선 수의 비가 가장 높은 지역은 인천이다.

031

2013 5급공채 PSAT

다음 〈그림〉은 2010년 세계 인구의 국가별 구성비와 OECD 국가별 인구를 나타낸 자료이다. 2010년 OECD 국가의 총 인구 중 미국 인구가 차지하는 비율이 25%일 때, 이에 대한 〈보기〉의 설명 중 옳은 것을 모두 고르면?

〈그림 1〉 2010년 세계 인구의 국가별 구성비

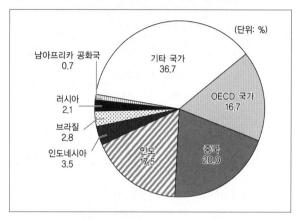

〈그림 2〉 2010년 OECD 국가별 인구

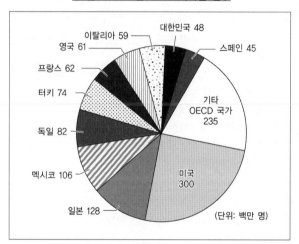

─── 보기 ───

ㄱ. 2010년 세계 인구는 70억 명 이상이다.
ㄴ. 2010년 기준 독일 인구가 매년 전년 대비 10% 증가한다면, 독일 인구가 최초로 1억 명 이상이 되는 해는 2014년이다.
ㄷ. 2010년 OECD 국가의 총 인구 중 터키 인구가 차지하는 비율은 5% 이상이다.
ㄹ. 2010년 남아프리카공화국 인구는 스페인 인구보다 적다.

① ㄱ, ㄴ
② ㄱ, ㄷ
③ ㄱ, ㄹ
④ ㄴ, ㄷ
⑤ ㄷ, ㄹ

032

2020 민간경력자 채용 PSAT

다음 〈표〉는 2016 ~ 2019년 '갑'국의 방송통신 매체별 광고매출액에 관한 자료이다. 이에 대한 〈보기〉의 설명 중 옳은 것만을 고르면?

〈표〉 2016 ~ 2019년 방송통신 매체별 광고매출액

(단위 : 억 원)

매체	세부 매체	2016	2017	2018	2019
방송	지상파TV	15,517	14,219	12,352	12,310
	라디오	2,530	2,073	1,943	1,816
	지상파DMB	53	44	36	35
	케이블PP	18,537	17,130	16,646	( )
	케이블SO	1,391	1,408	1,275	1,369
	위성방송	480	511	504	503
	소계	38,508	35,385	32,756	31,041
온라인	인터넷(PC)	19,092	20,554	19,614	19,109
	모바일	28,659	36,618	45,678	54,781
	소계	47,751	57,172	65,292	73,890

┤ 보기 ├

ㄱ. 2017 ~ 2019년 동안 모바일 광고매출액의 전년 대비 증가율은 매년 30% 이상이다.

ㄴ. 2017년의 경우, 방송 매체 중 지상파TV 광고매출액이 차지하는 비중은 온라인 매체 중 인터넷(PC) 광고매출액이 차지하는 비중보다 작다.

ㄷ. 케이블PP의 광고매출액은 매년 감소한다.

ㄹ. 2016년 대비 2019년 광고매출액 증감률이 가장 큰 세부 매체는 모바일이다.

① ㄱ, ㄴ
② ㄱ, ㄷ
③ ㄴ, ㄷ
④ ㄴ, ㄹ
⑤ ㄷ, ㄹ

033

2013 외교관후보자 선발시험

다음 〈표〉는 2005년 서비스인구 기준 세계 10대 물기업 현황에 관한 자료이다. 이에 대한 〈보기〉의 설명 중 옳은 것을 모두 고르면?

〈표〉 2005년 세계 10대 물기업 현황

순위	기업명(국가)	서비스인구 (만 명)	국외비중 (%)	2004년 대비 서비스인구 증감 (만 명)	물부문 매출액 (백만 달러)
1	수에즈(프랑스)	12,002	86.0	265	6,986
2	베올리아(프랑스)	11,753	79.0	937	9,805
3	알베에(독일)	7,537	61.0	592	4,065
4	아그바(스페인)	3,490	54.0	−32	968
5	사베습(브라질)	2,560	0.0	50	1,656
6	유틸리티즈(영국)	2,383	57.0	170	1,126
7	FCC(스페인)	1,740	45.0	200	514
8	아체아(이탈리아)	1,545	44.0	193	366
9	서번트렌트(영국)	1,448	43.0	96	1,126
10	소어(프랑스)	1,371	56.0	−1,981	1,531
합계		45,829			28,143

┤ 보기 ├

ㄱ. 2005년 세계 물부문 매출액이 350억 달러라면, 세계 10대 물기업이 세계 물부문 매출액의 80% 이상을 점유하고 있다.

ㄴ. 2005년 세계 10대 물기업 중, 국외 서비스인구가 1,000만 명 이상인 회사는 4개이다.

ㄷ. 2004년 대비 2005년 서비스인구 증가율이 10% 이상인 회사는 베올리아, FCC, 아체아 3개이다.

ㄹ. 2005년 아그바의 국내 서비스인구는 1,500만 명 이상이다.

① ㄱ, ㄴ
② ㄱ, ㄷ
③ ㄱ, ㄹ
④ ㄴ, ㄷ
⑤ ㄴ, ㄹ

034

2013 5급공채 PSAT

다음 〈표〉는 A무역회사 해외지사의 수출 상담실적에 관한 자료이다. 이에 대한 설명으로 옳지 않은 것은?

〈표〉 A무역회사 해외지사의 수출 상담실적

(단위: 건, %)

연도 해외지사	2008	2009	2010	2011년 1~11월	
					전년동기 대비 증감률
칠레	352	284	472	644	60.4
싱가포르	136	196	319	742	154.1
독일	650	458	724	810	22.4
태국	3,630	1,995	1,526	2,520	80.0
미국	307	120	273	1,567	526.8
인도	0	2,333	3,530	1,636	−49.4
영국	8	237	786	12,308	1,794.1
합계	5,083	5,623	7,630	20,227	197.3

① 2010년 12월 태국지사 수출 상담실적은 100건 이상이다.
② 전년대비 2010년 수출 상담실적 건수가 가장 많이 늘어난 해외지사는 인도지사이다.
③ 2009 ~ 2011년 동안 A무역회사 해외지사의 수출 상담실적 건수 합계는 매년 증가하였다.
④ 2008 ~2010년 동안 매년 싱가포르지사와 미국지사의 수출 상담실적 건수의 합은 독일지사의 수출 상담실적 건수보다 적다.
⑤ 2011년 12월 칠레지사 수출 상담실적이 256건이라면, 2011년 연간 칠레지사 수출 상담실적 건수는 전년대비 100% 이상 증가한다.

035

2013 5급공채 PSAT

다음 〈표〉와 〈그림〉은 2010년 성별·장애등급별 등록 장애인 현황을 나타낸 것이다. 이에 대한 〈보기〉의 설명 중 옳은 것을 모두 고르면?

〈표〉 2010년 성별 등록 장애인 수

(단위: 명, %)

구분	성별 여성	남성	전체
등록 장애인 수	1,048,979	1,468,333	2,517,312
전년대비 증가율	0.50	5.50	( )

〈그림〉 2010년 성별·장애등급별 등록 장애인 수

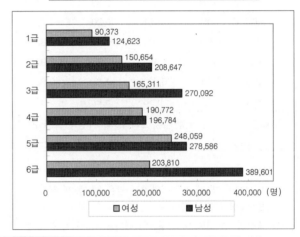

※ 장애등급은 1 ~ 6급으로만 구분되며, 미등록 장애인은 없음

┤ 보기 ├

ㄱ. 2010년 전체 등록 장애인 수의 전년대비 증가율은 4% 미만이다.
ㄴ. 전년대비 2010년 등록 장애인 수가 가장 많이 증가한 장애등급은 6급이다.
ㄷ. 장애등급 5급과 6급의 등록 장애인 수의 합은 전체 등록 장애인 수의 50% 이상이다.
ㄹ. 등록 장애인 수가 가장 많은 장애등급의 남성 장애인 수는 등록 장애인 수가 가장 적은 장애등급의 남성 장애인 수의 3배 이상이다.
ㅁ. 성별 등록 장애인 수 차이가 가장 작은 장애등급과 가장 큰 장애등급의 여성 장애인 수의 합은 여성 전체 등록 장애인 수의 40% 미만이다.

① ㄱ, ㄴ
② ㄱ, ㄹ
③ ㄱ, ㄹ, ㅁ
④ ㄴ, ㄷ, ㅁ
⑤ ㄷ, ㄹ, ㅁ

036

2021 민간경력자 채용 PSAT

다음 〈표〉는 '갑'국의 2020년 농업 생산액 현황 및 2021 ~ 2023년의 전년 대비 생산액 변화율 전망치에 관한 자료이다. 이에 대한 〈보기〉의 설명 중 옳은 것만을 모두 고르면?

〈표〉 농업 생산액 현황 및 변화율 전망치

(단위: 십억 원, %)

구분		2020년 생산액	전년 대비 생산액 변화율 전망치		
			2021년	2022년	2023년
농업		50,052	0.77	0.02	1.38
	재배업	30,270	1.50	−0.42	0.60
	축산업	19,782	−0.34	0.70	2.57
	소	5,668	3.11	0.53	3.51
	돼지	7,119	−3.91	0.20	1.79
	닭	2,259	1.20	−2.10	2.82
	달걀	1,278	5.48	3.78	3.93
	우유	2,131	0.52	1.12	0.88
	오리	1,327	−5.58	5.27	3.34

※ 축산업은 소, 돼지, 닭, 달걀, 우유, 오리의 6개 세부항목으로만 구성됨

┤ 보기 ├

ㄱ. 2021년 '오리' 생산액 전망치는 1.2조 원 이상이다.
ㄴ. 2021년 '돼지' 생산액 전망치는 같은 해 '농업' 생산액 전망치의 15% 이상이다.
ㄷ. '축산업' 중 전년 대비 생산액 변화율 전망치가 2022년보다 2023년이 낮은 세부항목은 2개이다.
ㄹ. 2020년 생산액 대비 2022년 생산액 전망치의 증감폭은 '재배업'이 '축산업'보다 크다.

① ㄱ, ㄴ
② ㄱ, ㄷ
③ ㄴ, ㄹ
④ ㄱ, ㄷ, ㄹ
⑤ ㄴ, ㄷ, ㄹ

037

2014 5급공채 PSAT

다음 〈그림〉은 2005 ~ 2009년 A지역 도서관 현황에 관한 자료이다. 이에 대한 〈보기〉의 설명 중 옳은 것만을 모두 고르면?

〈그림 1〉 도서관 수와 좌석 수 추이

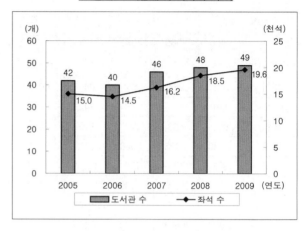

〈그림 2〉 장서 수와 연간이용자 수 추이

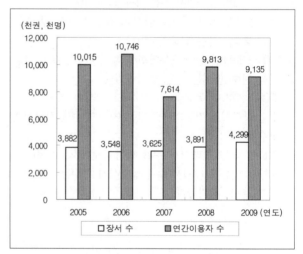

┤ 보기 ├

ㄱ. 2007년 도서관 수는 전년보다 증가하였지만 도서관당 좌석 수는 전년보다 감소하였다.
ㄴ. 연간이용자 수가 가장 적은 해와 도서관당 연간이용자 수가 가장 적은 해는 같다.
ㄷ. 2008년 도서관 수의 전년대비 증가율은 장서 수의 전년대비 증가율보다 높다.
ㄹ. 2009년 장서 수, 연간이용자 수, 도서관 수, 좌석 수 중 전년대비 증가율이 가장 큰 항목은 장서 수이다.

① ㄱ, ㄹ
② ㄴ, ㄷ
③ ㄱ, ㄴ, ㄷ
④ ㄱ, ㄴ, ㄹ
⑤ ㄴ, ㄷ, ㄹ

038

2014 5급공채 PSAT

다음 〈표〉는 2008 ~ 2012년 커피 수입 현황에 대한 자료이다. 〈보고서〉 내용 중 〈표〉와 일치하는 것만을 모두 고르면?

〈표〉 2008 ~ 2012년 커피 수입 현황

(단위: 톤, 천 달러)

구분	연도	2008	2009	2010	2011	2012
생두	중량	97.8	96.9	107.2	116.4	100.2
	금액	252.1	234.0	316.1	528.1	365.4
원두	중량	3.1	3.5	4.5	5.4	5.4
	금액	37.1	42.2	55.5	90.5	109.8
커피 조제품	중량	6.3	5.0	5.5	8.5	8.9
	금액	42.1	34.6	44.4	98.8	122.4

※ 1) 커피는 생두, 원두, 커피 조제품으로만 구분됨

2) 수입단가 = $\frac{금액}{중량}$

┤ 보고서 ├

- 커피 전체
  - ㉠ 커피 수입금액은 2008년부터 2011년까지 매년 증가하다가 2012년에 감소
  - 커피 수입중량은 2012년에 전년대비 12.1% 감소
- 생두
  - 2011년 생두 수입금액은 전년대비 증가했으나 2012년에는 전년대비 30.8% 감소, ㉡ 2012년 원두 수입중량 대비 생두 수입중량 비율은 2008년에 비해 감소
  - ㉢ 생두 수입단가는 2011년에 전년대비 50% 이상 상승한 후 2012년에 전년대비 하락
- 원두
  - ㉣ 2009 ~ 2012년 동안 원두 수입금액의 전년대비 증가율은 2011년에 최대
  - 원두 수입단가는 원두 고급화로 인해 매년 상승
- 커피 조제품
  - 전년대비 커피 조제품 수입금액은 2009년 감소했다가 2010년 증가 후, 2011년 전년대비 222.5%가 되었음
  - ㉤ 2012년 커피 조제품 수입단가는 2008년 대비 200% 이상의 증가율을 보임

① ㄱ, ㄴ
② ㄱ, ㄹ
③ ㄷ, ㅁ
④ ㄴ, ㄷ, ㄹ
⑤ ㄴ, ㄹ, ㅁ

039

2021 민간경력자 채용 PSAT

다음 〈표〉는 '갑'잡지가 발표한 세계 스포츠 구단 중 2020년 가치액 기준 상위 10개 구단에 관한 자료이다. 이에 대한 〈보기〉의 설명 중 옳은 것만을 모두 고르면?

〈표〉 2020년 가치액 상위 10개 스포츠 구단

(단위: 억 달러)

순위	구단	종목	가치액
1(1)	A	미식축구	58(58)
2(2)	B	야구	50(50)
3(5)	C	농구	45(39)
4(8)	D	농구	44(36)
5(9)	E	농구	42(33)
6(3)	F	축구	41(42)
7(7)	G	미식축구	40(37)
8(4)	H	축구	39(41)
9(11)	I	미식축구	37(31)
10(6)	J	축구	36(38)

※ ( ) 안은 2019년도 값임

┤ 보기 ├

ㄱ. 2020년 상위 10개 스포츠 구단 중 전년보다 순위가 상승한 구단이 순위가 하락한 구단보다 많다.

ㄴ. 2020년 상위 10개 스포츠 구단 중 미식축구 구단 가치액 합은 농구 구단 가치액 합보다 크다.

ㄷ. 2020년 상위 10개 스포츠 구단 중 전년 대비 가치액 상승률이 가장 큰 구단의 종목은 미식축구이다.

ㄹ. 연도별 상위 10개 스포츠 구단의 가치액 합은 2019년이 2020년보다 크다.

① ㄱ, ㄴ
② ㄱ, ㄹ
③ ㄷ, ㄹ
④ ㄱ, ㄴ, ㄷ
⑤ ㄴ, ㄷ, ㄹ

040

2015 5급공채 PSAT

다음 〈표〉는 18세기 부여 지역의 토지 소유 및 벼 추수 기록을 나타낸 자료이다. 이에 대한 〈보기〉의 설명 중 옳은 것만을 모두 고르면?

〈표〉 18세기 부여 지역의 토지 소유 및 벼 추수 기록

위치	소유주	작인	면적 (두락)	계약량		수취량	
도장동	송득매	주서방	8	4석		4석	
도장동	자근노음	검금	7	4석		4석	
불근보	이풍덕	막산	5	2석	5두	1석	3두
소삼	이풍덕	동이	12	7석	10두	6석	
율포	송치선	주적	7	4석		1석	10두
부야	홍서방	주적	6	3석	5두	2석	10두
잠방평	쾌득	명이	7	4석		2석	1두
석을고지	양서방	수양	10	7석		4석	10두
계			62	36석	5두	26석	4두

※ 작인 : 실제로 토지를 경작한 사람

┤ 보기 ├

ㄱ. '석'을 '두'로 환산하면 1석은 15두이다.
ㄴ. 계약량 대비 수취량의 비율이 가장 높은 토지의 위치는 '도장동', 가장 낮은 토지의 위치는 '불근보'이다.
ㄷ. 작인이 '동이', '명이', '수양'인 토지 중 두락당 계약량이 가장 큰 토지의 작인은 '수양'이고, 가장 작은 토지의 작인은 '동이'이다.

① ㄱ
② ㄴ
③ ㄱ, ㄷ
④ ㄴ, ㄷ
⑤ ㄱ, ㄴ, ㄷ

041

2017 5급공채 PSAT

다음 〈그림〉은 A기업의 2011년과 2012년 자산총액의 항목별 구성비를 나타낸 자료이다. 이에 대한 〈보기〉의 설명 중 옳은 것만을 모두 고르면?

〈그림〉 자산총액의 항목별 구성비

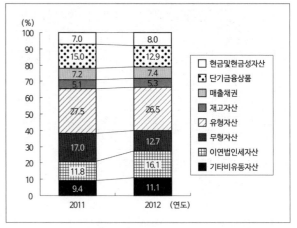

※ 1) 자산총액은 2011년 3,400억 원, 2012년 2,850억 원임
　2) 유동자산 = 현금및현금성자산 + 단기금융상품 + 매출채권 + 재고자산

┤ 보기 ├

ㄱ. 2011년 항목별 금액의 순위가 2012년과 동일한 항목은 4개이다.
ㄴ. 2011년 유동자산 중 '단기금융상품'의 구성비는 45% 미만이다.
ㄷ. '현금및현금성자산' 금액은 2012년이 2011년보다 크다.
ㄹ. 2011년 대비 2012년에 '무형자산' 금액은 4.3% 감소하였다.

① ㄱ, ㄴ
② ㄱ, ㄷ
③ ㄴ, ㄷ
④ ㄱ, ㄴ, ㄹ
⑤ ㄴ, ㄷ, ㄹ

042

2015 민간경력자 채용 PSAT

다음 〈표〉는 섬유수출액 상위 10개국과 한국의 섬유수출액 현황에 대한 자료이다. 이에 대한 〈보기〉의 설명 중 옳은 것만을 모두 고르면?

〈표 1〉 상위 10개국의 섬유수출액 현황(2010년)

(단위: 억 달러, %)

구분 순위	국가	섬유	원단	의류	전년대비 증가율
1	중국	2,424	882	1,542	21.1
2	이탈리아	1,660	671	989	3.1
3	인도	241	129	112	14.2
4	터키	218	90	128	12.7
5	방글라데시	170	13	157	26.2
6	미국	169	122	47	19.4
7	베트남	135	27	108	28.0
8	한국	126	110	16	21.2
9	파키스탄	117	78	39	19.4
10	인도네시아	110	42	68	20.2
세계 전체		6,085	2,570	3,515	14.6

〈표 2〉 한국의 섬유수출액 현황(2006~2010년)

(단위: 억 달러, %)

연도 구분	2006	2007	2008	2009	2010
섬유	177 (5.0)	123 (2.1)	121 (2.0)	104 (2.0)	126 (2.1)
원단	127 (8.2)	104 (4.4)	104 (4.2)	90 (4.4)	110 (4.3)
의류	50 (2.5)	19 (0.6)	17 (0.5)	14 (0.4)	16 (0.5)

※ 괄호 안의 숫자는 세계 전체의 해당분야 수출액에서 한국의 해당분야 수출액이 차지하는 비중으로, 소수점 아래 둘째자리에서 반올림한 값임

── 보기 ──

ㄱ. 2010년 한국과 인도의 섬유수출액 차이는 100억 달러 이상이다.

ㄴ. 2010년 세계 전체의 섬유수출액은 2006년의 2배 이하 이다.

ㄷ. 2010년 한국 원단수출액의 전년대비 증가율과 의류수 출액의 전년대비 증가율의 차이는 10%p 이상이다.

ㄹ. 2010년 중국의 의류수출액은 세계 전체 의류수출액의 50% 이하이다.

① ㄱ, ㄴ ② ㄱ, ㄷ
③ ㄷ, ㄹ ④ ㄱ, ㄴ, ㄹ
⑤ ㄴ, ㄷ, ㄹ

043

2015 5급공채 PSAT

다음 〈그림〉은 2003년과 2013년 대학 전체 학과수 대비 계열별 학과수 비율과 대학 전체 입학정원 대비 계열별 입학정원 비율을 나타낸 자료이다. 이에 대한 설명으로 옳은 것은?

〈그림 1〉 대학 전체 학과수 대비 계열별 학과수 비율

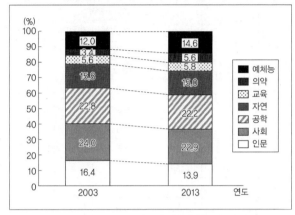

※ 대학 전체 학과수는 2003년 9,500개, 2013년 11,000개임

〈그림 2〉 대학 전체 입학정원 대비 계열별 입학정원 비율

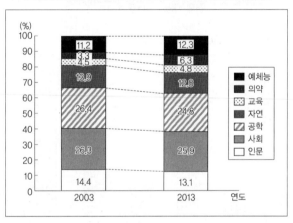

※ 대학 전체 입학정원은 2003년 327,000명, 2013년 341,000명임

① 2013년 인문계열의 입학정원은 2003년 대비 5% 이상 감소하였다.

② 계열별 입학정원 순위는 2003년과 2013년에 동일하다.

③ 2003년 대비 2013년 학과수의 증가율이 가장 높은 계열은 예체능이다.

④ 2013년 예체능, 의약, 교육 계열 학과수는 2003년에 비해 각각 증가하였으나 나머지 계열의 학과수의 합계는 감소하였다.

⑤ 2003년과 2013년을 비교할 때, 계열별 학과수 비율의 증감방향과 계열별 입학정원 비율의 증감방향은 일치하지 않는다.

044

2017 5급공채 PSAT

다음 〈표〉와 〈그림〉은 2013년 '갑'국의 자동차 매출에 관한 자료이다. 이에 대한 설명으로 옳은 것은?

〈표〉 2013년 10월 월매출액 상위 10개 자동차의 매출 현황

(단위: 억원, %)

순위	자동차	월매출액		
			시장점유율	전월대비 증가율
1	A	1,139	34.3	60
2	B	1,097	33.0	40
3	C	285	8.6	50
4	D	196	5.9	50
5	E	154	4.6	40
6	F	149	4.5	20
7	G	138	4.2	50
8	H	40	1.2	30
9	I	30	0.9	150
10	J	27	0.8	40

※ 시장점유율(%) = $\dfrac{\text{해당 자동차 월매출액}}{\text{전체 자동차 월매출 총액}} \times 100$

〈그림〉 2013년 I 자동차 누적매출액

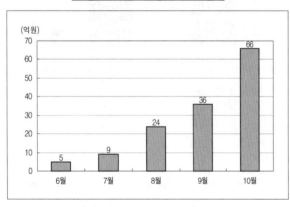

※ 월매출액은 해당 월 말에 집계됨

① 2013년 9월 C 자동차의 월매출액은 200억 원 이상이다.
② 2013년 10월 월매출액 상위 5개 자동차의 순위는 전월과 동일하다.
③ 2013년 6월부터 2013년 9월 중 I 자동차의 월매출액이 가장 큰 달은 9월이다.
④ 2013년 10월 월매출액 상위 5개 자동차의 10월 월매출액 기준 시장점유율은 80% 이하이다.
⑤ 2013년 10월 '갑'국의 전체 자동차 매출액 총액은 4,000억 원 이하이다.

045

2018 5급공채 PSAT

다음 〈표〉는 2016년과 2017년 추석교통대책기간 중 고속도로 교통현황에 관한 자료이다. 이에 대한 〈보고서〉의 내용 중 옳은 것만을 모두 고르면?

〈표 1〉 일자별 고속도로 이동인원 및 교통량

(단위: 만 명, 만 대)

일자 \ 연도 구분	2016		2017	
	이동인원	교통량	이동인원	교통량
D − 5	−	−	525	470
D − 4	−	−	520	439
D − 3	−	−	465	367
D − 2	590	459	531	425
D − 1	618	422	608	447
추석 당일	775	535	809	588
D + 1	629	433	742	548
D + 2	483	346	560	433
D + 3	445	311	557	440
D + 4	−	−	442	388
D + 5	−	−	401	369
계	3,540	2,506	6,160	4,914

※ 2016년, 2017년 추석교통대책기간은 각각 6일(D−2 ~ D+3), 11일(D−5 ~ D+5)임

〈표 2〉 고속도로 구간별 최대 소요시간 현황

연도	서울-대전		서울-부산		서울-광주		서서울-목포		서울-강릉	
	귀성	귀경	귀성	귀경	귀성	귀경	귀성	귀경	귀성	귀경
2016	4:15	3:30	7:15	7:20	7:30	5:30	8:50	6:10	5:00	3:40
2017	4:00	4:20	7:50	9:40	7:00	7:50	7:00	9:50	4:50	5:10

※ 'A : B'에서 A는 시간, B는 분을 의미함. 예를 들어, 4:15는 4시간 15분을 의미함

┤ 보고서 ├

　ⓐ 2017년 추석교통대책기간 중 총 고속도로 이동인원은 6,160만 명으로 전년대비 70% 이상 증가하였으나, ⓑ 1일 평균 이동인원은 560만 명으로 전년대비 10% 이상 감소하였다. 2017년 추석 당일 고속도로 이동인원은 사상 최대인 809만 명으로 전년대비 약 4.4% 증가하였다. 2017년 추석연휴기간의 증가로 나들이 차량 등이 늘어 추석교통대책기간 중 1일 평균 고속도로 교통량은 약 447만 대로 전년대비 6% 이상 증가하였다. 특히 ⓒ 추석 당일 고속도로 교통량은 588만 대로 전년대비 9% 이상 증가하였다. ⓓ 2017년 고속도로 최대 소요시간은 귀성의 경우, 제시된 구간에서 전년보다 모두 감소하였으며, 특히 서서울 ─ 목포 7시간, 서울 ─ 광주 7시간이 걸려 전년대비 각각 1시간 50분, 30분 감소하였다. 반면 귀경의 경우, 서서울 ─ 목포 9시간 50분, 서울 ─ 부산 9시간 40분으로 전년대비 각각 3시간 40분, 2시간 20분 증가하였다.

① ⓐ, ⓑ　　② ⓐ, ⓒ　　③ ⓑ, ⓒ
④ ⓑ, ⓓ　　⑤ ⓒ, ⓓ

046

2019 5급공채 PSAT

다음 〈표〉는 '갑'국의 가사노동 부담형태에 대한 설문조사 결과이다. 이에 대한 〈보고서〉의 내용 중 옳은 것만을 모두 고르면?

〈표〉 가사노동 부담형태에 대한 설문조사 결과

(단위 : %)

구분	부담형태	부인 전담	부부 공동분담	남편 전담	가사 도우미 활용
성별	남성	87.9	8.0	3.2	0.9
	여성	89.9	7.0	2.1	1.0
연령대	20대	75.6	19.4	4.1	0.9
	30대	86.4	10.4	2.5	0.7
	40대	90.7	6.4	1.9	1.0
	50대	91.1	5.9	2.6	0.4
	60대 이상	88.4	6.7	3.5	1.4
경제활동 상태	취업자	90.1	6.7	2.3	0.9
	미취업자	87.4	8.6	3.0	1.0

※ '갑'국 20세 이상 기혼자 100,000명(남성 45,000명, 여성 55,000명)을 대상으로 동일시점에 조사하였으며 무응답과 중복응답은 없음

┤ 보고서 ├

• 성별
 − 가사도우미를 활용한다고 응답한 남성의 비율은 0.9%로 가사도우미를 활용한다고 응답한 여성의 비율 1.0%와 비슷한 수준임
 − ㉠ 가사노동을 부인이 전담한다고 응답한 남성과 여성의 응답자 수 차이는 8,500명 이상임
• 연령대
 − 가사노동을 부부가 공동으로 분담한다고 응답한 비율은 20대가 다른 연령대에 비해 높음
 − ㉡ 연령대가 높을수록 가사노동을 부부가 공동으로 분담한다고 응답한 비율이 낮음
• 경제활동상태
 − ㉢ 가사노동 부담형태별로 살펴보면, 취업자와 미취업자가 응답한 비율의 차이는 '부인전담'에서 가장 크고, 다음으로 '부부 공동분담', '남편전담', '가사도우미 활용'의 순으로 나타남
 − ㉣ 가사노동을 '부인전담' 또는 '남편전담'으로 응답한 비율의 합은 취업자가 미취업자에 비해 낮음

① ㉠, ㉡
② ㉠, ㉢
③ ㉠, ㉣
④ ㉡, ㉢
⑤ ㉢, ㉣

047

2014 5급공채 PSAT

다음 〈표〉와 〈그림〉은 소나무재선충병 발생지역에 대한 자료이다. 이를 이용하여 계산할 때, 고사한 소나무 수가 가장 많은 발생지역은?

〈표〉 소나무재선충병 발생지역별 소나무 수

(단위 : 천그루)

발생지역	소나무 수
거제	1,590
경주	2,981
제주	1,201
청도	279
포항	2,312

〈그림〉 소나무재선충병 발생지역별 감염률 및 고사율

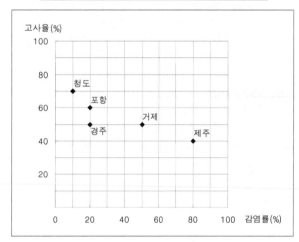

※ 1) 감염률(%) = $\dfrac{\text{발생지역의 감염된 소나무 수}}{\text{발생지역의 소나무 수}} \times 100$

2) 고사율(%) = $\dfrac{\text{발생지역의 고사한 소나무 수}}{\text{발생지역의 감염된 소나무 수}} \times 100$

① 거제
② 경주
③ 제주
④ 청도
⑤ 포항

048

2022 5급공채 PSAT

다음 〈표〉는 '갑'도매시장에서 출하되는 4개 농산물의 수송 방법별 운송량에 관한 자료이다. 이에 대한 〈보기〉의 설명 중 옳은 것만을 모두 고르면?

〈표〉 4개 농산물의 수송 방법별 운송량

(단위: 톤)

수송 방법＼농산물	쌀	밀	콩	보리	합계
도로	10,600	16,500	400	2,900	30,400
철도	5,800	7,500	600	7,100	21,000
해운	1,600	3,000	4,000	2,000	10,600

※ '갑'도매시장 농산물 수송 방법은 도로, 철도, 해운으로만 구성됨

┤ 보기 ├

ㄱ. 농산물별 해운 운송량이 각각 100톤씩 증가하면 4개 농산물 해운 운송량의 평균은 2,750톤이다.
ㄴ. 보리의 수송 방법별 운송량이 각각 50%씩 감소하고 콩의 수송 방법별 운송량이 각각 100%씩 증가하더라도, 4개 농산물 전체 운송량에는 변동이 없다.
ㄷ. 도로 운송량이 많은 농산물일수록 해당 농산물의 운송량 중 도로 운송량이 차지하는 비중이 더 크다.
ㄹ. 해운 운송량이 적은 농산물일수록 해당 농산물의 운송량 중 해운 운송량이 차지하는 비중이 더 작다.

① ㄱ, ㄷ
② ㄱ, ㄹ
③ ㄴ, ㄷ
④ ㄴ, ㄹ
⑤ ㄷ, ㄹ

049

2015 민간경력자 채용 PSAT

다음 〈표〉는 쥐 A~E의 에탄올 주입량별 렘(REM)수면시간을 측정한 결과이다. 이에 대한 〈보기〉의 설명 중 옳은 것만을 모두 고르면?

〈표〉 에탄올 주입량별 쥐의 렘수면시간

(단위: 분)

에탄올 주입량(g)＼쥐	A	B	C	D	E
0.0	88	73	91	68	75
1.0	64	54	70	50	72
2.0	45	60	40	56	39
4.0	31	40	46	24	24

┤ 보기 ├

ㄱ. 에탄올 주입량이 0.0g일 때 쥐 A~E 렘수면시간 평균은 에탄올 주입량이 4.0g일 때 쥐 A~E 렘수면시간 평균의 2배 이상이다.
ㄴ. 에탄올 주입량이 2.0g일 때 쥐 B와 쥐 E의 렘수면시간 차이는 20분 이하이다.
ㄷ. 에탄올 주입량이 0.0g일 때와 에탄올 주입량이 1.0g일 때의 렘수면시간 차이가 가장 큰 쥐는 A이다.
ㄹ. 쥐 A~E는 각각 에탄올 주입량이 많을수록 렘수면시간이 감소한다.

① ㄱ, ㄴ
② ㄱ, ㄷ
③ ㄴ, ㄷ
④ ㄴ, ㄹ
⑤ ㄷ, ㄹ

050

2017 5급공채 PSAT

다음 〈그림〉은 2012 ~ 2015년 '갑'국 기업의 남성육아휴직제 시행 현황에 관한 자료이다. 이에 대한 설명으로 옳은 것은?

〈그림〉 남성육아휴직제 시행기업수 및 참여직원수

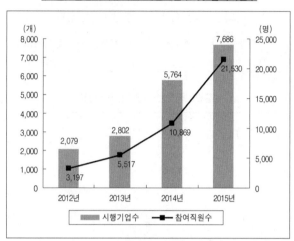

① 2013년 이후 전년보다 참여직원수가 가장 많이 증가한 해와 시행기업수가 가장 많이 증가한 해는 동일하다.
② 2015년 남성육아휴직제 참여직원수는 2012년의 7배 이상이다.
③ 시행기업당 참여직원수가 가장 많은 해는 2015년이다.
④ 2013년 대비 2015년 시행기업수의 증가율은 참여직원수의 증가율보다 높다.
⑤ 2012 ~ 2015년 참여직원수 연간 증가인원의 평균은 6,000명 이하이다.

051

2017 민간경력자 채용 PSAT

다음 〈표〉는 2012 ~ 2016년 조세심판원의 연도별 사건처리 건수에 관한 자료이다. 이에 대한 〈보기〉의 설명 중 옳은 것만을 모두 고르면?

〈표〉 조세심판원의 연도별 사건처리 건수

(단위: 건)

구분	연도	2012	2013	2014	2015	2016
처리 대상 건수	전년이월 건수	1,854	( )	2,403	2,127	2,223
	당년접수 건수	6,424	7,883	8,474	8,273	6,003
	소계	8,278	( )	10,877	10,400	8,226
처리 건수	취하 건수	90	136	163	222	163
	각하 건수	346	301	482	459	506
	기각 건수	4,214	5,074	6,200	5,579	4,322
	재조사 건수	27	0	465	611	299
	인용 건수	1,767	1,803	1,440	1,306	1,338
	소계	6,444	7,314	8,750	8,177	6,628

※ 1) 당해 연도 전년이월 건수 = 전년도 처리대상 건수 − 전년도 처리 건수

2) 처리율(%) = $\dfrac{처리\ 건수}{처리대상\ 건수} \times 100$

3) 인용률(%) = $\dfrac{인용\ 건수}{각하\ 건수 + 기각\ 건수 + 인용\ 건수} \times 100$

┤ 보기 ├

ㄱ. 처리대상 건수가 가장 적은 연도의 처리율은 75% 이상이다.
ㄴ. 2013~2016년 동안 취하 건수와 기각 건수의 전년대비 증감방향은 동일하다.
ㄷ. 2013년 처리율은 80% 이상이다.
ㄹ. 인용률은 2012년이 2014년보다 높다.

① ㄱ, ㄴ   ② ㄱ, ㄹ
③ ㄴ, ㄷ   ④ ㄱ, ㄷ, ㄹ
⑤ ㄴ, ㄷ, ㄹ

052

2017 민간경력자 채용 PSAT

다음 〈그림〉과 〈표〉는 F 국제기구가 발표한 2014년 3월~2015년 3월 동안의 식량 가격지수와 품목별 가격지수에 대한 자료이다. 이에 대한 설명으로 옳지 않은 것은?

〈그림〉 식량 가격지수

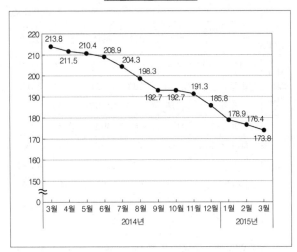

〈표〉 품목별 가격지수

시기	품목	육류	낙농품	곡물	유지류	설탕
2014년	3월	185.5	268.5	208.9	204.8	254.0
	4월	190.4	251.5	209.2	199.0	249.9
	5월	194.6	238.9	207.0	195.3	259.3
	6월	202.8	236.5	196.1	188.8	258.0
	7월	205.9	226.1	185.2	181.1	259.1
	8월	212.0	200.8	182.5	166.6	244.3
	9월	211.0	187.8	178.2	162.0	228.1
	10월	210.2	184.3	178.3	163.7	237.6
	11월	206.4	178.1	183.2	164.9	229.7
	12월	196.4	174.0	183.9	160.7	217.5
2015년	1월	183.5	173.8	177.4	156.0	217.7
	2월	178.8	181.8	171.7	156.6	207.1
	3월	177.0	184.9	169.8	151.7	187.9

※ 기준년도인 2002년의 가격지수는 100임

① 2015년 3월의 식량 가격지수는 2014년 3월에 비해 15% 이상 하락했다.
② 2014년 4월부터 2014년 9월까지 식량 가격지수는 매월 하락했다.
③ 2014년 3월에 비해 2015년 3월 가격지수가 가장 큰 폭으로 하락한 품목은 낙농품이다.
④ 육류 가격지수는 2014년 8월까지 매월 상승하다가 그 이후에는 매월 하락했다.
⑤ 2002년 가격지수 대비 2015년 3월 가격지수의 상승률이 가장 낮은 품목은 육류이다.

053

2014 5급공채 PSAT

다음 〈표〉는 2013년 말 미국기업, 중국기업, 일본기업이 A씨에게 제시한 2014 ~ 2016년 연봉이고, 〈그림〉은 2014 ~ 2016년 예상환율을 나타낸 자료이다. 이에 대한 설명으로 옳지 않은 것은?

〈표〉 각 국의 기업이 A씨에게 제시한 연봉

구분	미국기업	중국기업	일본기업
연봉	3만 달러	26만 위안	290만 엔

〈그림〉 2014 ~ 2016년 예상환율

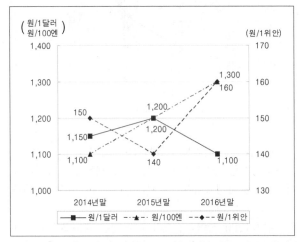

※ 1) 각국의 기업은 제시한 연봉을 해당국 통화로 매년 말 연 1회 지급함
   2) 해당 년 원화환산 연봉은 각국의 기업이 제시한 연봉에 해당 년말 예상환율을 곱하여 계산함

① 2014년 원화환산 연봉은 중국기업이 가장 많다.
② 2015년 원화환산 연봉은 일본기업이 가장 적다.
③ 2016년 원화환산 연봉은 일본기업이 미국기업보다 많다.
④ 2015년 대비 2016년 중국기업의 원화환산 연봉의 증가율은 2014년 대비 2016년 일본기업의 원화환산 연봉의 증가율보다 크다.
⑤ 2015년 대비 2016년 미국기업의 원화환산 연봉의 감소율은 2014년 대비 2015년 중국기업의 원화환산 연봉의 감소율보다 크다.

054

2013 외교관후보자 선발시험

다음 〈표〉는 공공기관 공사 발주현황에 대한 자료이다. 이에 대한 〈보고서〉의 설명 중 옳은 것을 모두 고르면?

〈표〉 공공기관 공사 발주현황

(단위: 건, 십억원)

구분		2000년		2001년		2002년	
		건수	금액	건수	금액	건수	금액
정부기관	소계	10,320	7,669	10,530	8,175	8,475	7,384
	대형공사	92	1,886	92	2,065	91	1,773
	소형공사	10,228	5,783	10,438	6,110	8,384	5,611
지방자치단체	소계	22,043	10,114	22,033	9,674	29,000	11,426
	대형공사	73	1,476	53	1,107	61	1,137
	소형공사	21,970	8,638	21,980	8,567	28,939	10,289

※ 공공기관은 정부기관과 지방자치단체로만 구분됨

┤ 보고서 ├

정부기관과 지방자치단체의 공사 발주현황을 100억 원 이상의 대형공사와 100억 원 미만의 소형공사로 구분하여 조사하였다. ㉠ 공공기관 전체의 대형공사와 소형공사 발주금액은 각각 매년 증가하였다. ㉡ 2000년 대비 2002년 공공기관 전체 대형공사 발주건수는 감소하였고, 소형공사의 발주건수는 증가한 것으로 나타났다. ㉢ 매년 공공기관 전체에서 대형공사가 소형공사보다 발주건수는 적지만, 대형공사 발주금액이 소형공사 발주금액보다 크다는 것을 알 수 있다.

2002년의 경우 정부기관 발주건수 8,475건, 발주금액 7조 3,840억 원 가운데 대형공사 91건이 1조 7,730억 원을 차지하는 것으로 나타났다. ㉣ 같은 해 정부기관 발주공사 중에서 대형공사가 차지하는 발주건수의 비율은 2% 미만이지만 공사금액의 비율은 20% 이상을 차지하고 있으며, ㉤ 지방자치단체의 공사 발주규모는 소형공사가 대형공사보다 건수와 금액 모두 큰 것으로 나타났다.

① ㉠, ㉡
② ㉡, ㉣
③ ㉠, ㉢, ㉣
④ ㉡, ㉢, ㉤
⑤ ㉡, ㉣, ㉤

055

2018 민간경력자 채용 PSAT

다음 〈표〉는 통신사 '갑', '을', '병'의 스마트폰 소매가격 및 평가점수 자료이다. 이에 대한 〈보기〉의 설명 중 옳은 것만을 모두 고르면?

〈표〉 통신사별 스마트폰의 소매가격 및 평가점수

(단위: 달러, 점)

통신사	스마트폰	소매가격	평가항목					종합품질점수
			화질	내비게이션	멀티미디어	배터리수명	통화성능	
갑	A	150	3	3	3	3	1	13
	B	200	2	2	3	1	2	( )
	C	200	3	3	3	1	1	( )
을	D	180	3	3	3	2	1	( )
	E	100	2	3	3	2	1	11
	F	70	2	1	3	2	1	( )
병	G	200	3	3	3	2	2	( )
	H	50	3	2	3	2	1	( )
	I	150	3	2	2	3	2	12

※ 스마트폰의 '종합품질점수'는 해당 스마트폰의 평가항목별 평가점수의 합임

┤ 보기 ├

ㄱ. 소매가격이 200달러인 스마트폰 중 '종합품질점수'가 가장 높은 스마트폰은 C이다.
ㄴ. 소매가격이 가장 낮은 스마트폰은 '종합품질점수'도 가장 낮다.
ㄷ. 통신사 각각에 대해서 해당 통신사 스마트폰의 '통화성능' 평가점수의 평균을 계산하여 통신사별로 비교하면 '병'이 가장 높다.
ㄹ. 평가항목 각각에 대해서 스마트폰 A~I 평가점수의 합을 계산하여 평가항목별로 비교하면 '멀티미디어'가 가장 높다.

① ㄱ
② ㄷ
③ ㄱ, ㄴ
④ ㄴ, ㄹ
⑤ ㄷ, ㄹ

03 혼합형

혼합형 문제는?

분석형·계산형이 함께 나타나는 유형의 문제이다. 즉, 주어진 자료를 보고 선택지에서 옳은 것 혹은 옳지 않은 것을 고르는 형태인데, 분석해야 하는 내용과 계산해야 하는 내용이 섞여 있는 경우를 말한다. 자료해석에서 그 비중이 가장 큰 유형이라 할 수 있다.

* 분석형과 유형 자체는 거의 같다. 단, 계산을 해야 하는 선택지가 있는 점이 다르다!

혼합형 문제 특징

- 기본적로는 분석형, 계산형 문제와 형태가 일치한다.
- 분석형은 자료를 분석하는 데 치중돼 있고, 계산형은 자료를 보고 계산을 하는 데 치중돼 있는 유형이라면, **혼합형은 자료 분석과 계산의 비중이 비슷하다.**
- 계산을 해야 하는 것은 계산을 하고, 자료를 분석한 뒤 눈으로 보아도 풀 수 있는 수치의 비교나 간단한 계산 등은 별도의 계산을 하지 않는다.

대표예제

다음 〈그림〉은 2004~2017년 '갑'국의 엥겔계수와 엔젤계수를 나타낸 자료이다. 이에 대한 설명으로 옳은 것은? 2018 5급공채 PSAT

〈그림〉 2004~2017년 엥겔계수와 엔젤계수

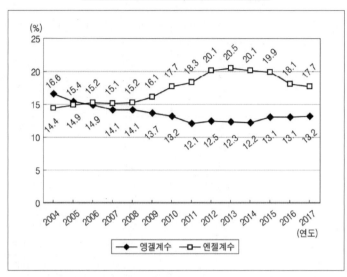

※ 1) 엥겔계수(%)=식료품비 / 가계지출액×100
2) 엔젤계수(%)=18세 미만 자녀에 대한 보육·교육비 / 가계지출액×100
3) 보육·교육비에는 식료품비가 포함되지 않음

① 2008~2013년 동안 엔젤계수의 연간 상승폭은 매년 증가한다.
② 2004년 대비 2014년, 엥겔계수 하락폭은 엔젤계수 상승폭보다 크다.
③ 2006년 이후 매년 18세 미만 자녀에 대한 보육·교육비는 식료품비를 초과한다.
④ 2008~2012년 동안 매년 18세 미만 자녀에 대한 보육·교육비 대비 식료품비의 비율은 증가한다.
⑤ 엔젤계수는 가장 높은 해가 가장 낮은 해에 비해 7.0%p 이상 크다.

정답   ③

해설

③ (○) 엥겔계수와 엔젤계수 구하는 식을 보면, 분자가 각각 '식료품비', '18세 미만 자녀에 대한 보육·교육비'가 오는 것이 다르고, 분모는 '가계지출액'으로 같다. 그런데 2006년 이후 엔젤계수가 엥겔계수보다 매년 크므로, '18세 미만 자녀에 대한 보육·교육비' > '식료품비'임을 알 수 있다. 즉, 매년 18세 미만 자녀에 대한 보육·교육비가 식료품비를 초과한다.

① (×) 2008~2013년 동안 엔젤계수는 매년 15.2 → 16.1 → 17.7 → 18.3 → 20.1 → 20.5(%)로 증가하고 있으며, 그 상승폭은 매년 0.9, 1.6, 0.6, 1.8, 0.4(%p)이다. 따라서 상승폭이 매년 증가하는 것은 아니다.

② (×) 엥겔계수는 2004년 16.6%, 2014년 12.2%로, 하락폭은 16.6-12.2=4.4(%p)이다. 엔젤계수는 2004년 14.4%, 2014년 20.1%로, 상승폭이 20.1-14.4=5.7(%p)이다. 따라서 하락폭이 상승폭보다 작다.

④ (×) 18세 미만 자녀에 대한 보육·교육비 대비 식료품비의 비율이므로

$\dfrac{\text{식료품비}}{\text{보육·교육비}}$의 꼴로 나타낼 수 있다.

엥겔계수의 분자는 '식료품비', 엔젤계수의 분자는 '18세 미만 자녀에 대한 보육·교육비'이고 분모는 서로 같으므로, 엥겔계수와 엔젤계수를 대입하여 보육·교육비 대비 식료품비의 비율을 구할 수 있다.

→ $\dfrac{\text{식료품비(엥겔계수 대입)}}{\text{보육·교육비(엔젤계수 대입)}}$

2008~2012년 동안 엥겔계수는 14.1 → 13.7 → 13.2 → 12.1 → 12.5(%)로 계속 감소하다가 2012년 다소 증가하였고, 엔젤계수는 15.2 → 16.1 → 17.7 → 18.3 → 20.1(%)로 계속 증가하였다. 엥겔계수(식료품비)가 계속 줄고 있고 반대로 엔젤계수(보육·교육비)는 계속 늘고 있으므로 $\dfrac{\text{식료품비}}{\text{보육·교육비}}$는 감소한다고 말할 수 있다. 이때 마지막 2012년의 경우 전년 대비 엥겔계수(분자)가 0.4%p 증가하고 엔젤계수(분모)는 1.8%p 증가하여, 전년보다 감소했다고 할 수 있다.

⑤ (×) 엔젤계수는 가장 높은 해는 20.5%인 2013년이고 가장 낮은 해는 14.4%인 2004년이다. 20.5-14.4=6.1(%p)이므로 7%p 이상 큰 것은 아니다.

056

2013 외교관후보자 선발시험

다음 〈그림〉은 주요국 종주도시지수 및 각국 수위도시 A ~ G의 국제적 기능성을 나타낸다. 이에 대한 설명으로 옳은 것은?

〈그림〉 주요국 종주도시지수 및 수위도시의 국제적 기능성

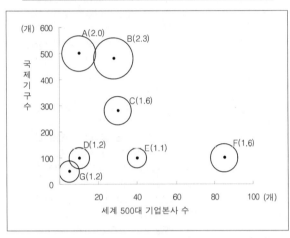

※ 1) 수위도시는 각국에서 실제인구가 가장 많은 도시이고, 도시순위는 실제인구가 많은 순임

2) 괄호 안의 숫자는 종주도시지수를 나타내고, 원의 면적은 종주도시지수에 비례함

$$종주도시지수 = \frac{수위도시\ 실제인구}{2위\ 도시\ 실제인구}$$

3) 수위도시를 제외한 도시의 도시순위를 이용한 추정인구는 다음식을 따름

$$도시의\ 추정인구 = \frac{수위도시\ 실제인구}{해당도시\ 순위}$$

4) 원의 중심의 좌표는 해당 수위도시에 소재한 세계 500대 기업본사 수와 국제기구 수를 의미함

① 세계 500대 기업본사 수와 국제기구 수 모두 C보다 많은 수위도시는 4개이다.

② D의 실제인구가 80만 명이라면, D가 속한 국가의 2위 도시 실제인구는 70만 명보다 많다.

③ G의 실제인구가 70만 명, A의 실제인구가 100만 명이라면, G가 속한 국가의 2위 도시의 실제인구와 A가 속한 국가의 2위 도시의 실제인구 차이는 10만 명 이상이다.

④ E의 실제인구가 100만 명일 때 E가 속한 국가의 3위 도시의 추정인구는 30만 명보다 적다.

⑤ 국제기구 수가 400개 이하인 수위도시가 속한 국가의 2위 도시의 실제인구는 해당도시의 추정인구보다 많다.

057

2019 5급공채 PSAT

다음 〈표〉는 2018년 5 ~ 6월 A군의 휴대폰 모바일 앱별 데이터 사용량에 관한 자료이다. 이에 대한 설명으로 옳은 것은?

〈표〉 2018년 5 ~ 6월 모바일 앱별 데이터 사용량

앱 이름 \ 월	5월	6월
G인터넷	5.3 GB	6.7 GB
HS쇼핑	1.8 GB	2.1 GB
톡톡	2.4 GB	1.5 GB
앱가게	2.0 GB	1.3 GB
뮤직플레이	94.6 MB	570.0 MB
위튜브	836.0 MB	427.0 MB
쉬운지도	321.0 MB	337.0 MB
JJ멤버십	45.2 MB	240.0 MB
영화예매	77.9 MB	53.1 MB
날씨정보	42.8 MB	45.3 MB
가계부	−	27.7 MB
17분운동	−	14.8 MB
NEC뱅크	254.0 MB	9.7 MB
알람	10.6 MB	9.1 MB
지상철	5.0 MB	7.8 MB
어제뉴스	2.7 MB	1.8 MB
S메일	29.7 MB	0.8 MB
JC카드	−	0.7 MB
카메라	0.5 MB	0.3 MB
일정관리	0.3 MB	0.2 MB

※ 1) '−'는 해당 월에 데이터 사용량이 없음을 의미함

2) 제시된 20개의 앱 외 다른 앱의 데이터 사용량은 없음

3) 1 GB(기가바이트)는 1,024 MB(메가바이트)에 해당함

① 5월과 6월에 모두 데이터 사용량이 있는 앱 중 5월 대비 6월 데이터 사용량의 증가량이 가장 큰 앱은 '뮤직플레이'이다.

② 5월과 6월에 모두 데이터 사용량이 있는 앱 중 5월 대비 6월 데이터 사용량이 감소한 앱은 9개이고 증가한 앱은 8개이다.

③ 6월에만 데이터 사용량이 있는 모든 앱의 총 데이터 사용량은 '날씨정보'의 6월 데이터 사용량보다 많다.

④ 'G인터넷'과 'HS쇼핑'의 5월 데이터 사용량의 합은 나머지 앱의 5월 데이터 사용량의 합보다 많다.

⑤ 5월과 6월에 모두 데이터 사용량이 있는 앱 중 5월 대비 6월 데이터 사용량 변화율이 가장 큰 앱은 'S메일'이다.

058

2018 5급공채 PSAT

다음 〈표〉는 2015~2017년 A 대학 재학생의 교육에 관한 영역별 만족도와 중요도 점수이다. 이에 대한 〈보기〉의 설명 중 옳은 것만을 모두 고르면?

〈표 1〉 2015~2017년 영역별 만족도 점수

연도 영역	2015	2016	2017
교과	3.70	3.41	3.45
비교과	3.73	3.50	3.56
교수활동	3.72	3.52	3.57
학생복지	3.39	3.27	3.31
교육환경 및 시설	3.66	3.48	3.56
교육지원	3.57	3.39	3.41

〈표 2〉 2015~2017년 영역별 중요도 점수

연도 영역	2015	2016	2017
교과	3.74	3.54	3.57
비교과	3.77	3.61	3.64
교수활동	3.89	3.82	3.81
학생복지	3.88	3.73	3.77
교육환경 및 시설	3.84	3.69	3.73
교육지원	3.78	3.63	3.66

※ 해당영역별 요구충족도(%) = 해당영역 만족도 점수 / 해당영역 중요도
점수 × 100

┤ 보기 ├

ㄱ. 중요도 점수가 높은 영역부터 차례대로 나열하면 그 순서는 매년 동일하다.
ㄴ. 2017년 만족도 점수는 각 영역에서 전년보다 높다.
ㄷ. 만족도 점수가 가장 높은 영역과 가장 낮은 영역의 만족도 점수 차이는 2016년이 2015년보다 크다.
ㄹ. 2017년 요구충족도가 가장 높은 영역은 교과 영역이다.

① ㄱ, ㄴ
② ㄱ, ㄷ
③ ㄷ, ㄹ
④ ㄱ, ㄴ, ㄹ
⑤ ㄴ, ㄷ, ㄹ

059

2018 5급공채 PSAT

다음 〈표〉는 2016년 10월, 2017년 10월 순위 기준 상위 11개국의 축구 국가대표팀 순위 변동에 관한 자료이다. 이에 대한 설명으로 옳은 것은?

〈표〉 축구 국가대표팀 순위 변동

구분 순위	2016년 10월			2017년 10월		
	국가	점수	등락	국가	점수	등락
1	아르헨티나	1,621	−	독일	1,606	↑1
2	독일	1,465	↑1	브라질	1,590	↓1
3	브라질	1,410	↑1	포르투갈	1,386	↑3
4	벨기에	1,382	↓2	아르헨티나	1,325	↓1
5	콜롬비아	1,361	−	벨기에	1,265	↑4
6	칠레	1,273	−	폴란드	1,250	↓1
7	프랑스	1,271	↑1	스위스	1,210	↓3
8	포르투갈	1,231	↓1	프랑스	1,208	↑2
9	우루과이	1,175	−	칠레	1,195	↓2
10	스페인	1,168	↑1	콜롬비아	1,191	↓2
11	웨일스	1,113	↑1	스페인	1,184	−

※ 1) 축구 국가대표팀 순위는 매월 발표됨
2) 등락에서 ↑, ↓, −는 전월 순위보다 각각 상승, 하락, 변동없음을 의미하고, 옆의 숫자는 전월대비 순위의 상승폭 혹은 하락폭을 의미함

① 2016년 10월과 2017년 10월에 순위가 모두 상위 10위 이내인 국가 수는 9개이다.
② 2017년 10월 상위 10개 국가 중, 2017년 9월 순위가 2016년 10월 순위보다 낮은 국가는 높은 국가보다 많다.
③ 2017년 10월 상위 5개 국가의 점수 평균이 2016년 10월 상위 5개 국가의 점수 평균보다 높다.
④ 2017년 10월 상위 11개 국가 중 전년 동월 대비 점수가 상승한 국가는 전년 동월 대비 순위도 상승하였다.
⑤ 2017년 10월 상위 11개 국가 중 2017년 10월 순위가 전월 대비 상승한 국가는 전년 동월 대비 상승한 국가보다 많다.

060

2021 민간경력자 채용 PSAT

다음 〈표〉와 〈그림〉은 2019년 '갑'국의 A ~ J 지역별 산불 피해 현황에 관한 자료이다. 이에 대한 〈보기〉의 설명 중 옳은 것만을 모두 고르면?

〈표〉 A ~ J 지역별 산불 발생건수

(단위 : 건)

지역	A	B	C	D	E	F	G	H	I	J
산불 발생건수	516	570	350	277	197	296	492	623	391	165

〈그림 1〉 A ~ J 지역별 산불 발생건수 및 피해액

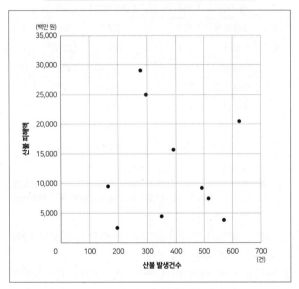

※ 산불 피해액은 산불로 인한 손실 금액을 의미함

〈그림 2〉 A ~ J 지역별 산불 발생건수 및 피해재적

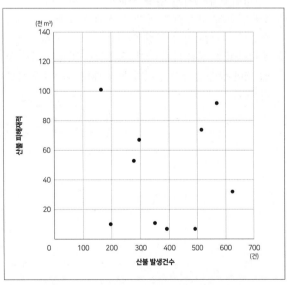

※ 산불 피해재적은 산불 피해를 입은 입목의 재적을 의미함

〈그림 3〉 A ~ J 지역별 산불 발생건수 및 발생건당 피해면적

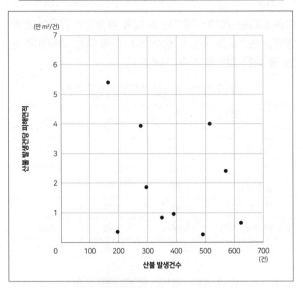

※ 산불 피해면적은 산불이 발생하여 지상입목, 관목, 시초 등을 연소시키면서 지나간 면적을 의미함

┤ 보기 ├

ㄱ. 산불 발생건당 피해면적은 J 지역이 가장 크다.
ㄴ. 산불 발생건당 피해재적은 B 지역이 가장 크고 E 지역이 가장 작다.
ㄷ. 산불 발생건당 피해액은 D 지역이 가장 크고 B 지역이 가장 작다.
ㄹ. 산불 피해면적은 H 지역이 가장 크고 E 지역이 가장 작다.

① ㄱ, ㄴ   ② ㄱ, ㄷ
③ ㄱ, ㄹ   ④ ㄴ, ㄷ
⑤ ㄷ, ㄹ

061

2022 5급공채 PSAT

다음 〈그림〉은 2019 ~ 2021년 '갑'국의 건설, 농림수산식품, 소재 3개 산업의 기술도입액과 기술수출액 현황에 관한 자료이다. 이에 대한 설명으로 옳지 않은 것은?

〈그림〉 3개 산업의 기술도입액과 기술수출액 현황

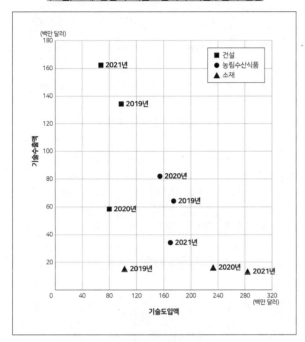

※ 1) 기술무역규모 = 기술수출액 + 기술도입액
　 2) 기술무역수지 = 기술수출액 - 기술도입액
　 3) 기술무역수지비 = $\dfrac{기술수출액}{기술도입액}$

① 2020년 3개 산업 중 기술무역수지가 가장 작은 산업은 건설 산업이다.
② 2021년 3개 산업 중 기술무역규모가 가장 큰 산업은 소재 산업이다.
③ 2019년 3개 산업의 전체 기술도입액은 3억 2천만 달러 이상이다.
④ 소재 산업에서 기술무역수지는 매년 감소한다.
⑤ 농림수산식품 산업에서 기술무역수지비가 가장 큰 해는 2020년이다.

062

2016 5급공채 PSAT

다음 〈표〉는 A국 전체 근로자의 회사 규모 및 근로자 직급별 출퇴근 소요시간 분포와 유연근무제도 유형별 활용률에 관한 자료이다. 이에 대한 설명으로 옳은 것은?

〈표 1〉 회사 규모 및 근로자 직급별 출퇴근 소요시간 분포

(단위 : %)

규모 및 직급		출퇴근 소요시간 30분 이하	30분 초과 60분 이하	60분 초과 90분 이하	90분 초과 120분 이하	120분 초과 150분 이하	150분 초과 180분 이하	180분 초과	전체
규모	중소기업	12.2	34.6	16.2	17.4	8.4	8.5	2.7	100.0
	중견기업	22.8	35.7	16.8	16.3	3.1	3.4	1.9	100.0
	대기업	21.0	37.7	15.3	15.6	4.7	4.3	1.4	100.0
직급	대리급 이하	20.5	37.3	15.4	13.8	5.0	5.3	2.6	100.0
	과장급	16.9	31.6	16.7	19.9	5.6	7.7	1.7	100.0
	차장급 이상	12.6	36.3	18.3	19.3	7.3	4.2	1.9	100.0

〈표 2〉 회사 규모 및 근로자 직급별 유연근무제도 유형별 활용률

(단위 : %)

규모 및 직급		유연근무제도 유형 재택근무제	원격근무제	탄력근무제	시차출퇴근제
규모	중소기업	10.4	54.4	15.6	41.7
	중견기업	29.8	11.5	39.5	32.0
	대기업	8.6	23.5	19.9	27.0
직급	대리급 이하	0.7	32.0	23.6	29.0
	과장급	30.2	16.3	27.7	28.7
	차장급 이상	14.2	26.4	25.1	33.2

① 출퇴근 소요시간이 60분 이하인 근로자 수는 출퇴근 소요시간이 60분 초과인 근로자 수보다 모든 직급에서 많다.
② 출퇴근 소요시간이 90분 초과인 대리급 이하 근로자 비율은 탄력근무제를 활용하는 대리급 이하 근로자 비율보다 낮다.
③ 출퇴근 소요시간이 120분 이하인 과장급 근로자 중에는 원격근무제를 활용하는 근로자가 있다.
④ 원격근무제를 활용하는 중소기업 근로자 수는 탄력근무제와 시차출퇴근제 중 하나 이상을 활용하는 중소기업 근로자 수보다 적다.
⑤ 출퇴근 소요시간이 60분 이하인 차장급 이상 근로자 수는 원격근무제와 탄력근무제 중 하나 이상을 활용하는 차장급 이상 근로자 수보다 적다.

063

2021 민간경력자 채용 PSAT

다음 〈그림〉은 개발원조위원회 29개 회원국 중 공적개발원조액 상위 15개국과 국민총소득 대비 공적개발원조액 비율 상위 15개국 자료이다. 이에 대한 〈보기〉의 설명 중 옳은 것만을 모두 고르면?

〈그림 1〉 공적개발원조액 상위 15개 회원국

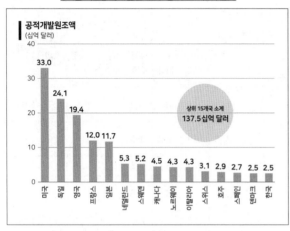

〈그림 2〉 국민총소득 대비 공적개발원조액 비율 상위 15개 회원국

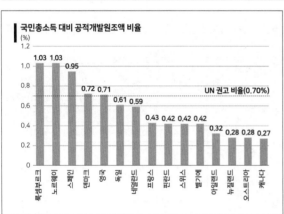

┤ 보기 ├

ㄱ. 국민총소득 대비 공적개발원조액 비율이 UN 권고 비율보다 큰 국가의 공적개발원조액 합은 250억 달러 이상이다.

ㄴ. 공적개발원조액 상위 5개국의 공적개발원조액 합은 개발원조위원회 29개 회원국 공적개발원조액 합의 50% 이상이다.

ㄷ. 독일이 공적개발원조액만 30억 달러 증액하면 독일의 국민총소득 대비 공적개발원조액 비율은 UN 권고 비율 이상이 된다.

① ㄱ

② ㄷ

③ ㄱ, ㄴ

④ ㄴ, ㄷ

⑤ ㄱ, ㄴ, ㄷ

064

2016 민간경력자 채용 PSAT

다음 〈표〉는 A지역의 저수지 현황에 대한 자료이다. 이에 대한 〈보기〉의 설명 중 옳은 것만을 모두 고르면?

〈표 1〉 관리기관별 저수지 현황

(단위: 개소, 천m³, ha)

구분 관리기관	저수지 수	총 저수용량	총 수혜면적
농어촌공사	996	598,954	69,912
자치단체	2,230	108,658	29,371
전체	3,226	707,612	99,283

〈표 2〉 저수용량별 저수지 수

(단위: 개소)

저수용량 (m³)	10만 미만	10만 이상 50만 미만	50만 이상 100만 미만	100만 이상 500만 미만	500만 이상 1,000만 미만	1,000만 이상	합
저수지 수	2,668	360	100	88	3	7	3,226

〈표 3〉 제방높이별 저수지 수

(단위: 개소)

제방높이 (m)	10 미만	10 이상 20 미만	20 이상 30 미만	30 이상 40 미만	40 이상	합
저수지 수	2,566	533	99	20	8	3,226

┤ 보기 ├

ㄱ. 관리기관이 자치단체이고 제방높이가 '10 미만'인 저수지 수는 1,600개소 이상이다.

ㄴ. 저수용량이 '10만 미만'인 저수지 수는 전체 저수지 수의 80% 이상이다.

ㄷ. 관리기관이 농어촌공사인 저수지의 개소당 수혜면적은 관리기관이 자치단체인 저수지의 개소당 수혜면적의 5배 이상이다.

ㄹ. 저수용량이 '50만 이상 100만 미만'인 저수지의 저수용량 합은 전체 저수지 총 저수용량의 5% 이상이다.

① ㄴ, ㄷ

② ㄷ, ㄹ

③ ㄱ, ㄴ, ㄷ

④ ㄱ, ㄴ, ㄹ

⑤ ㄴ, ㄷ, ㄹ

065

다음 〈그림〉은 2020년 기준 A 공제회 현황에 관한 자료이다. 이에 대한 설명으로 옳지 않은 것은?

〈그림〉 2020년 기준 A 공제회 현황

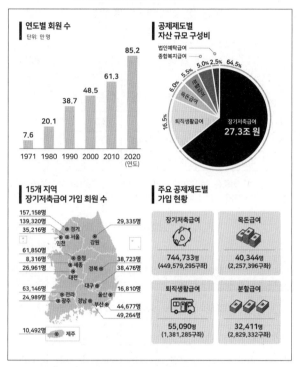

※ 1) 공제제도는 장기저축급여, 퇴직생활급여, 목돈급여, 분할급여, 종합복지급여, 법인예탁급여로만 구성됨
2) 모든 회원은 1개 또는 2개의 공제제도에 가입함

① 장기저축급여 가입 회원 수는 전체 회원의 85% 이하이다.
② 공제제도의 총자산 규모는 40조 원 이상이다.
③ 자산 규모 상위 4개 공제제도 중 2개의 공제제도에 가입한 회원은 2만 명 이상이다.
④ 충청의 장기저축급여 가입 회원 수는 15개 지역 평균 장기저축급여 가입 회원 수보다 많다.
⑤ 공제제도별 1인당 구좌 수는 장기저축급여가 분할급여의 5배 이상이다.

066

다음 〈표〉는 2007 ~ 2013년 동안 '갑'국의 흡연율 및 금연계획률에 관한 자료이다. 이에 대한 설명으로 옳은 것은?

〈표 1〉 성별 흡연율

(단위: %)

연도 성별	2007	2008	2009	2010	2011	2012	2013
남성	45.0	47.7	46.9	48.3	47.3	43.7	42.1
여성	5.3	7.4	7.1	6.3	6.8	7.9	6.1
전체	20.6	23.5	23.7	24.6	25.2	24.9	24.1

〈표 2〉 소득수준별 남성 흡연율

(단위: %)

연도 소득수준	2007	2008	2009	2010	2011	2012	2013
최상	38.9	39.9	38.7	43.5	44.1	40.8	36.6
상	44.9	46.4	46.4	45.8	44.9	38.6	41.3
중	45.2	49.6	50.9	48.3	46.6	45.4	43.1
하	50.9	55.3	51.2	54.2	53.9	48.2	47.5

〈표 3〉 금연계획률

(단위: %)

연도 구분	2007	2008	2009	2010	2011	2012	2013
금연계획률	59.8	56.9	( )	( )	56.3	55.2	56.5
단기 금연계획률	19.4	( )	18.2	20.8	20.2	19.6	19.3
장기 금연계획률	40.4	39.2	39.2	32.7	( )	35.6	37.2

※ 1) 흡연율(%) = $\dfrac{흡연자 수}{인구 수} \times 100$

2) 금연계획률(%) = $\dfrac{금연계획자 수}{흡연자 수} \times 100$

= 단기 금연계획률 + 장기 금연계획률

① 매년 남성 흡연율은 여성 흡연율의 6배 이상이다.
② 매년 소득수준이 높을수록 남성 흡연율은 낮다.
③ 2007 ~ 2010년 동안 매년 소득수준이 높을수록 여성 흡연자 수는 적다.
④ 2008 ~ 2010년 동안 매년 금연계획률은 전년대비 감소한다.
⑤ 2011년의 장기 금연계획률은 2008년의 단기 금연계획률의 두 배 이상이다.

067

2018 5급공채 PSAT

다음 〈표〉는 임진왜란 전기 · 후기 전투 횟수에 관한 자료이다. 이에 대한 설명으로 옳지 않은 것은?

〈표〉 임진왜란 전기 · 후기 전투 횟수

(단위 : 회)

구분	시기	전기		후기		합계
		1592년	1593년	1597년	1598년	
전체 전투		70	17	10	8	105
공격 주체	조선측 공격	43	15	2	8	68
	일본측 공격	27	2	8	0	37
전투 결과	조선측 승리	40	14	5	6	65
	일본측 승리	30	3	5	2	40
조선의 전투인력 구성	관군 단독전	19	8	5	6	38
	의병 단독전	9	1	0	0	10
	관군 · 의병 연합전	42	8	5	2	57

① 전체 전투 대비 일본측 공격 비율은 임진왜란 전기에 비해 임진왜란 후기가 낮다.

② 조선측 공격이 일본측 공격보다 많았던 해에는 항상 조선측 승리가 일본측 승리보다 많았다.

③ 전체 전투 대비 관군 단독전 비율은 1598년이 1592년의 2배 이상이다.

④ 1592년 조선이 관군 · 의병 연합전으로 거둔 승리는 그 해 조선측 승리의 30% 이상이다.

⑤ 1598년에는 관군 단독전 중 조선측 승리인 경우가 있다.

068

2017 5급공채 PSAT

다음 〈표〉는 2008 ~ 2013년 '갑'국 농 · 임업 생산액과 부가가치 현황에 대한 자료이다. 이에 대한 〈보기〉의 설명 중 옳은 것만을 모두 고르면?

〈표 1〉 농 · 임업 생산액 현황

(단위 : 10억 원, %)

구분	연도	2008	2009	2010	2011	2012	2013
농 · 임업 생산액		39,663	42,995	43,523	43,214	46,357	46,648
분야별 비중	곡물	23.6	20.2	15.6	18.5	17.5	18.3
	화훼	28.0	27.7	29.4	30.1	31.7	32.1
	과수	34.3	38.3	40.2	34.7	34.6	34.8

※ 1) 분야별 비중은 농 · 임업 생산액 대비 해당 분야의 생산액 비중임
2) 곡물, 화훼, 과수는 농 · 임업의 일부 분야임

〈표 2〉 농 · 임업 부가가치 현황

(단위 : 10억 원, %)

구분	연도	2008	2009	2010	2011	2012	2013
농 · 임업 부가가치		22,587	23,540	24,872	26,721	27,359	27,376
GDP 대비 비중	농업	2.1	2.1	2.0	2.1	2.0	2.0
	임업	0.1	0.1	0.2	0.1	0.2	0.2

※ 1) GDP 대비 비중은 GDP 대비 해당 분야의 부가가치 비중임
2) 농 · 임업은 농업과 임업으로만 구성됨

┤ 보기 ├

ㄱ. 농 · 임업 생산액이 전년보다 작은 해에는 농 · 임업 부가가치도 전년보다 작다.

ㄴ. 화훼 생산액은 매년 증가한다.

ㄷ. 매년 곡물 생산액은 과수 생산액의 50% 이상이다.

ㄹ. 매년 농업 부가가치는 농 · 임업 부가가치의 85% 이상이다.

① ㄱ, ㄴ   ② ㄱ, ㄷ

③ ㄴ, ㄷ   ④ ㄴ, ㄹ

⑤ ㄷ, ㄹ

069

2018 5급공채 PSAT

다음 〈표〉는 인공지능(AI)의 동물식별 능력을 조사한 결과이다. 이에 대한 〈보기〉의 설명으로 옳은 것만을 모두 고르면?

〈표〉 AI의 동물식별 능력 조사 결과

(단위 : 마리)

AI 식별 결과 실제	개	여우	돼지	염소	양	고양이	합계
개	457	10	32	1	0	2	502
여우	12	600	17	3	1	2	635
돼지	22	22	350	2	0	3	399
염소	4	3	3	35	1	2	48
양	0	0	1	1	76	0	78
고양이	3	6	5	2	1	87	104
전체	498	641	408	44	79	96	1,766

┤ 보기 ├

ㄱ. AI가 돼지로 식별한 동물 중 실제 돼지가 아닌 비율은 10% 이상이다.
ㄴ. 실제 여우 중 AI가 여우로 식별한 비율은 실제 돼지 중 AI가 돼지로 식별한 비율보다 낮다.
ㄷ. 전체 동물 중 AI가 실제와 동일하게 식별한 비율은 85% 이상이다.
ㄹ. 실제 염소를 AI가 고양이로 식별한 수보다 양으로 식별한 수가 많다.

① ㄱ, ㄴ
② ㄱ, ㄷ
③ ㄴ, ㄷ
④ ㄱ, ㄷ, ㄹ
⑤ ㄴ, ㄷ, ㄹ

070

2019 5급공채 PSAT

다음 〈그림〉과 〈표〉는 '갑'국의 재생에너지 생산 현황에 관한 자료이다. 이에 대한 〈보기〉의 설명 중 옳은 것만을 모두 고르면?

〈그림〉 2011 ~ 2018년 재생에너지 생산량

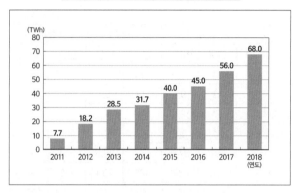

〈표〉 2016 ~ 2018년 에너지원별 재생에너지 생산량 비율

(단위 : %)

연도 에너지원	2016	2017	2018
폐기물	61.1	60.4	55.0
바이오	16.6	17.3	17.5
수력	10.3	11.3	15.1
태양광	10.9	9.8	8.8
풍력	1.1	1.2	3.6
계	100.0	100.0	100.0

┤ 보기 ├

ㄱ. 2012 ~ 2018년 재생에너지 생산량은 매년 전년대비 10% 이상 증가하였다.
ㄴ. 2016 ~ 2018년 에너지원별 재생에너지 생산량 비율의 순위는 매년 동일하다.
ㄷ. 2016 ~ 2018년 태양광을 에너지원으로 하는 재생에너지 생산량은 매년 증가하였다.
ㄹ. 수력을 에너지원으로 하는 재생에너지 생산량은 2018년이 2016년의 3배 이상이다.

① ㄱ, ㄴ
② ㄱ, ㄷ
③ ㄱ, ㄹ
④ ㄴ, ㄷ
⑤ ㄴ, ㄹ

071

2015 5급공채 PSAT

다음 〈표〉는 2009년과 2010년 정부창업지원금 신청자를 대상으로 직업과 창업단계를 조사한 자료이다. 이에 대한 〈보기〉의 설명 중 옳은 것만을 모두 고르면?

〈표 1〉 정부창업지원금 신청자의 직업 구성

(단위: 명, %)

직업	2009년		2010년		합계	
	인원	비율	인원	비율	인원	비율
교수	34	4.2	183	12.5	217	9.6
연구원	73	9.1	118	8.1	191	8.4
대학생	17	2.1	74	5.1	91	4.0
대학원생	31	3.9	93	6.4	124	5.5
회사원	297	37.0	567	38.8	864	38.2
기타	350	43.6	425	29.1	775	34.3
계	802	100.0	1,460	100.0	2,262	100.0

〈표 2〉 정부창업지원금 신청자의 창업단계

(단위: 명, %)

창업단계	2009년		2010년		합계	
	인원	비중	인원	비중	인원	비중
예비창업단계	79	9.9	158	10.8	237	10.5
기술개발단계	291	36.3	668	45.8	959	42.4
시제품제작단계	140	17.5	209	14.3	349	15.4
시장진입단계	292	36.4	425	29.1	717	31.7
계	802	100.0	1,460	100.0	2,262	100.0

※ 복수응답 및 무응답은 없음

┤ 보기 ├

ㄱ. '기타'를 제외한 직업별 2010년 정부창업지원금 신청자수의 전년대비 증가율이 두 번째로 높은 직업은 대학생이다.
ㄴ. 기술개발단계에 있는 신청자수 비중의 연도별 차이는 시장진입단계에 있는 신청자수 비중의 연도별 차이보다 크다.
ㄷ. 2010년 조사에서 전년보다 신청자수는 증가하고 신청자수 비중은 감소한 창업단계는 시장진입단계뿐이다.

① ㄱ
② ㄴ
③ ㄱ, ㄴ
④ ㄴ, ㄷ
⑤ ㄱ, ㄴ, ㄷ

072

2021 민간경력자 채용 PSAT

다음 〈표〉는 5개국의 발전원별 발전량 및 비중에 관한 자료이다. 이에 대한 설명으로 옳지 않은 것은?

〈표〉 5개국의 발전원별 발전량 및 비중

(단위: TWh, %)

국가	발전원 / 연도	원자력	화력			수력	신재생 에너지	전체
			석탄	LNG	유류			
독일	2010	140.6 (22.2)	273.5 (43.2)	90.4 (14.3)	8.7 (1.4)	27.4 (4.3)	92.5 (14.6)	633.1 (100.0)
	2015	91.8 (14.2)	283.7 (43.9)	63.0 (9.7)	6.2 (1.0)	24.9 (3.8)	177.3 (27.4)	646.9 (100.0)
미국	2010	838.9 (19.2)	1,994.2 (45.5)	1,017.9 (23.2)	48.1 (1.1)	286.3 (6.5)	193.0 (4.4)	4,378.4 (100.0)
	2015	830.3 (19.2)	1,471.0 (34.1)	1,372.6 (31.8)	38.8 (0.9)	271.1 (6.3)	333.3 ( )	4,317.1 (100.0)
프랑스	2010	428.5 (75.3)	26.3 (4.6)	23.8 (4.2)	5.5 (1.0)	67.5 (11.9)	17.5 (3.1)	569.1 (100.0)
	2015	437.4 ( )	12.2 (2.1)	19.8 (3.5)	2.2 (0.4)	59.4 (10.4)	37.5 (6.6)	568.5 (100.0)
영국	2010	62.1 (16.3)	108.8 (28.5)	175.3 (45.9)	5.0 (1.3)	6.7 (1.8)	23.7 (6.2)	381.6 (100.0)
	2015	70.4 (20.8)	76.7 (22.6)	100.0 (29.5)	2.1 (0.6)	9.0 (2.7)	80.9 ( )	339.1 (100.0)
일본	2010	288.2 (25.1)	309.5 (26.9)	318.6 (27.7)	100.2 (8.7)	90.7 (7.9)	41.3 (3.6)	1,148.5 (100.0)
	2015	9.4 (0.9)	343.2 (33.0)	409.8 (39.4)	102.5 (9.8)	91.3 (8.8)	85.1 (8.2)	1,041.3 (100.0)

※ 발전원은 원자력, 화력, 수력, 신재생 에너지로만 구성됨

① 2015년 프랑스의 전체 발전량 중 원자력 발전량의 비중은 75% 이하이다.
② 영국의 전체 발전량 중 신재생 에너지 발전량의 비중은 2010년 대비 2015년에 15%p 이상 증가하였다.
③ 2010년 석탄 발전량은 미국이 일본의 6배 이상이다.
④ 2010년 대비 2015년 전체 발전량이 증가한 국가는 독일뿐이다.
⑤ 2010년 대비 2015년 각 국가에서 신재생 에너지의 발전량과 비중은 모두 증가하였다.

073

2019 5급공채 PSAT

다음 〈표〉는 A, B 기업의 경력사원채용 지원자 특성에 관한 자료이다. 이에 대한 〈보기〉의 설명 중 옳은 것만을 모두 고르면?

〈표〉 경력사원채용 지원자 특성

(단위: 명)

지원자 특성	기업	A 기업	B 기업
성별	남성	53	57
	여성	21	24
최종 학력	학사	16	18
	석사	19	21
	박사	39	42
연령 대	30대	26	27
	40대	25	26
	50대 이상	23	28
관련 업무 경력	5년 미만	12	18
	5년 이상 ~ 10년 미만	9	12
	10년 이상 ~ 15년 미만	18	17
	15년 이상 ~ 20년 미만	16	9
	20년 이상	19	25

※ A 기업과 B 기업에 모두 지원한 인원은 없음

┤ 보기 ├

ㄱ. A 기업 지원자 중, 남성 지원자의 비율은 관련 업무 경력이 10년 이상인 지원자의 비율보다 높다.
ㄴ. 최종학력이 석사 또는 박사인 B 기업 지원자 중 관련 업무 경력이 20년 이상인 지원자는 7명 이상이다.
ㄷ. 기업별 여성 지원자의 비율은 A 기업이 B 기업보다 높다.
ㄹ. A, B 기업 전체 지원자 중 40대 지원자의 비율은 35% 미만이다.

① ㄱ, ㄴ
② ㄱ, ㄷ
③ ㄴ, ㄷ
④ ㄴ, ㄹ
⑤ ㄷ, ㄹ

074

2018 5급공채 PSAT

다음 〈자료〉와 〈표〉는 2017년 11월말 기준 A지역 청년통장 사업 참여인원에 관한 자료이다. 이에 대한 〈보기〉의 설명 중 옳은 것만을 모두 고르면?

┤ 자료 ├

• 청년통장 사업에 참여한 근로자의 고용형태별, 직종별, 근무연수별 인원

1) 고용형태

(단위: 명)

전체	정규직	비정규직
6,500	4,591	1,909

2) 직종

(단위: 명)

전체	제조업	서비스업	숙박 및 음식 점업	운수업	도·소매업	건설업	기타
6,500	1,280	2,847	247	58	390	240	1,438

3) 근무연수

(단위: 명)

전체	6개월 미만	6개월 이상 1년 미만	1년 이상 2년 미만	2년 이상
6,500	1,669	1,204	1,583	2,044

〈표〉 청년통장 사업별 참여인원 중 유지인원 현황

(단위: 명)

사업명	참여인원	유지인원	중도해지인원
청년통장Ⅰ	500	476	24
청년통장Ⅱ	1,000	984	16
청년통장Ⅲ	5,000	4,984	16
전체	6,500	6,444	56

┤ 보기 ├

ㄱ. 청년통장 사업에 참여한 근로자의 70% 이상이 정규직 근로자이다.
ㄴ. 청년통장 사업에 참여한 정규직 근로자 중 근무연수가 2년 이상인 근로자의 비율은 2% 이상이다.
ㄷ. 청년통장 사업에 참여한 정규직 근로자 중 제조업과 서비스업을 제외한 직종의 근로자는 450명보다 적다.
ㄹ. 참여인원 대비 유지인원 비율은 청년통장Ⅰ이 가장 높고 다음으로 청년통장Ⅱ, 청년통장Ⅲ 순이다.

① ㄱ, ㄴ
② ㄱ, ㄷ
③ ㄱ, ㄹ
④ ㄴ, ㄹ
⑤ ㄷ, ㄹ

075

2019 5급공채 PSAT

다음 〈그림〉과 〈표〉는 연도별 의약품 국내시장 현황과 세계 지역별 의약품 시장규모에 관한 자료이다. 이에 대한 〈보기〉의 설명 중 옳은 것만을 모두 고르면?

〈그림〉 2006 ~ 2015년 의약품 국내시장 현황

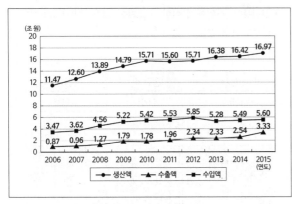

※ 국내시장규모 = 생산액 − 수출액 + 수입액

〈표〉 2013 ~ 2014년 세계 지역별 의약품 시장규모

(단위: 십억 달러, %)

연도 구분 지역	2013		2014	
	시장규모	비중	시장규모	비중
북미	362.8	38.3	405.6	39.5
유럽	219.8	( )	228.8	22.3
아시아(일본 제외), 호주, 아프리카	182.6	19.3	199.2	19.4
일본	80.5	8.5	81.6	7.9
라틴 아메리카	64.5	( )	72.1	7.0
기타	37.4	3.9	39.9	3.9
전체	947.6	100.0	( )	100.0

┤ 보기 ├

ㄱ. 2013년 의약품 국내시장규모에서 수입액이 차지하는 비중은 전년대비 감소하였다.

ㄴ. 2008 ~ 2015년 동안 의약품 국내시장규모는 전년대비 매년 증가하였다.

ㄷ. 2014년 의약품 세계 전체 시장규모에서 유럽이 차지하는 비중은 전년대비 감소하였다.

ㄹ. 2014년 의약품 세계 전체 시장규모는 전년대비 5% 이상 증가하였다.

① ㄱ, ㄴ
② ㄱ, ㄹ
③ ㄱ, ㄴ, ㄷ
④ ㄱ, ㄷ, ㄹ
⑤ ㄴ, ㄷ, ㄹ

076

2018 민간경력자 채용 PSAT

다음 〈표〉는 '갑' 연구소에서 제습기 A~E의 습도별 연간소비 전력량을 측정한 자료이다. 이에 대한 〈보기〉의 설명 중 옳은 것만을 모두 고르면?

〈표〉 제습기 A~E의 습도별 연간소비전력량

(단위: kWh)

습도 제습기	40%	50%	60%	70%	80%
A	550	620	680	790	840
B	560	640	740	810	890
C	580	650	730	800	880
D	600	700	810	880	950
E	660	730	800	920	970

┤ 보기 ├

ㄱ. 습도가 70%일 때 연간소비전력량이 가장 적은 제습기는 A이다.

ㄴ. 각 습도에서 연간소비전력량이 많은 제습기부터 순서대로 나열하면, 습도 60%일 때와 습도 70%일 때의 순서는 동일하다.

ㄷ. 습도가 40%일 때 제습기 E의 연간소비전력량은 습도가 50%일 때 제습기 B의 연간소비전력량보다 많다.

ㄹ. 제습기 각각에서 연간소비전력량은 습도가 80%일 때가 40%일 때의 1.5배 이상이다.

① ㄱ, ㄴ
② ㄱ, ㄷ
③ ㄴ, ㄹ
④ ㄱ, ㄷ, ㄹ
⑤ ㄴ, ㄷ, ㄹ

077

2014 5급공채 PSAT

다음 〈표〉는 조선시대 부산항의 1881~1890년 무역현황에 대한 자료이다. 이에 대한 설명으로 옳지 않은 것은?

〈표 1〉 부산항의 연도별 무역규모

(단위: 천 원)

연도	수출액(A)	수입액(B)	무역규모 (A + B)
1881	1,158	1,100	2,258
1882	1,151	784	1,935
1883	784	731	1,515
1884	253	338	591
1885	184	333	517
1886	205	433	638
1887	394	659	1,053
1888	412	650	1,062
1889	627	797	1,424
1890	1,908	1,433	3,341

〈표 2〉 부산항의 연도별 수출액 비중 상위(1 ~ 3위) 상품 변화 추이

(단위: %)

연도	1위	2위	3위
1881	쌀(32.8)	우피(15.1)	대두(14.3)
1882	대두(25.1)	우피(16.4)	면포(9.0)
1883	대두(24.6)	우피(21.2)	금(7.7)
1884	우피(31.9)	금(23.7)	대두(17.9)
1885	우피(54.0)	대두(12.4)	해조(8.5)
1886	우피(52.9)	대두(23.4)	쌀(5.8)
1887	대두(44.2)	우피(28.5)	쌀(15.5)
1888	대두(44.2)	우피(23.3)	생선(7.3)
1889	대두(45.3)	우피(14.4)	쌀(8.1)
1890	쌀(61.7)	대두(20.8)	생선(3.0)

※ (   ) 안의 수치는 해당년도의 부산항 전체 수출액에서 상품별 수출액이 차지하는 비중을 나타냄

〈표 3〉 부산항의 연도별 수입액 비중 상위(1 ~ 3위) 상품 변화 추이

(단위: %)

연도	1위	2위	3위
1881	금건(44.7)	한냉사(30.3)	구리(6.9)
1882	금건(65.6)	한냉사(26.8)	염료(5.7)
1883	금건(33.3)	한냉사(24.3)	구리(12.2)
1884	금건(34.0)	한냉사(9.9)	쌀(7.5)
1885	금건(58.6)	한냉사(8.1)	염료(3.2)
1886	금건(53.4)	쌀(15.0)	한냉사(5.3)
1887	금건(55.4)	면려(10.1)	소금(5.0)
1888	금건(36.1)	면려(24.1)	쌀(5.1)
1889	금건(43.3)	면려(9.5)	쌀(6.7)
1890	금건(38.0)	면려(16.5)	가마니(3.7)

※ (   ) 안의 수치는 해당년도의 부산항 전체 수입액에서 상품별 수입액이 차지하는 비중을 나타냄

① 각 연도의 무역규모에서 수입액이 차지하는 비중이 50% 이상인 연도의 횟수는 총 6번이다.
② 1884년의 우피 수출액은 1887년 쌀의 수출액보다 적다.
③ 수출액 비중 상위(1 ~ 3위) 내에 포함된 횟수가 가장 많은 상품은 대두이다.
④ 1882년 이후 수출액의 전년대비 증감방향과 무역규모의 전년대비 증감방향은 매년 동일하다.
⑤ 무역규모 중 한냉사 수입액이 차지하는 비중은 1887년에 1884년보다 감소하였다.

078

2019 5급공채 PSAT

다음 〈표〉는 '갑'국의 전기자동차 충전요금 산정기준과 계절별 부하 시간대에 대한 자료이다. 이에 대한 설명으로 옳은 것은?

〈표 1〉 전기자동차 충전요금 산정기준

월 기본요금 (원)	전력량 요율(원/kWh)			
	계절 시간대	여름 (6~8월)	봄 (3~5월), 가을 (9~10월)	겨울 (1~2월, 11~12월)
2,390	경부하	57.6	58.7	80.7
	중간부하	145.3	70.5	128.2
	최대부하	232.5	75.4	190.8

※ 1) 월 충전요금(원) = 월 기본요금
   + (경부하 시간대 전력량 요율 × 경부하 시간대 충전 전력량)
   + (중간부하 시간대 전력량 요율 × 중간부하 시간대 충전 전력량)
   + (최대부하 시간대 전력량 요율 × 최대부하 시간대 충전 전력량)
2) 월 충전요금은 해당 월 1일에서 말일까지의 충전 전력량을 사용하여 산정함
3) 1시간에 충전되는 전기자동차의 전력량은 5kWh임

〈표 2〉 계절별 부하 시간대

계절 시간대	여름 (6~8월)	봄 (3~5월), 가을 (9~10월)	겨울 (1~2월, 11~12월)
경부하	00:00~09:00 23:00~24:00	00:00~09:00 23:00~24:00	00:00~09:00 23:00~24:00
중간부하	09:00~10:00 12:00~13:00 17:00~23:00	09:00~10:00 12:00~13:00 17:00~23:00	09:00~10:00 12:00~17:00 20:00~22:00
최대부하	10:00~12:00 13:00~17:00	10:00~12:00 13:00~17:00	10:00~12:00 17:00~20:00 22:00~23:00

① 모든 시간대에서 봄, 가을의 전력량 요율이 가장 낮다.
② 월 100kWh를 충전했을 때 월 충전요금의 최댓값과 최솟값 차이는 16,000원 이하이다.
③ 중간부하 시간대의 총 시간은 6월 1일과 12월 1일이 동일하다.
④ 22시 30분의 전력량 요율이 가장 높은 계절은 여름이다.
⑤ 12월 중간부하 시간대에만 100kWh를 충전한 월 충전요금은 6월 경부하 시간대에만 100kWh를 충전한 월 충전요금의 2배 이상이다.

079

2019 민간경력자 채용 PSAT

다음 〈표〉는 2017년과 2018년 주요 10개 자동차 브랜드 가치평가에 관한 자료이다. 이에 대한 〈보기〉의 설명 중 옳은 것만을 모두 고르면?

〈표 1〉 브랜드 가치평가액

(단위: 억 달러)

연도 브랜드	2017	2018
TO	248	279
BE	200	218
BM	171	196
HO	158	170
FO	132	110
WO	56	60
AU	37	42
HY	35	41
XO	38	39
NI	32	31

〈표 2〉 브랜드 가치평가액 순위

구분 연도 브랜드	전체 제조업계 내 순위		자동차업계 내 순위	
	2017	2018	2017	2018
TO	9	7	1	1
BE	11	10	2	2
BM	16	15	3	3
HO	19	19	4	4
FO	22	29	5	5
WO	56	56	6	6
AU	78	74	8	7
HY	84	75	9	8
XO	76	80	7	9
NI	85	90	10	10

┤ 보기 ├

ㄱ. 2017년 대비 2018년 '전체 제조업계 내 순위'가 하락한 브랜드는 2017년 대비 2018년 브랜드 가치평가액도 감소하였다.
ㄴ. 2017년과 2018년의 브랜드 가치평가액 차이가 세 번째로 큰 브랜드는 BE이다.
ㄷ. 2017년 대비 2018년 '전체 제조업계 내 순위'와 '자동차업계 내 순위'가 모두 상승한 브랜드는 2개뿐이다.
ㄹ. 연도별 '자동차업계 내 순위' 기준 상위 7개 브랜드 가치평가액 평균은 2018년이 2017년보다 크다.

① ㄱ, ㄴ　　　　② ㄱ, ㄹ
③ ㄴ, ㄷ　　　　④ ㄴ, ㄹ
⑤ ㄷ, ㄹ

080

2021 민간경력자 채용 PSAT

다음 〈표〉는 2021년 우리나라 17개 지역의 도시재생사업비이다. 이에 대한 〈보기〉의 설명 중 옳은 것만을 모두 고르면?

〈표〉 지역별 도시재생사업비

(단위: 억 원)

지역	사업비
서울	160
부산	240
대구	200
인천	80
광주	160
대전	160
울산	120
세종	0
경기	360
강원	420
충북	300
충남	320
전북	280
전남	320
경북	320
경남	440
제주	120
전체	( )

┤ 보기 ├

ㄱ. 부산보다 사업비가 많은 지역은 8개이다.

ㄴ. 사업비 상위 2개 지역의 사업비 합은 사업비 하위 4개 지역의 사업비 합의 2배 이상이다.

ㄷ. 사업비가 전체 사업비의 10% 이상인 지역은 2개이다.

① ㄱ
② ㄷ
③ ㄱ, ㄴ
④ ㄴ, ㄷ
⑤ ㄱ, ㄴ, ㄷ

Chapter

04 작성형

작성형 문제는?

주어진 자료를 보고, 이와 관련된 자료가 어떤 것인지를 찾는 유형의 문제이다.
제시된 자료와 부합하거나 부합하지 않는 자료(그래프, 표 등)를 찾는 유형이 기본이다.

작성형 문제 특징

• 자료가 제시되고 자료를 고르는 것이 기본 유형으로 문제 길이가 긴 것이 많다.
• 〈보고서〉 내용과 관련된 자료를 찾는 문제의 비중이 높다. (보고서 내용과의 부합 여부, 보고서 작성에 필요한 추가자료를 찾는 것 등)
• 선택지에 표보다는 그래프가 많이 제시된다.
• 제시된 **자료와 수치를 비교 · 계산해야 답을 도출할 수 있는 문제가 있고, 따로 계산하지 않아도 답을 찾을 수 있는 문제가 있다.** 시간절약을 위해서는 계산을 해야 할지 하지 않아도 되는지 판단하면서 문제를 보아야 한다.
• 가장 자주 출제되는 "보고서를 작성하기 위해 필요한 자료를 찾는 문제"의 경우, 보고서의 내용을 읽으면서 선택지에서 이와 관련되는 자료가 있는지 대조하며 문제를 푼다.

대표예제

다음은 회계부정행위 신고 및 포상금 지급에 관한 〈보고서〉이다. 이를 작성하기 위해 사용된 자료만을 〈보기〉에서 모두 고르면?

2020 민간경력자 채용 PSAT

┤ 보고서 ├

2019년 회계부정행위 신고 건수는 모두 64건으로 2018년보다 29건 감소하였다. 회계부정행위 신고에 대한 최대 포상금 한도가 2017년 11월 규정 개정 후에는 1억 원에서 10억 원으로 상향됨에 따라 회계부정행위 신고에 대한 사회적 관심이 증가하여 2018년에는 신고 건수가 전년 대비 크게 증가(111.4%)하였다. 2019년 회계부정행위 신고 건수는 전년 대비 31.2% 감소하였지만 2013년부터 2016년까지 연간 최대 32건에 불과하였던 점을 감안하면 2017년 11월 포상금 규정 개정 전보다 여전히 높은 수준이었다.

┤ 보기 ├

ㄱ. 회계부정행위 신고 현황

(단위: 건, %)

구분 \ 연도	2017	2018	2019
회계부정행위 신고 건수	44	93	64
전년 대비 증가율	–	111.4	−31.2

ㄴ. 연도별 회계부정행위 신고 건수 추이(2013 ~ 2016년)

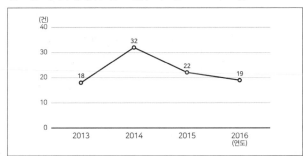

ㄷ. 회계부정행위 신고에 대한 최대 포상금 규정

(단위: 만 원)

시점 \ 구분		최대 포상금 한도	
		자산총액 5천억 원 미만 기업	자산총액 5천억 원 이상 기업
2017년 11월 규정 개정	개정 후	50,000	100,000
	개정 전	5,000	10,000

ㄹ. 회계부정행위 신고 포상금 지급 현황

(단위: 건, 만 원)

구분 \ 연도	2008 ~ 2015	2016	2017	2018	2019	합계
지급 건수	6	2	2	1	2	13
지급액	5,010	2,740	3,610	330	11,940	23,630

① ㄱ, ㄷ　　　② ㄴ, ㄹ　　　③ ㄷ, ㄹ
④ ㄱ, ㄴ, ㄷ　　⑤ ㄱ, ㄴ, ㄹ

정답　④

해설

ㄱ. (○) '회계부정행위 신고 현황'은 〈보고서〉의 첫 부분에 제시된 2019년과 2018년의 회계부정행위 신고 건수 작성에 사용되었다. 또한, 2018년 신고 건수가 전년 대비 111.4% 증가하였다는 내용 작성에도 사용되었다.

ㄴ. (○) 〈보고서〉를 보면, 2013년부터 2016년까지 회계부정행위 신고 건수는 연간 최대 32건에 불과하다고 하였다. 이 그래프는 2013 ~ 2016년 연도별 회계부정행위 신고 건수 추이를 나타내고 있으므로, 이를 활용해 〈보고서〉 내용이 작성되었음을 알 수 있다.

ㄷ. (○) '회계부정행위 신고에 대한 최대 포상금 규정'에는 2017년 규정 개전 전후 포상금 한도가 제시되어 있다. 〈보고서〉에서 규정 개정 후 최대 포상금 한도가 1억 원에서 10억 원으로 상향되었다는 내용 작성에 사용되었다.

ㄹ. (×) 〈보고서〉에는 포상금 규정 전후의 최대 포상금 한도에 대한 내용은 제시되어 있으나, 포상금 지급 건수나 액수에 관한 내용은 없다. 따라서 '회계부정행위 신고 포상금 지급 현황' 자료는 사용되지 않았다.

081

2022 5급공채 PSAT

다음 〈표〉는 A ~ D 마을로 구성된 '갑'지역의 가구수에 관한 자료이다. 〈표〉를 이용하여 작성한 그래프로 옳은 것은?

〈표 1〉 마을별 1인 가구 현황

(단위: 가구, %)

마을\연도	A	B	C	D
2018	90(18.0)	130(26.0)	200(40.0)	80(16.0)
2019	220(36.7)	60(10.0)	130(21.7)	190(31.7)
2020	305(43.6)	240(34.3)	80(11.4)	75(10.7)
2021	120(15.0)	205(25.6)	160(20.0)	315(39.4)

※ ( ) 안 수치는 연도별 '갑'지역 1인 가구수 중 해당 마을 1인 가구수의 비중임

〈표 2〉 마을별 총가구수

(단위: 가구)

마을	A	B	C	D
총가구수	600	550	500	500

※ A ~ D 마을별 총가구수는 매년 변동 없음

① 연도별 '갑'지역 1인 가구수

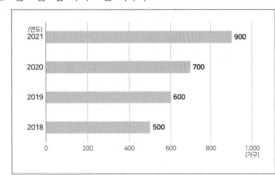

② 2021년 '갑'지역 2인 이상 가구의 마을별 구성비

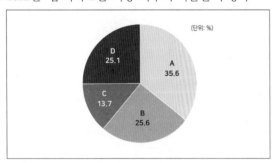

③ 연도별 A 마을의 총가구수 대비 1인 가구수 비중

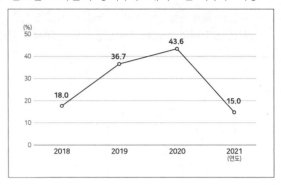

④ 연도별 B, C 마을의 2인 이상 가구수와 1인 가구수 차이

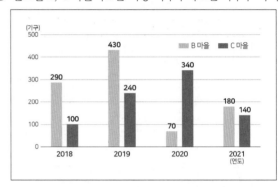

⑤ 연도별 D 마을의 전년 대비 1인 가구수 증가율

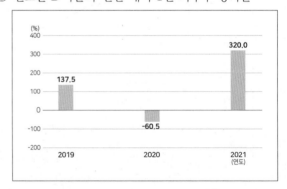

082

2019 민간경력자 채용 PSAT

다음 〈보고서〉는 2017년 세종특별자치시의 자원봉사 현황을 요약한 자료이다. 〈보고서〉의 내용을 작성하는 데 직접적인 근거로 활용되지 않은 자료는?

─── 보고서 ───

• 자원봉사자 등록 현황

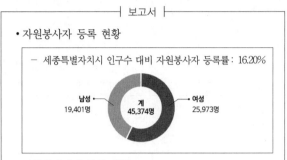

• 자원봉사단체 등록 현황

• 연령대별 자원봉사자 등록 현황

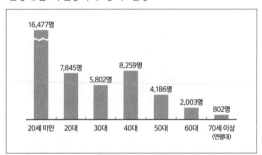

• 자원봉사자 활동 현황

• 자원봉사 누적시간대별 자원봉사 참여자수 현황

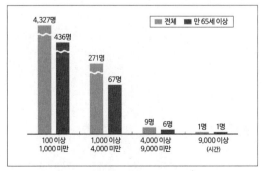

① 2017년 세종특별자치시에 등록된 자원봉사단체별 회원수 현황
② 2017년 세종특별자치시 인구 현황
③ 2017년 세종특별자치시에 등록된 성별, 연령별 자원봉사자수 현황
④ 2017년 세종특별자치시 연간 1회 이상 활동한 자원봉사자수 현황
⑤ 2017년 세종특별자치시 연령별, 1일 시간대별 자원봉사 참여자수 현황

083

2021 7급공채 PSAT

다음 〈표〉와 〈보고서〉는 2019년 전국 안전체험관과 생활안전에 관한 자료이다. 제시된 〈표〉 이외에 〈보고서〉를 작성하기 위해 추가로 이용한 자료만을 〈보기〉에서 모두 고르면?

〈표〉 2019년 전국 안전체험관 규모별 현황

(단위 : 개소)

전체	대형		중형		소형
	일반	특성화	일반	특성화	
473	25	7	5	2	434

┤ 보고서 ├

2019년 생활안전 통계에 따르면 전국 473개소의 안전체험관이 운영 중인 것으로 확인되었다. 전국 안전체험관을 규모별로 살펴보면, 대형이 32개소, 중형이 7개소, 소형이 434개소였다. 이 중 대형 안전체험관은 서울이 가장 많고 경북, 충남이 그 뒤를 이었다.

전국 안전사고 사망자 수는 2015년 이후 매년 감소하다가 2018년에는 증가하였다. 교통사고 사망자 수는 2015년 이후 매년 줄어들었고, 특히 2018년에 전년 대비 11.2% 감소하였다.

2019년 분야별 지역안전지수 1등급 지역을 살펴보면 교통사고 분야는 서울, 경기, 화재 분야는 광주, 생활안전 분야는 경기, 부산으로 나타났다.

┤ 보기 ├

ㄱ. 연도별 전국 교통사고 사망자 수

(단위 : 명)

연도	2015	2016	2017	2018
사망자 수	4,380	4,019	3,973	3,529

ㄴ. 분야별 지역안전지수 4년 연속(2015 ~ 2018년) 1등급, 5등급 지역(시·도)

분야 등급	교통사고	화재	범죄	생활안전	자살
1등급	서울, 경기	–	세종	경기	경기
5등급	전남	세종	제주	제주	부산

ㄷ. 연도별 전국 안전사고 사망자 수

(단위 : 명)

연도	2015	2016	2017	2018
사망자 수	31,582	30,944	29,545	31,111

ㄹ. 2018년 지역별 안전체험관 수

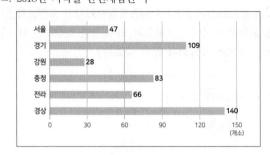

① ㄱ, ㄴ
② ㄱ, ㄷ
③ ㄴ, ㄹ
④ ㄱ, ㄷ, ㄹ
⑤ ㄴ, ㄷ, ㄹ

084

2015 민간경력자 채용 PSAT

다음 〈표〉는 2009 ~ 2014년 건설공사 공종별 수주액 현황을 나타낸 것이다. 이를 이용하여 작성한 그래프로 옳지 않은 것은?

〈표〉 건설공사 공종별 수주액 현황

(단위 : 조 원, %)

구분 연도	전체	전년 대비 증감 률	토목	전년 대비 증감 률	건축	전년 대비 증감 률	주 거 용	비주 거용
2009	118.7	−1.1	54.1	31.2	64.6	−18.1	39.1	25.5
2010	103.2	−13.1	41.4	−23.5	61.8	−4.3	31.6	30.2
2011	110.7	7.3	38.8	−6.3	71.9	16.3	38.7	33.2
2012	99.8	−9.8	34.0	−12.4	65.8	−8.5	34.3	31.5
2013	90.4	−9.4	29.9	−12.1	60.5	−8.1	29.3	31.2
2014	107.4	18.8	32.7	9.4	74.7	23.5	41.1	33.6

① 건축 공종의 수주액

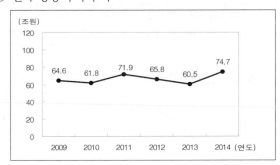

② 토목 공종의 수주액 및 전년대비 증감률

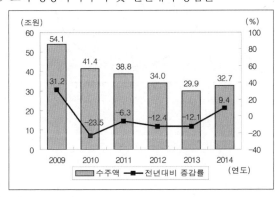

③ 건설공사 전체 수주액의 공종별 구성비

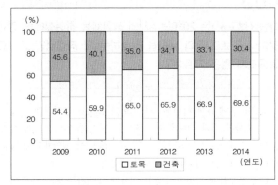

④ 건축 공종 중 주거용 및 비주거용 수주액

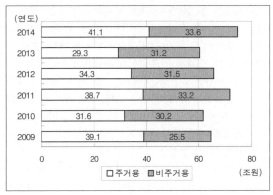

⑤ 건설공사 전체 및 건축 공종 수주액의 전년대비 증감률

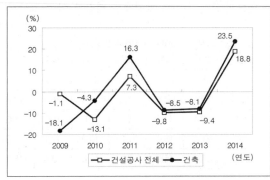

085

2017 민간경력자 채용 PSAT

다음 〈보고서〉는 2016년 A시의 생활체육 참여실태에 관한 것이다. 〈보고서〉의 내용을 작성하는 데 직접적인 근거로 활용되지 않은 자료는?

┤ 보고서 ├

　2016년에 A시 시민을 대상으로 생활체육 참여실태에 대해 조사한 결과 생활체육을 '전혀 하지 않음'이라고 응답한 비율은 51.8%로 나타났다. 반면, 주 4회 이상 생활체육에 참여한다고 응답한 비율은 28.6%이었다.

　생활체육에 참여하지 않는 이유에 대해서는 '시설부족'이라고 응답한 비율이 30.3%로 가장 높아 공공체육시설을 확충하는 정책이 필요할 것으로 보인다. 2016년 A시의 공공체육시설은 총 388개소로 B시, C시의 공공체육시설 수의 50%에도 미치지 못하는 수준이다. 그러나 A시는 초등학교 운동장을 개방하여 간이운동장으로 활용할 계획이므로 향후 체육시설에 대한 접근성이 더 높아질 것으로 기대된다.

　한편, 2016년 A시 생활체육지도자를 자치구별로 살펴보면, 동구 16명, 서구 17명, 남구 16명, 북구 18명, 중구 18명으로 고르게 분포된 것처럼 보인다. 그러나 2016년 북구의 인구가 445,489명, 동구의 인구가 103,016명임을 고려할 때 생활체육지도자 일인당 인구수는 북구가 24,749명으로 동구 6,439명에 비해 현저히 많아 지역 편중 현상이 존재한다. 따라서 자치구 인구 분포를 고려한 생활체육지도자 양성 전략이 필요해 보인다.

① 연도별 A시 시민의 생활체육 미참여 이유 조사결과

(단위 : %)

이유 \ 연도	시설 부족	정보 부재	지도자 부재	동반자 부재	흥미 부족	기타
2012	25.1	20.8	14.3	8.2	9.5	22.1
2013	30.7	18.6	16.4	12.8	9.2	12.3
2014	28.1	17.2	15.1	11.6	11.0	17.0
2015	31.5	18.0	17.2	10.9	12.1	10.3
2016	30.3	15.2	16.0	10.0	10.4	18.1

② 2016년 A시 시민의 생활체육 참여 빈도 조사결과

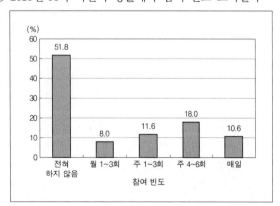

③ 2016년 A시의 자치구 · 성별 인구

(단위 : 명)

자치구 \ 성별	동구	서구	남구	북구	중구	합
남자	51,584	155,104	104,891	221,433	197,204	730,216
여자	51,432	160,172	111,363	224,056	195,671	742,694
계	103,016	315,276	216,254	445,489	392,875	1,472,910

④ 2016년 도시별 공공체육시설 현황

(단위 : 개소)

도시 \ 구분	A시	B시	C시	D시	E시
육상 경기장	2	3	3	19	2
간이운동장	313	2,354	751	382	685
체육관	16	112	24	15	16
수영장	9	86	15	4	11
빙상장	1	3	1	1	0
기타	47	193	95	50	59
계	388	2,751	889	471	773

⑤ 2016년 생활체육지도자의 도시별 분포

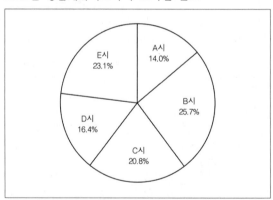

086

2014 5급공채 PSAT

다음 〈표〉는 2010학년도 학교폭력 심의 현황 및 피해·가해학생 조치 현황에 관한 자료이다. 〈보고서〉를 작성하기 위해 〈표〉 이외에 추가로 필요한 자료만을 〈보기〉에서 모두 고르면?

〈표 1〉 2010학년도 학교폭력 심의 현황

(단위: 건, 명)

구분 학교급	심의건수	피해학생수	가해학생수
초등학교	231	294	657
중학교	5,376	10,363	14,179
고등학교	2,216	3,091	5,113
계	7,823	13,748	19,949

〈표 2〉 2010학년도 피해학생 조치 현황

(단위: 명)

구분 학교급	심리 상담	일시 보호	치료 요양	학급 교체	전학 권고	안정 조치	기타 조치
초등학교	240	4	14	2	2	5	27
중학교	8,063	521	327	11	28	436	977
고등학교	2,264	110	249	10	43	167	248
계	10,567	635	590	23	73	608	1,252

〈표 3〉 2010학년도 가해학생 조치 현황

(단위: 명)

구분 학교급	서면 사과	접촉 금지	교내 봉사	사회 봉사	특별 교육	출석 정지	기타 조치
초등학교	222	70	150	24	102	13	76
중학교	1,176	547	5,444	2,393	2,366	1,157	1,096
고등학교	451	199	1,617	1,071	969	225	581
계	1,849	816	7,211	3,488	3,437	1,395	1,753

※ 피해(가해)학생에 대한 조치는 중복되지 않는 것으로 함

┤ 보고서 ├

  2010학년도 학교폭력 현황을 살펴보면 학교폭력 심의건수는 중학교가 가장 많아 중학교에 대한 집중교육이 요구된다. 중학교의 학교폭력 심의건수는 5,376건으로 전년대비 40.5% 증가하였다. 2010학년도 학교폭력 가해학생수는 피해학생수보다 많아, 여러 학생이 한 학생에게 폭력을 행사하는 경우가 많음을 알 수 있다.
  2010학년도 학교폭력 피해학생에 대한 조치를 보면 심리상담이 가장 많고, 일시보호가 그 다음으로 많은 것으로 나타났다. 가해학생에 대한 조치를 보면 초등학교는 서면사과가 가장 많고, 중학교는 교내봉사가 가장 많았다. 고등학교의 경우 가해학생에 대한 조치는 교내봉사, 사회봉사, 특별교육의 순으로 많았으며, 기타조치 중 퇴학조치보다는 전학조치가 많았다. 가해학생에 대한 전체 조치 중 교내봉사와 사회봉사의 합은 절반 이상을 차지하고 있다.

┤ 보기 ├

ㄱ. 2009학년도 피해학생수와 가해학생수
ㄴ. 2009학년도 피해학생 조치 유형의 구성비
ㄷ. 2009학년도 학교급별 학교폭력 심의건수
ㄹ. 2010학년도 학교폭력 심의건당 평균 피해학생수
ㅁ. 2010학년도 학교급별 가해학생에 대한 전학 및 퇴학 조치수

① ㄱ, ㄷ   ② ㄴ, ㄹ
③ ㄷ, ㅁ   ④ ㄱ, ㄴ, ㅁ
⑤ ㄷ, ㄹ, ㅁ

087

2021 민간경력자 채용 PSAT

다음은 국내 광고산업에 관한 문화체육관광부의 보도자료이다. 이에 부합하지 않는 자료는?

문화체육관광부	보도자료	사람이 있는 문화

보도일시	배포 즉시 보도해 주시기 바랍니다.		
배포일시	2020. 2. XX.	담당부서	□□□□국
담당과장	○○○ (044-203-○○○○)	담당자	사무관 △△△ (044-203-○○○○)

2018년 국내 광고산업 성장세 지속

○ 문화체육관광부는 국내 광고사업체의 현황과 동향을 조사한 '2019년 광고산업조사(2018년 기준)' 결과를 발표했다.

○ 이번 조사 결과에 따르면 2018년 기준 광고산업 규모는 17조 2,119억 원(광고사업체 취급액* 기준)으로, 전년 대비 4.5% 이상 증가했고, 광고사업체당 취급액 역시 증가했다.

* 광고사업체 취급액은 광고주가 매체(방송국, 신문사 등)와 매체 외 서비스에 지불하는 비용 전체(수수료 포함)임

　- 업종별로 살펴보면 광고대행업이 6조 6,239억 원으로 전체 취급액의 38% 이상을 차지했으나, 취급액의 전년 대비 증가율은 온라인광고대행업이 16% 이상으로 가장 높다.

○ 2018년 기준 광고사업체의 매체 광고비* 규모는 11조 362억 원(64.1%), 매체 외 서비스 취급액은 6조 1,757억 원(35.9%)으로 조사됐다.

* 매체 광고비는 방송매체, 인터넷매체, 옥외광고매체, 인쇄매체 취급액의 합임

　- 매체 광고비 중 방송매체 취급액은 4조 266억 원으로 가장 큰 비중을 차지하고 있으며, 그 다음으로 인터넷매체, 옥외광고매체, 인쇄매체 순으로 나타났다.

　- 인터넷매체 취급액은 3조 8,804억 원으로 전년 대비 6% 이상 증가했다. 특히, 모바일 취급액은 전년 대비 20% 이상 증가하여 인터넷 광고시장의 성장세를 이끌었다.

　- 한편, 간접광고(PPL) 취급액은 전년 대비 14% 이상 증가하여 1,270억 원으로 나타났으며, 그중 지상파TV와 케이블TV 간 비중의 격차는 5%p 이하로 조사됐다.

① 광고사업체 취급액 현황(2018년 기준)

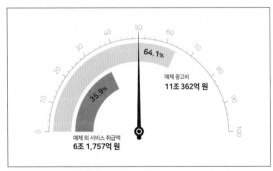

② 인터넷매체(PC, 모바일) 취급액 현황

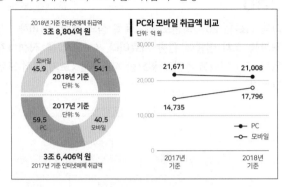

③ 간접광고(PPL) 취급액 현황

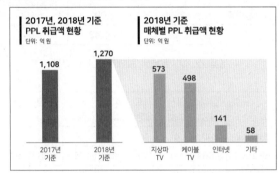

④ 업종별 광고사업체 취급액 현황

(단위: 개소, 억 원)

구분 업종	2018년 조사 (2017년 기준)		2019년 조사 (2018년 기준)	
	사업체 수	취급액	사업체 수	취급액
전체	7,234	164,133	7,256	172,119
광고대행업	1,910	64,050	1,887	66,239
광고제작업	1,374	20,102	1,388	20,434
광고전문서비스업	1,558	31,535	1,553	33,267
인쇄업	921	7,374	921	8,057
온라인광고대행업	780	27,335	900	31,953
옥외광고업	691	13,737	607	12,169

⑤ 매체별 광고사업체 취급액 현황(2018년 기준)

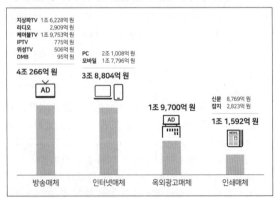

088

2013 5급공채 PSAT

다음 〈표〉는 2007 ~ 2011년 A 연구기관의 직종별 인력 현황에 관한 자료이다. 이를 정리한 것으로 옳지 않은 것은?

〈표〉 A 연구기관의 직종별 인력 현황

구분	연도	2007	2008	2009	2010	2011
정원 (명)	연구 인력	80	80	85	90	95
	지원 인력	15	15	18	20	25
	계	95	95	103	110	120
현원 (명)	연구 인력	79	79	77	75	72
	지원 인력	12	14	17	21	25
	계	91	93	94	96	97
박사 학위 소지자 (명)	연구 인력	52	53	51	52	55
	지원 인력	3	3	3	3	3
	계	55	56	54	55	58
평균 연령 (세)	연구 인력	42.1	43.1	41.2	42.2	39.8
	지원 인력	43.8	45.1	46.1	47.1	45.5
평균 연봉 지급액 (만원)	연구 인력	4,705	5,120	4,998	5,212	5,430
	지원 인력	4,954	5,045	4,725	4,615	4,540

① 연도별 지원 인력의 충원율

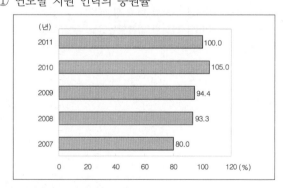

※ 충원율(%) = $\dfrac{현원}{정원} \times 100$

② 직종별 현원의 구성비율

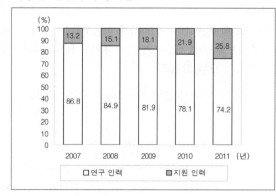

③ 지원 인력(현원) 중 박사 학위 소지자 비율

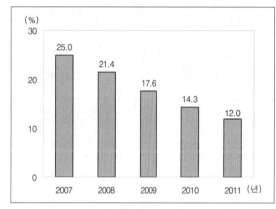

④ 직종별 현원의 평균 연령

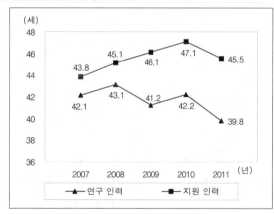

⑤ 연봉 지급 총액(현원)의 직종별 구성비율

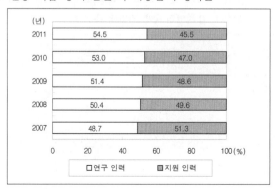

089

2015 5급공채 PSAT

다음 〈표〉를 이용하여 〈보고서〉를 작성하였다. 제시된 〈표〉 이외에 〈보고서〉를 작성하기 위해 추가로 필요한 자료만을 〈보기〉에서 모두 고르면?

〈표 1〉 2010 ~ 2011년 '갑'지역 구별 지역내 총생산

(단위: 억 원)

연도＼구	A	B	C	D	E	F
2010	3,046	3,339	2,492	1,523	5,442	8,473
2011	2,834	3,253	2,842	1,579	5,660	8,642

※ '갑'지역은 A ~ F구로 구성됨

〈표 2〉 2010 ~ 2011년 '갑'지역 경제활동부문별 지역내 총생산

(단위: 억 원)

연도＼부문	제조업	도소매업	임대업	건설업	서비스업	금융업	기타
2010	6,873	3,737	3,070	1,687	2,531	2,320	4,397
2011	7,221	3,603	3,137	1,581	2,585	2,383	4,300

┤ 보고서 ├

　2011년 '갑'지역의 지역내 총생산은 2조 4,810억 원으로 전년대비 2.0% 증가하였지만, 2011년 국가 경제성장률인 3.3%보다 낮았다.

　구별로는 4개 구의 2011년 지역내 총생산이 전년대비 증가하였으나, A구와 B구에서는 감소한 것으로 나타났다. 2011년 구별 지역내 총생산은 F구가 8,642억 원으로 규모가 가장 컸고, D구가 1,579억 원으로 가장 작았다.

　2010 ~ 2011년 '갑'지역 경제활동부문별 지역내 총생산을 보면, 제조업이 성장을 주도한 것으로 나타났다. 2011년 제조업의 지역내 총생산의 전년대비 증가율은 2010년에 비해 감소하였으나 5% 이상이었다. 그리고 2011년에는 서비스업과 금융업 등이 전년대비 플러스(+) 성장한 반면, 같은 기간 도소매업과 건설업은 마이너스(−) 성장으로 부진한 것으로 나타났다.

┤ 보기 ├

ㄱ. '갑'지역의 2009년 경제활동부문별 지역내 총생산
ㄴ. 2011년 국가 경제성장률
ㄷ. 2010 ~ 2011년 '갑'지역 구별 제조업부문 지역내 총생산
ㄹ. 2009년 '갑'지역의 구별 지역내 총생산

① ㄱ, ㄴ
② ㄱ, ㄷ
③ ㄴ, ㄷ
④ ㄴ, ㄹ
⑤ ㄷ, ㄹ

090

2020 5급공채 PSAT

다음 〈표〉는 '갑'국의 택배 물량, 평균단가 및 매출액에 관한 자료이다. 〈보고서〉를 작성하기 위해 〈표〉 이외에 추가로 필요한 자료만을 〈보기〉에서 모두 고르면?

〈표〉 택배 물량, 평균단가 및 매출액

(단위: 만 박스, 원/박스, 억 원)

연도＼구분	물량	평균단가	매출액
2015	181,596	2,392	43,438
2016	204,666	2,318	47,442
2017	231,946	2,248	52,141
2018	254,278	2,229	56,679

┤ 보고서 ├

　'갑'국의 택배 물량은 2015년 이후 매년 증가하였고, 2018년은 2017년에 비해 약 9.6% 증가하였다. 2015년 이후 '갑'국의 경제활동인구 1인당 택배 물량 또한 매년 증가하고 있는데, 이와 같은 추세는 앞으로도 계속될 것으로 예측된다.

　2018년 '갑'국의 택배업 매출액은 2017년 대비 약 8.7% 증가한 5조 6,679억 원이었다. '갑'국 택배업 매출액의 연평균 성장률을 살펴보면 2001 ~ 2010년 19.1%, 2011 ~ 2018년 8.4%를 기록하였는데, 2011년 이후 성장률이 다소 둔화하였지만, 여전히 높은 성장률을 유지하고 있음을 알 수 있다. 2011 ~ 2018년 '갑'국 유통업 매출액의 연평균 성장률은 3.5%로 동기간 택배업 매출액의 연평균 성장률보다 매우 낮다고 할 수 있다. 한편, 택배의 평균단가는 2015년 이후 매년 하락하고 있다.

┤ 보기 ├

ㄱ. 2001 ~ 2014년 연도별 택배업 매출액
ㄴ. 2011 ~ 2018년 연도별 유통업 매출액
ㄷ. 2012 ~ 2014년 연도별 택배 평균단가
ㄹ. 2015 ~ 2018년 연도별 경제활동인구

① ㄱ, ㄴ
② ㄱ, ㄹ
③ ㄴ, ㄷ
④ ㄱ, ㄴ, ㄹ
⑤ ㄴ, ㄷ, ㄹ

091

2018 5급공채 PSAT

다음 〈그림〉은 2013 ~ 2017년 '갑'기업의 '가', '나'사업장의 연간 매출액에 대한 자료이고, 다음 〈보고서〉는 2018년 '갑'기업의 '가', '나'사업장의 직원 증원에 대한 내부 검토 내용이다. 〈그림〉과 〈보고서〉를 근거로 2018년 '가', '나'사업장의 증원인원별 연간 매출액을 추정한 결과로 옳은 것은?

〈그림〉 2013 ~ 2017년 '갑'기업 사업장별 연간 매출액

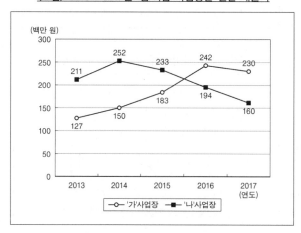

┤ 보고서 ├

• 2018년 '가', '나'사업장은 각각 0 ~ 3명의 직원을 증원할 계획임
• 추정 결과, 직원을 증원하지 않을 경우 '가', '나'사업장의 2017년 대비 2018년 매출액 증감률은 각각 10% 이하일 것으로 예상됨
• 직원 증원이 없을 때와 직원 3명을 증원할 때의 2018년 매출액 차이는 '나'사업장이 '가'사업장보다 클 것으로 추정됨
• '나'사업장이 2013 ~ 2017년 중 최대 매출액을 기록했던 2014년보다 큰 매출액을 기록하기 위해서는 2018년에 최소 2명의 직원을 증원해야 함

①
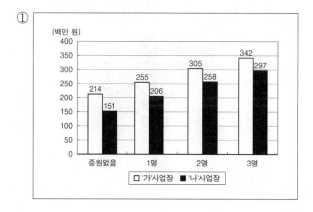

②
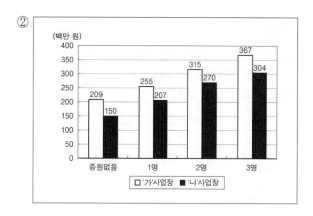

③
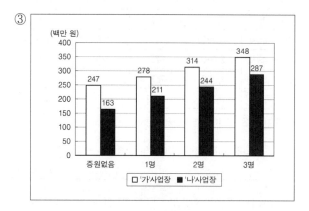

④
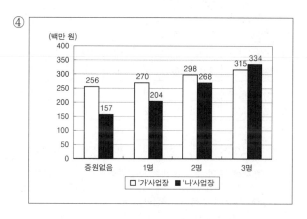

⑤
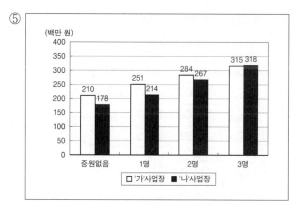

092

2015 5급공채 PSAT

다음 〈표〉는 25 ~ 54세 기혼 비취업여성 현황과 기혼여성의 경력단절 사유에 관한 자료이다. 이를 이용하여 작성한 그래프로 옳지 않은 것은?

〈표 1〉 연령대별 기혼 비취업여성 현황

(단위: 천 명)

연령대	기혼여성	기혼비취업여성	실업자	비경제활동인구
25 ~ 29세	570	306	11	295
30 ~ 34세	1,403	763	20	743
35 ~ 39세	1,818	862	23	839
40 ~ 44세	1,989	687	28	659
45 ~ 49세	2,010	673	25	648
50 ~ 54세	1,983	727	20	707
계	9,773	4,018	127	3,891

※ 기혼여성은 취업여성과 비취업여성으로 분류됨

〈표 2〉 기혼 경력단절여성의 경력단절 사유 분포

(단위: 천 명)

연령대	개인·가족 관련 이유				육아	가사	합
	결혼	임신·출산	자녀교육	기타			
25~29세	179	85	68	1	25	58	9	246
30~34세	430	220	137	10	63	189	21	640
35~39세	457	224	107	29	97	168	55	680
40~44세	339	149	38	24	128	71	74	484
45~49세	322	113	14	12	183	32	80	434
50~54세	323	88	10	7	218	20	78	421
계	2,050	879	374	83	714	538	317	2,905

※ 1) 기혼 경력단절여성은 기혼 비취업여성 중에서 개인·가족 관련 이유, 육아, 가사 등의 이유로 인해 직장을 그만둔 상태에 있는 여성임
2) 경력단절 사유에 복수로 응답한 경우는 없음

① 연령대별 기혼여성 중 경제활동인구

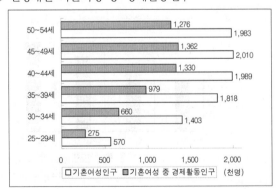

※ 경제활동인구 = 취업자 + 실업자

② 연령대별 기혼여성 중 비취업여성과 경력단절여성

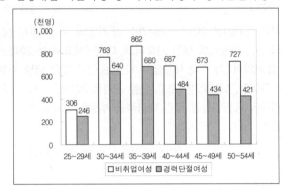

③ 25 ~ 54세 기혼 취업여성의 연령대 구성비

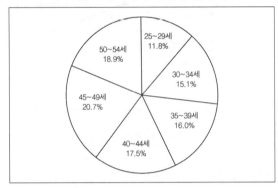

④ 30 ~ 39세 기혼 경력단절여성의 경력단절 사유 분포

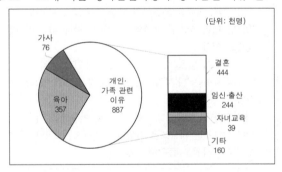

⑤ 25 ~ 54세 기혼 경력단절여성의 연령대 구성비

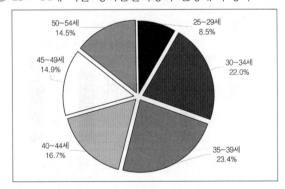

093

2019 5급공채 PSAT

다음 〈표〉는 2013 ~ 2018년 커피전문점 A ~ F 브랜드의 매출액과 점포수에 관한 자료이다. 이를 이용하여 작성한 그래프로 옳지 않은 것은?

〈표〉 2013 ~ 2018년 커피전문점 브랜드별 매출액과 점포수

(단위 : 억 원, 개)

구분	연도 브랜드	2013	2014	2015	2016	2017	2018
매출액	A	1,094	1,344	1,710	2,040	2,400	2,982
	B	—	—	24	223	1,010	1,675
	C	492	679	918	1,112	1,267	1,338
	D	—	129	197	335	540	625
	E	—	155	225	873	1,082	577
	F	—	—	—	—	184	231
	전체	1,586	2,307	3,074	4,583	6,483	7,428
점포수	A	188	233	282	316	322	395
	B	—	—	17	105	450	735
	C	81	110	150	190	208	252
	D	—	71	111	154	208	314
	E	—	130	183	218	248	366
	F	—	—	—	—	71	106
	전체	269	544	743	983	1,507	2,168

① 전체 커피전문점의 전년대비 매출액과 점포수 증가폭 추이

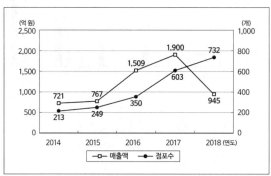

② 2018년 커피전문점 브랜드별 점포당 매출액

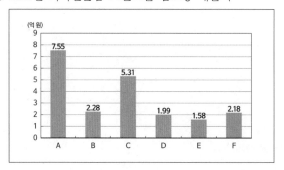

③ 2017년 매출액 기준 커피전문점 브랜드별 점유율

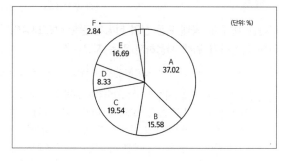

④ 2017년 대비 2018년 커피전문점 브랜드별 매출액의 증가량

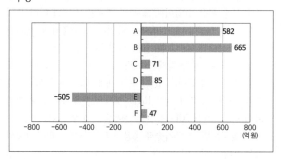

⑤ 전체 커피전문점의 연도별 점포당 매출액

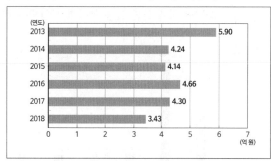

094

2020 민간경력자 채용 PSAT

다음은 세계 및 국내 드론 산업 현황에 관한 〈보고서〉이다. 이를 작성하기 위해 사용하지 않은 자료는?

─┤ 보고서 ├─

세계의 드론 산업 시장은 주로 미국과 유럽을 중심으로 형성되어 왔으나, 2013년과 비교하여 2018년에는 유럽 시장보다 오히려 아시아·태평양 시장의 점유율이 더 높아졌다.

2017년 국내 드론 활용 분야별 사업체수를 살펴보면, 농업과 콘텐츠 제작 분야의 사업체수가 전체의 80% 이상을 차지하였고, 사업체수의 전년 대비 증가율에 있어서는 교육 분야가 농업과 콘텐츠 제작 분야보다 각각 높았다. 2017년 국내 드론 활용 산업의 주요 관리 항목을 2013년 대비 증가율이 높은 항목부터 순서대로 나열하면, 조종자격 취득자 수, 장치신고 대수, 드론 활용 사업체수 순이다.

우리나라는 성장 잠재력이 큰 드론 산업 육성을 위해 다양한 정책을 추진하고 있다. 특히 세계 최고 수준과의 기술 격차를 줄이기 위해 정부 R&D 예산 비중을 꾸준히 확대하고 있다. 2015 ~ 2017년 기술 분야별로 정부 R&D 예산 비중을 살펴보면, 기반기술과 응용서비스기술의 예산 비중의 합은 매년 65% 이상이다.

① 2016 ~ 2017년 국내 드론 활용 분야별 사업체수 현황

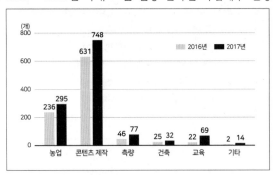

② 2013년과 2018년 세계 드론 시장 점유율 현황

③ 2015 ~ 2017년 국내 드론 산업 관련 민간 R&D 기업 규모별 투자 현황

(단위: 백만 원)

구분 \ 연도	2015	2016	2017
대기업	2,138	10,583	11,060
중견기업	4,122	3,769	1,280
중소기업	11,500	29,477	43,312

④ 2015 ~ 2017년 국내 드론 산업 관련 기술 분야별 정부 R&D 예산 비중 현황

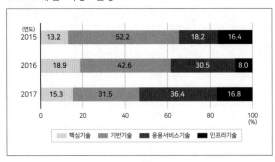

⑤ 2013 ~ 2017년 국내 드론 활용 산업의 주요 관리 항목별 현황

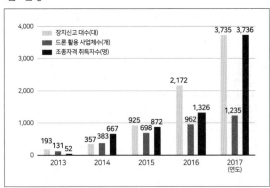

095

2021 민간경력자 채용 PSAT

다음 〈표〉와 〈보고서〉는 A 시 청년의 희망직업 취업 여부에 관한 조사 결과이다. 제시된 〈표〉 이외에 〈보고서〉를 작성하기 위해 추가로 이용한 자료만을 〈보기〉에서 모두 고르면?

〈표〉 전공계열별 희망직업 취업 현황

(단위: 명, %)

구분＼전공계열	전체	인문사회계열	이공계열	의약/교육/예체능계열
취업자 수	2,988	1,090	1,054	844
희망직업 취업률	52.3	52.4	43.0	63.7
희망직업 외 취업률	47.7	47.6	57.0	36.3

┤ 보고서 ├

　A시의 취업한 청년 2,988명을 대상으로 조사한 결과 52.3%가 희망직업에 취업했다고 응답하였다. 전공계열별로 살펴보면 의약/교육/예체능계열, 인문사회계열, 이공계열 순으로 희망직업 취업률이 높게 나타났다.

　전공계열별로 희망직업을 선택한 동기를 살펴보면 이공계열과 의약/교육/예체능계열의 경우 '전공분야'라고 응답한 비율이 각각 50.3%와 49.9%였고, 인문사회계열은 그 비율이 33.3%였다. 전공계열별 희망직업의 선호도 분포를 분석한 결과, 인문사회계열은 '경영', 이공계열은 '연구직', 그리고 의약/교육/예체능계열은 '보건·의료·교육'에 대한 선호도가 가장 높았다.

　한편, 전공계열별로 희망직업에 취업한 청년과 희망직업 외에 취업한 청년의 직장만족도를 살펴보면 차이가 가장 큰 계열은 이공계열로 0.41점이었다.

┤ 보기 ├

ㄱ. 구인·구직 추이

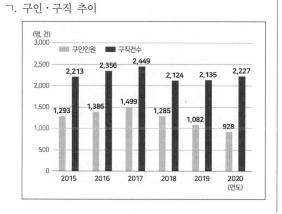

ㄴ. 전공계열별 희망직업 선호도 분포

(단위: %)

희망직업＼전공계열	전체	인문사회계열	이공계열	의약/교육/예체능계열
경영	24.2	47.7	15.4	5.1
연구직	19.8	1.9	52.8	1.8
보건·의료·교육	33.2	28.6	14.6	62.2
예술·스포츠	10.7	8.9	4.2	21.2
여행·요식	8.7	12.2	5.5	8.0
생산·농림어업	3.4	0.7	7.5	1.7

ㄷ. 전공계열별 희망직업 선택 동기 구성비

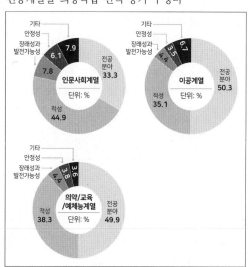

ㄹ. 희망직업 취업여부에 따른 항목별 직장만족도(5점 만점)

(단위: 점)

희망직업 취업여부＼항목	업무내용	소득	고용안정
전체	3.72	3.57	3.28
희망직업 취업	3.83	3.70	3.35
희망직업 외 취업	3.59	3.42	3.21

① ㄱ, ㄷ　　　　② ㄱ, ㄹ
③ ㄴ, ㄷ　　　　④ ㄱ, ㄴ, ㄹ
⑤ ㄴ, ㄷ, ㄹ

096

2014 5급공채 PSAT

다음은 2009 ~ 2011년 우리나라의 세금 체납정리에 관한 〈보고서〉이다. 〈보고서〉에 제시된 내용과 부합하지 않는 자료는?

─── 보고서 ───

• 2009년 우리나라 국세결손처분 비율은 4.6%로 EU 주요국 중 영국, 오스트리아, 독일, 프랑스에 비해 4배 이상 높다. 반면, 미정리체납액 비율은 2.7%로 영국, 오스트리아, 프랑스에 비해 낮다.
• 2009 ~ 2011년 동안 세수실적 대비 미정리체납액 비율은 부가가치세가 국세보다 매년 높다.
• 2009 ~ 2011년 동안 부가가치세는 소득세 및 법인세보다 세수실적 대비 미정리체납액 비율이 매년 더 높다.
• 2011년 부가가치세 체납액정리 현황을 보면, 현금정리가 44.3%로 가장 큰 비중을 차지하고, 그 다음으로 미정리, 결손정리, 기타정리의 순으로 큰 비중을 차지하고 있다.
• 2011년 주요세목 체납정리 현황에서 건당금액의 경우 각 분야에서 법인세가 소득세 및 부가가치세보다 높다.

① 우리나라 및 EU 주요국의 체납처분 현황(2009년)

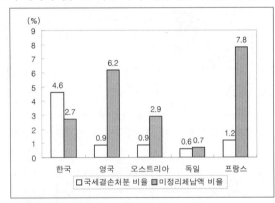

② 국세와 부가가치세의 미정리체납액 추이

(단위 : 억원, %)

구분		2009년	2010년	2011년
국세	세수실적(a)	1,543,305	1,660,149	1,801,532
	미정리체납액(b)	41,659	49,257	54,601
	비율($\frac{b}{a}$×100)	2.7	3.0	3.0
부가가치세	세수실적(a)	469,915	491,212	519,068
	미정리체납액(b)	15,148	15,982	17,815
	비율($\frac{b}{a}$×100)	3.2	3.3	3.4

③ 주요 세목의 세수실적 대비 미정리체납액 비율

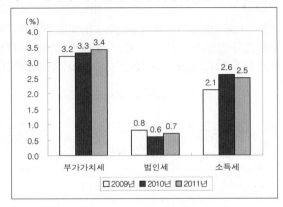

④ 부가가치세 체납액정리 현황(2011년)

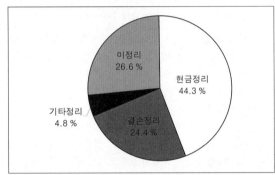

⑤ 주요세목 체납정리 현황(2011년)

(단위 : 건, 억원, 만원)

분야	세목 구분	소득세	법인세	부가가치세
현금 정리	건수	398,695	35,947	793,901
	금액	7,619	3,046	29,690
	건당금액	191	847	374
결손 정리	건수	86,383	9,919	104,913
	금액	21,314	5,466	16,364
	건당금액	2,467	5,511	1,560
기타 정리	건수	19,218	1,000	70,696
	금액	2,507	318	3,201
	건당금액	1,305	3,180	453
미정리	건수	322,349	22,265	563,646
	금액	10,362	3,032	17,815
	건당금액	321	1,362	316

097

2018 민간경력자 채용 PSAT

다음 〈표〉는 2016년과 2017년 A ～ F 항공사의 공급석 및 탑승객 수를 나타낸 자료이다. 〈표〉를 이용하여 작성한 그래프로 옳지 않은 것은?

〈표〉 항공사별 공급석 및 탑승객 수

(단위 : 만 개, 만 명)

구분 항공사	공급석 수		탑승객 수	
연도	2016	2017	2016	2017
A	260	360	220	300
B	20	110	10	70
C	240	300	210	250
D	490	660	410	580
E	450	570	380	480
F	250	390	200	320
전체	1,710	2,390	1,430	2,000

① 연도별 A ～ F 항공사 전체의 공급석 및 탑승객 수

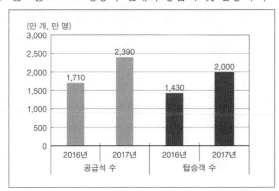

② 항공사별 탑승객 수

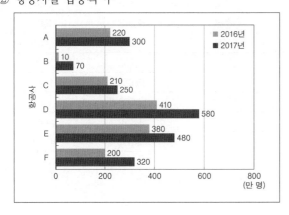

③ 2017년 탑승객 수의 항공사별 구성비

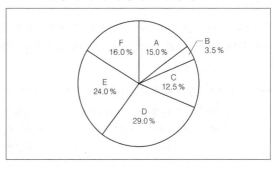

④ 2016년 대비 2017년 항공사별 공급석 수 증가량

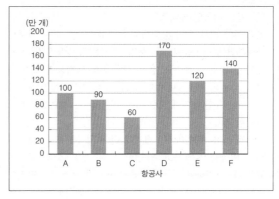

⑤ 2017년 항공사별 잔여석 수

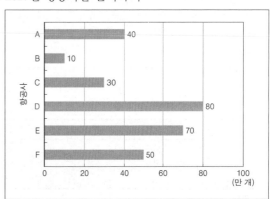

※ 잔여석 수 = 공급석 수 - 탑승객 수

098

2013 5급공채 PSAT

다음 〈보고서〉는 2012년 2분기 말 외국인 국내토지 소유현황에 관한 것이다. 〈보고서〉의 내용과 부합하지 않는 자료는?

┤ 보고서 ├

2012년 2분기 말 현재 외국인의 국내토지 소유면적은 224,715천m², 금액으로는 335,018억 원인 것으로 조사되었다. 면적 기준으로 2012년 1분기 말 대비 2,040천m², 보유필지수로는 1분기 말 대비 3% 미만 증가한 것이다.

국적별로는 기타 지역을 제외하고 토지 소유면적이 넓은 것부터 나열하면 미국, 유럽, 일본, 중국 순이며, 미국 국적 외국인은 외국인 국내토지 소유면적의 50% 이상을 소유하였다. 용도별로 외국인 국내토지 소유면적을 넓은 것부터 나열하면 임야·농지, 공장용지, 주거용지, 상업용지, 레저용지 순이며, 이 중 주거용지, 상업용지, 레저용지 토지 면적의 합이 외국인 국내토지 소유면적의 10% 이상인 것으로 나타나 부동산 투기에 대한 지속적인 감시가 필요할 것으로 판단된다.

토지 소유 주체별로는 개인이 전체 외국인 소유 토지의 60% 이상을 차지하고 있으며, 특히 개인 소유 토지의 57.1%를 차지하고 있는 외국국적 교포의 토지 소유면적이 법인 및 외국정부단체 등이 소유한 토지 면적보다 더 넓은 것으로 나타났다. 외국인이 소유하고 있는 지역별 토지 면적을 넓은 것부터 나열하면 전남, 경기, 경북 순이고 이들 지역에서의 보유 면적의 합은 전체 외국인 국내토지 소유면적의 40%를 상회하고 있어 향후 집중적인 모니터링이 요구된다.

① 2012년 2분기말 주체별 외국인 국내토지 소유현황

구분	합	개인			법인			외국정부단체 등
		소계	외국국적교포	순수외국인	소계	합작법인	순수외국법인	
면적(천m²)	224,715	137,040	128,252	8,788	87,173	71,810	15,363	502
비율(%)	100.0	61.0	57.1	3.9	38.8	32.0	6.8	0.2

② 외국인 국내토지 소유현황

구분	2011년 4분기 말	2012년 1분기 말	2012년 2분기 말
면적(천m²)	221,899	222,675	224,715
금액(억 원)	310,989	323,109	335,018
필지수(필)	79,992	81,109	82,729

③ 2012년 2분기 말 국적별 외국인 국내토지 소유현황

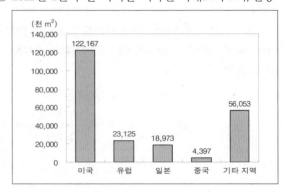

④ 2012년 2분기 말 용도별 외국인 국내토지 소유현황

구분	임야·농지	공장용지	주거용지	상업용지	레저용지	합
면적(천m²)	133,088	67,141	14,973	5,871	3,642	224,715

⑤ 2012년 2분기 말 시도별 외국인 국내토지 소유현황

시도명	면적(천m²)	비율(%)
서울	2,729	1.2
부산	5,738	2.6
대구	1,792	0.8
인천	4,842	2.2
광주	3,425	1.5
대전	837	0.4
울산	5,681	2.5
세종	867	0.4
경기	37,615	16.7
강원	18,993	8.5
충북	12,439	5.5
충남	22,313	9.9
전북	7,462	3.3
전남	37,992	16.9
경북	35,081	15.6
경남	17,058	7.6
제주	9,851	4.4
계	224,715	100.0

099

2016 5급공채 PSAT

다음 〈그림〉과 〈표〉를 이용하여 〈보고서〉를 작성하였다. 제시된 〈그림〉과 〈표〉 이외에 추가로 필요한 자료만을 〈보기〉에서 모두 고르면?

〈그림〉 박사학위 취득자의 성별, 전공계열별 고용률 현황

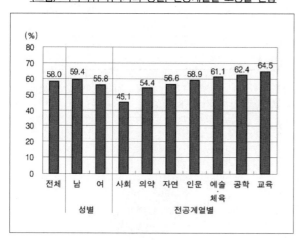

〈표〉 박사학위 취득자 중 취업자의 고용형태별 직장유형 구성비율

(단위 : %)

고용형태 직장유형	전체	정규직	비정규직
대학	54.2	9.3	81.1
민간기업	24.9	64.3	1.2
공공연구소	10.3	8.5	11.3
민간연구소	3.3	6.4	1.5
정부·지자체	1.9	2.4	1.7
기타	5.4	9.1	3.2
계	100.0	100.0	100.0

─┤ 보고서 ├─

　박사학위 취득자의 전체 고용률은 58.0%이었다. 전공계열 중 교육계열의 고용률이 가장 높고 그 다음으로 공학계열, 예술·체육계열, 인문계열의 순으로 나타났으며, 사회계열, 의약계열과 자연계열의 고용률은 상대적으로 낮았다.

　박사학위 취득자 중 취업자의 직장유형 구성비율을 살펴보면 대학이 가장 높았고, 그 다음으로 민간기업, 공공연구소 등의 순이었다.

　박사학위 취득자 중 취업자의 고용형태를 살펴보면, 여성 취업자 중 비정규직 비율은 75% 이상이었다. 전공계열별로는 인문계열의 비정규직 비율이 가장 높고, 그 다음으로 예술·체육계열, 의약계열, 사회계열, 자연계열, 교육계열, 공학계열 순으로 나타났다. 정규직은 과반수가 민간기업에 소속된 반면, 비정규직은 80% 이상이 대학에 소속된 것으로 나타났다.

　박사학위 취득자 중 취업자의 고용형태에 따라 평균 연봉 차이가 큰 것으로 나타났다. 정규직 취업자의 직장유형을 기타를 제외하고 평균 연봉이 높은 것부터 순서대로 나열하면 민간기업, 민간연구소, 공공연구소, 대학, 정부·지자체 순이었다. 또한, 비정규직 내에서도 직장유형별 평균 연봉의 편차가 크게 나타났다.

─┤ 보기 ├─

ㄱ. 박사학위 취득자 중 취업자의 전공계열별 고용형태
ㄴ. 박사학위 취득자 중 취업자의 성별, 전공계열별 평균 연봉
ㄷ. 박사학위 취득자 중 취업자의 고용형태별, 직장유형별 평균 연봉
ㄹ. 박사학위 취득자 중 취업자의 성별 고용형태
ㅁ. 박사학위 취득자 중 비정규직 여성 취업자의 전공계열별 평균 근속기간

① ㄱ, ㄴ, ㄷ
② ㄱ, ㄷ, ㄹ
③ ㄱ, ㄷ, ㅁ
④ ㄴ, ㄷ, ㄹ
⑤ ㄴ, ㄹ, ㅁ

100

2020 민간경력자 채용 PSAT

다음 〈표〉는 2008 ～ 2018년 '갑'국의 황산화물 배출권 거래 현황에 대한 자료이다. 〈표〉를 이용하여 작성한 그래프로 옳지 않은 것은?

〈표〉 2008 ～ 2018년 '갑'국의 황산화물 배출권 거래 현황

(단위 : 건, kg, 원/kg)

연도	전체		무상거래		유상거래				
	거래건수	거래량	거래건수	거래량	거래건수	거래량	거래가격		
							최고	최저	평균
2008	10	115,894	3	42,500	7	73,394	1,000	30	319
2009	8	241,004	4	121,624	4	119,380	500	60	96
2010	32	1,712,694	9	192,639	23	1,520,055	500	50	58
2011	25	1,568,065	6	28,300	19	1,539,765	400	10	53
2012	32	1,401,374	7	30,910	25	1,370,464	400	30	92
2013	59	2,901,457	5	31,500	54	2,869,957	600	60	180
2014	22	547,500	1	2,000	21	545,500	500	65	269
2015	12	66,200	5	22,000	7	44,200	450	100	140
2016	10	89,500	3	12,000	7	77,500	500	150	197
2017	20	150,966	5	38,100	15	112,866	160	100	124
2018	28	143,324	3	5,524	25	137,800	250	74	140

① 2010 ～ 2013년 연도별 전체 거래의 건당 거래량

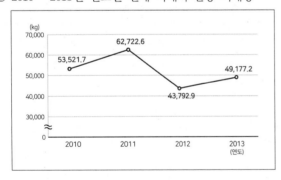

② 2009 ～ 2013년 유상거래 최고 가격과 최저 가격

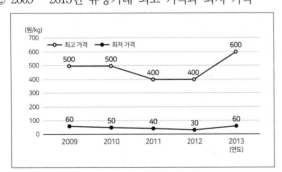

③ 2013 ～ 2017년 유상거래 평균 가격

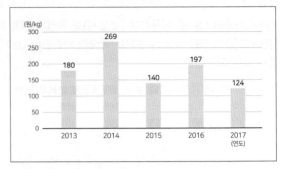

④ 2008년 전체 거래량 구성비

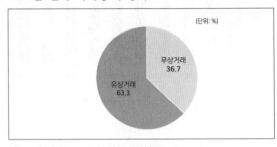

⑤ 2010 ～ 2013년 무상거래 건수와 유상거래 건수

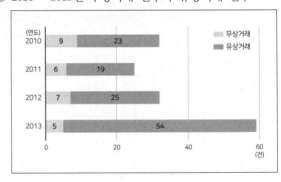

101

2019 5급공채 PSAT

다음 〈표〉와 〈보고서〉는 A시 대기오염과 그 영향에 관한 자료이다. 제시된 〈표〉 이외에 〈보고서〉를 작성하기 위해 추가로 필요한 자료만을 〈보기〉에서 모두 고르면?

〈표 1〉 A시 연평균 미세먼지 농도

(단위: ㎍/㎥)

연도	2012	2013	2014	2015	2016	2017	2018	평균
농도	61.30	55.37	54.04	49.03	46.90	41.08	44.57	50.32

〈표 2〉 A시 연평균 기온 및 상대습도

(단위: ℃, %)

연도 구분	2012	2013	2014	2015	2016	2017	2018	평균
기온	13.28	12.95	12.95	12.14	12.07	12.27	12.56	12.60
상대습도	62.25	59.45	61.10	62.90	59.54	56.63	60.02	60.27

─── 보고서 ───

　A시 부설연구원은 2012 ~ 2018년 A시 사망자를 대상으로 대기오염으로 인한 사망영향을 연구하였다. 2012 ~ 2018년 연평균 미세먼지 농도는 평균 50.32 ㎍/㎥이었다. 연도별로는 2012년에 가장 높은 61.30 ㎍/㎥이었고, 2013년부터 지속적으로 감소하여 2017년 가장 낮은 41.08 ㎍/㎥을 나타내었다. 2018년에는 2017년에 비해 다소 증가하여 44.57 ㎍/㎥이었다.

　연구대상 기간 동안 전체 연령집단, 65세 미만 연령집단, 65세 이상 연령집단의 연간 일일 사망자 수는 각각 평균 96.65명, 27.35명, 69.30명이었다. 전체 연령집단의 연간 일일 사망자 수는 2012년 93.61명에서 2018년 102.97명으로 증가하였다. 65세 미만 연령 집단의 연간 일일 사망자 수는 2012년 29.13명에서 2018년 26.09명으로 감소하였다. 65세 이상 연령집단의 연간 일일 사망자 수는 2012년 64.48명에서 2018년 76.88명으로 증가하였다.

　2012 ~ 2018년 A시의 연평균 기온은 평균 12.60℃이었고, 2012년은 13.28℃로 다소 높았으며, 2016년은 12.07℃로 다소 낮은 기온을 나타내었다. 연구대상 기간 동안 연평균 상대습도는 평균 60.27%이었으며, 전체적으로 56.63 ~ 62.90% 수준이었다.

─── 보기 ───

ㄱ. A시 연간 일일 사망자 수

(단위: 명)

연도	2012	2013	2014	2015	2016	2017	2018	평균
사망자 수	93.61	92.24	92.75	96.59	97.21	101.19	102.97	96.65

ㄴ. A시 연간 미세먼지 경보발령일수

(단위: 일)

연도	2012	2013	2014	2015	2016	2017	2018
일수	37	32	33	25	26	30	29

ㄷ. A시 연간 심혈관계 응급환자 수

(단위: 명)

연도	2012	2013	2014	2015	2016	2017	2018
환자수	36,775	34,972	34,680	35,112	35,263	36,417	37,584

ㄹ. A시 65세 이상 연령집단의 연간 일일 사망자 수

(단위: 명)

연도	2012	2013	2014	2015	2016	2017	2018	평균
사망자 수	64.48	64.40	65.19	68.72	70.35	75.07	76.88	69.30

① ㄱ, ㄴ　　　　② ㄱ, ㄷ
③ ㄱ, ㄹ　　　　④ ㄴ, ㄷ
⑤ ㄷ, ㄹ

102

2020 5급공채 PSAT

다음 〈보고서〉는 2017년 '갑'국의 공연예술계 시장 현황에 관한 자료이다. 〈보고서〉의 내용과 부합하는 자료만을 〈보기〉에서 모두 고르면?

┤ 보고서 ├

2017년 '갑'국의 공연예술계 관객수는 410만 5천 명, 전체 매출액은 871억 5천만 원으로 집계되었다. 이는 매출액 기준 전년 대비 100% 이상 성장한 것으로, 2014년 이후 공연예술계 매출액과 관객수 모두 매년 증가하는 추세이다.

2017년 '갑'국 공연예술계의 전체 개막편수 및 공연횟수를 월별로 분석한 결과, 월간 개막편수가 전체 개막편수의 10% 이상을 차지하는 달은 3월뿐이고 월간 공연횟수가 전체 공연횟수의 10% 이상을 차지하는 달은 8월뿐인 것으로 나타났다.

반면, '갑'국 공연예술계 매출액 및 관객수의 장르별 편차는 매우 심한 것으로 나타났는데, 2017년 기준 공연예술계 전체 매출액의 60% 이상이 '뮤지컬' 한 장르에서 발생하였으며 또한 관객수 상위 3개 장르가 공연예술계 전체 관객수의 90% 이상을 차지하는 것으로 조사되었다.

2017년 '갑'국 공연예술계 관객수를 입장권 가격대별로 살펴보면 가장 저렴한 '3만 원 미만' 입장권 관객수가 절반 이상을 차지하였고, 이는 가장 비싼 '7만 원 이상' 입장권 관객수의 3.5배 이상이었다.

┤ 보기 ├

ㄱ. 2014 ~ 2017년 매출액 및 관객수

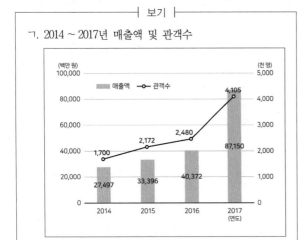

ㄴ. 2017년 개막편수 및 공연횟수

(단위: 편, 회)

구분 월	개막편수	공연횟수
1	249	4,084
2	416	4,271
3	574	4,079
4	504	4,538
5	507	4,759
6	499	4,074
7	441	5,021
8	397	5,559
9	449	3,608
10	336	3,488
11	451	3,446
12	465	5,204
전체	5,288	52,131

ㄷ. 2017년 장르별 매출액 및 관객수

(단위: 백만 원, 천 명)

장르 \ 구분	매출액	관객수
연극	10,432	808
뮤지컬	56,014	1,791
클래식	13,580	990
무용	5,513	310
국악	1,611	206
전체	87,150	4,105

ㄹ. 2017년 입장권 가격대별 관객수 구성비

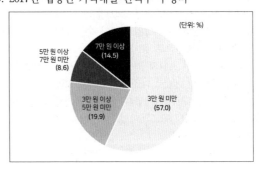

① ㄱ, ㄷ

② ㄴ, ㄷ

③ ㄴ, ㄹ

④ ㄱ, ㄴ, ㄹ

⑤ ㄱ, ㄷ, ㄹ

103

2019 민간경력자 채용 PSAT

다음 〈표〉는 2012 ~ 2017년 '갑'국의 화재발생 현황에 대한 자료이다. 이를 이용하여 작성한 그래프로 옳지 않은 것은?

〈표〉 '갑'국의 화재발생 현황

(단위 : 건, 명)

구분 연도	화재발생건수	인명피해자수	구조활동건수
2012	43,249	2,222	427,735
2013	40,932	2,184	400,089
2014	42,135	2,180	451,050
2015	44,435	2,093	479,786
2016	43,413	2,024	609,211
2017	44,178	2,197	655,485
평균	43,057	2,150	503,893

① 화재발생건수

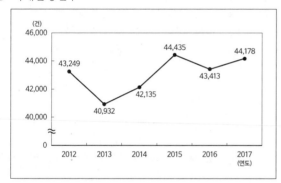

② 인명피해자수 편차의 절댓값

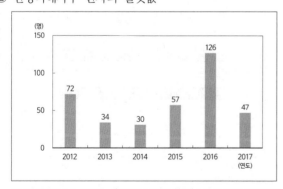

※ 인명피해자수 편차는 해당년도 인명피해자수에서 평균 인명피해자수를 뺀 값임

③ 구조활동건수의 전년대비 증가량

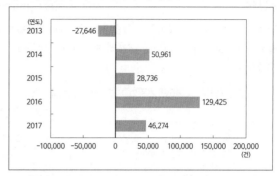

④ 화재발생건수 대비 인명피해자수 비율

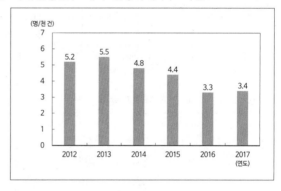

⑤ 화재발생건수의 전년대비 증가율

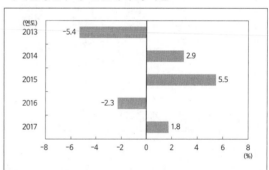

099

104

2017 민간경력자 채용 PSAT

다음 〈표〉는 2013 ~ 2016년 기관별 R&D 과제 건수와 비율에 관한 자료이다. 〈표〉를 이용하여 작성한 그래프로 옳지 않은 것은?

〈표〉 2013 ~ 2016년 기관별 R&D 과제 건수와 비율

(단위 : 건, %)

연도 기관 구분	2013		2014		2015		2016	
	과제 건수	비율	과제 건수	비율	과제 건수	비율	과제 건수	비율
기업	31	13.5	80	9.4	93	7.6	91	8.5
대학	47	20.4	423	49.7	626	51.4	526	49.3
정부	141	61.3	330	38.8	486	39.9	419	39.2
기타	11	4.8	18	2.1	13	1.1	32	3.0
전체	230	100.0	851	100.0	1,218	100.0	1,068	100.0

① 연도별 기업 및 대학 R&D 과제 건수

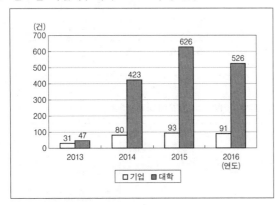

② 연도별 정부 및 전체 R&D 과제 건수

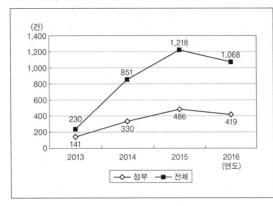

③ 2016년 기관별 R&D 과제 건수 구성비

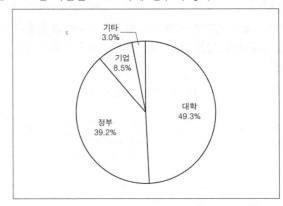

④ 전체 R&D 과제 건수의 전년대비 증가율(2014 ~ 2016년)

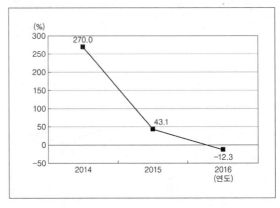

⑤ 연도별 기업 및 정부 R&D 과제 건수의 전년대비 증가율(2014 ~ 2016년)

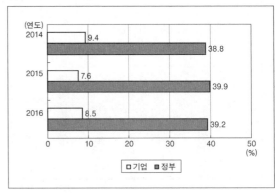

105

다음 〈표〉는 방한 중국인 관광객에 관한 자료이다. 〈보고서〉를 작성하기 위해 〈표〉 이외에 추가로 필요한 자료만을 〈보기〉에서 모두 고르면?

〈표 1〉 2016 ~ 2017년 월별 방한 중국인 관광객수

(단위 : 만 명)

월 년	1	2	3	4	5	6	7	8	9	10	11	12	계
2016	60	47	80	80	78	95	87	102	107	106	55	54	951
2017	15	15	18	17	17	20	15	21	13	19	12	13	195

※ 2017년 자료는 추정값임

〈표 2〉 2016년 방한 중국인 관광객 1인당 관광 지출액

(단위 : 달러)

구분	쇼핑	숙박·교통	식음료	기타	총지출
개별	1,430	422	322	61	2,235
단체	1,296	168	196	17	1,677
전체	1,363	295	259	39	1,956

※ 전체는 방한 중국인 관광객 1인당 관광 지출액임

┤ 보고서 ├

　2017년 3월부터 7월까지 5개월간 전년 동기간 대비 방한 중국인 관광객수는 300만 명 이상 감소한 것으로 추정된다. 해당 규모에 2016년 기준 전체 방한 중국인 관광객 1인당 관광 지출액인 1,956달러를 적용하면 중국인의 한국 관광 포기로 인한 지출 감소액은 약 65.1억 달러로 추정된다.

　2017년 전년대비 연간 추정 방한 중국인 관광객 감소 규모는 약 756만 명이며, 추정 지출 감소액은 약 147.9억 달러로 나타난다. 이는 각각 2016년 중국인 관광객을 제외한 연간 전체 방한 외국인 관광객수의 46.3%, 중국인 관광객 지출액을 제외한 전체 방한 외국인 관광객 총 지출액의 55.8% 수준이다.

　2017년 산업부문별 추정 매출 감소액을 살펴보면, 도소매업의 매출액 감소가 전년대비 108.9억 달러로 가장 크고, 다음으로 식음료업, 숙박업 순으로 나타났다.

┤ 보기 ├

ㄱ. 2016년 방한 외국인 관광객의 국적별 1인당 관광 지출액
ㄴ. 2016년 전체 방한 외국인 관광객수 및 지출액 현황
ㄷ. 2016년 산업부문별 매출액 규모 및 구성비
ㄹ. 2017년 산업부문별 추정 매출액 규모 및 구성비

① ㄱ, ㄷ　　　　　② ㄴ, ㄷ
③ ㄴ, ㄹ　　　　　④ ㄱ, ㄴ, ㄹ
⑤ ㄴ, ㄷ, ㄹ

Chapter

05 매칭형

매칭형 문제는?

표나 그래프 등 자료의 항목에 A, B, C, D와 같은 문자가 주어지면, 이 문자들이 해당하는 항목이 무엇인지 주어진 조건을 보고 추론하여 고르는 유형이다. 주어진 항목을 추론하는 데는 〈보기〉나 〈조건〉뿐 아니라 〈보고서〉나 〈대화〉와 같이 다른 형태의 내용이 주어지기도 한다.

매칭형 문제 특징

- 자료와 함께 제시되는 〈조건〉, 〈보고서〉, 〈대화〉는 그 형태가 다르지만 기본적으로 항목을 추론하는 '조건'이다.
- 제시된 조건을 모두 사용해야 문제에서 요구하는 자료의 해당 항목이 무엇인지 찾을 수 있는 것은 아니다. 예를 들어 4개의 조건이 제시되고 자료의 A~D에 해당하는 국가를 찾아야 할 때, 4개의 조건 중 3개만을 사용하여 A~D와 국가를 매칭시킬 수 있는 문제도 있다. 즉, **제시된 조건 중 필요한 것만을 사용하면 된다.**
- 주어진 **조건을 반드시 순서대로 적용할 필요는 없다.** 문제에 따라 다르지만, 바로 하나의 항목을 찾아낼 수 있는 명확한 조건이 있다면 이를 먼저 사용하여 항목을 추론해 내는 것이 좋다.
- 눈으로만 보아도 수치가 확연하게 차이가 나는 경우에는 일일이 계산하기보다는 어림산하여 답을 찾는 것이 시간을 절약하는 방법이다.

대표예제

다음 〈그림〉은 한국, 일본, 미국, 벨기에의 2010년, 2015년, 2020년 자동차 온실가스 배출량 기준에 관한 자료이다. 〈그림〉과 〈조건〉에 근거하여 A ~ D에 해당하는 국가를 바르게 나열한 것은?

2019 민간경력자 채용 PSAT

〈그림〉 자동차 온실가스 배출량 기준

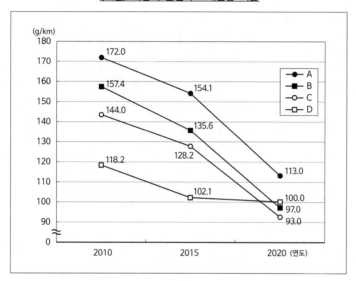

─┤ 조건 ├─

- 2010년 대비 2020년 자동차 온실가스 배출량 기준 감소율은 한국이 일본, 미국, 벨기에보다 높다.
- 2015년 한국과 일본의 자동차 온실가스 배출량 기준 차이는 30g/km 이상이다.
- 2020년 자동차 온실가스 배출량 기준은 미국이 한국과 벨기에보다 높다.

	A	B	C	D
①	미국	벨기에	한국	일본
②	미국	한국	벨기에	일본
③	벨기에	한국	미국	일본
④	일본	벨기에	한국	미국
⑤	한국	일본	벨기에	미국

정답 ②

해설

첫 번째 조건을 보면, 2010년 대비 2020년 자동차 온실가스 배출량 기준 감소율이 가장 높은 국가는 한국이다. 〈그림〉의 A~D 중 기울기가 가장 큰 것을 고르면 되는데, D를 제외한 A, B, C의 기울기 차이가 크지 않으므로 감소율을 구하면 아래와 같다.

A : $\dfrac{172-113}{172} \times 100 ≒ 34.3(\%)$

B : $\dfrac{157.4-97}{157.4} \times 100 ≒ 38.4(\%)$

C : $\dfrac{144.0-93.0}{144.0} \times 100 ≒ 35.4(\%)$

→ B의 감소율이 가장 크므로 B는 한국이다.

두 번째 조건을 보면, 2015년 한국과 일본의 자동차 온실가스 배출량 기준 차이는 30g/km 이상이라고 하였다. 한국은 B이므로 자동차 온실가스 배출량은 135.6g/km이고, 이와 배출량이 30g/km 이상 차이 나는 것은 102.1g/km인 D뿐이다.
→ D는 일본이다.

세 번째 조건에서 미국의 2020년 자동차 온실가스 배출량 기준은 한국(B)과 벨기에보다 높다고 하였으므로 미국은 D 또는 A이다.
→ D는 일본이므로 미국은 A가 되고, 이에 따라 벨기에는 C가 된다.

따라서, A, B, C, D 국가는 차례대로 미국, 한국, 벨기에, 일본이다.

106

2021 5급공채 PSAT

다음 〈표〉는 우리나라 7개 도시의 공원 현황을 나타낸 자료이다. 〈표〉와 〈조건〉을 바탕으로 '가 ~ 라' 도시를 바르게 나열한 것은?

〈표〉 우리나라 7개 도시의 공원 현황

구분	개소	결정면적 (백만 m²)	조성면적 (백만 m²)	활용률 (%)	1인당 결정면적 (m²)
전국	20,389	1,020.1	412.0	40.4	22.0
서울	2,106	143.4	86.4	60.3	14.1
(가)	960	69.7	29.0	41.6	25.1
(나)	586	19.6	8.7	44.2	13.4
부산	904	54.0	17.3	29.3	16.7
(다)	619	22.2	12.3	49.6	15.5
대구	755	24.6	11.2	45.2	9.8
(라)	546	35.9	11.9	33.2	31.4

┤ 조건 ├

- 결정면적이 전국 결정면적의 3% 미만인 도시는 광주, 대전, 대구이다.
- 활용률이 전국 활용률보다 낮은 도시는 부산과 울산이다.
- 1인당 조성면적이 1인당 결정면적의 50% 이하인 도시는 부산, 대구, 광주, 인천, 울산이다.

	가	나	다	라
①	울산	광주	대전	인천
②	울산	대전	광주	인천
③	인천	광주	대전	울산
④	인천	대전	광주	울산
⑤	인천	울산	광주	대전

107

2022 5급공채 PSAT

다음 〈표〉는 2015 ~ 2021년 '갑'국 4개 대학의 변호사시험 응시자 및 합격자에 관한 자료이다. 〈표〉와 〈조건〉에 근거하여 A ~ D에 해당하는 대학을 바르게 나열한 것은?

〈표〉 2015 ~ 2021년 대학별 변호사시험 응시자 및 합격자

(단위 : 명)

대학	구분	2015	2016	2017	2018	2019	2020	2021
A	응시자	50	52	54	66	74	89	90
	합격자	50	51	46	51	49	55	48
B	응시자	58	81	94	98	94	89	97
	합격자	47	49	65	73	66	53	58
C	응시자	89	101	109	110	115	142	145
	합격자	79	83	94	88	75	86	80
D	응시자	95	124	152	162	169	210	212
	합격자	86	82	85	109	80	87	95

┤ 조건 ├

- '우리대'와 '나라대'는 해당 대학의 응시자 수가 가장 많은 해에 합격률이 가장 낮다.
- 2021년 '우리대'의 합격률은 55% 미만이다.
- '푸른대'와 '강산대'는 해당 대학의 합격자 수가 가장 많은 해와 가장 적은 해의 합격자 수 차이가 각각 25명 이상이다.
- '강산대'의 2015년 대비 2021년 합격률 감소폭은 40%p 이하이다.

※ 합격률(%) = $\dfrac{\text{합격자}}{\text{응시자}} \times 100$

	A	B	C	D
①	나라대	강산대	우리대	푸른대
②	나라대	푸른대	우리대	강산대
③	우리대	강산대	나라대	푸른대
④	우리대	푸른대	나라대	강산대
⑤	푸른대	나라대	강산대	우리대

108

다음 〈표〉와 〈대화〉는 4월 4일 기준 지자체별 자가격리자 및 모니터링 요원에 관한 자료이다. 〈표〉와 〈대화〉를 근거로 C와 D에 해당하는 지자체를 바르게 나열한 것은?

〈표〉 지자체별 자가격리자 및 모니터링 요원 현황(4월 4일 기준)

(단위: 명)

구분	지자체	A	B	C	D
내국인	자가격리자	9,778	1,287	1,147	9,263
	신규 인원	900	70	20	839
	해제 인원	560	195	7	704
외국인	자가격리자	7,796	508	141	7,626
	신규 인원	646	52	15	741
	해제 인원	600	33	5	666
모니터링 요원		10,142	710	196	8,898

※ 해당일 기준 자가격리자= 전일 기준 자가격리자 + 신규 인원 − 해제 인원

┤ 대화 ├

갑: 감염병 확산에 대응하기 위한 회의를 시작합시다. 오늘은 대전, 세종, 충북, 충남의 4월 4일 기준 자가격리자 및 모니터링 요원 현황을 보기로 했는데, 각 지자체의 상황이 어떤가요?

을: 4개 지자체 중 세종을 제외한 3개 지자체에서 4월 4일 기준 자가격리자가 전일 기준 자가격리자보다 늘어났습니다.

갑: 모니터링 요원의 업무 부담과 관련된 통계 자료도 있나요?

을: 4월 4일 기준으로 대전, 세종, 충북은 모니터링 요원 대비 자가격리자의 비율이 1.8 이상입니다.

갑: 지자체에 모니터링 요원을 추가로 배치해야 할 것 같습니다. 자가격리자 중 외국인이 차지하는 비중이 4개 지자체 가운데 대전이 가장 높으니, 외국어 구사가 가능한 모니터링 요원을 대전에 우선 배치하는 방향으로 검토해 봅시다.

	C	D
①	충북	충남
②	충북	대전
③	충남	충북
④	세종	대전
⑤	대전	충북

109

다음 〈그림〉은 '갑'국 6개 지방청 전체의 부동산과 자동차 압류건수의 지방청별 구성비에 관한 자료이다. 〈그림〉과 〈조건〉을 근거로 B와 D에 해당하는 지방청을 바르게 나열한 것은?

〈그림 1〉 부동산 압류건수의 지방청별 구성비

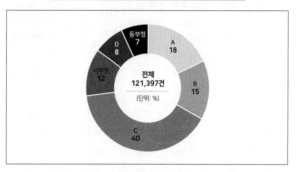

※ 지방청은 동부청, 서부청, 남부청, 북부청, 남동청, 중부청으로만 구성됨

〈그림 2〉 자동차 압류건수의 지방청별 구성비

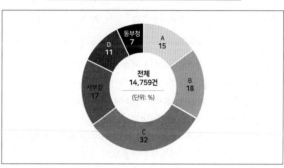

┤ 조건 ├

• 자동차 압류건수는 중부청이 남동청의 2배 이상이다.
• 남부청과 북부청의 부동산 압류건수는 각각 2만 건 이하이다.
• 지방청을 부동산 압류건수와 자동차 압류건수가 큰 값부터 순서대로 각각 나열할 때, 순서가 동일한 지방청은 동부청, 남부청, 중부청이다.

	B	D
①	남동청	남부청
②	남동청	북부청
③	남부청	북부청
④	북부청	남부청
⑤	중부청	남부청

110

다음 〈표〉는 2015년 9개 국가의 실질세부담률에 관한 자료이다. 〈표〉와 〈조건〉에 근거하여 A ~ D에 해당하는 국가를 바르게 나열한 것은?

〈표〉 2015년 국가별 실질세부담률

| 구분
국가 | 독신 가구 실질세부담률(%) | | 다자녀 가구 실질세부담률(%) | 독신 가구와 다자녀 가구의 실질세부담률 차이(%p) |
	2005년 대비 증감(%p)	전년대비 증감(%p)		
A	55.3	−0.20	−0.28	40.5	14.8
일본	32.2	4.49	0.26	26.8	5.4
B	39.0	−2.00	−1.27	38.1	0.9
C	42.1	5.26	0.86	30.7	11.4
한국	21.9	4.59	0.19	19.6	2.3
D	31.6	−0.23	0.05	18.8	12.8
멕시코	19.7	4.98	0.20	19.7	0.0
E	39.6	0.59	−1.16	33.8	5.8
덴마크	36.4	−2.36	0.21	26.0	10.4

─── 조건 ───

- 2015년 독신 가구와 다자녀 가구의 실질세부담률 차이가 덴마크보다 큰 국가는 캐나다, 벨기에, 포르투갈이다.
- 2015년 독신 가구 실질세부담률이 전년대비 감소한 국가는 벨기에, 그리스, 스페인이다.
- 스페인의 2015년 독신 가구 실질세부담률은 그리스의 2015년 독신 가구 실질세부담률보다 높다.
- 2005년 대비 2015년 독신 가구 실질세부담률이 가장 큰 폭으로 증가한 국가는 포르투갈이다.

	A	B	C	D
①	벨기에	그리스	포르투갈	캐나다
②	벨기에	스페인	캐나다	포르투갈
③	벨기에	스페인	포르투갈	캐나다
④	캐나다	그리스	스페인	포르투갈
⑤	캐나다	스페인	포르투갈	벨기에

111

다음 〈보고서〉는 A ~ E 국가 중 하나인 '갑'국의 일일평균 TV 시청시간별, 성별 사망률 간의 관계를 분석한 것이고, 〈표〉는 A ~ E 국가의 일일평균 TV 시청시간별, 성별 사망률에 대한 자료이다. 이를 근거로 '갑'국에 해당하는 국가를 A ~ E에서 고르면?

─── 보고서 ───

'갑'국의 일일평균 TV 시청시간에 따른 남녀사망률의 차이는 다음과 같다. 첫째, 남성과 여성 모두 일일평균 TV 시청시간이 길면 사망률이 높다. 둘째, 일일평균 TV 시청시간의 증가에 따른 사망률의 증가폭은 남성이 여성보다 컸으나, 일일평균 TV 시청시간이 증가함에 따라 남성과 여성 간 사망률 증가폭의 차이는 줄어들었다. 셋째, 남성과 여성 모두 TV를 일일평균 8시간 시청했을 때 사망률이 TV를 일일평균 2시간 시청했을 때 사망률의 1.65배 이상이다. 넷째, TV를 일일평균 6시간 시청했을 때 남성과 여성의 사망률 차이는 TV를 일일평균 2시간 시청했을 때 남성과 여성의 사망률 차이의 2배 이상이다.

〈표〉 A ~ E 국가의 일일평균 TV 시청시간별, 성별 사망률

(단위 : %)

| 일일평균 TV 시청시간
성별
국가 | 2시간 | | 4시간 | | 6시간 | | 8시간 | |
	남	여	남	여	남	여	남	여
A	5.8	6.3	8.1	7.7	10.5	9.3	12.7	10.8
B	7.1	4.2	7.8	4.5	9.5	5.9	11.4	7.5
C	6.8	7.7	10.2	9.8	13.0	11.4	14.8	13.1
D	5.3	2.5	8.0	4.8	12.6	4.6	15.1	7.2
E	6.2	4.7	7.3	5.0	8.8	5.8	11.5	7.5

① A
② B
③ C
④ D
⑤ E

112

2018 5급공채 PSAT

다음 〈표〉와 〈그림〉은 2015년 A ~ D국의 산업별 기업수와 국내총생산(GDP)에 대한 자료이다. 이와 〈조건〉에 근거하여 A ~ D에 해당하는 국가를 바르게 나열한 것은?

〈표〉 A ~ D국의 산업별 기업수

(단위 : 개)

산업 국가	전체	제조업	서비스업	기타
A	3,094,595	235,093	2,283,769	575,733
B	3,668,152	396,422	2,742,627	529,103
C	2,975,674	397,171	2,450,288	128,215
D	3,254,196	489,530	2,747,603	17,063

〈그림〉 A ~ D국의 전체 기업수와 GDP

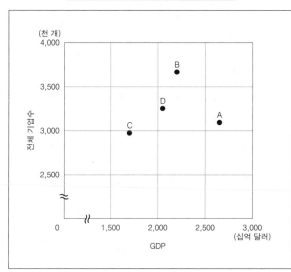

┤ 조건 ├
• '갑' ~ '정'국 중 전체 기업수 대비 서비스업 기업수의 비중이 가장 큰 국가는 '갑'국이다.
• '정'국은 '을'국보다 제조업 기업수가 많다.
• '을'국은 '병'국보다 전체 기업수는 많지만 GDP는 낮다.

	A	B	C	D
①	갑	정	을	병
②	을	병	정	갑
③	병	을	갑	정
④	병	을	정	갑
⑤	정	을	병	갑

113

2013 5급공채 PSAT

다음 〈표〉는 ○○지역의 해수욕장 수질기준 및 해수욕장별 수질 조사 결과이다. 〈조건〉을 이용하여 〈표 3〉의 A ~ D에 해당하는 해수욕장을 바르게 나열한 것은?

〈표 1〉 해수욕장 수질기준

(단위 : 점)

총점	4 ~ 8	9 ~ 12	13 ~ 16
수질기준	적합	관리요망	부적합

※ 1) 수질기준 총점은 조사항목별 점수의 합을 의미함
2) 대장균군수가 1,000 MPN/100 ㎖ 이상인 경우 수질기준 총점과 관계없이 '부적합'으로 봄

〈표 2〉 해수욕장 수질 조사항목별 점수

(단위 : mg/l)

점 수	조사항목			
	부유 물질량	화학적 산소요구량	암모니아 질소	총인
1	10 이하	1 이하	0.15 이하	0.03 이하
2	10 초과 20 이하	1 초과 2 이하	0.15 초과 0.3 이하	0.03 초과 0.05 이하
3	20 초과 30 이하	2 초과 4 이하	0.3 초과 0.5 이하	0.05 초과 0.09 이하
4	30 초과	4 초과	0.5 초과	0.09 초과

〈표 3〉 해수욕장별 수질 조사 결과

해수욕장	부유 물질량 (mg/l)	화학적 산소 요구량 (mg/l)	암모니아 질소 (mg/l)	총인 (mg/l)	대장균 군수 (MPN /100ml)
A	27.4	3.7	0.144	0.084	1,432
B	9.2	1.4	0.021	0.021	33
박재	32.3	4.3	0.038	0.097	884
C	31.0	1.7	0.187	0.037	16
D	2.9	0.9	0.019	0.016	2

┤ 조건 ├
• 수질기준이 '적합'인 해수욕장은 '서지'와 '호민'이다.
• 부유물질량의 항목점수가 총인의 항목점수보다 큰 해수욕장은 '남현'이다.
• 수질기준이 '부적합'인 해수욕장은 '박재'와 '수련'이다.
• '수련'해수욕장 수질기준 총점은 '서지'해수욕장 수질기준 총점의 두 배이다.

	A	B	C	D
①	수련	서지	호민	남현
②	수련	호민	남현	서지
③	남현	호민	수련	서지
④	서지	수련	남현	호민
⑤	수련	서지	남현	호민

114

2021 민간경력자 채용 PSAT

다음 〈그림〉은 12개 국가의 수자원 현황에 관한 자료이며, A~H는 각각 특정 국가를 나타낸다. 〈그림〉과 〈조건〉을 근거로 판단할 때, 국가명을 알 수 없는 것은?

〈그림〉 12개 국가의 수자원 현황

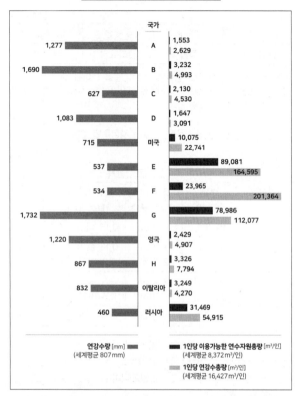

국가	
A	1,553 / 2,629
B	3,232 / 4,993
C	2,130 / 4,530
D	1,647 / 3,091
미국	10,075 / 22,741
E	89,081 / 164,595
F	23,965 / 201,364
G	78,986 / 112,077
영국	2,429 / 4,907
H	3,326 / 7,794
이탈리아	3,249 / 4,270
러시아	31,469 / 54,915

연강수량 [mm] (세계평균 807mm)

1인당 이용가능한 연수자원총량 [m³/인] (세계평균 8,372m³/인)

1인당 연강수총량 [m³/인] (세계평균 16,427m³/인)

┤ 조건 ├

• '연강수량'이 세계평균의 2배 이상인 국가는 일본과 뉴질랜드이다.
• '연강수량'이 세계평균보다 많은 국가 중 '1인당 이용가능한 연수자원총량'이 가장 적은 국가는 대한민국이다.
• '1인당 연강수총량'이 세계평균의 5배 이상인 국가를 '연강수량'이 많은 국가부터 나열하면 뉴질랜드, 캐나다, 호주이다.
• '1인당 이용가능한 연수자원총량'이 영국보다 적은 국가 중 '1인당 연강수총량'이 세계평균의 25% 이상인 국가는 중국이다.
• '1인당 이용가능한 연수자원총량'이 6번째로 많은 국가는 프랑스이다.

① B   ② C
③ D   ④ E
⑤ F

115

2019 5급공채 PSAT

다음 〈표〉는 1996~2015년 생명공학기술의 기술분야별 특허건수와 점유율에 관한 자료이다. 〈표〉와 〈조건〉에 근거하여 A~D에 해당하는 기술분야를 바르게 나열한 것은?

〈표〉 1996~2015년 생명공학기술의 기술분야별 특허건수와 점유율

(단위: 건, %)

구분 기술분야	전세계 특허건수	미국 점유율	한국 특허건수	한국 점유율
생물공정기술	75,823	36.8	4,701	6.2
A	27,252	47.6	1,880	( )
생물자원탐색기술	39,215	26.1	6,274	16.0
B	170,855	45.6	7,518	( )
생물농약개발기술	8,122	42.8	560	6.9
C	20,849	8.1	4,295	( )
단백질체기술	68,342	35.1	3,622	5.3
D	26,495	16.8	7,127	( )

※ 해당국의 점유율(%) = $\dfrac{\text{해당국의 특허건수}}{\text{전세계 특허건수}} \times 100$

┤ 조건 ├

• '발효식품개발기술'과 '환경생물공학기술'은 미국보다 한국의 점유율이 높다.
• '동식물세포배양기술'에 대한 미국 점유율은 '생물농약개발기술'에 대한 미국 점유율보다 높다.
• '유전체기술'에 대한 한국 점유율과 미국 점유율의 차이는 41%p 이상이다.
• '환경생물공학기술'에 대한 한국의 점유율은 25% 이상이다.

	A	B	C	D
①	동식물세포배양기술	유전체기술	발효식품개발기술	환경생물공학기술
②	동식물세포배양기술	유전체기술	환경생물공학기술	발효식품개발기술
③	발효식품개발기술	유전체기술	동식물세포배양기술	환경생물공학기술
④	유전체기술	동식물세포배양기술	발효식품개발기술	환경생물공학기술
⑤	유전체기술	동식물세포배양기술	환경생물공학기술	발효식품개발기술

116

2022 5급공채 PSAT

다음 〈표〉는 2020년과 2021년 A ~ E 국의 선행시간별 태풍예보 거리오차에 관한 자료이고, 〈보고서〉는 '갑'국의 태풍예보 거리오차를 분석한 자료이다. 이를 근거로 판단할 때, A ~ E 중 '갑'국에 해당하는 국가는?

〈표〉 2020년과 2021년 A ~ E 국의 선행시간별 태풍예보 거리오차

(단위 : km)

국가 \ 선행시간	48시간		36시간		24시간		12시간	
연도	2020	2021	2020	2021	2020	2021	2020	2021
A	121	119	95	90	74	66	58	51
B	151	112	122	88	82	66	77	58
C	128	132	106	103	78	78	59	60
D	122	253	134	180	113	124	74	81
E	111	170	88	100	70	89	55	53

┤ 보고서 ├

태풍예보 정확도 개선을 위해 지난 2년간의 '갑'국 태풍예보 거리오차를 분석하였다. 이때 선행시간 48시간부터 12시간까지 12시간 간격으로 예측한 태풍에 대해 거리오차를 계산하였고, 그 결과 다음과 같은 사실을 확인하였다.

첫째, 2020년과 2021년 모두 선행시간이 12시간씩 감소할수록 거리오차도 감소하였다. 둘째, 2021년의 거리오차는 선행시간이 36시간, 24시간, 12시간일 때 각각 100km 이하였다. 셋째, 선행시간별 거리오차는 모두 2020년보다 2021년이 작았다. 마지막으로 2020년과 2021년 모두 선행시간이 12시간씩 감소하더라도 거리오차 감소폭은 30km 미만이었다.

① A
③ C
⑤ E
② B
④ D

117

2017 민간경력자 채용 PSAT

다음 〈표〉는 '갑'국 6개 수종의 기건비중 및 강도에 대한 자료이다. 〈조건〉을 이용하여 A와 C에 해당하는 수종을 바르게 나열한 것은?

〈표〉 6개 수종의 기건비중 및 강도

수종	기건비중 (ton/m³)	강도(N/mm²)			
		압축강도	인장강도	휨강도	전단강도
A	0.53	48	52	88	10
B	0.89	64	125	118	12
C	0.61	63	69	82	9
삼나무	0.37	41	45	72	7
D	0.31	24	21	39	6
E	0.43	51	59	80	7

┤ 조건 ├

• 전단강도 대비 압축강도 비가 큰 상위 2개 수종은 낙엽송과 전나무이다.
• 휨강도와 압축강도 차가 큰 상위 2개 수종은 소나무와 참나무이다.
• 참나무의 기건비중은 오동나무 기건비중의 2.5배 이상이다.
• 인장강도와 압축강도의 차가 두 번째로 큰 수종은 전나무이다.

	A	C
①	소나무	낙엽송
②	소나무	전나무
③	오동나무	낙엽송
④	참나무	소나무
⑤	참나무	전나무

118

2018 5급공채 PSAT

다음 〈표〉와 〈그림〉은 2015년과 2016년 '갑' ~ '무'국의 경상수지에 관한 자료이다. 이와 〈조건〉을 이용하여 A ~ E에 해당하는 국가를 바르게 나열한 것은?

〈표〉 국가별 상품수출액과 서비스수출액

(단위 : 백만 달러)

국가	연도 항목	2015	2016
A	상품수출액	50	50
	서비스수출액	30	26
B	상품수출액	30	40
	서비스수출액	28	34
C	상품수출액	60	70
	서비스수출액	40	46
D	상품수출액	70	62
	서비스수출액	55	60
E	상품수출액	50	40
	서비스수출액	27	33

〈그림 1〉 국가별 상품수지와 서비스수지

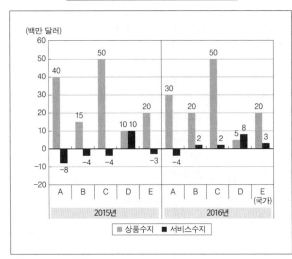

※ 상품(서비스)수지 = 상품(서비스)수출액 － 상품(서비스)수입액

〈그림 2〉 국가별 본원소득수지와 이전소득수지

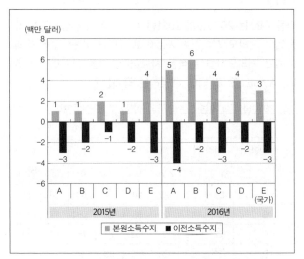

┤ 조건 ├

- 2015년 대비 2016년의 상품수입액 증가폭이 동일한 국가는 '을'국과 '정'국이다.
- 2015년과 2016년의 서비스수입액이 동일한 국가는 '을'국, '병'국, '무'국이다.
- 2015년 본원소득수지 대비 상품수지 비율은 '병'국이 '무'국의 3배이다.
- 2016년 '갑'국과 '병'국의 이전소득수지는 동일하다.

	A	B	C	D	E
①	을	병	정	갑	무
②	을	무	갑	정	병
③	정	갑	을	무	병
④	정	병	을	갑	무
⑤	무	을	갑	정	병

119

2015 5급공채 PSAT

다음 〈표〉는 2012년 5월 공항별 운항 및 수송현황에 관한 자료이다. 〈표〉와 〈보기〉를 근거로 하여 A ~ E에 해당하는 공항을 바르게 나열한 것은?

〈표〉 공항별 운항 및 수송현황

공항 \ 구분	운항편수(편)	여객수(천명)	화물량(톤)
인천	20,818	3,076	249,076
A	11,924	1,836	21,512
B	6,406	( )	10,279
C	11,204	1,820	21,137
D	( )	108	1,582
광주	944	129	1,290
E	771	121	1,413
전체	52,822	7,924	306,289

※ 전체 공항은 광주, 김포, 김해, 대구, 인천, 제주, 청주공항으로 구성됨

┤ 보기 ├

• 김포공항과 제주공항 여객수의 합은 인천공항 여객수보다 많다.
• 화물량이 많은 공항부터 순서대로 나열하면 제주공항이 세 번째이다.
• 김해공항 여객수는 광주공항 여객수의 6배 이상이다.
• 운항편수가 적은 공항부터 순서대로 나열하면 대구공항이 두 번째이다.
• 광주공항과 청주공항 운항편수의 합은 전체 운항편수의 5% 미만이다.

	A	B	C	D	E
①	김포	김해	제주	대구	청주
②	김포	김해	제주	청주	대구
③	김포	청주	제주	대구	김해
④	제주	청주	김포	김해	대구
⑤	제주	김해	김포	청주	대구

120

2020 5급공채 PSAT

다음 〈표〉는 A ~ E국의 최종학력별 근로형태 비율에 관한 자료이다. '갑'국에 대한 〈보고서〉의 내용을 근거로 판단할 때, A ~ E국 중 '갑'국에 해당하는 국가는?

〈표〉 A ~ E국 최종학력별 근로형태 비율

(단위: %)

최종학력	근로형태 \ 국가	A	B	C	D	E
중졸	전일제 근로자	35	31	31	39	31
	시간제 근로자	29	27	14	19	42
	무직자	36	42	55	42	27
고졸	전일제 근로자	46	47	42	54	49
	시간제 근로자	31	29	15	20	40
	무직자	23	24	43	26	11
대졸	전일제 근로자	57	61	59	67	55
	시간제 근로자	25	28	13	19	39
	무직자	18	11	28	14	6

┤ 보고서 ├

'갑'국의 최종학력별 전일제 근로자 비율은 대졸이 고졸과 중졸보다 각각 10%p, 20%p 이상 커서, 최종학력이 높을수록 전일제로 근무하는 근로자 비율이 높다고 볼 수 있다. 또한, 시간제 근로자 비율은 고졸의 경우 중졸과 대졸보다 크지만, 그 차이는 3%p 이하로 시간제 근로자의 비율은 최종학력에 따라 크게 다르지 않다. 한편 '갑'국의 무직자 비율은 대졸의 경우 20% 미만이며 고졸의 경우 25% 미만이지만, 중졸의 경우 30% 이상이다.

① A
② B
③ C
④ D
⑤ E

121

2016 5급공채 PSAT

다음 〈표〉는 2010 ~ 2012년 남아공, 멕시코, 브라질, 사우디, 캐나다, 한국의 이산화탄소 배출량에 대한 자료이다. 다음 〈조건〉을 근거로 하여 A ~ D에 해당하는 국가를 바르게 나열한 것은?

〈표〉 2010 ~ 2012년 국가별 이산화탄소 배출량

(단위: 천만톤, 톤/인)

국가	연도 구분	2010	2011	2012
한국	총배출량	56.45	58.99	59.29
	1인당 배출량	11.42	11.85	11.86
멕시코	총배출량	41.79	43.25	43.58
	1인당 배출량	3.66	3.74	3.75
A	총배출량	37.63	36.15	37.61
	1인당 배출량	7.39	7.01	7.20
B	총배출량	41.49	42.98	45.88
	1인당 배출량	15.22	15.48	16.22
C	총배출량	53.14	53.67	53.37
	1인당 배출량	15.57	15.56	15.30
D	총배출량	38.85	40.80	44.02
	1인당 배출량	1.99	2.07	2.22

※ 1인당 배출량(톤/인) = $\dfrac{총배출량}{인구}$

┤ 조건 ├

- 1인당 이산화탄소 배출량이 2011년과 2012년 모두 전년 대비 증가한 국가는 멕시코, 브라질, 사우디, 한국이다.
- 2010 ~ 2012년 동안 매년 인구가 1억 명 이상인 국가는 멕시코와 브라질이다.
- 2012년 인구는 남아공이 한국보다 많다.

	A	B	C	D
①	남아공	사우디	캐나다	브라질
②	남아공	브라질	캐나다	사우디
③	캐나다	사우디	남아공	브라질
④	캐나다	브라질	남아공	사우디
⑤	캐나다	남아공	사우디	브라질

122

2015 민간경력자 채용 PSAT

다음 〈표〉는 '갑'국의 8개국 대상 해외직구 반입동향을 나타낸 자료이다. 다음 〈조건〉의 설명에 근거하여 〈표〉의 A ~ D에 해당하는 국가를 바르게 나열한 것은?

〈표〉 '갑'국의 8개국 대상 해외직구 반입동향

(단위: 건, 천달러)

연도	반입 방법 국가	목록통관 건수	금액	EDI 수입 건수	금액	전체 건수	금액
2013	미국	3,254,813	305,070	5,149,901	474,807	8,404,714	779,877
	중국	119,930	6,162	1,179,373	102,315	1,299,303	108,477
	독일	71,687	3,104	418,403	37,780	490,090	40,884
	영국	82,584	4,893	123,001	24,806	205,585	29,699
	프랑스	172,448	6,385	118,721	20,646	291,169	27,031
	일본	53,055	2,755	138,034	21,028	191,089	23,783
	뉴질랜드	161	4	90,330	4,082	90,491	4,086
	호주	215	14	28,176	2,521	28,391	2,535
2014	미국	5,659,107	526,546	5,753,634	595,206	11,412,741	1,121,752
	(A)	170,683	7,798	1,526,315	156,352	1,696,998	164,150
	독일	170,475	7,662	668,993	72,509	839,468	80,171
	프랑스	231,857	8,483	336,371	47,456	568,228	55,939
	(B)	149,473	7,874	215,602	35,326	365,075	43,200
	(C)	87,396	5,429	131,993	36,963	219,389	42,392
	뉴질랜드	504	16	108,282	5,283	108,786	5,299
	(D)	2,089	92	46,330	3,772	48,419	3,864

┤ 조건 ├

- 2014년 중국 대상 해외직구 반입 전체 금액은 같은 해 독일 대상 해외직구 반입 전체 금액의 2배 이상이다.
- 2014년 영국과 호주 대상 EDI 수입 건수 합은 같은 해 뉴질랜드 대상 EDI 수입 건수의 2배보다 작다.
- 2014년 호주 대상 해외직구 반입 전체 금액은 2013년 호주 대상 해외직구 반입 전체 금액의 10배 미만이다.
- 2014년 일본 대상 목록통관 금액은 2013년 일본 대상 목록통관 금액의 2배 이상이다.

	A	B	C	D
①	중국	일본	영국	호주
②	중국	일본	호주	영국
③	중국	영국	일본	호주
④	일본	영국	중국	호주
⑤	일본	중국	호주	영국

123

2017 5급공채 PSAT

다음 〈표〉는 8개 기관의 장애인 고용 현황이다. 〈표〉와 〈조건〉에 근거하여 A ~ D에 해당하는 기관을 바르게 나열한 것은?

〈표〉 기관별 장애인 고용 현황

(단위 : 명, %)

기관	전체 고용인원	장애인 고용의무인원	장애인 고용인원	장애인 고용률
남동청	4,013	121	58	1.45
A	2,818	85	30	1.06
B	22,323	670	301	1.35
북동청	92,385	2,772	1,422	1.54
C	22,509	676	361	1.60
D	19,927	598	332	1.67
남서청	53,401	1,603	947	1.77
북서청	19,989	600	357	1.79

※ 장애인 고용률(%) = $\dfrac{\text{장애인 고용인원}}{\text{전체 고용인원}} \times 100$

┤ 조건 ├

• 동부청의 장애인 고용의무인원은 서부청보다 많고, 남부청보다 적다.
• 장애인 고용률은 서부청이 가장 낮다.
• 장애인 고용의무인원은 북부청이 남부청보다 적다.
• 동부청은 남동청보다 장애인 고용인원은 많으나, 장애인 고용률은 낮다.

	A	B	C	D
①	동부청	서부청	남부청	북부청
②	동부청	서부청	북부청	남부청
③	서부청	동부청	남부청	북부청
④	서부청	동부청	북부청	남부청
⑤	서부청	남부청	동부청	북부청

124

2021 민간경력자 채용 PSAT

다음 〈표〉는 2020년 '갑'국 관세청의 민원 상담 현황에 관한 자료이고, 〈그림〉은 상담내용 A와 B의 민원인별 상담건수 구성비를 나타낸 자료이다. 이를 근거로 A와 B를 바르게 나열한 것은?

〈표〉 2020년 민원 상담 현황

(단위 : 건)

민원인 상담내용	관세사	무역업체	개인	세관	선사/항공사	기타	합계
전산처리	24,496	63,475	48,658	1,603	4,851	4,308	147,391
수입	24,857	5,361	4,290	7,941	400	664	43,513
사전검증	22,228	5,179	1,692	241	2,247	3,586	35,173
징수	9,948	5,482	3,963	3,753	182	476	23,804
요건신청	4,944	12,072	380	37	131	251	17,815
수출	6,678	4,196	3,053	1,605	424	337	16,293
화물	3,846	896	36	3,835	2,619	3,107	14,339
환급	3,809	1,040	79	1,815	13	101	6,857

〈그림〉 상담내용 A와 B의 민원인별 상담건수 구성비(2020년)

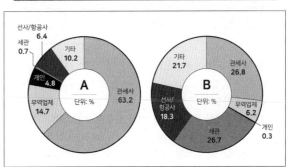

	A	B
①	수입	요건신청
②	사전검증	화물
③	사전검증	환급
④	환급	요건신청
⑤	환급	화물

125

다음 〈표〉는 2006 ~ 2010년 국내 버스운송업의 업체 현황에 관한 자료이다. 〈표〉와 〈보기〉를 근거로 A, B, D에 해당하는 유형을 바르게 나열한 것은?

〈표〉 국내 버스운송업의 유형별 업체수, 보유대수, 종사자수

(단위: 개, 대, 명)

유형	구분	2006	2007	2008	2009	2010
A	업체수	10	10	8	8	8
	보유대수	2,282	2,159	2,042	2,014	1,947
	종사자수	5,944	5,382	4,558	4,381	4,191
B	업체수	99	98	96	92	90
	보유대수	2,041	1,910	1,830	1,730	1,650
	종사자수	3,327	3,338	3,341	3,353	3,400
C	업체수	105	95	91	87	84
	보유대수	7,907	7,529	7,897	7,837	7,901
	종사자수	15,570	14,270	14,191	14,184	14,171
D	업체수	325	339	334	336	347
	보유대수	29,239	30,036	30,538	30,732	32,457
	종사자수	66,191	70,253	70,404	71,126	74,427

┤ 보기 ├

- 시내버스와 농어촌버스의 종사자수는 각각 매년 증가한 반면, 시외일반버스와 시외고속버스 종사자수는 각각 매년 감소하였다.
- 2010년 업체당 종사자수가 2006년에 비해 감소한 유형은 시외고속버스이다.
- 농어촌버스의 업체당 보유대수는 매년 감소하였다.

	A	B	D
①	농어촌버스	시외고속버스	시내버스
②	농어촌버스	시내버스	시외고속버스
③	시외일반버스	농어촌버스	시내버스
④	시외고속버스	시내버스	농어촌버스
⑤	시외고속버스	농어촌버스	시내버스

126

다음 〈표〉는 민속마을 현황에 관한 자료이다. 〈표〉와 〈보기〉에 근거하여 B, D, E에 해당하는 민속마을을 바르게 나열한 것은?

〈표 1〉 민속마을별 지정면적

(단위: 천 m²)

구분	A	B	C	고성왕곡	D	E	영주무섬
지정면적	7,200	794	969	180	197	201	669

〈표 2〉 민속마을별 건물 현황

(단위: 개)

구분	A	B	C	고성왕곡	D	E	영주무섬
와가	162	18	180	39	57	117	37
초가	211	370	220	99	151	11	57
기타	85	287	78	9	28	98	22
계	458	675	478	147	236	226	116

〈표 3〉 민속마을별 입장료 현황

(단위: 원)

구분	A	B	C	고성왕곡	D	E	영주무섬
성인	3,000	무료	4,000	무료	2,000	무료	무료
청소년	1,500		2,000		1,000		
아동	1,000		1,500		1,000		

┤ 보기 ├

- 초가 수가 와가 수의 2배 이상인 곳은 '아산외암', '성읍민속', '고성왕곡'이다.
- 성인 15명, 청소년 2명, 아동 8명의 입장료 총합이 56,000원인 곳은 '안동하회'이다.
- 지정면적 천 m²당 총 건물수가 가장 많은 곳은 '아산외암'이다.
- '경주양동'의 지정면적은 '성주한개'와 '영주무섬'의 지정면적을 합한 것보다 크다.

	B	D	E
①	성읍민속	아산외암	성주한개
②	성읍민속	아산외암	경주양동
③	성읍민속	안동하회	경주양동
④	아산외암	성읍민속	성주한개
⑤	아산외암	성읍민속	안동하회

127

2021 5급공채 PSAT

다음 〈표〉는 2020년 '갑'국의 가구당 보험료 및 보험급여 현황에 대한 자료이다. 〈표〉와 〈보고서〉를 근거로 A, B, D에 해당하는 질환을 바르게 나열한 것은?

〈표〉 2020년 가구당 보험료 및 보험급여 현황

(단위 : 원)

구분 / 보험료 분위	보험료	전체질환 보험급여 (보험혜택 비율)	4대 질환별 보험급여 (보험혜택 비율)			
			A 질환	B 질환	C 질환	D 질환
전체	99,934	168,725 (1.7)	337,505 (3.4)	750,101 (7.5)	729,544 (7.3)	390,637 (3.9)
1분위	25,366	128,431 (5.1)	327,223 (12.9)	726,724 (28.6)	729,830 (28.8)	424,764 (16.7)
5분위	231,293	248,741 (1.1)	322,072 (1.4)	750,167 (3.2)	713,160 (3.1)	377,568 (1.6)

※ 1) 보험혜택 비율 = $\frac{보험급여}{보험료}$

2) 4대 질환은 뇌혈관, 심장, 암, 희귀 질환임

─┤ 보고서 ├─

2020년 전체 가구당 보험료는 10만 원 이하였지만 전체질환의 가구당 보험급여는 16만 원 이상으로 전체질환 보험혜택 비율은 1.7로 나타났다.

4대 질환 중 전체 보험혜택 비율이 가장 높은 질환은 심장 질환이었다. 뇌혈관, 심장, 암 질환의 1분위 보험혜택 비율은 각각 5분위의 10배에 미치지 못하였다. 또한, 뇌혈관, 심장, 희귀 질환의 1분위 가구당 보험급여는 각각 전체질환의 1분위 가구당 보험급여의 3배 이상이었다.

	A	B	D
①	뇌혈관	심장	희귀
②	뇌혈관	암	희귀
③	암	심장	희귀
④	암	희귀	심장
⑤	희귀	심장	암

128

2013 외교관후보자 선발시험

다음 〈표〉는 2005 ～ 2011년 동안 국내 화장품 유통채널별 판매액에 대한 자료이다. 〈표〉와 〈보기〉를 근거로 하여 A ～ E에 해당하는 유통채널을 바르게 나열한 것은?

〈표〉 국내 화장품 유통채널별 판매액

(단위 : 억 원)

연도 / 유통채널	2005	2006	2007	2008	2009	2010	2011
(A)	1,014	1,101	1,150	1,280	1,550	1,900	2,200
(B)	1,188	1,248	1,433	1,570	1,690	1,790	1,920
(C)	390	318	300	280	290	287	300
(D)	400	380	320	300	290	273	283
일반점	1,118	840	610	560	480	410	400
브랜드샵	259	500	770	940	1,170	1,450	1,700
인터넷	85	115	130	145	160	165	180
(E)	195	215	250	280	300	340	370
계	4,649	4,717	4,963	5,355	5,930	6,615	7,353

─┤ 보기 ├─

• 매년 판매액이 증가하는 유통채널은 방문판매, 백화점, 홈쇼핑, 브랜드샵, 인터넷이다.
• 매년 판매액이 1,000억 원 이상인 유통채널은 백화점, 방문판매이다.
• 2005 ～ 2009년 동안 매년 일반점과 브랜드샵의 판매액 합은 백화점의 판매액보다 많다.
• 판매액이 최고인 해와 최저인 해의 판매액 차이가 120억 원 이하인 유통채널은 직판과 인터넷이다.
• 다단계 판매액을 연도별로 비교하면, 2010년이 가장 적다.

	A	B	C	D	E
①	방문판매	다단계	홈쇼핑	직판	백화점
②	백화점	방문판매	직판	홈쇼핑	다단계
③	백화점	방문판매	직판	다단계	홈쇼핑
④	백화점	방문판매	다단계	직판	홈쇼핑
⑤	방문판매	백화점	직판	다단계	홈쇼핑

129

2014 5급공채 PSAT

다음 〈표〉는 2010 ~ 2012년 농림수산식품 수출액 순위 상위 10개 품목에 대한 자료이다. 다음 〈조건〉을 근거로 하여 A ~ E에 들어갈 5개 품목(궐련, 김, 라면, 면화, 사과)을 바르게 나열한 것은?

〈표〉 농림수산식품 수출액 순위 상위 10개 품목

(단위 : 천톤, 백만불)

순위	2010년			2011년			2012년		
	품목	수출물량	수출액	품목	수출물량	수출액	품목	수출물량	수출액
1	배	10.5	24.3	인삼	0.7	37.8	인삼	0.5	22.3
2	인삼	0.4	23.6	배	7.7	19.2	배	6.5	20.5
3	(A)	7.3	15.2	유자차	5.7	12.6	(C)	1.6	18.4
4	김치	37.5	15.0	(C)	0.6	8.1	유자차	7.0	14.6
5	유자차	4.8	9.7	비스킷	1.8	7.9	비스킷	2.4	8.8
6	비스킷	1.8	7.2	(B)	3.5	7.4	(E)	0.5	8.7
7	(B)	5.4	6.9	(A)	2.1	6.2	고등어	4.7	7.0
8	(C)	0.4	5.7	(D)	2.0	6.0	(B)	4.9	6.7
9	(D)	1.8	5.2	(E)	0.4	5.9	(D)	1.8	5.3
10	(E)	0.4	4.8	펄프	8.4	5.4	(A)	1.0	3.7

┤ 조건 ├

• 궐련과 김은 매년 수출액이 증가하였다.
• 2011년 면화의 수출물량은 전년보다 감소하였으나 수출액은 전년보다 증가하였다.
• 사과의 수출액은 매년 감소하였다.
• 2010년에는 김이 라면보다 수출액이 적었으나, 2012년에는 김이 라면보다 수출액이 많았다.

	A	B	C	D	E
①	라면	궐련	면화	사과	김
②	라면	사과	면화	김	궐련
③	사과	라면	궐련	면화	김
④	사과	면화	김	라면	궐련
⑤	사과	면화	궐련	라면	김

130

2017 5급공채 PSAT

다음 〈표〉는 둘씩 짝지은 A ~ F 대학 현황 자료이다. 〈조건〉을 근거로 A-B, C-D, E-F 대학을 순서대로 바르게 짝지어 나열한 것은?

〈표〉 둘씩 짝지은 대학 현황

(단위 : %, 명, 달러)

짝지은 대학	A-B		C-D		E-F	
	A	B	C	D	E	F
입학허가율	7	12	7	7	9	7
졸업률	96	96	96	97	95	94
학생 수	7,000	24,600	12,300	28,800	9,270	27,600
교수 1인당 학생 수	7	6	6	8	9	6
연간 학비	43,500	49,500	47,600	45,300	49,300	53,000

┤ 조건 ├

• 짝지어진 두 대학끼리만 비교한다.
• 졸업률은 야누스가 플로라보다 높다.
• 로키와 토르의 학생 수 차이는 18,000명 이상이다.
• 교수 수는 이시스가 오시리스보다 많다.
• 입학허가율은 토르가 로키보다 높다.

	A-B	C-D	E-F
①	오시리스-이시스	플로라-야누스	토르-로키
②	이시스-오시리스	플로라-야누스	로키-토르
③	로키-토르	이시스-오시리스	야누스-플로라
④	로키-토르	플로라-야누스	오시리스-이시스
⑤	야누스-플로라	이시스-오시리스	토르-로키

MEMO

매칭형

06 추론형

추론형 문제는?

자료해석은 기본적으로 자료가 주어지고, 이에 대한 분석이나 계산의 과정을 통해 문제를 푸는 것이다. 이때 추론형 문제는 **Chapter 1~5의 자료해석 문제와는 그 결이 조금 다르다**. 자료와 주어진 조건을 보고 판단·추론·적용하여 답을 찾는 것이 '추론형' 문제이다.

PSAT의 "상황판단영역", NCS의 "문제해결능력" 또는 "자원관리능력"과 유사하다고 할 수 있다.

추론형 문제 특징

• 그림이나 표는 수치를 나타내는 것이 아니라 '상황', '조건'을 나타낸다.

• 제시된 조건을 자료에 적용하되, 각주 등에 제시된 예외조건(이른바 함정조건)을 고려해야 올바른 답을 찾을 수 있다.

• 생소한 그림이나 표가 주어지는 경우가 있다. 이를 이해해야 문제에 적용하여 풀 수 있다.

• 크게 문제해결·상황판단에 가까운 유형(자료추론형), 조건이나 공식을 적용해 다소 긴 계산과정을 거쳐야 하는 유형(조건적용형)으로 나눌 수 있다.

대표예제

다음 〈그림〉과 〈조건〉은 직장인 '갑' ~ '병'이 마일리지 혜택이 있는 알뜰교통카드를 사용하여 출근하는 방법 및 교통비에 관한 자료이다. 이에 근거하여 월간 출근 교통비를 많이 지출하는 직장인부터 순서대로 나열하면? 2021 민간경력자 채용 PSAT

〈그림〉 직장인 '갑' ~ '병'의 출근 방법 및 교통비 관련 정보

직장인	이동거리 A [m]	출근 1회당 대중교통요금 [원]	이동거리 B [m]	월간 출근 횟수 [회]	저소득층 여부
갑	600	3,200	200	15	O
을	500	2,300	500	22	X
병	400	1,800	200	22	O

| 조건 |

- 월간 출근 교통비 = {출근 1회당 대중교통요금 − (기본 마일리지 + 추가 마일리지) × $\left(\dfrac{\text{마일리지 적용거리}}{800}\right)$} × 월간 출근 횟수

- 기본 마일리지는 출근 1회당 대중교통요금에 따라 다음과 같이 지급함

출근 1회당 대중교통요금	2천 원 이하	2천 원 초과 3천 원 이하	3천 원 초과
기본 마일리지(원)	250	350	450

- 추가 마일리지는 저소득층에만 다음과 같이 지급함

출근 1회당 대중교통요금	2천 원 이하	2천 원 초과 3천 원 이하	3천 원 초과
추가 마일리지(원)	100	150	200

- 마일리지 적용거리(m)는 출근 1회당 도보·자전거로 이동한 거리의 합이며 최대 800m까지만 인정함

① 갑, 을, 병
② 갑, 병, 을
③ 을, 갑, 병
④ 을, 병, 갑
⑤ 병, 을, 갑

정답 ③

해설

〈그림〉에서 갑~병의 정보와 〈조건〉의 두 번째 항목을 보고 갑~병의 기본 마일리지, 추가 마일리지, 마일리지 적용거리를 구해보자.
갑의 출근 1회당 대중교통요금은 3,200원이므로 기본 마일리지 450원을 지급한다.
을의 출근 1회당 대중교통요금은 2,300원이므로 기본 마일리지 350원을 지급한다.
병의 출근 1회당 대중교통요금은 1,800원이므로 기본 마일리지 250원을 지급한다.
추가 마일리지는 저소득층에게만 지급하므로, 갑과 병에게만 지급한다.
갑의 출근 1회당 대중교통요금은 3,200원이므로 추가 마일리지 200원을 지급한다.
병의 출근 1회당 대중교통요금은 1,800원이므로 추가 마일리지 100원을 지급한다.
마일리지 적용거리를 계산해보면,
갑은 600＋200＝800(m),
을은 500＋500＝1,000(m),
병은 400＋200＝600(m)이다.
이때, 마일리지 적용거리는 최대 800m까지만 인정한다고 했으므로 을의 마일리지 적용거리는 800m가 된다.

이제, 〈조건〉의 첫 번째 항목에 따라 갑, 을, 병의 월간출근 교통비를 계산하면 아래와 같다.

갑 : {3,200−(450+200)×$\dfrac{800}{800}$}×15
  ＝38,250(원)

을 : {2,300−(350)×$\dfrac{800}{800}$}×22
  ＝42,900(원)

병 : {1,800−(250+100)×$\dfrac{600}{800}$}×22
  ＝33,825(원)

따라서, 월간 출근 교통비를 많이 지출하는 직장인부터 순서대로 나열하면 '을, 갑, 병'이다.

131

2015 5급공채 PSAT

다음 〈그림〉은 A산림경영구의 벌채 예정 수종 현황에 대한 자료이다. 이에 대한 〈보기〉의 설명 중 옳은 것만을 모두 고르면?

〈그림〉 A산림경영구의 벌채 예정 수종 현황

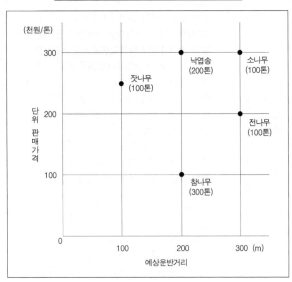

※ ( )안의 숫자는 벌채예정량을 나타냄

┤ 수종별 벌채 가능 판단기준 ├
- 예상이익금이 0원을 초과하면 벌채 가능하다.
- 예상이익금(천 원) = 벌채예정량(톤) × 단위 판매가격(천 원/톤) − 예상운반비(천 원)
- 예상운반비(천 원) = 벌채예정량(톤) × 예상운반거리(m) × 운반비 단가(천 원/(톤·m))
- 운반비 단가는 1천원/(톤·m)이다.

┤ 보기 ├
ㄱ. 벌채 가능한 수종은 잣나무, 낙엽송뿐이다.
ㄴ. 소나무의 경우 벌채예정량이 2배가 되면 벌채 가능하다.
ㄷ. 운반비 단가가 2천 원/(톤·m)이라면 벌채 가능한 수종은 잣나무뿐이다.
ㄹ. 전나무의 경우 단위 판매가격이 30만 원/톤을 초과하면 벌채 가능하다.

① ㄱ, ㄴ   ② ㄱ, ㄷ
③ ㄴ, ㄹ   ④ ㄷ, ㄹ
⑤ ㄱ, ㄷ, ㄹ

132

2021 7급공채 PSAT

다음 〈조건〉과 〈표〉는 2018 ~ 2020년 '가'부서 전체 직원 성과급에 관한 자료이다. 이를 근거로 판단할 때, '가'부서 전체 직원의 2020년 기본 연봉의 합은?

┤ 조건 ├
- 매년 각 직원의 기본 연봉은 변동 없음
- 성과급은 전체 직원에게 각 직원의 성과등급에 따라 매년 1회 지급함
- 성과급 = 기본 연봉 × 지급비율
- 성과등급별 지급비율 및 인원 수

구분＼성과등급	S	A	B
지급비율	20%	10%	5%
인원 수	1명	2명	3명

〈표〉 2018 ~ 2020년 '가'부서 전체 직원 성과급

(단위 : 백만 원)

직원＼연도	2018	2019	2020
갑	12.0	6.0	3.0
을	5.0	20.0	5.0
병	6.0	3.0	6.0
정	6.0	6.0	12.0
무	4.5	4.5	4.5
기	6.0	6.0	12.0

① 430백만 원   ② 460백만 원
③ 490백만 원   ④ 520백만 원
⑤ 550백만 원

133

2020 5급공채 PSAT

다음 〈표〉는 Z 리그 A ~ G 족구팀의 경기 결과이다. 〈표〉와 〈조건〉에 근거한 〈보기〉의 설명 중 옳은 것만을 모두 고르면?

〈표〉 Z 리그 족구팀 세트 스코어와 최종 승점

구분 팀	1경기	2경기	3경기	4경기	5경기	6경기	승패	최종 승점
A	0:2	0:2	( )	( )	( )	0:2	2승 4패	6
B	2:1	2:0	0:2	1:2	0:2	1:2	2승 4패	7
C	1:2	2:0	0:2	2:1	2:0	2:1	4승 2패	11
D	2:0	1:2	2:0	2:0	2:0	2:1	5승 1패	15
E	( )	( )	1:2	0:2	( )	0:2	3승 3패	( )
F	0:2	0:2	2:0	2:0	2:0	2:0	4승 2패	12
G	1:2	2:0	0:2	0:2	0:2	1:2	1승 5패	5

※ 세트 스코어에서 앞의 수가 해당 팀이 획득한 세트 수임

─┤ 조건 ├─

• 한 팀이 다른 모든 팀과 각각 1번씩 경기한다.
• 한 경기에서 2세트를 먼저 획득한 팀이 승리한다.
• 세트 스코어가 2:0인 경우 승리팀에 승점 3점 및 패배팀에 승점 0점을 부여하고, 세트 스코어가 2:1인 경우 승리팀에 승점 2점 및 패배팀에 승점 1점을 부여한다.
• 경기한 총 세트 수는 A와 G가 같다.

─┤ 보기 ├─

ㄱ. 모든 팀 최종 승점의 합은 60점 이상이다.
ㄴ. E가 승리한 경기의 세트 스코어는 모두 2:1이다.
ㄷ. A가 2:0으로 승리한 경기 수는 1개이다.

① ㄱ
② ㄱ, ㄴ
③ ㄱ, ㄷ
④ ㄴ, ㄷ
⑤ ㄱ, ㄴ, ㄷ

134

2021 7급공채 PSAT

다음 〈표〉는 직원 '갑' ~ '무'에 대한 평가자 A ~ E의 직무평가 점수이다. 이에 대한 〈보기〉의 설명 중 옳은 것만을 모두 고르면?

〈표〉 직원 '갑' ~ '무'에 대한 평가자 A ~ E의 직무평가 점수

(단위 : 점)

평가자 직원	A	B	C	D	E	종합 점수
갑	91	87	( )	89	95	89.0
을	89	86	90	88	( )	89.0
병	68	76	( )	74	78	( )
정	71	72	85	74		77.0
무	71	72	79	85	( )	78.0

※ 1) 직원별 종합점수는 해당 직원이 평가자 A ~ E로부터 부여받은 점수 중 최댓값과 최솟값을 제외한 점수의 평균임
2) 각 직원은 평가자 A ~ E로부터 각각 다른 점수를 부여받았음
3) 모든 평가자는 1 ~ 100점 중 1점 단위로 점수를 부여하였음

─┤ 보기 ├─

ㄱ. '을'에 대한 직무평가 점수는 평가자 E가 가장 높다.
ㄴ. '병'의 종합점수로 가능한 최댓값과 최솟값의 차이는 5점 이상이다.
ㄷ. 평가자 C의 '갑'에 대한 직무평가 점수는 '갑'의 종합점수보다 높다.
ㄹ. '갑' ~ '무'의 종합점수 산출 시, 부여한 직무평가 점수가 한 번도 제외되지 않은 평가자는 없다.

① ㄱ
② ㄱ, ㄹ
③ ㄴ, ㄷ
④ ㄱ, ㄴ, ㄹ
⑤ ㄴ, ㄷ, ㄹ

135

2018 5급공채 PSAT

다음 〈그림〉은 A시와 B시의 시민단체 사회연결망 분석도이다. 이에 대한 〈보기〉의 설명 중 옳은 것만을 모두 고르면?

〈그림〉 A시와 B시의 시민단체 사회연결망 분석도

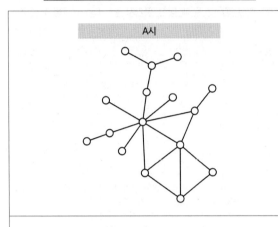

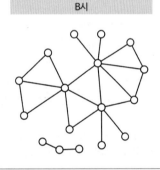

※ 1) '○──○'에서 '○'는 시민단체, '──'은 두 시민단체 간 직접연결을 나타냄
　2) 각 시민단체의 연결중심성은 해당 시민단체에 직접연결된 다른 시민단체수임
　3) 각 시의 연결망 밀도

$$= \frac{2 \times \text{해당 시의 직접연결 개수 총합}}{\text{해당 시의 시민단체수} \times (\text{해당 시의 시민단체수} - 1)}$$

┤ 보기 ├

ㄱ. 연결중심성이 가장 큰 시민단체는 A시에 있다.
ㄴ. 연결중심성이 1인 시민단체수는 A시가 B시보다 많다.
ㄷ. 시민단체수는 A시가 B시보다 많다.
ㄹ. 연결망 밀도는 A시가 B시보다 크다.

① ㄱ, ㄴ
② ㄱ, ㄹ
③ ㄴ, ㄷ
④ ㄱ, ㄴ, ㄹ
⑤ ㄴ, ㄷ, ㄹ

136

2015 5급공채 PSAT

다음 〈표〉는 A ~ C 차량의 연료 및 경제속도 연비, 연료별 리터당 가격에 관한 자료이다. 〈조건〉을 적용하였을 때, A ~ C 차량 중 두 번째로 높은 연료비가 소요되는 차량과 해당 차량의 연료비를 바르게 나열한 것은?

〈표 1〉 A ~ C 차량의 연료 및 경제속도 연비

(단위 : km/L)

차량 \ 구분	연료	경제속도 연비
A	LPG	10
B	휘발유	16
C	경유	20

※ 차량 경제속도는 60 km/h 이상 90 km/h 미만임

〈표 2〉 연료별 리터당 가격

(단위 : 원/L)

연료	LPG	휘발유	경유
리터당 가격	1,000	2,000	1,600

┤ 조건 ├

• A ~ C 차량은 모두 아래와 같이 각 구간을 한 번씩 주행하고, 각 구간별 주행속도 범위 내에서만 주행한다.

구간	1구간	2구간	3구간
주행거리(km)	100	40	60
주행속도(km/h)	30 이상 60 미만	60 이상 90 미만	90 이상 120 미만

• A ~ C 차량의 주행속도별 연비적용률은 다음과 같다.

차량	주행속도(km/h)	연비적용률(%)
A	30 이상 60 미만	50.0
	60 이상 90 미만	100.0
	90 이상 120 미만	80.0
B	30 이상 60 미만	62.5
	60 이상 90 미만	100.0
	90 이상 120 미만	75.0
C	30 이상 60 미만	50.0
	60 이상 90 미만	100.0
	90 이상 120 미만	75.0

※ 연비적용률이란 경제속도 연비 대비 주행속도 연비를 백분율로 나타낸 것임

	차량	연료비
①	A	27,500원
②	A	31,500원
③	B	24,500원
④	B	35,000원
⑤	C	25,600원

137

2021 5급공채 PSAT

다음 〈표〉는 어느 학술지의 우수논문 선정대상 논문 Ⅰ~Ⅴ에 대한 심사자 '갑', '을', '병'의 선호순위를 나열한 것이다. 〈표〉와 〈규칙〉에 근거한 〈보기〉의 설명 중 옳은 것만을 모두 고르면?

〈표〉 심사자별 논문 선호순위

심사자＼논문	Ⅰ	Ⅱ	Ⅲ	Ⅳ	Ⅴ
갑	1	2	3	4	5
을	1	4	2	5	3
병	5	3	1	4	2

※ 선호순위는 1~5의 숫자로 나타내며 숫자가 낮을수록 선호가 더 높음

┤ 규칙 ├

- 평가점수 산정방식
  가. [(선호순위가 1인 심사자 수 × 2) + (선호순위가 2인 심사자 수 × 1)]의 값이 가장 큰 논문은 1점, 그 외의 논문은 2점의 평가점수를 부여한다.
  나. 논문별 선호순위의 중앙값이 가장 작은 논문은 1점, 그 외의 논문은 2점의 평가점수를 부여한다.
  다. 논문별 선호순위의 합이 가장 작은 논문은 1점, 그 외의 논문은 2점의 평가점수를 부여한다.
- 우수논문 선정방식
  A. 평가점수 산정방식 가, 나, 다 중 한 가지만을 활용하여 평가점수가 가장 낮은 논문을 우수논문으로 선정한다. 단, 각 산정방식이 활용될 확률은 동일하다.
  B. 평가점수 산정방식 가, 나, 다에서 도출된 평가점수의 합이 가장 낮은 논문을 우수논문으로 선정한다.
  C. 평가점수 산정방식 가, 나, 다에서 도출된 평가점수에 가중치를 각각 $\frac{1}{6}$, $\frac{1}{3}$, $\frac{1}{2}$을 적용한 점수의 합이 가장 낮은 논문을 우수논문으로 선정한다.

※ 1) 중앙값은 모든 관측치를 크기 순서로 나열하였을 때, 중앙에 오는 값을 의미함. 예를 들어, 선호순위가 2, 3, 4인 경우 3이 중앙값이며, 선호순위가 2, 2, 4인 경우 2가 중앙값임
2) 점수의 합이 가장 낮은 논문이 2편 이상이면, 심사자 '병'의 선호가 더 높은 논문을 우수논문으로 선정함

┤ 보기 ├

ㄱ. 선정방식 A에 따르면 우수논문으로 선정될 확률이 가장 높은 논문은 Ⅰ이다.
ㄴ. 선정방식 B에 따르면 우수논문은 Ⅱ이다.
ㄷ. 선정방식 C에 따르면 우수논문은 Ⅲ이다.

① ㄴ
② ㄱ, ㄴ
③ ㄱ, ㄷ
④ ㄴ, ㄷ
⑤ ㄱ, ㄴ, ㄷ

138

2019 민간경력자 채용 PSAT

다음 〈그림〉은 A 기업 4개팀 체육대회의 종목별 대진표 및 중간경기결과이며, 〈표〉는 종목별 승점 배점표이다. 이에 근거하여 남은 경기결과에 따른 최종 대회성적에 대한 설명으로 옳지 않은 것은?

〈그림〉 A 기업 체육대회의 종목별 대진표 및 중간경기결과

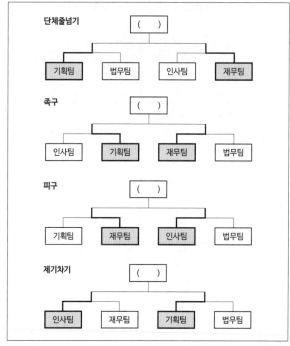

※ 굵은 선과 음영(□)으로 표시된 팀은 이긴 팀을 의미하며, 결승전만을 남긴 상황임

〈표〉 종목별 승점 배점표

순위＼종목	단체줄넘기	족구	피구	제기차기
1위	120	90	90	60
2위	80	60	60	40
3·4위	40	30	30	20

※ 1) 최종 대회성적은 종목별 승점합계가 가장 높은 팀이 종합 우승, 두 번째로 높은 팀이 종합 준우승임
2) 승점합계가 동일한 팀이 나올 경우, 단체줄넘기 종목의 순위가 높은 팀이 최종 순위가 높음
3) 모든 경기에 무승부는 없음

① 남은 경기결과와 상관없이 법무팀은 종합 우승을 할 수 없다.
② 재무팀이 남은 경기 중 2종목에서 이기더라도 기획팀이 종합 우승을 할 수 있다.
③ 기획팀이 남은 경기에서 모두 지면, 재무팀이 종합 우승을 한다.
④ 재무팀이 남은 경기에서 모두 지더라도 재무팀은 종합 준우승을 한다.
⑤ 인사팀이 남은 경기에서 모두 이기더라도 인사팀은 종합 우승을 할 수 없다.

139

2021 5급공채 PSAT

다음 〈표〉는 2019년 아세안 3개국 7개 지역별 외국투자기업의 지출 항목별 단가 및 보조금 지급기준에 관한 자료이다. 〈표〉와 〈정보〉에 근거하여 7개 지역에 진출한 우리나라 '갑'기업의 월간 순지출액이 가장 작은 지역과 가장 큰 지역을 바르게 나열한 것은?

〈표 1〉 지역별 외국투자기업의 지출 항목별 단가

(단위: 달러)

국가 \ 지역	급여 (1인당 월지급액)	전력 사용료 (100 kWh당 요금)	운송비 (1회당 운임)
인도네시아 자카르타	310	7	2,300
인도네시아 바탐	240	7	3,500
베트남 하노이	220	19	3,400
베트남 호치민	240	10	2,300
베트남 다낭	200	19	4,000
필리핀 마닐라	230	12	2,300
필리핀 세부	220	21	3,500

〈표 2〉 국가별 외국투자기업의 지출 항목별 보조금 지급기준

국가 \ 항목	급여	전력 사용료	운송비
인도네시아	1인당 월 50달러	보조금 없음	1회당 50% 보조
베트남	1인당 월 30달러	100kWh당 5달러	보조금 없음
필리핀	보조금 없음	100kWh당 10달러	1회당 50% 보조

┤ 정보 ├

• 지역별 외국투자기업의 월간 순지출액은 각 지역에서 월간 발생하는 총지출액에서 해당 국가의 월간 총보조금을 뺀 금액임

• 지출과 보조금 항목은 급여, 전력 사용료, 운송비로만 구성됨

• '갑'기업은 7개 지역에서 각각 10명의 직원에게 급여를 지급하고, 월간 전력 사용량은 각각 1만 kWh이며, 월간 4회 운송을 각각 시행함

	가장 작은 지역	가장 큰 지역
①	마닐라	다낭
②	마닐라	하노이
③	자카르타	다낭
④	자카르타	세부
⑤	자카르타	하노이

140

2017 5급공채 PSAT

다음 〈표〉는 A제품을 생산·판매하는 '갑'사의 1~3주차 A제품 주문량 및 B부품 구매량에 관한 자료이다. 〈조건〉에 근거하여 매주 토요일 판매완료 후 남게 되는 A제품의 재고량을 주차별로 바르게 나열한 것은?

〈표〉 A제품 주문량 및 B부품 구매량

(단위: 개)

구분 \ 주	1주차	2주차	3주차
A제품 주문량	0	200	450
B부품 구매량	500	900	1,100

※ 1) 1주차 시작 전 A제품과 B부품의 재고는 없음
2) 한 주의 시작은 월요일임

┤ 조건 ├

• A제품은 매주 월요일부터 금요일까지 생산하고, A제품 1개 생산 시 B부품만 2개가 사용된다.

• B부품은 매주 일요일에 일괄구매하고, 그 다음 주 A제품 생산에 남김없이 모두 사용된다.

• 생산된 A제품은 매주 토요일에 해당주차 주문량만큼 즉시 판매되고, 남은 A제품은 이후 판매하기 위한 재고로 보유한다.

	1주차	2주차	3주차
①	0	50	0
②	0	50	50
③	50	50	50
④	250	0	0
⑤	250	50	50

141

2020 민간경력자 채용 PSAT

다음 〈표〉는 '갑'공기업의 신규 사업 선정을 위한 2개 사업 (A, B) 평가에 관한 자료이다. 〈표〉와 〈조건〉에 근거한 〈보기〉의 설명 중 옳은 것만을 고르면?

〈표 1〉 A와 B 사업의 평가 항목별 원점수

(단위: 점)

구분	평가 항목	A 사업	B 사업
사업적 가치	경영전략 달성 기여도	80	90
	수익창출 기여도	80	90
공적 가치	정부정책 지원 기여도	90	80
	사회적 편익 기여도	90	80
참여 여건	전문인력 확보 정도	70	70
	사내 공감대 형성 정도	70	70

※ 평가 항목별 원점수는 100점 만점임

〈표 2〉 평가 항목별 가중치

구분	평가 항목	가중치
사업적 가치	경영전략 달성 기여도	0.2
	수익창출 기여도	0.1
공적 가치	정부정책 지원 기여도	0.3
	사회적 편익 기여도	0.2
참여 여건	전문인력 확보 정도	0.1
	사내 공감대 형성 정도	0.1
	계	1.0

┤ 조건 ├

• 신규 사업 선정을 위한 각 사업의 최종 점수는 평가 항목 별 원점수에 해당 평가 항목의 가중치를 곱한 값을 모두 합하여 산정함
• A와 B 사업 중 최종 점수가 더 높은 사업을 신규 사업으로 최종 선정함

┤ 보기 ├

ㄱ. 각 사업의 6개 평가 항목 원점수의 합은 A 사업과 B 사업이 같다.
ㄴ. '공적 가치'에 할당된 가중치의 합은 '참여 여건'에 할당된 가중치의 합보다 작고, '사업적 가치'에 할당된 가중치의 합보다 크다.
ㄷ. '갑'공기업은 A 사업을 신규 사업으로 최종 선정한다.
ㄹ. '정부정책 지원 기여도' 가중치와 '수익창출 기여도' 가중치를 서로 바꾸더라도 최종 선정되는 신규 사업은 동일하다.

① ㄱ, ㄴ   ② ㄱ, ㄷ
③ ㄱ, ㄹ   ④ ㄴ, ㄹ
⑤ ㄷ, ㄹ

142

2019 민간경력자 채용 PSAT

다음 〈표〉는 A ~ F 행정동으로 구성된 '갑'시의 자치구 개편 및 행정동 간 인접 현황에 관한 자료이다. 〈표〉와 〈조건〉에 근거한 설명으로 옳지 않은 것은?

〈표 1〉 행정동별 인구와 개편 전·후 자치구 현황

구분 행정동	인구(명)	개편 전 자치구	개편 후 자치구
A	1,500	가	( )
B	2,000	( )	( )
C	1,500	나	( )
D	1,500	( )	라
E	1,000	( )	마
F	1,500	다	( )

※ 자치구 개편 전·후 각 행정동의 인구수는 변화없음

〈표 2〉 행정동 간 인접 현황

행정동	A	B	C	D	E	F
A		1	0	1	0	0
B	1		1	1	1	0
C	0	1		0	1	1
D	1	1	0		0	0
E	0	1	1	0		1
F	0	0	1	0	1	

※ 두 행정동이 인접하면 1, 인접하지 않으면 0임

┤ 조건 ├

• 개편 전 자치구는 '가', '나', '다' 3개이며, 개편 후 자치구는 '라', '마' 2개이다.
• 개편 전에는 한 자치구에 2개의 행정동이 속하고, 개편 후에는 3개의 행정동이 속한다.
• 동일 자치구에 속하는 행정동은 서로 인접하고 있으며, 행정동 간 인접 여부는 〈표 2〉에 따라 판단한다.

① 자치구 개편 전, 행정동 E는 자치구 '다'에 속한다.
② 자치구 개편 후, 행정동 C와 행정동 E는 같은 자치구에 속한다.
③ 자치구 개편 전, 자치구 '가'의 인구가 자치구 '나'의 인구보다 많다.
④ 자치구 개편 후, 자치구 '라'의 인구가 자치구 '마'의 인구보다 많다.
⑤ 행정동 B는 개편 전 자치구 '나'에 속하고, 개편 후 자치구 '라'에 속한다.

143

2017 5급공채 PSAT

'갑'은 2017년 1월 전액 현금으로만 다음 〈표〉와 같이 지출하였다. 만약 '갑'이 2017년 1월에 A~C신용카드 중 하나만을 발급받아 할인 전 금액이 〈표〉와 동일하도록 그 카드로만 지출하였다면, 〈신용카드별 할인혜택〉에 근거한 할인 후 예상청구액이 가장 적은 카드부터 순서대로 나열한 것은?

〈표〉 2017년 1월 지출내역

(단위 : 만 원)

분류	세부항목		금액	합
교통비	버스 · 지하철 요금		8	20
	택시 요금		2	
	KTX 요금		10	
식비	외식비	평일	10	30
		주말	5	
	카페 지출액		5	
	식료품 구입비	대형마트	5	
		재래시장	5	
의류구입비	온라인		15	30
	오프라인		15	
여가 및 자기 계발비	영화관람료(1만 원/회×2회)		2	30
	도서구입비(2만 원/권×1권, 1만 5천원/권×2권, 1만 원/권×3권)		8	
	학원 수강료		20	

┤ 신용카드별 할인혜택 ├

- A신용카드
  - 버스 · 지하철, KTX 요금 20% 할인(단, 할인액의 한도는 월 2만 원)
  - 외식비 주말 결제액 5% 할인
  - 학원 수강료 15% 할인
  - 최대 총 할인한도액은 없음
  - 연회비 1만 5천 원이 발급 시 부과되어 합산됨
- B신용카드
  - 버스 · 지하철, KTX 요금 10% 할인(단, 할인액의 한도는 월 1만 원)
  - 온라인 의류구입비 10% 할인
  - 도서구입비 권당 3천 원 할인(단, 권당 가격이 1만 2천 원 이상인 경우에만 적용)
  - 최대 총 할인한도액은 월 3만 원
  - 연회비 없음
- C신용카드
  - 버스 · 지하철, 택시 요금 10% 할인(단, 할인액의 한도는 월 1만 원)
  - 카페 지출액 10% 할인
  - 재래시장 식료품 구입비 10% 할인
  - 영화관람료 회당 2천 원 할인(월 최대 2회)
  - 최대 총 할인한도액은 월 4만 원
  - 연회비 없음

※ 1) 할부나 부분청구는 없음
  2) A~C신용카드는 매달 1일부터 말일까지의 사용분에 대하여 익월 청구됨

① A－B－C
② A－C－B
③ B－A－C
④ B－C－A
⑤ C－A－B

144

다음 〈표〉는 2015년과 2016년 '갑' 회사의 강사 A ~ E의 시급과 수강생 만족도에 관한 자료이다. 〈표〉와 〈조건〉에 근거한 설명으로 옳은 것은?

〈표〉 강사의 시급 및 수강생 만족도

(단위: 원, 점)

연도	2015		2016	
강사 \ 구분	시급	수강생 만족도	시급	수강생 만족도
A	50,000	4.6	55,000	4.1
B	45,000	3.5	45,000	4.2
C	52,000	( )	54,600	4.8
D	54,000	4.9	59,400	4.4
E	48,000	3.2	( )	3.5

─┤ 조건 ├─

• 당해 연도 시급 대비 다음 연도 시급의 인상률은 당해 연도 수강생 만족도에 따라 아래와 같이 결정됨. 단, 강사가 받을 수 있는 시급은 최대 60,000원임

수강생 만족도	인상률
4.5점 이상	10% 인상
4.0점 이상 4.5점 미만	5% 인상
3.0점 이상 4.0점 미만	동결
3.0점 미만	5% 인하

① 강사 E의 2016년 시급은 45,600원이다.
② 2017년 시급은 강사 D가 강사 C보다 높다.
③ 2016년과 2017년 시급 차이가 가장 큰 강사는 C이다.
④ 강사 C의 2015년 수강생 만족도 점수는 4.5점 이상이다.
⑤ 2017년 강사 A와 강사 B의 시급 차이는 10,000원이다.

145

다음 〈표〉는 7월 1 ~ 10일 동안 도시 A ~ E에 대한 인공지능 시스템의 예측 날씨와 실제 날씨이다. 이에 대한 〈보기〉의 설명 중 옳은 것만을 모두 고르면?

〈표〉 도시 A ~ E에 대한 예측 날씨와 실제 날씨

도시 \ 날짜 구분	7.1.	7.2.	7.3.	7.4.	7.5.	7.6.	7.7.	7.8.	7.9.	7.10.
A 예측	🌧	☁	☀	🌧	☀	☀	🌧	🌧	☀	☁
A 실제	🌧	☀	🌧	🌧	☀	☀	🌧	☀	☀	🌧
B 예측	☀	🌧	☀	🌧	☁	🌧	🌧	☀	☀	🌧
B 실제	🌧	🌧	☁	☀	☀	🌧	☀	☀	🌧	🌧
C 예측	🌧	☀	🌧	🌧	☀	☀	🌧	🌧	☀	🌧
C 실제	🌧	🌧	☀	☁	🌧	☀	☁	🌧	🌧	🌧
D 예측	🌧	🌧	☀	☀	🌧	🌧	🌧	☀	☀	🌧
D 실제	🌧	☁	🌧	☀	🌧	🌧	🌧	☀	🌧	☀
E 예측	🌧	☀	🌧	🌧	🌧	🌧	☁	☀	🌧	🌧
E 실제	🌧	🌧	🌧	🌧	🌧	🌧	☀	☀	🌧	☀

※ ☀: 맑음, ☁: 흐림, 🌧: 비

─┤ 보기 ├─

ㄱ. 도시 A에서는 예측 날씨가 '비'인 날 실제 날씨도 모두 '비'였다.
ㄴ. 도시 A ~ E 중 예측 날씨와 실제 날씨가 일치한 일수가 가장 많은 도시는 B이다.
ㄷ. 7월 1 ~ 10일 중 예측 날씨와 실제 날씨가 일치한 도시 수가 가장 적은 날짜는 7월 2일이다.

① ㄱ
② ㄴ
③ ㄷ
④ ㄴ, ㄷ
⑤ ㄱ, ㄴ, ㄷ

146

2018 5급공채 PSAT

다음 〈표〉는 소프트웨어 A ~ E의 제공 기능 및 가격과 사용자별 필요 기능 및 보유 소프트웨어에 관한 자료이다. 이에 대한 〈보기〉의 설명 중 옳은 것만을 모두 고르면?

〈표 1〉 소프트웨어별 제공 기능 및 가격

(단위 : 원)

구분 소프트 웨어	기능										가격
	1	2	3	4	5	6	7	8	9	10	
A	○		○		○		○	○		○	79,000
B		○	○	○		○			○	○	62,000
C	○	○	○	○	○	○			○	○	58,000
D											54,000
E	○		○	○	○	○	○	○			68,000

※ 1) ○ : 소프트웨어가 해당 번호의 기능을 제공함을 뜻함
  2) 각 기능의 가격은 해당 기능을 제공하는 모든 소프트웨어에서 동일하며, 소프트웨어의 가격은 제공 기능 가격의 합임

〈표 2〉 사용자별 필요 기능 및 보유 소프트웨어

구분 사용자	기능										보유 소프트웨어
	1	2	3	4	5	6	7	8	9	10	
갑			○		○		○	○			A
을		○	○	○		○			○	○	B
병	○		○				○				( )

※ 1) ○ : 사용자가 해당 번호의 기능이 필요함을 뜻함
  2) 각 사용자는 소프트웨어 A ~ E 중 필요 기능을 모두 제공하는 1개의 소프트웨어를 보유함
  3) 각 소프트웨어는 여러 명의 사용자가 동시에 보유할 수 있음

┤ 보기 ├

ㄱ. '갑'의 필요 기능을 모두 제공하는 소프트웨어 중 가격이 가장 낮은 것은 E이다.

ㄴ. 기능 1, 5, 8의 가격 합과 기능 10의 가격 차이는 3,000원 이상이다.

ㄷ. '을'의 보유 소프트웨어와 '병'의 보유 소프트웨어로 기능 1 ~ 10을 모두 제공하려면, '병'이 보유할 수 있는 소프트웨어는 E뿐이다.

① ㄱ
② ㄱ, ㄴ
③ ㄱ, ㄷ
④ ㄴ, ㄷ
⑤ ㄱ, ㄴ, ㄷ

147

2015 민간경력자 채용 PSAT

다음 〈정보〉와 〈표〉는 2014년 A ~ E기업의 기본생산능력과 초과생산량 및 1 ~ 3월 생산이력에 관한 자료이다. 이에 근거하여 기본생산능력이 가장 큰 기업과 세 번째로 큰 기업을 바르게 나열한 것은?

┤ 정보 ├

- 각 기업의 기본생산능력(개/월)은 변하지 않는다.
- A기업의 기본생산능력은 15,000개/월이고 C기업과 E기업의 기본생산능력은 동일하다.
- B, C, D기업의 경우 2014년 1 ~ 3월 동안 초과생산량이 발생하지 않았다.
- E기업의 경우 2014년 3월에 기본생산능력에 해당하는 생산량 이외에 기본생산능력의 20%에 해당하는 초과생산량이 발생하였다.
- 생산 참여기업의 월 생산량
  = 기본생산능력에 해당하는 월 생산량 + 월 초과생산량

〈표〉 2014년 1 ~ 3월 생산이력

구분	1월	2월	3월
생산 참여기업	B, C	B, D	C, E
손실비	0.0	0.5	0.0
총생산량(개)	23,000	17,000	22,000

※ 해당월 총생산량 = 해당월 '생산 참여기업의 월 생산량'의 합 × (1 - 손실비)

	가장 큰 기업	세 번째로 큰 기업
①	A	B
②	A	D
③	B	D
④	D	A
⑤	D	B

148

2019 5급공채 PSAT

다음 〈표〉와 〈그림〉은 '갑'요리대회 참가자의 종합점수 및 항목별 득점기여도 산정 방법과 항목별 득점 결과이다. 이에 대한 〈보기〉의 설명 중 옳은 것만을 모두 고르면?

〈표〉 참가자의 종합점수 및 항목별 득점기여도 산정 방법

- 종합점수 = (항목별 득점 × 항목별 가중치)의 합계
- 항목별 득점기여도 = $\dfrac{\text{항목별 득점} \times \text{항목별 가중치}}{\text{종합점수}}$

항목	가중치
맛	6
향	4
색상	4
식감	3
장식	3

〈그림〉 전체 참가자의 항목별 득점 결과

(단위 : 점)

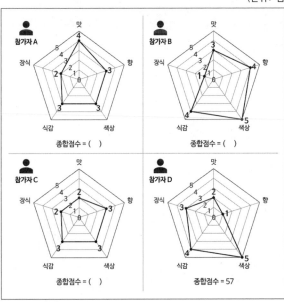

※ 종합점수가 클수록 순위가 높음

─┤ 보기 ├─

ㄱ. 참가자 A의 '색상' 점수와 참가자 D의 '장식' 점수가 각각 1점씩 상승하여도 전체 순위에는 변화가 없다.
ㄴ. 참가자 B의 '향' 항목 득점기여도는 참가자 A의 '색상' 항목 득점기여도보다 높다.
ㄷ. 참가자 C는 모든 항목에서 1점씩 더 득점하더라도 가장 높은 순위가 될 수 없다.
ㄹ. 순위가 높은 참가자일수록 '맛' 항목 득점기여도가 높다.

① ㄱ, ㄴ
② ㄱ, ㄷ
③ ㄱ, ㄹ
④ ㄴ, ㄷ
⑤ ㄴ, ㄹ

149

2017 5급공채 PSAT

다음 〈표〉는 학생 '갑' ~ '정'의 시험 성적에 관한 자료이다. 〈표〉와 〈순위산정방식〉을 이용하여 순위를 산정할 때, 〈보기〉의 설명 중 옳은 것만을 모두 고르면?

〈표〉 '갑' ~ '정'의 시험 성적

(단위 : 점)

과목\학생	국어	영어	수학	과학
갑	75	85	90	97
을	82	83	79	81
병	95	75	75	85
정	89	70	91	90

─┤ 순위산정방식 ├─

- A방식 : 4개 과목의 총점이 높은 학생부터 순서대로 1, 2, 3, 4위로 하되, 4개 과목의 총점이 동일한 학생의 경우 국어 성적이 높은 학생을 높은 순위로 함
- B방식 : 과목별 등수의 합이 작은 학생부터 순서대로 1, 2, 3, 4위로 하되, 과목별 등수의 합이 동일한 학생의 경우 A방식에 따라 산정한 순위가 높은 학생을 높은 순위로 함
- C방식 : 80점 이상인 과목의 수가 많은 학생부터 순서대로 1, 2, 3, 4위로 하되, 80점 이상인 과목의 수가 동일한 학생의 경우 A방식에 따라 산정한 순위가 높은 학생을 높은 순위로 함

─┤ 보기 ├─

ㄱ. A방식과 B방식으로 산정한 '병'의 순위는 동일하다.
ㄴ. C방식으로 산정한 '정'의 순위는 2위이다.
ㄷ. '정'의 과학점수만 95점으로 변경된다면, B방식으로 산정한 '갑'의 순위는 2위가 된다.

① ㄱ
② ㄴ
③ ㄷ
④ ㄱ, ㄴ
⑤ ㄱ, ㄴ, ㄷ

정답 및 해설 ▶ 96p

150

2017 민간경력자 채용 PSAT

다음 〈표〉는 '갑' 기관의 10개 정책(가 ~ 차)에 대한 평가결과이다. '갑' 기관은 정책별로 심사위원 A ~ D의 점수를 합산하여 총점이 낮은 정책부터 순서대로 4개 정책을 폐기할 계획이다. 폐기할 정책만을 모두 고르면?

〈표〉 정책에 대한 평가결과

정책 \ 심사위원	A	B	C	D
가	●	●	◐	○
나	●	●	◐	●
다	◐	○	●	◐
라	( )	●	◐	( )
마	●	( )	●	◐
바	◐	◐	◐	●
사	◐	◐	◐	●
아	◐	◐	●	( )
자	◐	◐	( )	●
차	( )	●	◐	○
평균(점)	0.55	0.70	0.70	0.50

※ 정책은 ○(0점), ◐(0.5점), ●(1.0점)으로만 평가됨

① 가, 다, 바, 사
② 나, 마, 아, 자
③ 다, 라, 바, 사
④ 다, 라, 아, 차
⑤ 라, 아, 자, 차

MEMO

추론형

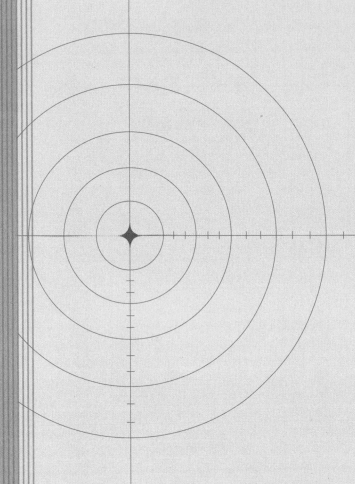

NCS·PSAT
수리능력 킬러문항 300제

2

응용수리

01 방정식, 부등식, 비례식

01 방정식

다음과 같이 미지수가 2개인 일차방정식이 두 개 이상 모여 있는 것을 연립방정식이라 한다.

$$\begin{cases} 5x + 2y = 8 \\ 2x - y = 5 \end{cases}$$

연립방정식을 푼다는 것은 주어진 방정식을 모두 만족시키는 해를 구한다는 것이다. 해를 구하기 위해서는 미지수를 소거하여 미지수가 1개인 방정식을 도출해야 한다. 이때 사용되는 방법으로는 가감법, 대입법, 등치법 등이 있다.

※ 소거: 미지수가 2개인 연립방정식에서 두 미지수 중 하나를 없애는 것을 말한다.

① 가감법: 연립방정식의 두 방정식을 서로 더하거나 빼는 방법이다.
② 대입법: 연립방정식의 한 방정식에서 특정 미지수를 다른 미지수에 관한 식으로 변환하고, 이를 다른 방정식에 대입하는 방법이다.
③ 등치법: 두 방정식을 특정 미지수에 관한 식으로 변환하고, 이를 같다고 놓은 상태에서 풀이하는 방법이다.

02 부등식

부등식이 두 개 이상 모여 있는 것을 연립부등식이라고 한다. 연립부등식의 해는 주어진 부등식의 해를 구하여 그 교집합을 구하면 된다.

① 부등식의 양변에 같은 수를 더하거나 빼도 부등호의 방향은 바뀌지 않는다.
② 부등식의 양변에 같은 양수를 곱하거나 나누어도 부등호의 방향은 바뀌지 않는다.
③ 부등식의 양변에 같은 음수를 곱하거나 나누면 부등호의 방향이 바뀐다.

대표예제

01 연립방정식 $\begin{cases} 6x + 2y = 8 \\ 3x - y = 2 \end{cases}$의 해가 일차방정식 $5x + ay = 16$을 만족시킬 때, 상수 a의 값은?

01 11

$$\begin{cases} 6x + 2y = 8 & \cdots\cdots\ \text{㉠} \\ 3x - y = 2 & \cdots\cdots\ \text{㉡} \end{cases}$$

에서 ㉠-㉡×2를 하면
$4y = 4$, $\therefore y = 1$
$y = 1$을 ㉡에 대입하면 $x = 1$
$x = 1$, $y = 1$을 $5x + ay = 16$에
대입하면
$5 + a = 16$, $\therefore a = 11$

02 $-6 \leq x < 3$일 때, $a \leq \dfrac{2}{3}x + 5 < b$이다. 이때 $a + b$의 값은?

02 8

$-6 \leq x < 3$에 $\dfrac{2}{3}$을 곱하면

$-4 \leq \dfrac{2}{3}x < 2$

$\therefore\ 1 \leq \dfrac{2}{3}x + 5 < 7$

따라서 $a + b$의 값은 8이다.

03 비례식

비 $a:b$와 비 $c:d$가 같다면, $a:b=c:d$로 등호로 연결하여 나타낼 수 있고 이를 비례식이라 한다. 여기서 $a:b$의 a를 '전항', b를 '후항'이라고 하며 $\dfrac{a}{b}$와 같고, $a:b=c:d$의 안쪽에 있는 두 항을 '내항', 바깥쪽에 있는 것을 '외항'이라고 하며 $\dfrac{a}{b}=\dfrac{c}{d}$와 같다. 또한, 비례식의 내항의 곱과 외항의 곱의 값은 같고, 다르다면 그것은 비례식이 아니다.

$$a \quad : \quad b$$
$$\text{전항} \qquad \text{후항}$$

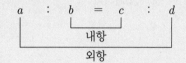

① 기본 공식

- $a:b=c:d \Leftrightarrow a:c=b:d$
- $a:b=c:d \Leftrightarrow \dfrac{a}{b}=\dfrac{c}{d} \Leftrightarrow \dfrac{a}{c}=\dfrac{b}{d} \Leftrightarrow ad=bc$

② 응용 공식

- $\dfrac{a+b}{b}=\dfrac{c+d}{d} \rightarrow \dfrac{a}{b}+1=\dfrac{c}{d}+1 \rightarrow \dfrac{a}{b}=\dfrac{c}{d},\ \dfrac{a-b}{b}=\dfrac{c-d}{d} \rightarrow \dfrac{a}{b}-1=\dfrac{c}{d}-1 \rightarrow \dfrac{a}{b}=\dfrac{c}{d}$
- 비의 전항과 후항에 0이 아닌 같은 수를 곱하거나 나누어도 비례관계는 성립한다.

  $a:b=a\times x:b\times x=\dfrac{a}{y}:\dfrac{b}{y}$

③ 비례배분

전체를 주어진 비로 배분하는 것을 비례배분이라고 하고, 이때 주어진 비의 전항과 후항의 합을 분모로 하는 분수의 비로 고쳐야 한다.

$$X\times\dfrac{a}{a+b},\quad X\times\dfrac{b}{a+b}$$

대표예제

---

03 $a:b:c=1:2:3$일 때, $\dfrac{a^3+b^3+c^3}{abc}$의 값은? (단, $abc\neq 0$이다.)

03 6

비례식을 분수로 바꾸고 k라고 놓으면 다음과 같다.

$\dfrac{a}{1}=\dfrac{b}{2}=\dfrac{c}{3}=k$이면

$a=k,\ b=2k,\ c=3k$

$a,\ b,\ c$를 식에 대입하면

$\dfrac{a^3+b^3+c^3}{abc}=\dfrac{k^3+8k^3+27k^3}{6k^3}$

$=\dfrac{36k^3}{6k^3}=6$

04 마트에서 민지, 정인, 희수가 구매한 사탕은 모두 30개이다. 민지와 정인이 구매한 사탕의 비는 2 : 3이고, 민지와 희수가 구매한 사탕의 비는 4 : 5이다. 이때 정인이 구매한 사탕의 개수를 구하면?

04 12개

민지 : 정인 : 희수＝4 : 6 : 5이므로 정인이 구매한 사탕의 개수는

$30\times\dfrac{6}{4+6+5}=12$(개)이다.

151

민재는 역사책 한 권을 첫째 날에 80페이지, 둘째 날에 80페이지, 그리고 셋째 날에 남은 페이이지의 $\frac{2}{5}$를 읽었다. 최종적으로 남은 페이지 수가 120페이지라고 할 때, 이 책의 총 페이지 수는?

① 320페이지
② 340페이지
③ 360페이지
④ 380페이지
⑤ 400페이지

153

A고등학교의 올해 학생 수는 작년에 비하여 남학생 수는 20% 감소하였고, 여학생 수는 12% 증가하였다. 올해 전체 학생 수가 작년보다 40명 늘어난 640명이라고 할 때, 올해 남학생 수는 몇 명인가?

① 80명
② 90명
③ 100명
④ 110명
⑤ 120명

152

지인은 책꽂이와 책장을 칠하기 위해 A, B 두 종류의 통에 노란색 페인트와 물을 섞었다. A와 B의 무게의 합은 250g, 들어있는 페인트 양의 비는 3 : 2, 물의 양의 비는 6 : 4이다. A의 농도는 20%라고 할 때, B에 들어있는 물의 양은? (단, A와 B의 통의 무게는 무시한다.)

① 40g
② 50g
③ 60g
④ 70g
⑤ 80g

154

방송국 PD로 일하고 있는 현수는 라디오 사연을 재생 시간으로 분류하여 3분, 4분, 5분짜리 세 종류로 나누었다. 5분짜리 사연의 개수는 3분짜리 사연과 4분짜리 사연의 개수를 더한 것보다 1개 더 많고, 3분짜리 사연의 총 재생 시간이 4분짜리 사연의 총 재생 시간보다 17분이 더 길다. 사연과 사연 사이에 30초 간격을 두고 전체 사연을 재생할 경우 5시간 42분이 소요된다고 할 때, 현수가 가지고 있는 5분짜리 사연은 4분짜리 사연보다 몇 개 더 많은가?

① 22개
② 23개
③ 24개
④ 25개
⑤ 26개

155

다음은 S공장에서 제작하는 타일의 모양이다. 그림과 같이 크기가 같은 직사각형 모양의 타일 11장을 겹치지 않게 빈 틈없이 붙여 큰 직사각형 모양을 만들었더니 그 둘레의 길이가 105cm가 되었다. 이때 직사각형 모양의 타일 한 장의 넓이는? (단, 가로 길이 < 세로 길이이다.)

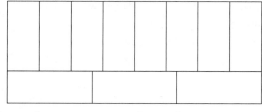

① 48cm²
② 50cm²
③ 52cm²
④ 54cm²
⑤ 56cm²

156

가윤이 참가한 수학 경시대회에서는 한 문제를 맞히면 10점을 얻고, 틀리면 5점이 감점된다. 가윤이 맞힌 문제 수는 틀린 문제 수의 $\frac{5}{4}$ 이고, 가윤이 얻은 점수는 총 60점이라고 할 때, 푼 문제는 몇 개인가?

① 10문제
② 12문제
③ 14문제
④ 16문제
⑤ 18문제

157

어느 과수원에서 사과와 딸기를 수확하는데, 작년 수확량은 두 과일을 합쳐서 500상자라고 한다. 올해 수확량은 작년에 비해 사과가 15% 증가하였고, 딸기는 10% 감소하여 총 8%가 증가하였다고 할 때, 올해 사과의 수확량은 몇 상자인가?

① 414상자
② 425상자
③ 432상자
④ 446상자
⑤ 458상자

158

몇 마리의 물고기가 들어있는 어떤 수족관에 일정한 간격으로 물고기가 들어오고 있다. 그런데 오전 11시부터 9분마다 평균 6마리의 물고기가 나가면 오후 12시 30분에는 수족관에 물고기가 1마리도 없게 되고, 7분마다 평균 4마리의 물고기가 나가면 오후 1시 20분에는 수족관에 물고기가 1마리도 없게 된다. 이때, 처음 수족관에 들어있던 물고기의 수는?

① 22마리
② 23마리
③ 24마리
④ 25마리
⑤ 26마리

159

백의 자리 숫자가 2이고 각 자리의 숫자의 합이 10인 세 자리 자연수가 있다. 이 자연수의 백의 자리의 숫자와 일의 자리의 숫자를 바꾼 수는 처음 수의 2배보다 62가 크다고 할 때, 처음 수는 얼마인가?

① 220   ② 225
③ 230   ④ 235
⑤ 240

160

태윤이는 스마트폰 데이터를 6월 한 달 동안 12GB를 사용하여 11,100원, 7월 한 달 동안은 24GB를 사용하여 30,300원의 요금을 냈다. 태윤이가 스마트폰 데이터를 8월 한 달 동안 37GB를 사용하였을 때, 8월의 스마트폰 요금은?

스마트폰 요금 계산법

• 10GB까지는 기본요금이 x원이다.
• 10GB을 넘었을 때에는 초과한 양에 대하여 1GB당 y원의 초과요금과 기본요금인 x원의 합으로 계산한다.
• 20GB를 넘었을 때에는 10~20GB에 해당하는 양에 대하여는 1GB당 y원, 20GB를 초과한 양에 대하여는 1GB당 $2y$원의 초과요금과, 기본요금 x원의 합으로 계산한다.

---

① 59,500원   ② 60,000원
③ 60,500원   ④ 61,000원
⑤ 61,500원

161

이한은 통장에 300,000원이 있고, 주호는 통장에 180,000원이 있다. 이한은 매일 20,000원씩, 주호는 매일 40,000원씩 통장에 저축을 한다고 할 때, 주호의 통장에 있는 돈이 이한의 통장에 있는 돈보다 많아지는 것은 며칠 후인가?

① 5일 후   ② 6일 후
③ 7일 후   ④ 8일 후
⑤ 9일 후

162

학생들을 의자에 앉히려고 하는데 한 의자에 4명씩 앉으면 16명의 학생이 남고, 7명씩 의자에 앉으면 의자는 4개가 남는다. 이때 의자는 최대 몇 개인가?

① 14개   ② 15개
③ 16개   ④ 17개
⑤ 18개

163

분모와 분자가 자연수인 기약분수의 분모에 2를 더하여 약분하면 $\frac{1}{2}$ 이 되고, 분자에 3을 더하면 1보다 크고 2보다 작다고 한다. 이때 이를 만족하는 기약분수는?

① $\frac{3}{4}$ ② $\frac{3}{5}$

③ $\frac{3}{7}$ ④ $\frac{5}{7}$

⑤ $\frac{7}{9}$

164

어떤 공장의 작년도 전체 직원은 400명 미만이었고, 남자 직원과 여자 직원의 비는 5 : 3이었다. 금년에 남자 직원과 여자 직원을 같은 수로 채용하였더니 그 비가 8 : 5가 되고, 전체 직원이 400명을 넘었다. 이때 금년에 채용한 직원의 수는?

① 30명 ② 31명
③ 32명 ④ 33명
⑤ 34명

165

다음은 P회사의 지하 주차장과 지상 주차장의 요금을 비교한 자료이다. 직원 A씨의 주차장 이용시간이 5시간 30분이라면, 지상보다 지하 주차장을 이용하는 편이 더 저렴하다. 이때 지상 주차장의 추가요금에서 최소 얼마를 인하하면 지하 주차장보다 이용요금이 적어지겠는가? (단, 추가요금은 50원 단위로 산정한다.)

주차장 요금 체계

주차장	기본요금	추가요금
지하	1시간 6,000원	초과 10분당 500원
지상	30분 4,000원	초과 10분당 1,000원

① 450원 ② 500원
③ 550원 ④ 600원
⑤ 650원

166

서울에 위치한 ○○마트는 고객에게 수박을 택배로 보내려고 한다. 서울에 사는 고객에게는 무게가 4.5kg인 수박을 1통씩 포장하고, 지방에 거주하는 고객에게는 수박을 3통씩 함께 묶어 포장을 했다. 보내는 택배의 총 중량이 45kg 이하이고, 택배 요금은 모두 38,000원이라고 할 때, 다음 중 고객에게 택배로 보내는 수박 총 몇 통인가? (단, 수박 1통의 무게는 모두 동일하고 택배 중량은 수박 무게만을 고려한다.)

택배 요금표

구분	5kg 이하	5kg 초과 10kg 이하	10kg 초과
서울	5,000원	6,000원	8,000원
지방	6,000원	7,000원	9,000원

① 8통 ② 10통
③ 12통 ④ 14통
⑤ 16통

167

다음은 달걀과 두부의 100g당 열량과 단백질의 양을 나타낸 것이다. 민지가 달걀과 두부를 합하여 300g을 먹으려고 할 때, 이 두 식품에서 열량을 424kcal 이하, 단백질을 33g 이상으로 섭취하려면 두부를 최소한 몇 g 먹어야 하는가?

구분	열량	단백질의 양
달걀	160kcal	12g
두부	80kcal	9g

① 67g   ② 68g
③ 69g   ④ 70g
⑤ 71g

168

연속한 어떤 세 수의 제곱의 합은 300 이상 400 미만이고, 이 세 수의 곱은 900 이상 1000 미만이다. 이때 이 세 수 중 가장 작은 수는 얼마인가?

① 6   ② 7
③ 8   ④ 9
⑤ 10

169

다음은 M제조회사에서 합금을 만드는 비율이다. A와 B 두 종류의 합금을 녹여서 철과 니켈을 2:1의 비율로 포함한 합금 420g을 만들려고 한다. 이때 필요한 합금 A, B의 양은 각각 얼마인가?

- A는 철과 니켈을 같은 비율로 포함한 합금이다.
- B는 철과 니켈을 3:1의 비율로 포함한 합금이다.

① 120g, 300g   ② 130g, 290g
③ 140g, 280g   ④ 150g, 270g
⑤ 160g, 260g

170

어느 만둣국 가게에서 만둣국 한 그릇의 가격이 5,000원이면 하루 120그릇이 판매되는데, 만둣국 한 그릇의 가격을 200원씩 내릴 때마다 하루 판매량이 10그릇씩 늘어난다고 한다. 하루 동안의 만둣국 판매액이 672,000원 이상이 되기 위해서 만둣국 한 그릇에 매길 수 있는 최대 가격은?

① 4,200원   ② 4,300원
③ 4,400원   ④ 4,500원
⑤ 4,600원

171

교내 바자회에 참여한 남자와 여자의 비는 9 : 7, 물건을 구매한 남자와 여자의 비는 3 : 2, 물건을 구매하지 않은 남자와 여자의 비는 1 : 1이다. 물건을 구매한 사람이 200명일 때, 바자회에 참여한 전체 인원은 몇 명인가?

① 300명   ② 320명
③ 340명   ④ 360명
⑤ 380명

173

정우는 500원짜리와 100원짜리 동전을 각각 3 : 1의 비율로 갖고 있고, 민지는 5 : 3의 비율로 갖고 있는데, 이 동전들의 총액은 24,800원이다. 이때 정우와 민지가 갖고 있는 100원짜리 동전의 개수가 될 수 없는 것은?

① 5개   ② 6개
③ 12개   ④ 16개
⑤ 18개

172

어느 가게에서 라면과 김밥을 팔고 있었다. 라면 15개를 팔고 남은 라면과 김밥의 비는 1 : 2였다. 계속해서 김밥 30개를 팔고나니 남은 라면과 김밥의 비는 5 : 4이었다. 이때 남은 라면과 김밥의 개수는?

	남은 라면의 개수	남은 김밥의 개수
①	25개	20개
②	20개	16개
③	15개	12개
④	10개	8개
⑤	5개	4개

174

10월 전국연합모의고사를 치른 A반의 국어 성적 평균은 79.5점이고, A반의 학급인원 수는 40명이다. 남학생과 여학생의 성비가 3 : 5이고, 남학생 국어 성적 평균이 75점일 때, A반 여학생의 국어 성적 평균은 몇 점인가?

① 78.5점   ② 79.2점
③ 80.6점   ④ 81.5점
⑤ 82.2점

Chapter

02 약수와 배수

01 약수와 배수

$$a = b \times c \quad \text{또는} \quad a \div b = c$$

① 약수 : 어떤 자연수 a를 나누어떨어지게 하는 b(또는 c)를 a의 약수라고 한다.

② 배수 : 어떤 자연수 b(또는 c)의 배가 되는 수인 a를 배수라고 한다.

③ 인수 : 어떤 자연수 a를 구성하는 b와 c를 a의 인수라고 한다.

※ 예 $21 = 3 \times 7$ ⇒ 3과 7은 21의 인수, 3과 7은 21의 약수, 21은 3과 7의 배수

02 소인수분해

$$a = b^m \times c^n$$

① 소수 : 1보다 큰 어떤 자연수 중에서 약수가 1과 자기 자신만 있는 자연수를 소수라고 한다. 즉, $a \times 1$에서 a를 소수라고 하고 이에 해당하는 20 이하의 소수로는 2, 3, 5, 7, 11, 13, 17, 19가 있다.

② 소인수분해 : 소인수란 인수들 중에서 소수인 인수를 말하며, 소인수분해란 어떤 자연수를 소인수들의 곱으로 나타낸 것을 말한다.

※ 예 $100 = 2^2 \times 5^2$ ⇒ 2와 5는 100의 소인수

대표예제

01 어떤 수로 43과 53을 나누어도 나머지가 3이 되는 자연수 중 가장 큰 수는?

01 10

43에서 3을 뺀 40과 53에서 3을 뺀 50의 최대공약수를 계산하면 다음과 같다.

5	40	50
2	8	10
	4	5

$5 \times 2 = 10$(최대공약수)

02 다음 중 $\dfrac{56}{n}$, $\dfrac{84}{n}$ 두 분수가 자연수가 되도록 하는 n 중 가장 큰 수는?

02 28

2	56	84
2	28	42
7	14	21
	2	3

$2 \times 2 \times 7 = 28$(최대공약수)

03 공약수와 최대공약수

① **공약수** : 서로 다른 두 개 이상의 자연수 중 공통으로 포함되는 수를 공약수라고 한다.

② **최대공약수** : 공약수 중에서 가장 큰 수를 최대공약수라고 한다.

③ **서로소** : 공약수가 1뿐인 경우를 서로소라고 한다.

04 공배수와 최소공배수

① **공배수** : 서로 다른 두 개 이상의 자연수 중 공통으로 포함되는 수를 공배수라고 한다.

② **최소공배수** : 공배수 중에서 가장 작은 수를 최소공배수라고 한다.

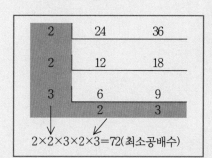

05 배수판정법

① 3의 배수 : 각 자릿수의 합이 3의 배수

예 384 ⇒ 3+8+4=15(각 자릿수의 합이 3의 배수이다.)

② 4의 배수 : 맨 끝 두 자리의 수가 4의 배수 또는 00

예 272 ⇒ 72÷4=18(맨 끝 두 자리의 수가 4의 배수이다.)

③ 5의 배수 : 일의 자리가 0 또는 5

예 180 ⇒ 일의 자리 숫자가 0이므로 5의 배수이다.

④ 9의 배수 : 각 자릿수의 합이 9의 배수

예 432 ⇒ 4+3+2=9(각 자릿수의 합이 9의 배수이다.)

대표예제

03 가로, 세로, 높이가 각각 45cm, 30cm, 15cm인 직육면체 모양의 블록이 있다. 이 블록을 일정한 방향으로 빈틈없이 쌓아 가장 작은 정육면체를 만들려고 할 때, 필요한 블록의 개수는 몇 개인가?

03 36개

직육면체 모양의 블록을 이용해 가장 작은 정육면체를 만들기 위해서는 45, 30, 15의 최소공배수를 구해야 한다.

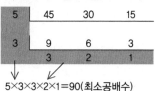

5×3×3×2×1=90(최소공배수)

45cm 2개, 30cm 3개, 15cm 6개가 있으면 되므로 필요한 블록의 개수는 2×3×6=36(개)이다.

175

서울역에서 부산행 기차는 28분마다, 대전행 기차는 12분마다 출발한다고 한다. 오전 9시 20분에 부산행과 대전행 기차가 동시에 출발했다고 할 때, 다음에 두 기차가 동시에 출발하는 시각은?

① 오전 10시 36분   ② 오전 10시 38분
③ 오전 10시 40분   ④ 오전 10시 42분
⑤ 오전 10시 44분

176

정원을 만들기 위해 가로의 길이가 64m, 세로의 길이는 80m인 직사각형 모양의 땅의 가장자리를 따라 일정한 간격으로 꽃을 심으려고 한다. 꽃을 가능한 적게 심고 정원의 네 귀퉁이에는 반드시 꽃을 심을 때, 필요한 꽃은 모두 몇 송이인가?

① 18송이   ② 20송이
③ 22송이   ④ 24송이
⑤ 26송이

177

세 개의 가로등이 하나는 30초 동안 켜졌다가 2초 동안 꺼지고, 다른 하나는 40초 동안 켜졌다가 8초 동안 꺼지며, 또 다른 하나는 50초 동안 켜졌다가 10초 동안 꺼진다고 한다. 세 개의 가로등이 동시에 켜진 후 그 다음 동시에 켜질 때까지는 몇 초가 걸리겠는가?

① 460초   ② 480초
③ 500초   ④ 520초
⑤ 540초

178

○○문방구는 한 권에 1,200원인 공책 36권, 한 자루에 800원인 볼펜 42자루, 한 자루에 900원인 형광펜 18자루를 가능한 한 많은 묶음으로 똑같이 나누어 판매하려고 한다. 이때 한 묶음의 가격을 구하면?

① 14,000원   ② 14,500원
③ 15,000원   ④ 15,500원
⑤ 16,000원

179

L편의점에서 아르바이트를 하는 민지는 7일간 일하고 하루 쉬고, 현수는 8일간 일하고 이틀간 쉰다고 한다. 1월 1일에 같이 아르바이트를 시작하여 1년 동안 일을 함께 할 경우 민지와 현수가 같이 쉬는 날은 총 며칠인가? (단, 1년은 365일이다.)

① 7일 ② 8일
③ 9일 ④ 10일
⑤ 11일

180

라면 182봉지, 과자 75봉지, 콜라 107캔을 되도록 많은 학생들에게 똑같이 나누어 주려고 한다. 학생들에게 나눠주고 나니 라면은 2봉지가 남고, 과자는 3봉지가 남고, 콜라는 1캔이 부족하였다고 할 때, 학생들은 모두 몇 명인가?

① 36명 ② 38명
③ 40명 ④ 42명
⑤ 44명

181

매일 문을 여는 S영화관에서 석주는 12일마다 영화를 보고, 지원은 18일마다 영화를 보는데 이번 주 수요일에 영화관에서 서로 만났다고 한다. 석주와 지원이 다음에 다시 영화관에서 만날 수 있는 수요일은 며칠 후인가?

① 250일 후 ② 252일 후
③ 254일 후 ④ 256일 후
⑤ 258일 후

182

원식은 쿠키 박스에 들어 있던 쿠키를 쌓아 보았는데, 쿠키를 6개씩 쌓거나 9개씩 쌓으면 한 개도 남는 것이 없었고, 8개씩 쌓으면 6개가 남았다. 이때 쿠키 박스에 들어 있던 쿠키는 적어도 몇 개인가?

① 18개 ② 36개
③ 54개 ④ 72개
⑤ 90개

183

갑, 을, 병은 공원 둘레를 일정한 빠르기로 걷고 있다. 갑은 6분마다, 을은 9분마다, 병은 12분마다 공원 둘레를 한 바퀴 돈다. 세 사람이 출발점에서 같은 방향으로 동시에 출발할 때, 출발 후 360분 동안 출발점에서 몇 번 다시 만나는가?

① 7번　　　　② 8번
③ 9번　　　　④ 10번
⑤ 11번

185

남자 인턴이 88명, 여자 인턴이 72명인 오리엔테이션에서 모둠을 나누려고 한다. 모둠별 인원수를 같게 하여 최대한 많은 모둠을 만들고, 각 모둠에 속하는 남녀의 비가 같도록 모둠을 구성하려고 한다. 이때, 한 모둠에 속한 남자 인턴의 수는 몇 명인가?

① 7명　　　　② 8명
③ 9명　　　　④ 10명
⑤ 11명

184

정원은 아이들을 위해 놀이방 인테리어를 다시 하기로 했다. 놀이방 바닥에 매트를 붙이기 위해 가로의 길이가 16cm, 세로의 길이가 12cm인 직사각형 모양의 매트를 일정한 방향으로 빈틈없이 붙여 가장 작은 정사각형 모양을 만들려고 한다. 이때 필요한 직사각형 모양의 매트는 모두 몇 장인가?

① 12장　　　　② 24장
③ 36장　　　　④ 48장
⑤ 60장

186

박 교수는 신입생 환영회에서 학생들에게 간식으로 과자를 나누어 주기 위해 포장을 하려고 한다. 6개씩 포장하면 1개가 남고, 7개씩 포장하면 5개가 남고, 8개 또는 9개씩 포장하면 1개가 남는다고 할 때, 박 교수가 가지고 있는 과자는 최소 몇 개인가?

① 73개　　　　② 145개
③ 217개　　　　④ 289개
⑤ 361개

187

톱니수가 64개인 A와 88개인 B가 맞물려 돌고 있다. B톱니바퀴가 1바퀴 회전하는 데 3분이 걸린다고 할 때, 두 톱니바퀴가 회전하기 전 맞물렸던 곳에서 처음으로 다시 만나려면 몇 분 후가 되어야 하는가?

① 22분 후   ② 23분 후
③ 24분 후   ④ 25분 후
⑤ 26분 후

188

예운과 민지는 아래와 같이 검은 구슬과 흰 구슬을 규칙에 따라 각각 100개를 놓았다. 이때 같은 자리에 검은 구슬이 놓이는 경우는 모두 몇 번인가?

| 예운 | ○○○○○●○○○○○○●○○○○○○●...... |
| 민지 | ○○○○○○○●○○○○○○○○●○○...... |

① 4번   ② 5번
③ 6번   ④ 7번
⑤ 8번

189

가로의 길이가 126cm, 세로의 길이가 84cm, 높이가 42cm인 직육면체 모양의 찰흙을 가능한 한 큰 정육면체 모양으로 남는 부분 없이 같은 크기로 잘라 판매하려고 한다. 정육면체 모양의 찰흙을 한 개당 1,200원에 판매한다고 할 때, 총 판매금액은 얼마인가?

① 6,600원   ② 6,800원
③ 7,000원   ④ 7,200원
⑤ 7,400원

190

슈퍼마켓에서는 개점 30주년을 맞아 비누세트 120개와 각티슈 96개를 준비하여 고객들에게 증정하려고 한다. 두 선물을 똑같은 구성으로 최대한 많은 고객에게 나눠주려고 할 때, 선물을 받는 손님은 모두 몇 명인가?

① 32명   ② 24명
③ 18명   ④ 12명
⑤ 6명

191

영희는 100개의 초콜릿을 사서 집으로 돌아오는 도중 친구와 몇 개를 나눠먹었다. 집에 와서 남은 초콜릿의 개수를 세어 보니 3개씩 세면 1개, 4개씩 세면 2개, 5개씩 세면 3개가 남았고 할 때, 영희가 집으로 돌아오는 길에 친구와 나눠 먹은 초콜릿은 모두 몇 개인가?

① 42개   ② 43개
③ 44개   ④ 45개
⑤ 46개

192

K마트는 A회사의 육포를 168일마다, B회사의 오징어포를 56일마다 납품받고, 각 회사의 제품을 납품받게 되면 그 전에 남은 재고를 정리하기 위해 싸게 판다고 한다. 청현이 7월 5일 화요일에 우연히 이 대형마트에서 두 회사의 제품을 모두 싼 값에 샀다고 할 때, 청현이가 다음에 다시 K마트에 방문해 재고 정리를 하는 A회사의 육포와 B회사의 오징어포를 모두 싸게 살 수 있는 가장 빠른 화요일은 언제인가?

① 7월 12일   ② 8월 29일
③ 8월 30일   ④ 12월 19일
⑤ 12월 20일

193

○○사는 사내에서 영화를 보기 위해 강당에 의자를 배열하는데 앞쪽에는 임원진을 위한 36개의 의자를 놓고, 뒤쪽에는 직원들을 위한 의자 180개를 놓으려고 한다. 모든 줄에 배열하는 의자의 개수를 같게 최대한 많이 놓으려고 할 때, 총 몇 줄이 만들어지는가? (단, 임원진과 직원은 같은 줄에 앉지 않는다.)

① 5줄   ② 6줄
③ 7줄   ④ 8줄
⑤ 9줄

194

예운과 민정은 같은 공장에서 일하고 있다. 예운은 10일 동안 일하고 2일을 쉬고, 민정은 18일 동안 일하고 2일을 쉰다. 두 사람이 같은 날 일을 시작한 후 처음으로 동시에 2일 연속 쉬는 날은 일을 시작하고 며칠 후인가?

① 56일 후   ② 57일 후
③ 58일 후   ④ 59일 후
⑤ 60일 후

195

A, B 두 개의 극장이 있다. A극장에서는 1시간 50분짜리, B극장에서 1시간 20분짜리 연극을 각각 공연하고 있다. 연극이 끝나면 두 극장 모두 20분의 휴식 시간을 갖고 그 다음 공연을 준비한다고 한다. 두 극장에서 1회를 오전 8시 30분에 동시에 공연했을 때, 그 다음에 처음으로 다시 연극을 동시에 하는 시각은? (단, A, B 극장 둘 다 공연 중간에 인터미션 20분이 있다.)

① 오후 5시 00분   ② 오후 5시 30분
③ 오후 6시 00분   ④ 오후 6시 30분
⑤ 오후 7시 00분

Chapter

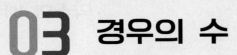

03 경우의 수

01 경우의 수

① **합의 법칙**: 동시에 일어나지 않는 사건 A, B에 대해 사건 A가 일어나는 경우의 수가 m가지이고 사건 B가 일어나는 경우의 수가 n가지이면, 사건 A 또는 B가 일어나는 경우의 수는 $m+n$이다.

② **곱의 법칙**: 사건 A가 일어나는 경우의 수가 m가지이고, 사건 B가 일어나는 경우의 수가 n가지이면, 두 사건 A, B가 동시에 일어나는 경우의 수는 $m \times n$이다.

③ **카드 뽑기**: 1에서 n까지 다른 숫자가 적힌 카드를 고를 경우
  - 2장을 뽑아서 만들 수 있는 두 자리 자연수: $n(n-1)$
  - 3장을 뽑아서 만들 수 있는 세 자리 자연수: $n(n-1)(n-2)$

④ **대표 뽑기**
  - n명이 한 줄로 설 때의 경우의 수: $n!=n \times (n-1) \times (n-2) \times \cdots \times 3 \times 2 \times 1$ (단, $n \geq 1$)
  - n명의 후보 중에서 2명의 대표를 뽑는 경우의 수: $_nC_2 = \dfrac{n(n-1)}{2!}$
  - n명의 후보 중에서 3명의 대표를 뽑는 경우의 수: $_nC_3 = \dfrac{n(n-1)(n-2)}{3!}$

02 순열

① **순열**: 서로 다른 n개에서 중복을 허락하지 않고 r개를 택하여 일렬로 배열하는 것을 순열이라 한다.
  - $_nP_r = \dfrac{n!}{(n-r)!}$ (단, $0 \leq r \leq n$)
  - $n!=\,_nP_n=n \times (n-1) \times (n-2) \times \cdots \times 1$
  - $_nP_0=1$, $0!=1$

② **중복순열**: 서로 다른 n개에서 중복하여 r개를 택하는 것을 중복순열이라고 하며 $_n\Pi_r=n^r$로 표기한다.

③ **원순열**: 원형으로 배열하는 것을 원순열이라고 하며 $(n-1)!$로 표기한다.

대표예제

01 동전 3개를 동시에 던질 때, 뒷면이 2개 이상 나오는 경우의 수는?

01 4가지
뒷면이 2개 나오는 경우 : (앞면, 뒷면, 뒷면), (뒷면, 앞면, 뒷면), (뒷면, 뒷면, 앞면)의 3가지
모두 뒷면이 나오는 경우 : (뒷면, 뒷면, 뒷면)의 1가지
따라서 합의 법칙을 이용하면 뒷면이 2개 이상 나오는 경우의 수는 3+1=4 (가지)이다.

02 갑, 을, 병, 정, 무 5명 중에서 2명을 뽑아 일렬로 세우는 경우의 수는?

02 20가지
5명을 중복을 허락하지 않고 3명을 뽑아 일렬로 세우는 것이므로 순열에 대한 문제이다.
따라서 5명 중의 3명을 뽑는 경우는 $_5P_2=5 \times 4=20$(가지)이다.

03 조합

① 조합: 서로 다른 n개에서 순서를 생각하지 않고 r개를 택하는 것을 조합이라고 한다.

- $_nC_r = \dfrac{_nP_r}{r!} = \dfrac{n!}{r!(n-r)!}$ (단, $0 \le r \le n$)

- $_nC_r = {_n}C_{n-r}$ $\left(r > \dfrac{n}{2}\right)$

- $_nC_0 = {_n}C_n = 1$

- $_nC_1 = n$

② 중복조합: 서로 다른 n개에서 중복하여 r개를 택하는 것을 중복조합이라고 하며 $_nH_r = {_{n+r-1}}C_r$로 표기한다.

04 분할과 분배

① 분할: 서로 다른 n개를 p개, q개, r개(단, $p+q+r=n$)의 세 묶음으로 나누는 방법의 수를 분할이라고 한다.

- p, q, r이 모두 다른 수일 경우: $_nC_p \times {_{n-p}}C_q \times {_r}C_r$

- p, q, r 중 어느 두 수가 같을 경우: $_nC_p \times {_{n-p}}C_q \times {_r}C_r \times \dfrac{1}{2!}$

- p, q, r이 모두 같은 수일 경우: $_nC_p \times {_{n-p}}C_q \times {_r}C_r \times \dfrac{1}{3!}$

② 분배: 위의 분할의 식에서 n명에게 나누어 주는 방법의 수를 분배라고 하고, (위의 식)$\times n!$로 나타낸다.

05 순열과 조합 정리

① 순서를 생각하고 중복을 허락하지 않는 것은 순열이다.

② 순서를 생각하고 중복을 허락하는 것은 중복순열이다.

③ 순서를 생각하지 않고 중복을 허락하지 않는 것은 조합이다.

④ 순서를 생각하지 않고 중복을 허락하는 것은 중복조합이다.

대표예제

03 같은 종류의 애플파이 5개와 같은 종류의 호두파이 3개를 4명의 학생들에게 남김없이 나누어 주는 경우의 수는? (단, 아무것도 받지 못한 학생이 있을 수 있다.)

03 1,120가지

ⅰ) 학생 4명에게 애플파이 5개를 남김없이 나누어 주는 경우 서로 다른 4개에서 중복을 허락하여 5개를 택하는 중복조합의 수와 같으므로 $_4H_5 = {_{4+5-1}}C_5 = {_8}C_5 = {_8}C_3 = \dfrac{8 \times 7 \times 6}{3 \times 2 \times 1} = 56$(가지)이다.

ⅱ) 학생 4명에게 호두파이 3개를 남김없이 나누어 주는 경우 서로 다른 4개에서 중복을 허락하여 3개를 택하는 중복 조합의 수와 같으므로 $_4H_3 = {_{4+3-1}}C_3 = {_6}C_3 = \dfrac{6 \times 5 \times 4}{3 \times 2 \times 1} = 20$(가지)이다.

따라서 구하는 경우의 수는 $56 \times 20 = 1,120$(가지)이다.

196

철수는 조카를 위한 선물로 6개의 모형을 매달아 다음과 같은 모양의 모빌을 만들려고 한다. 이때 철수가 만들 수 있는 서로 다른 회전 모빌의 수는? (단, ◆에서는 회전이 가능하고, ▲에 모형을 매단다.)

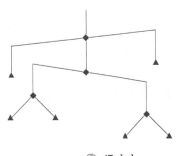

① 40가지   ② 45가지
③ 50가지   ④ 55가지
⑤ 60가지

197

다음 그림의 A, B, C, D에 다섯 가지의 색을 칠하여 그 경계를 구분하는 방법의 수는? (단, 같은 색을 여러 번 사용할 수 있으나 이웃한 면에는 사용할 수 없다.)

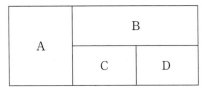

① 150가지   ② 160가지
③ 170가지   ④ 180가지
⑤ 190가지

198

정육면체에서 임의의 꼭짓점 세 개를 택하여 삼각형을 만들 때, 만들 수 있는 직각이등변삼각형의 수는?

① 24개   ② 25개
③ 26개   ④ 27개
⑤ 28개

199

1, 2, 3, 4, 5 다섯 장의 카드에서 한 장씩 세 번을 뽑아 세 자리의 정수를 만들 때, 423보다 큰 수가 나오는 경우의 수는? (단, 같은 카드를 여러 번 뽑을 수 있다.)

① 34가지   ② 36가지
③ 38가지   ④ 40가지
⑤ 42가지

200

a, b를 이용하여 4개로 이루어진 문자열을 만들려고 한다. 이때 a가 연속하지 않도록 하는 방법은 모두 몇 가지인가? (단, a와 b는 중복 사용이 가능하다.)

① 6가지   ② 7가지
③ 8가지   ④ 9가지
⑤ 10가지

201

계단을 한 번에 한 칸 또는 두 칸씩 오를 수 있다고 할 때, 다섯 칸의 계단을 오르는 방법의 수는?

① 8가지   ② 9가지
③ 10가지   ④ 11가지
⑤ 12가지

202

A, B, C, D, E 다섯 명을 전방을 향해 일렬로 배치할 때, B와 E 사이에 1명 또는 2명이 있도록 하는 경우의 수는?

① 24가지   ② 36가지
③ 48가지   ④ 60가지
⑤ 108가지

203

남학생 3명과 여학생 3명을 교탁 방향으로 일렬로 앉게 하는 방법의 수는 모두 몇 가지인가? (단, 남학생과 여학생은 1명씩 교대로 앉아야 한다.)

① 70가지   ② 72가지
③ 76가지   ④ 81가지
⑤ 90가지

204

A, B, C, D, E가 찬반 투표로 특정 안건의 채택 여부를 결정하려고 한다. 이 안건이 다수결에 의해 채택되는 경우의 수는 모두 몇 가지인가? (단, 기권할 수는 없다.)

① 12가지 　　　　　② 13가지
③ 14가지 　　　　　④ 15가지
⑤ 16가지

206

100원짜리 동전 3개와 서로 다른 주사위 2개를 동시에 던질 때, 주사위 눈의 합이 3의 배수가 나올 경우의 수는?

① 96가지 　　　　　② 98가지
③ 100가지 　　　　④ 102가지
⑤ 104가지

205

G20 정상회의에 20명의 정상들이 원탁에 앉아 회의를 한다. 대한민국 정상의 양 옆에 프랑스 정상과 캐나다 정상이 앉는다면, 자리 배치가 가능한 경우의 수는?

① 15!×2 　　　　　② 16!×2
③ 17!×2 　　　　　④ 18!×2
⑤ 19!×2

207

1에서 9까지 적힌 숫자 카드 중에 2장을 뽑아 나온 두 수의 합이 짝수가 되는 경우의 수는?

① 10가지 　　　　　② 12가지
③ 14가지 　　　　　④ 16가지
⑤ 18가지

208

남자 직원 4명과 여자 직원 4명이 원형의 탁자에 앉으려고 한다. 남자 직원과 여자 직원이 교차하여 앉는 경우의 수는? (단, 회전하여 일치하는 경우는 같은 것으로 본다.)

① 81가지　　　　　② 100가지

③ 121가지　　　　　④ 144가지

⑤ 169가지

210

○○은행의 인턴 지원자 중 남자 A, B, C, D 4명과 여자 E, F, G, H, I 5명이 최종 면접을 보게 되었다. 이 중에서 남자 2명, 여자 3명을 뽑는데 최종 합격자에 남자 C, 여자 G가 들어가는 경우의 수는?

① 14가지　　　　　② 16가지

③ 18가지　　　　　④ 20가지

⑤ 22가지

209

사각형 쿠키, 오각형 쿠키, 육각형 쿠키가 각각 5개씩 있다. 이 15개의 쿠키를 상자에 담는데, 사각형 상자, 오각형 상자, 육각형 상자에 상자의 모양과 다른 모양의 쿠키를 5개씩 담으려고 한다. 이때 쿠키를 상자에 담는 경우의 수는?

① 4가지　　　　　② 6가지

③ 8가지　　　　　④ 10가지

⑤ 12가지

211

어느 보드게임 카페에서 사은품 10개를 정회원 2명, 준회원 2명에게 모두 나누어주려고 한다. 정회원은 2개 이상, 준회원은 1개 이상을 받도록 나누어주는 방법의 수는? (단, 사은품은 서로 구별하지 않는다.)

① 35가지　　　　　② 40가지

③ 45가지　　　　　④ 50가지

⑤ 55가지

212

다음 그림과 같은 길이 있다. A에서 출발하여 B와 C를 거치지 않고 D로 가는 최단 경로의 수는?

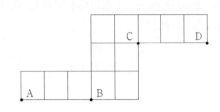

① 23가지
② 24가지
③ 25가지
④ 26가지
⑤ 27가지

213

A, B를 포함한 5명이 줄을 설 때, A가 앞에서부터 세 번째 이내로 선다고 한다. 이때 A, B가 이웃하는 경우의 수는?

① 30가지
② 35가지
③ 40가지
④ 45가지
⑤ 50가지

214

같은 종류의 라면 11개를 동일한 4개의 상자에 빈 상자가 없도록 나누어 넣는 경우의 수는?

① 10가지
② 11가지
③ 12가지
④ 13가지
⑤ 14가지

215

5개의 의자가 있는 면접실에 5명의 응시자가 임의로 앉을 때, 2명만이 자기 응시 번호가 적힌 자리에 앉고 나머지 3명은 남은 자리에 앉게 되는 경우의 수는?

① 5가지
② 10가지
③ 15가지
④ 20가지
⑤ 25가지

216

서로 다른 볼펜 6개를 같은 종류의 필통 4개에 빈 필통이
없도록 나누어 넣는 방법의 수는?

① 55가지   ② 60가지
③ 65가지   ④ 70가지
⑤ 75가지

Chapter

04 확률

01 확률의 정의

일어날 수 있는 모든 경우의 수를 n, 사건 A가 일어나는 경우의 수를 a라고 할 때, 사건 A가 일어날 확률을 $P(A)$라 하며 다음과 같이 나타낼 수 있다.

$$P(A) = \frac{a}{n} = \frac{\text{사건 } A\text{가 일어나는 경우의 수}}{\text{모든 경우의 수}}$$

① 확률의 기본성질: 어떤 사건 A가 일어날 확률을 $P(A)$라고 하자.
- $0 \leq P(A) \leq 1$
- 사건 A가 일어나지 않을 확률은 $P(A^c) = 1 - P(A)$이고 이를 여사건이라고 한다.
- 반드시 일어나는 사건의 확률은 $P(U) = 1$이고, 절대로 일어나지 않는 사건의 확률은 $P(\varnothing) = 0$이다.

② 확률의 덧셈: 두 사건 A, B가 동시에 일어나지 않을 때, 사건 A가 일어날 확률을 p, 사건 B가 일어날 확률을 q라고 하면, 사건 A 또는 B가 일어날 확률은 $p+q$이다. 단, 두 사건 A, B가 동시에 일어날 경우 사건 A 또는 B가 일어날 확률은 $p+q-r$이다. (단, r은 사건 A와 B가 동시에 일어날 확률)

$$P(A \cup B) = P(A) + P(B) - P(A \cap B)$$

③ 확률의 곱셈: 두 사건 A와 B가 서로 영향을 끼치지 않고, 사건 A가 일어날 확률을 p, 사건 B가 일어날 확률을 q라고 하면, 두 사건 A와 B가 동시에 일어날 확률은 $p \times q$이다.

$$P(A \cap B) = P(A) \times P(B|A) = P(B) \times P(A|B)$$
$$P(A \cap B) = P(A) \times P(B)$$

02 독립시행의 확률

즉 어떤 시행에서 사건 A가 일어날 확률이 p로 일정할 때, 이 시행을 독립적으로 n회 반복하는 시행에서 사건 A가 r회 일어날 확률을 다음과 같이 나타낸다.

$$P(A) = {}_nC_r p^r (1-p)^{n-r}$$

대표예제

---

01 흰 구슬이 3개, 검은 구슬이 2개 들어 있는 상자에서 2개의 공을 꺼낼 때, 꺼낸 두 개의 공이 같은 색일 확률은?

01 $\dfrac{2}{5}$

모두 흰 구슬을 꺼낼 경우와 모두 검은 구슬을 꺼낼 경우는 동시에 일어나지 않는 사건이다. 따라서 꺼낸 두 개의 공이 같은 색일 확률은 $\left(\dfrac{3}{5} \times \dfrac{2}{4}\right) + \left(\dfrac{2}{5} \times \dfrac{1}{4}\right) = \dfrac{8}{20} = \dfrac{2}{5}$ 이다.

02 동전 한 개를 5번 던질 때, 앞면이 1회 나올 확률은?

02 $\dfrac{5}{32}$

동전 한 개를 5번 던지고 앞면이 나올 확률이 일정할 때, 이 앞면이 1회 나올 확률을 구하는 것이다. 따라서 앞면이 1회 나올 확률은 ${}_5C_1 \times \left(\dfrac{1}{2}\right)^1 \times \left(\dfrac{1}{2}\right)^4 = 5 \times \dfrac{1}{2} \times \dfrac{1}{16} = \dfrac{5}{32}$ 이다.

03 조건부확률

확률이 0이 아닌 두 사건 A, B에 대하여 사건 A가 일어났다고 가정했을 때, 사건 B가 일어날 확률을 조건부확률이라고 한다.

① $P(A|B) = \dfrac{P(A \cap B)}{P(B)}$ (단, $P(B) \neq 0$), $P(B|A) = \dfrac{P(A \cap B)}{P(A)}$ (단, $P(A) \neq 0$)

② $P(A \cap B) = P(A) \times P(B|A) = P(B) \times P(A|B)$

③ 두 사건 A와 B가 독립이면 $P(A \cap B) = P(A) \times P(B)$

04 독립사건

조건부확률이 종속적이라면 독립사건은 독립적이다. 예를 들어, 사건 A가 일어날 경우와 일어나지 않을 경우에 따라 사건 B가 일어날 확률이 달라진다면 사건 A는 사건 B의 종속사건이라 하고, 사건 A가 일어나든 일어나지 않든 사건 B가 일어날 확률이 달라지지 않는다면 사건 A와 사건 B는 독립사건이다.

사건 A와 B가 독립이면 →

$$P(B|A) = P(B|A^c) = P(B)$$
$$A^c와 \ B가 \ 독립$$
$$P(A \cap B) = P(A) \times P(B)$$

05 기댓값

어떤 사건 A가 벌어졌을 때의 이득과 그 사건이 벌어질 확률을 곱하는 것을 기댓값이라고 한다.

대표예제

03 두 사건 A, B가 독립사건이고 $P(A) = 0.3$, $P(A^c \cap B^c) = 0.5$일 때, $P(B)$의 값은?

03 $\dfrac{2}{7}$

독립사건에 대한 문제이다.
$P(A^c \cap B^c) = P(A^c) \times P(B^c) = 0.5$
$(1 - P(A)) \times (1 - P(B)) = 0.5$
이때 $1 - P(A) = 0.7$이므로

$1 - P(B) = \dfrac{0.5}{0.7} = \dfrac{5}{7}$

따라서 $P(B)$는 $1 - \dfrac{5}{7} = \dfrac{2}{7}$이다.

217

두 주머니 A, B가 있다. A주머니에는 흰 구슬 2개와 노란 구슬 2개, B주머니에는 흰 구슬 3개와 노란 구슬 5개가 들어 있고 두 주머니 중 하나를 선택하여 1개의 구슬을 꺼냈을 때 그 구슬이 흰 구슬일 경우 800원의 상금이 주어진다고 한다. 흰 구슬 1개에 대한 상금을 확률변수 X라고 할 때, 확률변수 X에 대한 기댓값은?

① 250원　　　　　　　② 300원

③ 350원　　　　　　　④ 400원

⑤ 450원

219

주사위를 세 번 던져서 나오는 눈의 수를 각각 a, b, c라 할 때, $2a+2b+c=12$를 만족하게 될 확률은?

① $\dfrac{1}{12}$　　　　　　　② $\dfrac{1}{24}$

③ $\dfrac{5}{24}$　　　　　　　④ $\dfrac{1}{36}$

⑤ $\dfrac{7}{36}$

218

주사위를 두 번 던져서 나오는 눈의 수 각각의 합이 4와 같거나 클 확률은 각각의 합이 5와 같거나 클 확률보다 얼마나 더 큰가?

① $\dfrac{1}{3}$　　　　　　　② $\dfrac{2}{3}$

③ $\dfrac{5}{6}$　　　　　　　④ $\dfrac{1}{12}$

⑤ $\dfrac{11}{12}$

220

앞면과 뒷면이 나올 확률이 각각 $\dfrac{1}{2}$인 동전을 던져서, 앞면이 나오면 100원을 받고 뒷면이 나오면 100원을 주는 게임을 하고 있다. 이 게임을 6번 하였을 때 돈을 잃고 있을 확률은?

① $\dfrac{3}{8}$　　　　　　　② $\dfrac{5}{16}$

③ $\dfrac{7}{16}$　　　　　　　④ $\dfrac{9}{32}$

⑤ $\dfrac{11}{32}$

221

민지는 인사팀에서 근무하는 직원인데, 회사 내 고충협의회 위원을 선발하여 협의회를 구성하려고 한다. 이때 후보가 되는 남직원은 3명, 여직원은 4명이고 임의로 3명을 동시에 선택하려고 한다. 이때 적어도 남녀가 1명씩은 포함되는 확률은 얼마인가?

① $\dfrac{6}{7}$ ② $\dfrac{5}{6}$

③ $\dfrac{4}{5}$ ④ $\dfrac{3}{4}$

⑤ $\dfrac{2}{3}$

222

신제품개발팀은 이번 주 금요일에 야유회를 나갈 예정이고, 야유회 장소 후보는 A와 B이다. 팀원들이 야유회 선호 장소로 A를 선택할 확률이 60%이고, B를 선택할 확률이 40%이다. 야유회 예산과 회사와 야유회 장소까지의 거리 등 여러 조건에 따라 야유회 장소가 A로 최종 결정될 확률이 45%이고, B로 결정될 확률이 55%이다. 이때, 팀원들이 야유회 선호 장소로 B를 선택하고, 최종 결정된 야유회 장소도 B일 확률은?

① $\dfrac{5}{20}$ ② $\dfrac{7}{20}$

③ $\dfrac{9}{20}$ ④ $\dfrac{11}{20}$

⑤ $\dfrac{13}{20}$

223

남자 5명과 여자 3명 중에서 대표 3명을 뽑을 때 남자와 여자가 적어도 한 명 이상씩 뽑힐 확률은?

① $\dfrac{43}{56}$ ② $\dfrac{45}{56}$

③ $\dfrac{47}{56}$ ④ $\dfrac{51}{56}$

⑤ $\dfrac{53}{56}$

224

어느 상자에 흰 공 3개와 검은 공 5개가 들어 있다. 상자에서 해준이와 해빈이가 차례로 공을 한 개씩 계속하여 꺼낼 때, 흰 공을 먼저 꺼내는 사람이 이기는 게임을 하기로 했다. 이때 두 번째 또는 네 번째 차례에서 해빈이가 이길 확률은? (단, 꺼낸 공은 상자에 다시 넣지 않는다.)

① $\dfrac{3}{5}$ ② $\dfrac{5}{6}$

③ $\dfrac{3}{8}$ ④ $\dfrac{5}{12}$

⑤ $\dfrac{4}{15}$

225

계단 위에 바둑알을 올려놓고 주사위를 던져서 나오는 눈이 홀수이면 위로 2칸, 짝수이면 아래로 1칸을 움직이도록 하였다. 중간 지점부터 시작하여 총 5번을 던졌을 때, 최종적으로 바둑알이 4칸 위에 가 있을 확률은?

① $\frac{1}{8}$ ② $\frac{3}{8}$

③ $\frac{1}{16}$ ④ $\frac{3}{16}$

⑤ $\frac{5}{16}$

226

P사에서는 이번 주 토요일에 비가 오지 않으면 체육대회를 개최하려고 한다. 비가 온 다음 날 비가 올 확률은 $\frac{1}{2}$ 이고, 비가 오지 않은 다음 날 비가 올 확률은 $\frac{1}{3}$ 이라고 한다. 수요일인 오늘 비가 왔을 때, 토요일에 체육대회를 개최할 수 있는 확률은?

① $\frac{7}{24}$ ② $\frac{43}{72}$

③ $\frac{3}{8}$ ④ $\frac{11}{36}$

⑤ $\frac{17}{36}$

227

두 사건 A, B가 독립이고 $P(A \cup B) = \frac{7}{8}$, $P(A^c) = \frac{3}{4}$ 일 때, $P(B)$의 값은?

① $\frac{2}{3}$ ② $\frac{3}{4}$

③ $\frac{3}{5}$ ④ $\frac{5}{6}$

⑤ $\frac{3}{8}$

228

석주와 지원이 주사위를 차례대로 한 번씩 총 세 차례 던져 먼저 5나 6이 나오는 쪽이 이기는 주사위 게임을 하였다. 석주가 먼저 주사위를 던질 때, 석주가 이길 확률은?

① $\frac{133}{243}$ ② $\frac{13}{27}$

③ $\frac{97}{243}$ ④ $\frac{52}{243}$

⑤ $\frac{17}{27}$

229

어느 부서에 남자 사원 3명과 여자 사원 3명이 있는데 이들 모두가 헌혈을 하려고 한다. 헌혈은 한번에 2명씩 할 수 있을 때, 함께 헌혈하는 사원이 동성일 확률은?

① $\dfrac{1}{15}$ ② $\dfrac{2}{15}$

③ $\dfrac{2}{5}$ ④ $\dfrac{4}{15}$

⑤ $\dfrac{1}{3}$

230

K자동차는 전체 생산량의 30%, 20%, 50%가 각각 3개의 공장 A, B, C에서 생산되고, 자동차의 불량률은 각각 2%, 4%, a%라고 한다. 3개의 공장 A, B, C에서 생산된 자동차 중 임의로 선택한 1개의 자동차가 불량품일 때, 그 자동차가 C공장에서 생산된 자동차일 확률은 $\dfrac{25}{39}$이다. 이때 a의 값은? (단, A, B, C 공장에서는 다른 자동차는 생산되지 않는다.)

① 1   ② 2

③ 3   ④ 4

⑤ 5

231

n, o, n, g, h, y, u, p 8개의 문자를 일렬로 배열할 때, n이 맨 앞 또는 맨 뒤에 올 확률은?

① $\dfrac{1}{3}$ ② $\dfrac{1}{2}$

③ $\dfrac{2}{3}$ ④ $\dfrac{3}{4}$

⑤ $\dfrac{2}{5}$

232

어느 국가시험에 합격하기 위해서는 세 과목 A, B, C에 대한 시험에서 점수가 모두 70점 이상이어야 한다고 한다. 세 과목 A, B, C에 대한 시험에서 점수가 70점 미만일 확률이 각각 $\dfrac{1}{6}$, $\dfrac{1}{4}$, $\dfrac{1}{6}$인 어떤 사람이 이 시험에서 합격하지 못했을 때, B과목의 점수가 70점 미만일 확률은? (단, 세 과목에 대한 시험에서 점수를 받는 사건은 각각 서로 독립이다.)

① $\dfrac{1}{4}$ ② $\dfrac{23}{48}$

③ $\dfrac{25}{48}$ ④ $\dfrac{12}{23}$

⑤ $\dfrac{15}{24}$

233

1부터 13까지의 숫자카드가 있다. 이 카드 중 먼저 1장을 뽑아 확인한 후, 다시 카드 더미에 돌려놓는다. 그리고 다시 1장을 뽑아 확인한다. 이 2장의 카드 중, 적어도 1장은 4의 배수가 아닐 확률을 구하면?

① $\dfrac{9}{169}$

② $\dfrac{3}{13}$

③ $\dfrac{6}{13}$

④ $\dfrac{10}{13}$

⑤ $\dfrac{160}{169}$

234

주머니에 흰 구슬 4개, 검은 구슬 3개가 있고, 태석은 40%의 확률로 거짓말을 한다. 태석이 주머니에서 흰 구슬을 뽑았다고 말할 때, 진짜 흰 구슬일 확률은 얼마인가?

① $\dfrac{1}{3}$

② $\dfrac{2}{3}$

③ $\dfrac{6}{35}$

④ $\dfrac{12}{35}$

⑤ $\dfrac{5}{7}$

235

9개의 수 2^1, 2^2, 2^3, $\cdots$ 2^9이 아래와 같이 배열되어 있다. 각 열에서 한 개씩 임의로 선택한 세 수의 곱을 3으로 나눈 나머지가 1이 될 확률은?

2^1	2^4	2^7
2^2	2^5	2^8
2^3	2^6	2^9

① $\dfrac{2}{27}$

② $\dfrac{4}{27}$

③ $\dfrac{14}{27}$

④ $\dfrac{16}{27}$

⑤ $\dfrac{19}{27}$

236

숫자 1, 2, 3, 4, 5가 하나씩 적혀 있는 5장의 카드가 들어있는 상자 A와 숫자 2, 3, 3, 4, 4, 5가 하나씩 적혀 있는 6장의 카드가 들어있는 상자 B가 있다. 두 상자에서 각각 임의로 한 장씩 꺼낸 카드에 적힌 수의 합이 짝수일 때, 꺼낸 카드에 적힌 수가 모두 짝수일 확률은?

① $\dfrac{2}{5}$

② $\dfrac{1}{2}$

③ $\dfrac{3}{5}$

④ $\dfrac{4}{5}$

⑤ $\dfrac{3}{4}$

237

다음은 ○○고등학교 축구 시합에서 학생 갑, 을, 병의 승부차기 성공률을 나타낸 것이다. 각각 한 번씩 승부차기를 할 때, 한 학생만 성공할 확률은?

구분	갑	을	병
성공률(%)	50	20	30

① $\dfrac{3}{25}$　　　　② $\dfrac{7}{25}$

③ $\dfrac{7}{100}$　　　　④ $\dfrac{47}{100}$

⑤ $\dfrac{49}{100}$

05 원가와 정가, 비율

01 원가와 정가의 정의

가격계산 문제는 원가, 정가, 할인가, 이익률, 할인율 등을 구하는 문제가 나온다.
주로 출제되는 문제는 제품에 붙는 가격을 계산하는 문제로, 정가에서 일정 비율을 할인한 금액이 얼마인지 묻는 문제, 원가에 이익을 몇 % 붙여서 정가를 책정할 것인지 정하는 문제, 이익률과 할인율 제시해주고 원가나 정가를 구하는 문제 등이 해당한다.

① 원가: 해당 물건에 이익을 붙이지 않은 원래의 가격
② 정가: 원가에 이익을 붙인 가격
③ 할인가: 정가에서 $x\%$ 할인한 가격

02 이익 · 할인

물건의 가격에는 원가, 정가, 판매가, 할인가 등이 있다.

① 정가 = 원가+이익
② 매출액 = 판매가×판매량
③ 이익 = {판매가(판매가는 정가 또는 할인가)−원가}
※ (판매가−원가)의 부호가 음수이면 손해, 양수이면 이득이다.
④ 총이익 = 이익×판매량
⑤ x원에 $a\%$ 이익을 붙이면 $\left(1+\dfrac{a}{100}\right)x$(원), x원에서 $b\%$ 할인을 하면 $\left(1-\dfrac{b}{100}\right)x$(원)이다.
⑥ 할푼리: 비율을 소수로 나타낼 때 소수점 첫째 자리를 '할', 둘째 자리를 '푼', 셋째 자리를 '리'라고 한다.

대표예제

01 필견의 올해 연봉은 작년 연봉에서 85% 인상되었고, 이는 작년 대비 35% 오른 것에 500만 달러를 더한 것과 같다고 한다. 이때 필견의 올해 연봉은 얼마인가?

01 1,850만 달러
작년 연봉을 a만 달러라고 하면
$1.85a = 1.35a + 500$
$\therefore a = 1000$
따라서 올해 연봉은
$1,000 \times 1.85 = 1,850$(만 달러)이다.

02 어느 카페에서 원가가 x원, y원인 A, B 커피를 새로 개발해 각각 원가의 20%의 이익을 붙여서 정가를 정하였더니 정가의 합이 19,800원이었다. 그런데, 여름 세일 기간이 되어 정가에서 A커피는 3,000원을, B커피는 1,200원을 각각 할인하여 두 커피를 같은 가격으로 판매하려고 한다. 이때 할인한 판매가는?

02 7,800원
$\begin{cases} 1.2x + 1.2y = 19800 & \cdots\cdots \text{㉠} \\ 1.2x - 3000 = 1.2y - 1200 & \cdots\cdots \text{㉡} \end{cases}$
이를 정리하면
$\begin{cases} 12x + 12y = 198000 & \cdots\cdots \text{㉢} \\ 12x - 30000 = 12y - 12000 & \cdots\cdots \text{㉣} \end{cases}$
㉢+㉣을 계산해주면
$\therefore x = 9000, \ y = 7500$
따라서 할인한 판매가는
$(1.2 \times 9,000) - 3,000 = 10,800 - 3,000$
$= 7,800$(원)이다.

03 비율

비율은 $\dfrac{\text{비교하는 양}}{\text{기준량}}$의 값으로 분수 혹은 소수로 나타낼 수 있다. 이때 기준량이 바뀌면 비율도 바뀌게 된다. 그리고 비율에 100을 곱한 값을 백분율이라고 한다.

> • 비율 $= \dfrac{\text{비교하는 양}}{\text{기준량}}$
>
> • 비교하는 양 $=$ 기준량$\times$비율
>
> • 기준량 $= \dfrac{\text{비교하는 양}}{\text{비율}}$
>
> • 백분율 $=$ 비율$\times 100$

① 이익률 $= \dfrac{\text{이익}}{\text{원가}} \times 100$

② 할인율 $= \dfrac{\text{할인액}}{\text{정가}} \times 100$

③ $a:b=c:d$일 때, $ad=bc$

④ 전체의 $\dfrac{n}{m} = \dfrac{n}{m} \times$(전체 수), 전체의 $a\% = \dfrac{a}{100} \times$(전체 수)

⑤ x가 $a\%$ 증가했을 때, 증가량은 $\dfrac{a}{100} \times x$이고, 전체 양은 $x + \dfrac{a}{100} \times x = \left(1 + \dfrac{a}{100}\right)x$

⑥ x가 $b\%$ 감소했을 때, 감소량은 $\dfrac{b}{100} \times x$이고, 전체 양은 $x - \dfrac{b}{100} \times x = \left(1 - \dfrac{b}{100}\right)x$

대표예제

03 원가가 3,000원인 공책이 있다. 이 공책을 정가의 30%를 할인해서 팔아도 원가의 12% 이상의 이익이 남게 하기 위해서는 원가에 몇 %의 이익을 붙여 정가로 정해야 하는가?

03 60%
정가$\times(1-0.3)-$원가$\geq$원가$\times 0.12$
정가를 A라 하면
A$\times 0.7-3000\geq 360$
$\therefore$ A≥ 4800
따라서 정가 4,800원 이상으로 팔아야 하므로 이익률은
$\dfrac{1800}{3000} \times 100 = 60$(%)가 되어야 한다.

04 S주식을 샀는데 한 달 후에 20%만큼 주가가 올라서 최고가를 기록했는데, 다시 한 달 후에는 최고가에서 30%만큼 떨어진 가격으로 팔게 되었다. 이때 8,960원을 손해 보았다면 살 때의 가격은 얼마였는가?

04 56,000원
살 때의 가격을 x원이라 하면 팔 때의 가격은
$x \times 1.2 \times 0.7 = 0.84x$
손해는 $x - 0.84x = 0.16x = 8,960$(원)
이다.
따라서 살 때의 가격은 56,000원이다.

238

원가가 a원인 물건이 있다. 원가에 b% 만큼의 이익을 붙인 금액을 정가로 하였다가 물건이 잘 팔리지 않아 정가의 b%를 할인하여 판매하였더니 $(0.4 \times b)$% 만큼의 손해를 보았다고 한다. 이때, b의 값을 구하면? (단, $b \neq 0$이다.)

① 25   ② 30
③ 35   ④ 40
⑤ 45

239

어느 음반 제작 회사에서 새로 제작하는 두 개의 음악 CD를 원가에 12%의 이익을 붙여 정가를 정하였더니, CD 두 장 가격의 합이 25,760원이 되었다. 두 음악 CD의 원가 차이가 3,000원일 때, 각각의 원가는 얼마인가?

① 13,000원, 10,000원   ② 14,000원, 11,000원
③ 15,000원, 12,000원   ④ 16,000원, 13,000원
⑤ 17,000원, 14,000원

240

사탕가게에서 원가가 500원인 막대사탕과 원가가 300원인 알사탕을 합하여 300개가 있다. 막대사탕은 25%, 알사탕은 40%의 이익을 붙여 정가를 정하였고, 두 사탕을 모두 판매하면 37,000원의 이익이 생긴다고 한다. 이때, 판매한 막대사탕의 개수는?

① 100개   ② 120개
③ 150개   ④ 180개
⑤ 200개

241

○○고등학교의 이번 달 급식비는 지난 달에 비해 식재료비는 10%, 소모품비는 20% 증가하여 학생 1인당 급식비는 지난 달보다 15% 증가한 3,450원이었다. 이때 이번 달 급식비를 내게 된 학생 2명의 소모품비의 합은? (단, 급식비는 식재료비와 소모품비의 합으로 구성된다.)

① 3,300원   ② 3,450원
③ 3,600원   ④ 4,950원
⑤ 6,900원

242

은표는 1개에 1,000원인 과자를 250개 구입하여 30%의 이익을 붙여 정가를 정했다. 이 중에서 80%는 정가대로 팔고 나머지는 정가에서 할인해서 팔았더니, 전체의 이익금이 55,500원이 되었다. 이때 은표가 할인 판매한 과자는 정가의 몇 %를 할인해서 팔았는가?

① 20%   ② 25%
③ 30%   ④ 35%
⑤ 40%

244

의현은 주식을 사고 한 달 뒤 주가가 20% 오르자 가지고 있던 주식의 절반을 팔았다. 그로부터 한 달 뒤 이번에는 주가가 전 달에 비해 10% 떨어지자 남은 주식을 전부 팔아 총 42만 원의 이익을 보았다. 이때 의현이 처음에 주식을 사는 데 쓴 돈은 얼마인가?

① 250만 원   ② 300만 원
③ 350만 원   ④ 400만 원
⑤ 450만 원

243

양념치킨과 간장치킨의 원가는 합하여 50,000원이다. 치킨 가게에서 양념치킨은 원가의 2할의 이익을 붙여 팔고, 간장치킨은 원가의 1할의 이익을 붙여 팔았더니, 7,000원의 이익이 생겼다고 한다. 이때 양념치킨의 원가는?

① 20,000원   ② 23,000원
③ 25,000원   ④ 27,000원
⑤ 30,000원

245

어느 카페에서 A, B 두 종류의 케이크를 정가에서 10% 할인된 금액으로 판매하는데, A, B 케이크의 판매 가격의 합은 23,670원이다. A, B 케이크의 정가의 차가 2,500원일 때, 판매 가격의 차는? (단, A>B이다.)

① 2,050원   ② 2,100원
③ 2,150원   ④ 2,200원
⑤ 2,250원

정답 및 해설 ▶ 126~127p

246

태석은 원가가 3개에 2,000원 하는 젤리 x개를 샀다. 첫째 날은 전체의 $\frac{1}{2}$을 원가의 300%의 이익을 붙여 팔고, 둘째 날은 남은 양의 절반을 원가의 200%의 이익을 붙여 팔았다. 셋째 날은 남은 양 전부를 원가의 100%의 이익을 붙여 팔았더니 96,000원의 이익이 남았다. 태석이 처음에 산 젤리는 몇 개인가?

① 36개 ② 42개
③ 56개 ④ 64개
⑤ 78개

247

A상품과 B상품의 개당 원가는 각각 200원, 600원이고 A상품에는 원가의 5할, B상품에는 원가의 8할의 이익을 붙여 정가를 매겼다. A상품과 B상품을 합쳐 40개를 팔았더니 13,500원의 이익이 생겼다면, A상품은 몇 개가 팔렸는가?

① 5개 ② 10개
③ 15개 ④ 20개
⑤ 25개

248

형진의 사무실에서는 직원들을 위해 커피머신을 임대하여 사용하고 있다. 임대료로 월 기본요금 30,000원과 1잔을 내릴 때마다 5원씩 계산하여 내고 있다. 이번 달은 기본요금을 20% 할인받고, 처음 1,000잔까지는 20%, 1,000잔 초과는 40%를 할인받아서 임대료로 41,500원을 지불하였다고 한다. 이번 달에 형진의 사무실에서는 커피를 총 몇 잔 내렸는가?

① 3,500잔 ② 4,000잔
③ 4,500잔 ④ 5,000잔
⑤ 5,500잔

249

어느 제과점에서 빵은 원가의 2할, 우유는 원가의 1할의 이익을 붙여 정가를 정했는데, 물건이 팔리지 않아 두 제품 모두 각각 정가에서 1할을 할인하여 모두 판매하였더니 150원의 이익을 얻었다. 빵과 우유의 원가의 합이 3,000원일 때, 두 제품의 원가의 차는 얼마인가?

① 1,000원 ② 1,100원
③ 1,200원 ④ 1,300원
⑤ 1,400원

250

일우는 A제품 원가에 x% 이익을 붙여 정가로 정하였다. 그런데 판매가 잘 되지 않아 정가의 30%를 할인하여 팔았더니 원가의 19%의 이익이 발생하였다고 한다. 이때 x의 값을 구하면?

① 65 　　　　　② 70
③ 75 　　　　　④ 80
⑤ 85

252

피자가게를 운영하는 준영은 원가가 30,000원인 피자에 50%의 이익을 붙여서 정가로 정했는데 판매가 잘 되지 않아 할인을 하여 판매하기로 했다. 정가의 몇 %를 할인해야 원가의 20% 이익을 얻을 수 있는가?

① 18% 　　　　② 19%
③ 20% 　　　　④ 21%
⑤ 22%

251

어느 약국에서 반창고를 판매하는데 원가에 50%의 이익을 붙여 판매가를 결정하였다. 그런데 반창고가 잘 팔리지 않아 판매가에서 2,000원을 할인한 가격에 팔았더니 한 개당 1,000원 이상의 손해가 났다. 이때 반창고 한 개당 원가는 최대 얼마인가?

① 1,600원 　　　② 1,700원
③ 1,800원 　　　④ 1,900원
⑤ 2,000원

253

석민은 짬뽕을 원가의 50%를 초과한 이익을 붙여서는 팔지 않을 예정이다. 짬뽕 한 그릇당 원가가 5,000원이고 재료비와 인건비가 각각 500원이라면, 짬뽕 판매 이익은 전체 비용의 몇 % 이하인가?

① 10% 　　　　② 15%
③ 20% 　　　　④ 25%
⑤ 30%

254

지희는 한 권에 1,000원 하는 공책 400권을 구입하여 50%의 이익을 붙여 정가를 정하였다. 전체 공책 중에서 60%는 정가대로 팔고, 나머지 40%는 정가의 x%를 할인하여 팔았더니 전체 이익금이 104,000원이 되었을 때, x의 값은?

① 40　　　　　　　② 35
③ 30　　　　　　　④ 25
⑤ 20

255

대웅은 생선 600마리를 구입하여 운반하던 도중 100마리가 든 상자를 잃어버리고 말았다. 나머지 생선을 팔아서 구입한 가격의 10% 이상의 이익이 남게 하려면 한 개에 적어도 몇 % 이상의 이익을 붙여서 팔아야 하는가?

① 26%　　　　　　② 28%
③ 30%　　　　　　④ 32%
⑤ 34%

256

문구점에서 파는 손거울의 원가가 2,000원이다. 여기에 x원의 이익을 붙여서 정가를 정하였는데 너무 높게 정한 것 같아서 정했던 정가의 40%를 할인하여 200개를 판매하였다. 판매 후 5,000원의 이익이 생겼다고 할 때, 이 손거울의 정가는?

① 1,375원　　　　　② 2,375원
③ 3,375원　　　　　④ 4,375원
⑤ 5,375원

257

어느 가게의 작년 귤 4kg 가격과 자두 3kg 가격은 같았고, 작년에 은주는 귤 6kg, 자두 4kg을 34,000원에 구입하였다. 같은 가게에서 올해 귤의 가격이 30%, 자두의 가격이 20% 인상되었다고 한다. 올해 귤 8kg과 자두 $x$kg을 샀더니 가격 합이 50,400원이었다면 자두는 몇 kg을 샀는가?

① 8kg　　　　　　② 7kg
③ 6kg　　　　　　④ 5kg
⑤ 4kg

258

도시락 가게에서 정가 10,000원에 판매하는 도시락을 온라인에서는 정가에서 10% 할인된 가격으로 판매한다. 온라인에서 구입하면 배송료 5,000원을 내야 한다고 할 때, 도시락을 몇 개 이상 구입할 경우 온라인을 이용하는 것이 유리한가?

① 5개   ② 6개
③ 7개   ④ 8개
⑤ 9개

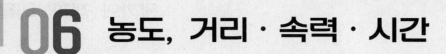

06 농도, 거리 · 속력 · 시간

01 농도의 정의

농도 문제는 소금물(또는 설탕물)의 질량을 구하는 문제, 서로 다른 농도의 소금물을 섞은 물의 농도를 구하는 문제, 소금물에서 물을 덜어내거나 물을 추가할 경우의 농도를 구하는 문제, 소금을 추가할 경우의 농도를 구하는 문제, 소금물을 증발시킬 경우 농도의 변화를 묻는 문제 등이 출제된다. 이런 문제들에서 가장 중요한 것은 용질의 농도이다. 소금의 농도 변화를 묻는 문제들이 주로 출제된다.

① 용매 : 보통 물 같은 액체가 용매에 속하고, 용질을 녹여 용액으로 만들 수 있다.
② 용질 : 보통 소금이나 설탕 같은 고체가 용질에 속하고, 용매에 녹아 들어가 소금물이나 설탕물 같은 용액이 만들어진다. 이때 용질이 고체가 아닌 액체일 경우 양이 많은 것은 용매이고, 양이 적은 것은 용질이다.
③ 용액 : 소금과 물이 섞여 소금물이 만들어지는 것처럼 용매와 용질이 섞여 만들어진 것을 용액이라 한다.
④ 용해 : 고체나 액체가 다른 물질에 들어가 녹아 고르게 섞이는 현상이다.
⑤ 농도 : 용액 안에 녹아 있는 용질의 비율로 백분율로 표시한다.

02 농도 공식

① 용액의 공식 : 용액의 농도(%) $= \dfrac{\text{용질의 양}}{\text{용액의 양}} \times 100$

$\qquad\qquad\qquad\qquad = \dfrac{\text{용질의 양}}{(\text{용매}+\text{용질})\text{의 양}} \times 100$

② 소금물(설탕물)의 공식 : 소금물(설탕물)의 농도(%) $= \dfrac{\text{소금의 양}}{\text{소금물의 양}} \times 100$

$\qquad\qquad\qquad\qquad\qquad\qquad = \dfrac{\text{소금의 양}}{(\text{물}+\text{소금})\text{의 양}} \times 100$

③ 소금(설탕)의 양의 공식 : 소금(설탕)의 양 $= \dfrac{\text{소금물의 양} \times \text{농도}}{100}$

대표예제

01 농도가 5%인 소금물 100ml에 농도가 2%인 소금물을 $a$ml를 추가해 농도가 3%인 소금물을 제조하려고 한다. 이때 농도가 2%인 소금물은 얼마나 필요한가?

01 200ml
$(100+a) \times 0.03 = 5 + 0.02a$
$3 + 0.03a = 5 + 0.02a$
$0.01a = 2$
$\therefore a = 200(\text{ml})$

02 순수한 물 80g에 40%의 설탕물 60g과 25%의 설탕물 60g을 모두 섞으면, 몇 %의 설탕물이 되는가?

02 19.5%
$\dfrac{40}{100} \times 60 + \dfrac{25}{100} \times 60$
$= \dfrac{x}{100} \times (80+60+60)$
$2400 + 1500 = 200x$
$\therefore x = 19.5(\%)$

03 거리·속력·시간의 정의

속력 문제는 왕복 거리를 구하는 문제, 시간을 계산하는 문제, 기차가 터널을 통과하는 문제, 강물의 유속을 구하는 문제, 두 사람이 같이 출발할 경우 만나는 데 걸리는 시간을 구하는 문제, 두 사람이 반대 방향으로 출발할 경우의 문제, 같은 구간을 왕복하는 경우의 문제, 속력이 바뀌는 문제 등이 출제된다. 이때 거리, 속력, 시간 중 어떤 것이 중점이 되는지 고려해서 방정식을 세우는 것이 핵심이다.

① 거리 : 물체나 지점 사이의 거리를 나타내는 것으로 보통 A지점에서 B지점 사이의 거리, 갑과 을 사이의 거리를 묻는 경우가 많다.
② 속력 : 물체의 빠르기를 나타내는 것으로 단위는 km/h, m/s 등을 사용한다.
③ 시간 : 보통 도착할 때까지 걸린 시간, 두 사람이 만나는 시간을 묻는 경우가 많다.

04 거리·속력·시간 공식

① 거리 공식 : 거리 = 속력×시간

② 속력 공식 : 속력 $= \dfrac{거리}{시간}$

③ 시간 공식 : 시간 $= \dfrac{거리}{속력}$

④ 평균 속력 공식 : 평균 속력 $= \dfrac{전체\ 이동\ 거리}{총\ 이동\ 시간}$

05 단위환산

1km = 1000m = 100000cm	1cm = 0.01m = 0.00001km
1시간 = 60분 = 3600초	1초 $= \dfrac{1}{60}$분 $= \dfrac{1}{3600}$시간
24시간 = 1440분 = 86400초	

대표예제

03 거리가 8km인 A, B 두 지점 사이에 P지점이 있다. A에서 P를 거쳐 B까지 가는 데 A에서 P까지는 시속 2km, P에서 B까지는 시속 3km로 걸어서 3시간이 걸렸다면 A에서 P까지의 거리는?

03 3km
A에서 P까지의 거리를 $x$km라 하면,
P에서 B까지의 거리는 $(8-x)$km이다.
$$\dfrac{x}{2} + \dfrac{(8-x)}{3} = 3$$
$$3x + 16 - 2x = 18$$
$$\therefore x = 2(\text{km})$$

04 시속 100km의 속력으로 일정하게 달리는 기차 A는 길이가 1,500m인 터널을 완전히 통과하는 데 1분 12초가 걸린다. 이때 기차 A의 길이는?

04 500m
기차의 속력은 100km/h $= \dfrac{250}{9}$m/s이다.
기차의 길이를 xm라 하면,
$$1500 + x = \dfrac{250}{9} \times 72(\text{초})$$
$$\therefore x = 500(\text{m})$$

259

농도가 a%인 설탕물 100g과 농도가 10%인 설탕물 200g을 섞은 후 100g의 물을 증발시켰더니 농도가 30%가 되었다. 이때 a는 얼마인가?

① 40   ② 41
③ 42   ④ 43
⑤ 44

261

농도가 20%인 소금물 50g이 들어있는 비커에 농도가 다른 소금물 25g을 넣고 물 25g을 더 넣었더니, 농도가 25%인 소금물이 되었다. 이때 추가로 넣은 소금물의 농도는 얼마인가?

① 40%   ② 45%
③ 50%   ④ 55%
⑤ 60%

260

일주의 집에서 학교까지의 거리는 2km이고, 그 사이에 정현의 집이 있다. 일주의 집에서 정현의 집까지는 시속 3km로, 정현의 집에서 학교까지는 시속 5km로 걸어서 집에서 출발한 지 36분 후에 학교에 도착하였다. 이때 일주의 집에서 정현의 집까지의 거리는?

① 1.4km   ② 1.5km
③ 1.6km   ④ 1.7km
⑤ 1.8km

262

집에서 학원까지의 거리는 9km이다. 집에서 나와 처음에는 시속 2km로 걷다가 중간에 지각임을 깨닫고 속도를 올려 남은 거리를 시속 4km로 걸어 총 3시간이 걸려 학원에 도착했다. 시속 2km로 걸은 거리를 a라 하고, 시속 4km로 걸은 거리를 b라 할 때, $b^2 - a^2$의 값은?

① 3   ② 9
③ 27   ④ 33
⑤ 45

263

형진, 지희, 대웅은 잠실에서 남양주까지 가려고 한다. 형진은 지희보다 2시간 빨리 출발하였고, 지희는 대웅보다 2시간 빨리 출발하였다. 형진의 속력은 지희보다 시속 1km 느리고, 지희의 속력은 대웅보다 시속 2km 느리다고 한다. 세 사람이 동시에 남양주에 도착하였을 때, 잠실에서 남양주까지의 거리는?

① 18km   ② 20km
③ 22km   ④ 24km
⑤ 26km

264

중현과 한영이 둘레가 3.2km인 운동장을 따라 걷기로 했다. 같은 지점에서 출발하여 서로 반대 방향으로 걸으면 20분 후에 만나고, 같은 방향으로 걸으면 120분 후에 중현이 한 바퀴를 더 돌아 한영과 만난다고 한다. 이때 한영의 속력을 구하면?

① 3km/h   ② 4km/h
③ 5km/h   ④ 6km/h
⑤ 7km/h

265

재석은 A가게에서 1L짜리 초코우유를 사고, B가게에서 500mL짜리 초코우유를 샀다. A가게에서 산 것은 카카오 함유량이 60%이고, B가게에서 산 것은 카카오 함유량이 50%이다. A가게에서 산 1L의 초코우유와 B가게에서 산 초코우유를 섞어서 58% 이상의 초코우유를 만들려면 B가게 초코우유는 최대 몇 mL까지 넣을 수 있는가?

① 230mL   ② 240mL
③ 250mL   ④ 260mL
⑤ 270mL

266

물 100g으로 구성되고 농도가 20%인 소금물 xg, 농도가 5%인 소금물 yg을 모두 섞었더니 농도가 15%인 소금물이 되었다면, $x+y$의 값은?

① 187.5   ② 210
③ 240.5   ④ 255
⑤ 272.5

267

어느 실험실에 20%의 설탕물 500g이 있다. 실험을 하기 위하여 이를 이용하여 5%의 설탕물을 만들려고 한다면, 이때, 첨가해야 할 물의 양은 몇 kg인가?

① 1.1kg   ② 1.2kg
③ 1.3kg   ④ 1.4kg
⑤ 1.5kg

268

양초 A와 B의 길이의 차이는 3cm이다. A와 B에 동시에 불을 붙였더니 1시간 후에 두 양초의 길이가 같아졌고, 다시 1시간이 더 지나자 A양초가 다 타서 꺼졌다. 그 후 15분이 지나자 B양초도 다 타서 꺼졌다. 이때 A양초의 처음 길이는? (단, 길이는 A>B이다.)

① 30cm   ② 32cm
③ 34cm   ④ 36cm
⑤ 38cm

269

12% 농도의 소금물과 8% 농도의 소금물을 섞은 후, 이 소금물의 반을 덜어내고, 덜어낸 양의 3배만큼의 물을 넣었더니 2.4% 농도의 소금물 1,000g이 되었다. 이때 처음의 12% 농도 소금물의 양은?

① 50g   ② 100g
③ 150g   ④ 200g
⑤ 250g

270

석민은 카약을 타고 일직선으로 흐르는 강을, 국현은 오토바이를 타고 강변의 직선 도로를 달리고 있다. 동시에 출발하여 일정한 거리를 시속 40km로 왕복하였는데, 국현이 출발점에 5분 먼저 복귀하였다. 강물의 유속이 시속 10km일 때, 출발점부터 반환점까지의 거리는?

① 20km   ② 25km
③ 30km   ④ 35km
⑤ 40km

271

10% 농도의 소금물과 15% 농도의 소금물을 섞어서 11% 농도의 소금물을 만들려고 했는데 잘못하여 두 소금물의 양을 바꿔 섞었다. 이때 만들어진 소금물의 농도는?

① 7% ② 10%
③ 14% ④ 16%
⑤ 19%

273

10% 농도의 소금물 200g과 15% 농도의 소금물 1,200g을 섞어 그 절반을 따라버린 후 물을 추가로 넣었더니 12.5%의 소금물이 되었다. 이때 추가한 물의 양은 몇 g인가?

① 100g ② 120g
③ 140g ④ 160g
⑤ 180g

272

속력이 일정한 배로 길이가 40km인 강을 거슬러 올라가는데 2시간 40분, 다시 같은 경로로 내려오는 데 1시간 40분이 걸렸다. 이때 정지한 강물에서의 배의 속력은? (단, 강물의 유속은 일정하다.)

① 시속 15.5km ② 시속 16.5km
③ 시속 17.5km ④ 시속 18.5km
⑤ 시속 19.5km

274

스쿠터로 집에서 회사까지 가는데 시속 12km로 가면 예상 시간보다 3분이 더 걸리고, 시속 15km로 가면 예상 시간보다 5분이 단축된다고 할 때, 예상 시간은?

① 35분 ② 37분
③ 39분 ④ 41분
⑤ 43분

275

기태와 한나는 생과일주스 가게에 가서 딸기주스 두 잔을 시켰는데 기태의 딸기 주스는 6% 농도로, 한나의 딸기주스는 15% 농도로 나왔다. 한나는 딸기주스가 너무 진해 두 딸기주스를 섞은 뒤 물을 더 넣어 8%의 딸기주스 600g을 만들었다. 6% 농도의 딸기주스의 양과 더 넣은 물의 양의 비가 3 : 1일 때, 6% 농도의 딸기주스의 양은?

① 270g
② 280g
③ 290g
④ 300g
⑤ 310g

276

은표는 주말에 산책로에서 걷기 운동을 한다. 처음에는 시속 4km로 걷다가 힘이 들어서 시속 3km로 걸었더니 운동을 마치는데 총 4시간이 걸렸다. 은표가 걸은 거리가 15km라고 할 때, 시속 4km로 걸은 거리는?

① 8km
② 10km
③ 12km
④ 14km
⑤ 16km

277

5% 농도의 소금물과 12% 농도의 소금물을 섞어 10% 농도의 소금물 350g을 만들었다. 이때 12% 농도의 소금물의 양은?

① 240g
② 250g
③ 260g
④ 270g
⑤ 280g

278

길이가 242m인 터널을 완전히 통과하는 데 16초가 걸리는 A기차가 있다. 이 기차는 길이가 156m인 다리를 완전히 건너는 데 12초가 걸리는 B기차와 반대 방향으로 달려서 완전히 지나쳐 엇갈리는 데 7초가 걸렸다. B기차의 길이가 108m일 때, A기차의 길이는 몇 m인가?

① 270m
② 280m
③ 290m
④ 300m
⑤ 310m

279

재오는 오렌지를 갈아서 5% 농도의 오렌지주스 500g을 만들었다. 이 오렌지주스에서 일부를 덜어낸 후, 12% 농도의 오렌지주스를 넣었더니 8% 농도의 오렌지주스 700g이 되었다. 이때 덜어낸 주스의 양은?

① 60g   ② 70g

③ 80g   ④ 90g

⑤ 100g

07 일률, 기타 응용수리

01 일률의 정의

일률 문제는 어떤 일을 하는 데 걸리는 시간이나, 일정 시간에 할 수 있는 일의 양을 구하는 문제가 기본이 된다. 물탱크나 풀장에 물을 채우는 데 걸리는 시간을 구하는 문제, 공장에서 제품을 만들 때 A와 B기계 중 A기계가 한 작업의 양을 구하는 문제 등이 이에 해당한다. 가장 중요한 것은 시간과 일의 양 중 어떤 것이 문제의 중심이 되는지를 파악하는 것이다.

① **일률**: 단위 시간 동안에 행한 일의 양이다.
② **일의 양**: 같은 일을 두 사람 이상이 나누어서 수행할 경우 전체 일의 양은 1로 둔다.
③ 동일한 시간 동안 일을 할 경우 일의 양과 일률은 비례한다.
④ 동일한 양의 일을 할 경우 일률과 시간은 반비례한다.

02 일률 공식

① $일률 = \dfrac{일의\ 양}{시간}$

② $일의\ 양 = 일률 \times 시간$

③ $시간 = \dfrac{일의\ 양}{일률}$ (단, 일의 양은 1로 놓는다.)

대표예제

01 A, B 두 사람이 일을 하는데 A가 8일 하고 이어서 B가 5일 동안 하면 완성할 수 있는 일을 A가 4일 하고 이어서 B가 10일 동안 일하여 완성하였다. 이 일을 B가 혼자 한다면 며칠이 걸리겠는가?

01 15일

전체 일의 양을 1로 놓고 A, B가 하루에 할 수 있는 일의 양을 각각 x, y라 하면
$$\begin{cases} 8x + 5y = 1 \\ 4x + 10y = 1 \end{cases}$$
위 식을 연립하여 풀면
$$\therefore x = \frac{1}{12},\ y = \frac{1}{15}$$
따라서 B가 혼자 일을 하면 15일이 걸린다.

03 나이

나이 계산은 보통 2~3명의 나이 차이나 합을 물어보는 형태로 출제된다.

나이는 보통 10의 자리가 x, 1의 자리가 y이면, $10x + y$로 표현한다.

04 시간

시간 계산은 보통 시침과 분침이 일치하는 시각을 찾는 형태로 출제된다.

① 분침은 1시간에 360° 회전하기 때문에 분당 6°만큼 회전한다.
② 시침은 1시간에 30° 회전하기 때문에 분당 0.5°만큼 회전한다.

05 날짜, 요일

보통 요일을 예상하거나 며칠인지를 찾는 문제가 출제된다.

① 일주일은 7일을 주기로 반복된다.
② 날짜에서 7로 나눈 나머지로 요일을 알 수 있다.
③ 1년이 365일이면 52주 1일이므로 매년 같은 날짜의 요일은 1일씩 뒤로 밀린다.
※ 단, 윤년의 경우 366일이기 때문에 2일씩 뒤로 밀린다.

대표예제

02 2년 전에는 어머니의 나이가 다희의 나이의 5배보다 4살이 많았고, 5년 후에 어머니 나이는 다희 나이의 3배보다 4살이 많아진다고 한다. 어머니와 다희의 나이 차를 구하면?

02 32

현재 다희의 나이를 x라 하면

	2년 전	5년 후
어머니	$5(x-2)+4$	$3(x+5)+4$
다희	$x-2$	$x+5$

$3(x+5)+4 = \{5(x-2)+4\}+7$
$3x+19 = 5x+1$
$2x = 18$
$\therefore x = 9$
현재 어머니의 나이를 구하면
$\{5(x-2)+4\}+2 = 41$이다.
따라서 어머니와 다희 나이 차는
$41-9 = 32$(살)이다.

03 어느 달의 일요일에 해당하는 날짜를 모두 더했더니 62가 되었다. 그달의 두 번째 수요일은 며칠인가? (단, 이 달에 일요일은 4번 있다.)

03 8일

첫째 주 일요일을 x일이라 하면
$x+(x+7)+(x+14)+(x+21) = 62$
$4x+42 = 62$
$4x = 20$
$\therefore x = 5$
첫째 주 수요일이 1일이므로
둘째 주 수요일은 8일이다.

280

물탱크에 물을 가득 채우는 데 A호스로 4시간, B호스로 5시간이 걸리고, 물탱크의 $\frac{2}{3}$ 만큼 채워진 물을 C호스로 다 빼는 데 6시간이 걸린다. A호스와 B호스로 물을 채우는 동시에 C호스로 물을 뺀다면, 이 물탱크에 물을 절반 채우는 데 걸리는 시간은?

① $\frac{89}{61}$ 시간

② $\frac{90}{61}$ 시간

③ $\frac{91}{61}$ 시간

④ $\frac{92}{61}$ 시간

⑤ $\frac{93}{61}$ 시간

281

넓이 2,400㎡의 논에서 이앙기 A와 B를 각각 1시간씩 사용하여 2시간 만에 모내기를 모두 마쳤다. 이앙기 A를 사용할 때의 모내기 속도가 B를 사용하는 경우보다 2배 빠르다면, 이앙기 B만 사용할 경우에는 이 논에서 모내기를 마치는 데 몇 시간이 걸리겠는가?

① 1시간 30분
② 2시간
③ 2시간 30분
④ 3시간
⑤ 3시간 30분

282

어떤 일을 하는 데 사윤이 혼자 하면 2시간이 걸리고, 석훈이 혼자 하면 4시간이 걸린다. 사윤이 먼저 일을 시작해 12분마다 번갈아 가며 한 명씩 일을 하였더니 사윤이 마지막으로 12분 동안 일하고 일을 마쳤다. 일을 마칠 때까지 사윤은 12분씩 몇 번 일을 했는가?

① 3번
② 4번
③ 5번
④ 6번
⑤ 7번

283

수현이는 성묘를 위하여 20㎡ 넓이의 산소를 기계와 수작업용 가위를 1시간씩 사용하여 2시간 만에 모두 벌초하였다. 기계를 사용할 때의 벌초 속도가 가위를 사용한 경우보다 3배 빠르다면 가위만 사용할 경우 벌초하는 데 모두 몇 시간이 걸리겠는가?

① 4시간
② 4시간 30분
③ 5시간
④ 5시간 30분
⑤ 6시간

284

어떤 일을 마치는 데 은표는 24일, 기태는 32일, 은별은 36일이 걸린다고 한다. 이 일을 은표가 며칠 한 후에 기태가 이어서 며칠 하고, 은별이 이어서 며칠 하여 일을 완성하였다. 은표, 기태, 은별이 일한 날 수의 비가 1 : 4 : 6일 때, 세 사람이 일한 총 기간은?

① 31일 ② 32일
③ 33일 ④ 34일
⑤ 35일

285

2012년 9월 1일이 토요일일 때, 2025년 9월 1일은 무슨 요일인가? (단, 2016년은 윤년이다.)

① 목요일 ② 수요일
③ 화요일 ④ 월요일
⑤ 일요일

286

어떤 일을 완성하는 데 갑은 60일, 을은 40일이 걸린다. 갑이 일을 먼저 하다가 도중에 을과 교대하였더니 시작한 날로부터 50일 만에 이 일이 완성되었다. 이때 갑이 일한 기간은 며칠인가?

① 26일 ② 27일
③ 28일 ④ 29일
⑤ 30일

287

다음은 ○○공사 직원들의 대화이다. 이때 갑의 마지막 물음에 대한 답으로 옳은 것은? (단, 분 단위 미만은 절사한다.)

> 갑 : 1구역에 있는 하수처리장의 물을 모두 빼는 데 얼마나 걸립니까?
> 을 : 가 수도관만을 이용하면 120분이 걸립니다.
> 병 : 나 수도관만을 이용하면 90분이 걸립니다.
> 갑 : 그러면 처음 30분은 가 수도관만을 사용하여 물을 빼고, 다음 30분은 나 수도관만을 사용하여 물을 빼고, 나머지는 가 수도관과 나 수도관을 동시에 사용해서 물을 뺀다면 1구역의 하수처리장 물을 모두 빼는 데 얼마나 걸릴까요?

① 1시간 20분 ② 1시간 21분
③ 1시간 22분 ④ 1시간 23분
⑤ 1시간 24분

1
자료해석

2
응용수리

288

지석이와 대원이가 같이 작업하면 15일 걸리는 일을, 14일 동안 지석이가 먼저 작업하고 대원이가 나머지를 18일 동안 작업하여 끝마쳤다. 만약 지석이가 혼자서 일을 한다면 마치는 데 며칠이 걸리겠는가?

① 20일   ② 22일
③ 24일   ④ 26일
⑤ 28일

290

이번 달 1일은 화요일이고, 말일은 수요일이다. 다음달의 말일은 무슨 요일인가?

① 수요일   ② 목요일
③ 금요일   ④ 토요일
⑤ 일요일

289

A, B 수도꼭지가 연결된 어떤 물탱크에 물을 채우려고 한다. 수도꼭지 A만 틀면 6시간 만에 물탱크를 가득 채울 수 있고, 수도꼭지 B만 틀면 8시간 만에 물탱크를 가득 채울 수 있다. 빈 물탱크에 처음에는 수도꼭지 A만 2시간 동안 틀다가 이후에는 수도꼭지 A와 B를 함께 틀었다면, 물탱크를 가득 채울 때까지 걸린 시간은 총 얼마인가?

① $\frac{24}{7}$ 시간   ② $\frac{26}{7}$ 시간

③ $\frac{5}{4}$ 시간   ④ $\frac{29}{7}$ 시간

⑤ $\frac{30}{7}$ 시간

291

철수는 욕조에 A, B 수도꼭지 두 개로 물을 채우려고 한다. A만 틀었을 경우 욕조에 물이 가득 차는 데 4시간이 걸리고, B만 틀었을 경우 2시간이 걸린다고 한다. 그리고 가득 담겨진 욕조의 물을 빼는 데는 3시간이 걸린다고 한다. 만일 욕조의 고무마개로 배수구를 막지 않은 상태에서 A와 B 수도꼭지 모두 사용해서 동시에 물을 채운다면, 욕조에 물이 가득 차는 데 걸리는 시간은?

① $\frac{9}{2}$ 시간   ② $\frac{10}{3}$ 시간

③ $\frac{11}{4}$ 시간   ④ $\frac{12}{5}$ 시간

⑤ $\frac{13}{6}$ 시간

292

어느 지역에 필요한 에너지를 공급하기 위해서는 A발전소를 3시간, B발전소를 8시간 동안 가동하거나 A, B 발전소를 5시간 동안 함께 가동한 후 A발전소를 추가로 15분 가동해야 한다. A발전소부터 시작하여 두 발전소를 2시간씩 번갈아가며 가동하여 에너지를 공급하려고 할 때, 필요한 에너지를 공급하려면 얼마의 시간이 걸리는가?

① 9시간   ② 10시간
③ 11시간   ④ 12시간
⑤ 13시간

293

P사의 한 부서에서는 프로젝트를 받아 일을 하는데 정수가 혼자서 하면 15시간, 태웅이 혼자서 하면 12시간이 걸린다고 한다. 처음에는 둘이 함께 5시간 일하다가 그 다음부터는 태웅이 혼자 일을 하여 끝마쳤다고 할 때, 태웅이 혼자 일한 시간은?

① 3시간   ② 3시간 30분
③ 4시간   ④ 4시간 30분
⑤ 5시간

294

어떤 일을 갑이 혼자 하면 4시간이 걸리고, 을이 혼자하면 갑의 1.5배의 시간이 걸리며, 병이 하면 갑의 3배의 시간이 걸린다. 오전 8시에 갑과 을이 일을 시작하고 병이 2시간 늦게 합류하여 일을 시작한다면, 일을 마쳤을 때의 시각은?

① 오전 10시 20분   ② 오전 10시 40분
③ 오전 11시 20분   ④ 오전 11시 40분
⑤ 오후 12시 10분

295

정 과장은 박 사원과 오 대리에게 회의자료 정리를 지시하였다. 두 사람이 같이 하면 6일 만에 끝낼 수 있는 일인데, 박 사원이 먼저 2일 동안 일을 한 뒤 나머지는 오 대리가 8일 동안 혼자 일을 하여 끝냈다고 한다. 이때 오 대리가 혼자 이 일을 끝내려면 며칠이 걸리겠는가?

① 9일   ② 10일
③ 11일   ④ 11일
⑤ 12일

296

기욱이 현재 현준의 나이였을 때, 기욱의 나이는 그때 현준의 나이의 3배보다 2세 많았다. 현준이 현재 기욱의 나이가 되면, 현준의 나이는 그때 기욱 나이의 $\frac{2}{3}$ 보다 3세 많아진다고 한다. 현재 기욱과 현준의 나이의 차는?

① 16   ② 17
③ 18   ④ 19
⑤ 20

297

정우와 남일이 함께 일하면 14일이 걸리는 일을 정우가 4일, 남일이 8일 하고, 나머지 일을 둘이 함께 8일간 하여 총 20일이 걸렸다. 이때 같은 일을 정우가 혼자 하는 경우 며칠이 걸리겠는가?

① 27일   ② 28일
③ 29일   ④ 30일
⑤ 31일

298

4시와 5시 사이 시계의 분침과 시침이 일치하는 시각은?

① 4시 $\frac{180}{11}$ 분   ② 4시 $\frac{210}{11}$ 분
③ 4시 $\frac{240}{11}$ 분   ④ 4시 $\frac{270}{11}$ 분
⑤ 4시 $\frac{320}{11}$ 분

299

어떤 일을 혼자서 하면 갑이 x일, 을이 y일 걸린다고 한다. 갑, 을 두 사람이 함께 일을 하면 하루에 전체 일의 $\frac{3}{20}$ 을 할 수 있다고 한다. 그 일을 갑, 을 두 사람이 5일을 함께 일하고 나머지를 갑이 혼자서 3일 일하여 완성하였다. 이때 x^2+y^2의 값을 구하면?

① 369   ② 394
③ 421   ④ 450
⑤ 481

300

정우의 나이는 사촌 동생인 현이 나이의 5배보다 17살 적고, 어머니와 정우의 나이의 합은 현이 나이의 10배이다. 25년 후, 현이와 정우의 나이의 합이 어머니 나이와 같다면 현재 현이의 나이는?

① 6살 ② 7살
③ 8살 ④ 9살
⑤ 10살

NCS·PSAT
수리능력
킬러문항 300제

초판인쇄 : 2023년 4월 5일
초판발행 : 2023년 4월 10일
편 저 자 : 박문각 취업연구소
발 행 인 : 박 용
등   록 : 2015. 4. 29. 제2015-000104호
발 행 처 : (주)박문각출판
주   소 : 06654 서울특별시 서초구 효령로 283 서경빌딩
전   화 : 교재 문의 (02)6466-7202
팩   스 : (02)584-2927

판권
본사
소유

정가 21,000원
ISBN 979-11-6987-224-9

NCS·PSAT
수리능력
킬러문항
300제

NCS·PSAT

수리능력
킬러문항
300제

정답 및 해설

자료해석
150

응용수리
150

PSAT 핵심기출문제 **자료해석**

기본연산법+핵심이론 수록 **응용수리**

· 반드시 필요한 유형별 대표예제 및 핵심공식
· 모든 문제의 난도를 표시해 효과적 학습 가능
· 문제 해결전략, 키포인트로 빠른 이해를 돕는 킬러해설

QMG 박문각

NCS·PSAT

수리능력 킬러문항 300제

정답 및 해설

자료해석
150

응용수리
150

박문각 취업연구소 편저

PSAT 핵심기출문제 **자료해석**

기본연산법+핵심이론 수록 **응용수리**

· 반드시 필요한 유형별 대표예제 및 핵심공식
· 모든 문제의 난도를 표시해 효과적 학습 가능
· 문제 해결전략, 키포인트로 빠른 이해를 돕는 킬러해설

QMG **박문각**

..

빠른정답 찾기

PART

2 응용수리

Chapter 01 방정식, 부등식, 비례식

151	③	152	⑤	153	①	154	③	155	④	156	⑤	157	①	158	③	159	④	160	⑤
161	②	162	③	163	①	164	③	165	②	166	②	167	④	168	④	169	③	170	①
171	②	172	①	173	④	174	⑤												

Chapter 02 약수와 배수

175	⑤	176	①	177	②	178	④	179	③	180	①	181	②	182	③	183	④	184	①
185	⑤	186	②	187	③	188	①	189	④	190	②	191	①	192	⑤	193	②	194	③
195	④																		

Chapter 03 경우의 수

196	②	197	④	198	①	199	⑤	200	③	201	①	202	④	203	②	204	⑤	205	③
206	①	207	④	208	④	209	②	210	③	211	①	212	⑤	213	①	214	②	215	④
216	③																		

Chapter 04 확률

217	③	218	④	219	②	220	⑤	221	①	222	④	223	②	224	③	225	⑤	226	②
227	④	228	①	229	③	230	⑤	231	②	232	④	233	⑤	234	②	235	③	236	①
237	④																		

Chapter 05 원가와 정가, 비율

238	④	239	①	240	⑤	241	③	242	③	243	①	244	②	245	⑤	246	④	247	③
248	⑤	249	①	250	②	251	⑤	252	③	253	④	254	①	255	④	256	③	257	⑤
258	②																		

Chapter 06 농도, 거리·속력·시간

259	①	260	②	261	⑤	262	③	263	④	264	②	265	③	266	①	267	⑤	268	①
269	④	270	②	271	③	272	⑤	273	①	274	②	275	④	276	③	277	②	278	①
279	⑤																		

Chapter 07 일률, 기타 응용수리

280	②	281	④	282	⑤	283	①	284	③	285	④	286	⑤	287	②	288	①	289	⑤
290	④	291	④	292	②	293	①	294	①	295	①	296	⑤	297	②	298	③	299	①
300	④																		

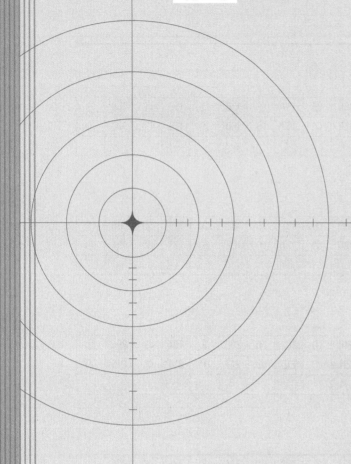

자료해석

001

정답	④	세부영역	보고서 분석형
난도	중	키포인트	그림과 표 해석

해결전략 <그림>이 의미하는 바를 정확히 파악해야 <보고서>의 옳고 그름을 파악할 수 있다.

해설

㉠ (×) <그림>의 가로축이 '기술수준', 세로축이 '기술격차'를 나타낸다. 최고기술보유국 대비 우리나라 10대 전략기술 분야 기술수준의 평균은 75 이하라고 하였는데, 2개를 뺀 8개의 전략기술이 75 이상에 위치해 있으므로, 우리나라 10대 전략기술 분야 기술수준 평균은 75 이상이다.
기술격차의 경우 1개를 제외한 9개의 전략기술이 4년 이상에 위치해 있으므로, 기술격차 평균은 4년 이상이다.

㉡ (○) 최고기술보유국 대비 우리나라의 기술수준은 전자·정보·통신(1)과 기계·제조·공정(4)이 <그림>의 가로축의 80 이상에 위치해 있으므로 80 이상이 맞다.
항공·우주 분야(6)는 65와 70 사이에 위치해 있으므로 70 미만이다.

㉢ (×) <표>의 대(對)중국 기술격차를 보면, 항공·우주 분야를 제외한 9개 분야에서 음수(−) 값을 가진다. 이는 항공·우주 분야에서는 우리나라보다 중국이 앞서 있음을 나타내므로 우리나라가 모든 10대 전략기술 분야에서 중국보다 앞서 있는 것은 아니다.
환경·지구·해양 분야에서는 '−2.9'이므로 2.9년 앞서 있는 것은 맞다.

㉣ (○) <표>에서 일본과 미국의 기술격차를 살펴보면, 모든 분야에서 대(對)미국 기술격차가 대(對)일본격차에 비해 그 수치(기술격차 연수)가 높으므로, 모든 분야에서 일본이 미국에 뒤쳐져 있음을 알 수 있다.
전자·정보·통신, 나노·소재, 건설·교통, 재난·재해·안전의 분야에서는 일본이 EU에 비해 그 수치(기술격차 연수)가 모두 크므로, 이 분야에서는 EU보다 앞서 있다고 할 수 있다.

⊕ Killer hint

제시된 <그림>의 다소 생소한 형태이므로, 그 의미를 정확히 이해하기 위해서는 제시된 각주를 잘 읽어보아야 한다.

002

정답	④	세부영역	그림 분석형
난도	상	키포인트	그림해석 / 수치비교

해결전략 <그림>에 제시된 점들의 위치가 나타내는 의미를 알고, 이에 따라 <보기> 선택지 내용의 옳고 그름을 판단해야 한다.

해설

ㄱ. (○) 세계시장 수출점유율은 <그림>의 세로축에 나타나 있다. 따라서 <그림 1>의 세로축 값과 <그림 2>의 세로축 값을 비교해 그 값이 감소한 산업을 찾으면 된다.
통신기기(17% → 8%), 섬유(8% → 5%) 산업을 찾을 수 있다. 또한, <그림 1>에는 존재하나 <그림 2>에는 나타나지 않는 IT제품의 경우 수출점유율이 2013년의 10개 산업 중 가장 낮은 5%보다 더 낮음을 알 수 있다. 즉 2008년 7% → 5% 미만으로 변화했음을 추론할 수 있다.
따라서 2008년 세계시장 수출점유율 상위 10개 산업 중 2013년 세계시장 수출점유율이 2008년에 비해 하락한 산업은 통신기기, 섬유, IT제품 3개이다.

ㄷ. (○) 무역특화지수는
$$\frac{A국\ 해당산업\ 수출액 - A국\ 해당산업\ 수입액}{A국\ 해당산업\ 수출액 + A국\ 해당산업\ 수입액}$$ 이므로 A국 수출액보다 A국 수입액이 크면 무역특화지수는 음수(−)가 된다. 무역특화지수가 음수인 산업(가로축으로 왼쪽에 위치)을 찾으면, 2008년에는 IT부품, 기타 전자부품, 반도체 3개이고, 2013년에는 석유화학, 반도체, 기타 전자부품, 철강 4개이다.

ㄹ. (○) <그림 1>에서 2008년 세계시장 수출점유율 상위 5개 산업을 찾으면, 순서대로 조선, 디스플레이, 통신기기, IT부품, 반도체이다. 무역특화지수가 증가한다는 것은 <그림>의 위치가 오른쪽으로 이동한다는 것이므로 이에 부합하는 산업을 찾으면 IT부품(−0.25 → 0.36), 디스플레이(0.6 → 0.63) 2개이다.

ㄴ. (×) 2008년 10개 산업 중에서 세계시장 수출점유율이 10% 이상인 것은 IT부품, 반도체, 통신기기, 디스플레이, 조선이고 이 중 무역특화지수가 0.3 이하인 산업은 IT부품과 반도체 2개이다.
2013년 10개 산업 중에서 세계시장 수출점유율이 10% 이상인 것은 기타 전자부품, 철강, 반도체, IT부품, 디스플레이, 조선이고 이 중 무역특화지수가 0.3 이하인 산업은 반도체, 철강, 기타 전자부품 3개이다.

⊕ Killer hint

ㄴ의 경우 가로축과 세로축을 연결하여 만든 사각형 범위 안에 들어가는 산업의 개수를 찾으면 된다.

003

정답	⑤	세부영역	보고서 분석형
난도	하	키포인트	보고서와 표 비교

해결전략 <보고서> 내용과 <표>의 경제동향(▲, ▽, -)을 비교하여 답을 구할 수 있다.

해설

⑤ (×) 수출의 경우 동남권이 '▽'이므로 감소이고, 제주권은 '-'이므로 보합이다. 동남권과 제주권을 제외한 나머지는 모두 '▲'이므로 증가이다. <보고서>에서 '보합(-)'인 제주권을 고려하지 않아 표와 부합하지 않는다.

① (○) 제조업 생산의 경우 충천권, 호남권, 대경권이 모두 '▲'이므로 증가, 동남권과 강원권이 '-'이므로 보합, 제주권이 '▽'이므로 감소가 맞다.

② (○) 서비스업 생산의 경우, 제주권이 '▲'이므로 증가, 동남권과 호남권이 '▽'이므로 감소, 나머지는 모두 '-'이므로 보합이 맞다.

③ (○) 소비의 경우 수도권이 '▲'이므로 증가, 동남권이 '▽'이므로 감소, 나머지는 모두 '-'이므로 보합이 맞다.

④ (○) 건설투자의 경우 동남권이 '▲'이므로 증가, 충청권, 호남권, 강원권, 제주권이 모두 '▽'이므로 감소, 수도권과 대경권이 '-'이므로 보합이다.

⊕ Killer hint

선택지의 제조업 생산, 서비스업 생산, 소비, 건설투자, 수출 항목에 대한 <보고서>의 내용을 바로 찾아 <표>의 경제동향 기호에 대입하여 비교한다.

004

정답	④	세부영역	표 · 그림 분석형
난도	중	키포인트	그림해석 / 수치비교

해결전략 그림에서 제시된 기준에 따라 표의 수치를 보고 어떤 영역에 속하는지 분류할 수 있어야 한다.

해설

④ (○) <그림>을 살펴보면 '우위유지 영역'으로 분류되는 항목은 중요도와 만족도 모두 평균보다 높아야 한다. <표>에서 이에 해당하는 항목을 찾으면 '홈페이지', '전시공간 환경', '전시물 수', '전시물 다양성'의 4개이다.

<그림>을 살펴보면 '현상유지 영역'으로 분류되는 항목은 중요도가 평균보다 낮고 만족도는 평균보다 높아야 한다. <표>에서 이에 해당하는 항목을 찾으면 '안내 시설물', '전시물 설명문', '기획 프로그램', '휴게 시설'의 4개이다.

따라서 두 항목의 수가 4개로 동일하다.

① (×) <표>를 보면 '안내 직원'의 중요도가 빈칸이다. 이때 중요도의 평균에서 이를 유추할 수 있다.

평균은 '전체 중요도 합÷12'이므로, $4.35 = \dfrac{48.15 + (\quad)}{12}$ 이다.

$4.35 \times 12 - 48.15 = (\quad)$이므로, 빈칸에 들어갈 '안내 직원'의 중요도는 4.05이다. 이는 평균인 4.35보다 낮다.

② (×) <표>를 보면 '교통 및 주차'의 중요도와 만족도는 모두 평균보다 낮다. <그림>에서 중요도와 만족도 모두 평균보다 '낮음'에 해당하는 영역은 '점진개선 영역'이다.

③ (×) <그림>을 살펴보면 '점진개선 영역'은 중요도와 만족도가 모두 평균보다 낮아야 한다. <표>에서 중요도와 만족도 모두 평균보다 낮은 항목은 '안내 직원', '전시공간 규모', '교통 및 주차'의 3개이다.

⑤ (×) <그림>을 살펴보면 '중점개선 영역'으로 분류되는 항목은 중요도가 평균보다 높고 만족도가 평균보다 낮아야 한다. <표>에서 이에 해당하는 항목을 찾으면 '안내 자료' 1개가 해당한다.

005

정답	②	세부영역	표 수치 분석형
난도	상	키포인트	수치비교 / 수치계산

해결전략 <표>의 수치를 비교하고, 계산하여 문제를 풀 수 있는 유형이다.

해설

② (×) '업무 만족도'가 가장 높은 지방청은 경인청이고, 그 다음은 동북청, 동남청, 호남청, 충청청 순이다. '인적 만족도'가 높은 지방청은 경인청, 동북청=동남청, 충청청, 호남청 순이다. 따라서 '업무 만족도'가 높은 지방청일수록 '인적 만족도'도 높다고 할 수 없다.

① (○) 표의 '연령대' 항목에서 '업무 만족도', '인적 만족도' 수치를 비교하면
30세 미만 3.82<3.83,
30세 이상 40세 미만 3.97<4.18,
40세 이상 50세 미만 4.17<4.39,
50세 이상 4.48<4.56이다.
따라서 모든 연령대에서 '업무 만족도'보다 '인적 만족도'가 높음을 확인할 수 있다.

③ (○) <표>의 '연령대' 항목에서 아래로 갈수록(연령대가 높아질수록) '업무 만족도'의 점수, '인적 만족도'의 점수가 모두 높아짐을 확인할 수 있다. 따라서 연령대가 높을수록 '업무 만족도'와 '인적 만족도'가 모두 높다.

④ (○) '업무 만족도', '인적 만족도', '시설 만족도'가 가장 높은 지방청은 세 항목 모두 경인청이다. 따라서 세 항목의 합이 가장 큰 지방청은 경인청이다.

⑤ (○) '업무 만족도', '인적 만족도', '시설 만족도'의 남자 응답자와 여자 응답자의 평균은 '남녀 응답자의 만족도 점수÷2'를 한 값이다. 만약 남녀 응답자의 수가 같다면, 전체 만족도 점수와 남녀 평균 점수가 같아야 한다. 어느 한쪽의 수가 더 많은 경우, 응답자 수가 더 많은 쪽의 점수가 높으면 평균 점수는 높아지고, 낮으면 평균 점수도 낮아진다.
이를 숙지하고 응답자의 평균점수(응답자 수가 동일하다고 가정)와 전체 만족도 점수를 비교해 보자.
업무 만족도 : (4.07+4.15)÷2=4.11
4.11<4.12 (전체 점수가 더 높음) - 여자 응답자 점수가 더 높음
인적 만족도 : (4.33+4.27)÷2=4.3
4.3>4.29 (전체 점수가 더 낮음) - 여자 응답자 점수가 더 낮음
시설 만족도 : (4.19+4.20)÷2=4.195
4.195<4.20 (전체 점수가 더 높음) - 여자 응답자 점수가 더 높음
위의 비교로 보아, 여자 응답자 수가 남자 응답자 수보다 더 많음을 알 수 있다.

⊕ Killer hint

선택지 ⑤를 확인하기 위해서 위의 해설과 같이 남녀 평균 점수와 전체 만족도 점수를 비교해 보는 것도 좋지만, 전체 만족도 점수와 남자 응답자 점수, 여자 응답자 점수를 따로 비교해 보는 것이 더 간단할 수 있다. 남녀 응답자 점수 옆의 (   )는 전체 만족도 점수와의 차이, 즉 편차를 나타낸 것이다.

전체 만족도 점수	4.12	4.29	4.20
남자 점수	4.07 (−0.5)	4.33 (+0.4)	4.19 (−0.1)
여자 점수	4.15 (+0.3)	4.27 (−0.2)	4.20 (0)

남녀 응답자 점수와 전체 만족도 점수 간 편차는 여자 응답자가 항상 작으므로 여자 응답자의 수가 남자보다 많음을 추론할 수 있다. (→ 응답자 수가 많아야 평균에 더 기여)

006

정답	①	세부영역	그림 분석형
난도	하	키포인트	그림해석

해결전략 <그림>의 막대 그래프 길이를 통해 구매액 비중을 확인할 수 있다.

해설

ㄱ. (○) '50대 이상' 연령대의 구매액 비중이 가장 큰 유통업태는 약 40%를 차지하는 할인점이다.

ㄴ. (○) 여성의 구매액 비중이 남성보다 큰 유통업태는 오픈마켓과 할인점이다. 40세 이상의 구매액 비중은 40대＋50대 이상의 구매액 비중이므로, 오픈마켓의 경우 약 68%, 할인점의 경우 약 70%이다. 즉 모두 60% 이상이다.

ㄷ. (×) 소셜커머스, 오픈마켓, 할인점의 50대 이상 연령대의 구매액 비중이 20대 이하보다 크다는 것은 <그림>에서 바로 확인할 수 있다. 그러나 일반유통의 경우 50대 이상의 구매액 비중이 20% 이하인 데 반해, 20대 이하의 구매액 비중은 20% 이상임을 확인할 수 있다.

따라서 4대 유통업태 모두에서 50대 이상의 구매액 비중이 20대 이하보다 큰 것은 아니다.

ㄹ. (×) 40세 미만, 즉 30대와 20대 이하 연령대의 구매액 비중이 50% 미만인 유통업태는 소셜커머스, 오픈마켓, 할인점이다. 오픈마켓과 할인점의 여성 구매액 비중은 남성보다 크지만, 소셜커머스의 여성 구매액 비중은 40%로 남성보다 작다.

007

정답	②	세부영역	보고서 분석형
난도	중	키포인트	그림해석

해결전략 <보고서>의 내용을 제시된 <그림>에서 찾아 옳고 그름을 판단한다.

해설

㉠ (○) <그림 1>을 보면, 2005년 이후 장년층 고용률을 나타내는 선이 전체 고용률을 나타내는 선보다 항상 위에 있음을 알 수 있다. 또한, 장년층 고용률은 2009년 66.2%를 나타낸 이후 계속 우상향하여 2014년 69.5%를 기록하였다.

㉡ (×) <그림 1>을 보면, 전체 고용률과 장년층 고용률의 차이는 2010년 이후로 갈수록 벌어짐을 알 수 있다. 2011년도부터 그 차이를 구해보면, 2011년 3.8, 2012년 4.1, 2013년 4.9, 2014년 4.5(%p)이다. 따라서 그 차이가 가장 큰 연도는 2013년이고 두 번째로 큰 연도는 2014년이다.

㉢ (○) <그림 2>에 임금근로자의 고용 형태 비중이 제시되어 있다. 임시직(29.2%), 상용직(27.6%), 일용직(16.5%) 순이다.

㉣ (○) <그림 3>을 통해, 장년층 재취업 전 직종 구성비에서 단순노무직이 차지하는 비중이 15.5%로 가장 낮았고, 재취업 후에는 36.9%로 높아져 비중이 가장 높아졌음을 알 수 있다.

㉤ (×) <그림 4>를 보면, 2009년에는 자영업자 중 50대 비중이 50.0%가 되지 않으므로, 2010년 이후 자영업자 중 50대 비중이 50.0% 이상이고 계속 증가한다고 할 수 있다.

008

정답	②	세부영역	그림 분석형
난도	상	키포인트	그림해석 / 수치비교

해결전략 그림에 배치된 점들의 위치가 나타내는 의미를 이해하고, 위치에 따른 수치 비교를 할 수 있어야 한다.

해설

ㄱ. (○) 1인당 GDP가 체코의 25천 달러보다 높은 국가 중에서 수학성취도가 체코보다 높은 국가의 수와 낮은 국가의 수를 찾으면 된다. 이때, <표>에서 카타르와 인도네시아의 수학성취도는 빈칸 표시가 되어 있다. <그림>에서 카타르의 1인당 GDP 77천 달러에 해당하는 국가의 수학성취도는 375점, 인도네시아의 1인당 GDP 5천 달러에 해당하는 국가의 수학성취도는 375점이다. (비슷한 1인당 GDP 위치의 수학성취도가 500~525점 사이인데, 이는 4천 달러/ 511점인 베트남임을 알 수 있다.)

1인당 GDP가 체코의 25천 달러보다 높은 국가는 <표>에서 체코 위쪽에 위치한 20개 국가이고, 이 중 체코의 수학성취도 499점보다 점수가 높은 국가는 싱가포르, 네덜란드, 아일랜드, 호주, 덴마크, 캐나다, 독일, 핀란드, 일본, 한국의 10개 국가이다. 이에 따라 체코보다 점수가 낮은 국가는 10개 국가이다. 따라서 국가 수가 동일하다.

ㄷ. (○) <그림>의 각주를 보면, 34개국 학생 전체의 수학성취도 평균은 500점이다. 500점 이상이면서 1인당 GDP 상위 5개 국가에 해당하는 것은 아래의 두 선을 그은 후 오른쪽 윗부분에 해당하는 국가이다. 1인당 GDP가 약 58(천 달러)이면서 수학성취도가 575점인 국가 1개가 이에 해당한다.

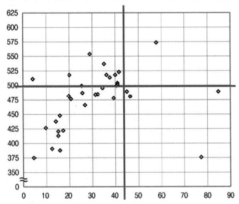

ㄴ. (×) <그림>을 보면, 수학성취도가 세로축에 표시되어 있다. <그림>의 가장 아래쪽의 7개가 수학성취도 하위 7개 국가이다. 그런데 이 중 최하위인 375점에 해당하는 한 국가의 1인당 GDP는 약 77천 달러(=약 7만 7천 달러)에 위치하고 있다. 따라서 수학성취도 하위 7개 국가의 1인당 GDP가 모두 2만 달러 이하는 아니다.

ㄹ. (×) <그림>에서 수학성취도 상위 2개 국가의 1인당 GDP를 찾으면, 가장 위쪽에 있는 약 29천 달러, 약 58천 달러로 그 차이는 약 30천 달러이다. 수학성취도 하위 2개 국가의 1인당 GDP를 찾으면, 가장 아래에 있는 약 5천 달러, 약 77천 달러로 그 차이는 약 72천 달러이다. 사실 따로 좌표를 구해 계산하지 않아도 눈으로 맨 위에 있는 두 점 사이 길이와, 가장

아래에 있는 두 점 사이 길이 중 아래의 두 점 사이 길이가 더 긴 것을 바로 알 수 있다. 따라서 수학성취도 하위 2개 국가의 1인당 GDP 차이가 더 크다.

⊕ Killer hint

<표>와 <그림>의 자료를 모두 활용해야 하는 문제인데, <표>의 항목이 상당히 많은 편이므로, <그림>을 잘 해석하고 활용해야 문제를 더 효율적으로 풀어나갈 수 있다.

009

정답	④	세부영역	보고서 분석형
난도	중	키포인트	보고서와 표·그림 비교

해결전략 제시된 <표>, <그림>과 <보고서> 내용을 매칭시켜 선택지의 옳고 그름을 판단한다.

해설

㉠ (○) <표>에서 3D 입체영상 특허출원 현황을 보면, 일본의 출원 건수는 3,620건이고 3개국 전체 출원 건수는 5,655건이다. 따로 계산해보지 않더라도 일본의 출원 건수가 3개국 전체 출원 건수의 60% 이상임을 알 수 있다.(어림하여 6,000건의 60%를 계산하면 3,600건이다.) 실제로 계산하면 $\frac{3,620}{5,655}$ ×100≒64(%)가 된다.

㉡ (○) <그림 1>을 보면 2007년 이후 한국의 출원 건수를 나타내는 선이 미국을 나타내는 선보다 항상 위에 있다. 따라서 이 기간 한국 특허출원 건수는 매년 미국 특허출원 건수를 초과하였다.

㉢ (×) <그림 2>를 보면 2003년 이후 한국의 출원 건수를 나타내는 선은 미국을 나타내는 선보다 아래에 있다가, 2009년에는 미국보다 위에 있고 2010년에 다시 아래에 위치해 있다. 이로 보아 한국의 특허출원 건수는 2003년 이후 미국의 특허출원 건수보다 적다가 2009년에는 미국을 앞질렀고, 2010년에는 다시 미국이 한국을 앞질렀다고 해석할 수 있다. 따라서 한국의 특허출원 건수가 매년 미국보다 적다는 설명은 틀렸다.

㉣ (○) <그림 2>을 보면 한국과 일본의 특허출원 건수 차이는 각 나라의 건수를 나타내는 선들이 얼마나 가까이 또는 멀리 있느냐를 보면 알 수 있다. 2010년에 이 두 선이 가장 가까이 있으므로, 2010년에 특허출원 건수 차이가 가장 작다는 것을 알 수 있다. 이때의 건수 차이는 약 60건이다.

010

정답	①	세부영역	그림 분석형
난도	중	키포인트	그림이해

해결전략 <그림>이 의미하는 바를 이해하고, <보기>의 기준에 따라 알맞은 수치를 유추해 낼 수 있어야 한다.

해설

ㄱ. (○) 총급여액이 800~1,300만 원인 자녀가 1명인 가구의 근로장려금은 140만 원이다.

ㄷ. (○) <그림>의 그래프 선을 보면, 2018년 총급여액이 2,200만 원이고 자녀가 3명 이상인 가구의 2019년 근로장려금은 70만 원이 조금 안 된다. 2018년 총급여액이 600만 원이고 자녀가 1명인 가구의 2019년 근로장려금은 70~140만 원 사이이다. 따라서 전자가 후자보다 적다.

ㄴ. (×) 총급여액이 600~800만 원 사이인 무자녀 가구의 근로장려금은 70만 원으로 동일하며, 총급여액이 600만 원 이하인 무자녀 가구의 경우 총급여액이 많을수록 근로장려금도 많아진다.

ㄹ. (×) 2018년 총급여액이 2,000만 원인 가구의 경우의 근로장려금은 무자녀인 경우 0원, 자녀 1명인 경우에도 0원, 자녀 2명인 경우에 약 50만 원, 자녀 3명 이상인 경우 약 100만 원이다. 자녀가 1명, 2명, 3명인 경우 자녀가 많을수록 근로장려금도 많아지나, 4명, 5명일 경우의 근로장려금은 3명인 경우와 동일하므로 자녀가 많을수록 근로장려금도 많다고 할 수는 없다.

분석형

011

정답	④	세부영역	보고서 분석형
난도	중	키포인트	순위비교 / 추론

해결전략 <표>의 순위와 수치를 통해 <보고서> 내용의 옳고 그름을 판단할 수 있어야 한다.

해설

㉠ (○) 백화점, TV홈쇼핑의 셔츠 상품군 판매수수료율이 각각 33.9%, 42.0%로 전체 상품군 중 가장 높았다.

㉡ (×) 백화점의 여성정장 상품군과 모피 상품군의 판매수수료율은 각각 31.7%, 31.1%이다. 이 상품군들의 TV홈쇼핑 판매수수료율은 <표 2>에 제시되어 있지 않아 정확하게 알 수는 없으나, 판매수수료율 상위 5개 중 5위인 화장품의 36.8%보다 낮다고 해도 백화점의 판매수수료율보다 높을 수 있다. 따라서 TV홈쇼핑의 여성정장 상품군과 모피 상품군의 판매수수료율이 백화점보다 더 낮다고 할 수는 없다.

㉢ (○) 디지털기기 상품군의 판매수수료율은 TV홈쇼핑이 21.9%, 백화점이 11.0%로, TV홈쇼핑이 백화점보다 더 높았다.

㉣ (○) TV홈쇼핑의 여행패키지 상품군의 판매수수료율은 8.4%이다. 백화점의 경우는 <표 1>에 정확한 판매수수료율이 제시되어 있지 않으나, 판매수수료율 하위 5개보다는 높다는 것을 알 수 있다. 즉 20.8%보다는 높다. 20.8%는 8.4%의 2배 이상이므로, 여행패키지 상품군의 판매수수료율은 백화점이 TV홈쇼핑의 2배 이상이라 할 수 있다.

⊕ Killer hint

제시된 <표>의 순위에서 <보고서> 내용의 옳고 그름을 파악해야 한다. 또한, 순위가 제시되지 않은 항목에 관한 내용도 유추할 수 있어야 한다.

012

정답	③	세부영역	그림 분석형
난도	중	키포인트	그림해석 / 수치비교

해결전략 그림에 배치된 점들의 위치가 나타내는 의미를 각주와 연관해 이해해야 한다.

해설

<그림>은 타지역 전방연관성 및 타지역 후방연관성을 나타내고 있으며, 각주의 '자기지역 전방연관성 + 타지역 전방연관성 = 100%', '자기지역 후방연관성 + 타지역 후방연관성 = 100%'의 식을 염두에 두고 <보기> 선택지의 내용을 확인해야 한다.

ㄱ. (○) 타지역 전방연관성이 가장 큰 지역은 <그림>에서 세로축 값이 가장 큰 '인천'이다.

ㄹ. (○) 인천, 부산, 대구, 대전, 광주, 울산의 타지역 전방연관성은 모두 40%를 넘지 않는다. 자기지역 전방연관성은 '100%－타지역 전방연관성'이므로, 이는 모두 50% 이상에 해당하여 타지역 전방연관성보다 크다.

ㄴ. (×) 인천, 충남, 충북, 대전, 대구의 타지역 전방연관성과 타지역 후방연관성은 모두 점선(전국 평균)보다 위쪽/오른쪽에 있으므로 평균보다 크다.

<그림> 아래의 각주 2), 3)에 따르면 자기지역 전방연관성은 '100%－타지역 전방연관성', 자기지역 후방연관성은 '100%－타지역 후방연관성'이므로, 자기지역 전방연관성과 자기지역 후방연관성은 모두 평균보다 작다는 것을 추론할 수 있다.

ㄷ. (×) 경남의 자기지역 전방연관성은 100%－약 25%(타지역 전방연관성)＝약 75%로, 강원의 자기지역 후방연관성 100%－약 31%(타지역 후방연관성)＝약 69%보다 크다.

⊕ Killer hint

난이도가 높은 문제는 아니나, '자기지역', '타지역' / '전방연관성', '후방연관성' 등 비슷한 용어가 반복되어 헷갈릴 수 있으므로 수치를 비교할 때 반대로 하지 않도록 주의해야 한다.

013

정답	⑤	세부영역	표·그림 분석형
난도	상	키포인트	수치비교 / 수치계산

해결전략 <표>와 <그림>의 수치를 비교하고 계산하여 문제를 풀 수 있는 유형이다.

해설

⑤ (○) 50대 취업자의 남녀 수나 그 비율은 따로 제시되어 있지 않다. <표>에서 남녀 학력별 50대 취업자 분포와 50대 전체 취업자의 분포를 비교해 보면 아래와 같다.

	미취학	초등졸	중졸	고졸	대졸 이상
남성(%)	0.60	6.60	12.80	39.30	40.70
여성(%)	0.90	12.00	19.70	44.01	23.30
전체(%)	0.76	9.55	16.56	41.92	31.21

남녀의 수가 동일할 경우 남녀 전체의 학력분포 비율은 남녀 비율의 평균값에 해당해야 한다. 만약 남성이 여성보다 그 수가 적다면, 전체 학력분포 비율은 여성의 학력분포 비율에 더 가까워진다.(인원수가 많아 평균값에 더 기여하므로)

미취학 : $\frac{0.60+0.90}{2}$ =0.75(%) < 전체 비율 0.76%

초등졸 : $\frac{6.60+12}{2}$ =9.3(%) < 전체 비율 9.55%

중졸 : $\frac{12.8+19.7}{2}$ =16.25(%) < 전체 비율 16.56%

고졸 : $\frac{39.3+44.01}{2}$ =41.655(%) < 전체 비율 41.92%

→ 모두 여성의 학력분포 비율이 남성의 학력분포 비율보다 큼

대졸 이상 : $\frac{40.7+23.3}{2}$ =32(%) > 전체 비율 31.21%

→ 여성의 분포 비율이 남성 분포 비율보다 작음

여성의 분포 비율이 큰 경우 전체 분포 비율도 커지고, 여성 분포 비율이 남성보다 작은 경우 전체 비율도 작아짐을 알 수 있다. 따라서 50대 취업자 수는 여성이 남성보다 많다.

① (×) <그림>에는 30대 취업자 중 서비스직 비중이 12.60%, 50대 취업자 중 서비스직 비중이 5.50%라는 정보만 제시돼 있다. 30대와 50대 각각의 연령층에서의 취업자 직종 비중이므로, 두 연령대의 취업자 수를 비교할 수는 없다.

② (×) 30대 취업자 중에서 기능직 취업자는 전체의 7.20%이고, 최종학력이 고등학교 졸업인 30대 남성 취업자 수는 15.50%이다. 이때 최종학력이 고등학교 졸업인 30대 남성 취업자 수는 30대 전체 취업자 수 아닌 30대 남성 취업자 수를 100%로 두고 비교한 것이므로 비교가 불가능하다.

즉 30대 남성 취업자 수의 비중을 구하기 위해서는 <표>에서 30대 남녀 취업자 분포와 30대 전체 취업자 분포를 비교해야 한다.

	미취학	초등졸	중졸	고졸	대졸 이상
남성(%)	0.10	0.10	0.50	15.50	83.80
여성(%)	0.10	0.10	0.30	13.50	86.00
전체(%)	0.10	0.10	0.40	14.50	84.90

남성과 여성의 학력별 분포의 편차는 같으므로 30대 취업자의 남성과 여성의 비가 1:1인 것을 알 수 있다. 이에 따라 최종학력이 고등학교 졸업인 30대 남성의 비율은 14.50%의 절반인 7.25%이므로 30대 취업자 중에서 기능직 취업자 비율인 7.20%보다 높다. 따라서 최종학력이 고등학교 졸업인 30대 남성 취업자 수가 30대 기능직 취업자 수보다 많다.

③ (×) 30대 판매직 취업자는 30대 취업자의 16.11%에 해당한다. 30대 취업자 중 최종학력이 고등학교 졸업 이하인 취업자는 0.10+0.10+0.40+14.50=15.1(%)이다. 즉 모든 판매직 취업자가 고졸 이하인 취업자에 포함된다고 말할 수는 없다.

④ (×) 50대 취업자 중에서 최종학력이 중학교 졸업인 50대 취업자는 전체의 16.56%이고, 50대 기계조작직 취업자 수는 전체의 16%이다. 따라서 최종학력이 중학교 졸업인 50대 취업자 수가 더 많다.

분석형

014

정답	③	세부영역	표 수치 분석형
난도	하	키포인트	수치비교 / 순위나열

해결전략 <표>에서 문제에서 찾아야 하는 수치들을 정확하게 찾아, 대소비교를 할 수 있어야 한다.

해설

ㄱ. (○) 2014년 수출액이 큰 순서는 같은 해 수출액 비중이 큰 순서와 동일하다고 할 수 있다. 따라서 <표 1>의 2014년 수출액 비중이 큰 순서대로 나열하면, 반도체(10.04%), 석유제품(8.88%), 자동차(8.54%), 일반기계(8.49%), 석유화학(8.35%), 선박류(7.09%) 등의 순이 된다.

ㄴ. (○) <표 1>에서 13대 수출 주력 품목 중 2013년에 비해 2015년에 전체 수출액 대비 수출액 비중이 상승한 품목을 찾으면, 가전, 무선통신기기, 반도체, 일반기계, 자동차, 자동차부품, 컴퓨터로 총 7개이다.

ㄷ. (×) <표 2>를 보고 13대 수출 주력 품목 중 세계수출시장 점유율 상위 5개 품목의 순위를 1위부터 나열하면 아래와 같다.

2013년 : 선박류, 평판디스플레이, 석유화학, 반도체, 무선통신기기

2014년 : 선박류, 평판디스플레이, 반도체, 석유화학, 자동차부품

따라서 순위가 동일하지 않다.

015

정답	④	세부영역	그림 분석형
난도	하	키포인트	그림해석 / 수치비교

해결전략 <그림>에서 찾아야 하는 수치들을 정확하게 찾아 선택지 내용에 따라 대소비교를 할 수 있어야 한다.

해설

④ (○) 미국이 4대 분야에서 획득한 점수의 합은 5.0+4.3+4.2+1.9=15.4(점)이다. 프랑스가 4대 분야에서 획득한 점수의 합은 3.4+3.7+5.0+2.8=14.9(점)으로, 미국의 점수 합이 프랑스의 점수 합보다 크다.

① (×) 기술력 분야에서 한국의 점수는 3.7점으로 다른 국가의 점수 4.2, 4.5, 5.0점보다 낮다.

② (×) 성장성 분야에서 점수가 가장 높은 국가는 4.2점인 한국이지만 시장지배력 분야에서는 1.0점으로 점수가 가장 낮다.

③ (×) 브랜드파워 분야에서 각국이 획득한 점수의 최댓값은 4.3, 최솟값은 1.1로 그 차이는 3.2이다. 따라서 3 이하가 아니다.

⑤ (×) 시장지배력 분야의 점수는 일본이 1.7점, 프랑스가 3.4점, 미국이 5.0점으로, 일본이 프랑스와 미국보다 낮다.

016

정답	④	세부영역	그림 분석형
난도	중	키포인트	그림해석 / 수치비교 / 수치계산

해결전략 <그림>에 배치된 점들의 위치가 나타내는 의미를 이해하고, 위치에 따른 수치 비교를 할 수 있어야 한다.

해설

④ (×) '무역규모＝수출액＋수입액'이므로, <그림>의 오른쪽/위쪽으로 갈수록 무역규모가 증가한 것이다. 2001년에서 2004년까지는 무역규모가 증가하다가, 2005년에 감소하였고, 그 이후 계속 증가하다가 2009년에 또 감소하였다. 2005년 수출액은 전년과 비교해 250십억 불에서 300십억 불로 증가했으며, 2009년 수출액은 전년과 비교해 400십억 불에서 420십억 불로 증가했으므로, 무역규모가 감소한 해에 수출액은 감소하지 않았다.

① (○) '무역규모＝수출액＋수입액'이므로, <그림>의 오른쪽/위쪽에 위치할수록 무역규모가 크고, 왼쪽/아래쪽에 위치할수록 무역규모가 작다.
따라서 무역규모가 가장 큰 해는 2008년 또는 2007년인데, 2008년의 무역규모는 400＋390＝790(십억 불), 2007년의 무역규모는 430＋320＝750(십억 불)이므로, 2008년의 무역규모가 가장 크다.
무역규모가 가장 작은 해는 2001년이다. (160＋120＝280십억 불)

② (○) 수출액 대비 수입액의 비율이 가장 높다는 것은 수출액이 작고, 수입액이 크다는 것이다. <그림>에서 점의 위치가 왼쪽/위쪽에 위치할수록 수출액 대비 수입액의 비율이 높다.
2003년의 경우 $\frac{240}{170}$ ≒1.4로, 수입액이 수출액의 1.5배가 채 안 된다. 2000년, 2001년, 2005년, 2006년, 2007년, 2009년의 경우 수출액이 수입액보다 크므로 제외한다.
2002년과 2008년은 수입액과 수출액이 거의 같고, 2004년은 $\frac{280}{250}$ ＝1.12이므로, 수입액이 수출액의 1.1배 정도이다. 따라서, 수출액 대비 수입액의 비율이 가장 높은 해는 2003년이 맞다.

③ (○) '무역수지 ＝ 수출액 － 수입액'이므로, 수출액이 크고 수입액이 작을수록 흑자폭이 크고 수입액이 크고 수출액이 작을수록 적자폭이 크다. 수출액보다 수입액이 큰 해는 2003년(수입액이 약 70십억 불 큼), 2004년(수입액이 약 30십억 불 큼)이므로, 적자폭이 가장 큰 해는 2003년이다.(적자폭 약 70십억 불) 한편, 흑자폭이 가장 큰 해는 수출액이 430십억 불, 수입액이 320십억 불인 2007년이다.(흑자폭 약 110십억 불)

⑤ (○) 수출액이 가장 큰 해는 그림의 가장 오른쪽에 위치한 2007년(430십억 불)이고, 수입액이 가장 큰 해는 그림의 가장 위쪽에 위치한 2008년(390십억 불)이다.

⊕ Killer hint

정확하게 계산하지 않아도 충분히 답을 구할 수 있다. 답을 확신하기 어려울 경우에는 수치를 공식에 대입해 계산하면 된다.

017

정답	⑤	세부영역	보고서 분석형
난도	중	키포인트	보고서와 표 비교

해결전략 <표>의 정보를 통해 <보고서> 내용의 옳고 그름을 판단할 수 있어야 한다.

해설

㉠ (○) '소말리아 임무단'의 활동기간은 2007년 1월부터 2021년 5월 현재까지이므로, 14년이 넘었다. 이보다 활동기간이 긴 임무단은 없다.

㉡ (○) '코모로 선거감시 지원 임무단'은 2006년 3월부터 같은 해 6월까지 3개월간 활동하였고, 이보다 활동기간이 짧은 임무단은 없다.

㉢ (○) 제시된 표의 '파견규모'의 인원수를 더하면 구할 수 있다. 파견규모가 천 단위인 임무단의 규모만 어림하여 계산하여도 3,100＋6,000＋6,000＋3,300＋1,400＋5,900＝25,700(명)이므로, 파견규모는 25,000명 이상이다.

㉣ (○) 수단에서는 '수단 임무단', '다르푸르 지역 임무단'이, 코모로에서는 '코모로 선거감시지원 임무단', '코모로 치안지원 임무단'이 활동하였다.

㉤ (×) 활동기간에 2007년 10월이 포함되는 임무단은 '수단 임무단', '소말리아 임무단', '코모로 치안지원 임무단', '다르푸르 지역 임무단'의 4개이다.

018

정답	③	세부영역	표 수치 분석형
난도	하	키포인트	수치비교 / 수치계산

해결전략 여러 지역별 수치가 제시되어 있으므로 헷갈리지 않고 매칭시켜 계산하면 쉽게 풀 수 있는 문제이다.

해설

③ (○) 파주시 문화유산 보유건수 합은 63건이다. 전체 문화유산 보유건수 합은 224+293+100+35=652(건)이다.
63×10=630이고, 630<652이므로, 파주시 문화유산 보유건수 합(63)은 전체 문화유산 보유건수 합(652)의 10% 이하이다.

① (×) '등록 문화재'를 보유한 시는 용인, 여주, 고양, 남양주, 파주, 성남, 수원의 7개이다.

② (×) 유형별 전체 보유건수가 가장 많은 문화유산은 293건을 보유한 '지방 지정 문화재'이다.

④ (×) '문화재 자료' 보유건수가 가장 많은 시는 16건을 보유한 용인시다.

⑤ (×) '국가 지정 문화재'의 시별 보유건수 순위를 상위부터 3위까지 나타내면, 용인-성남-여주이다.
'문화재 자료'의 시별 보유건수 순위를 상위부터 3위까지 나타내면 용인-안성-(여주=고양=남양주)이다. 따라서 둘의 순위는 동일하지 않다.

019

정답	①	세부영역	그림 분석형
난도	하	키포인트	그림해석

해결전략 <그림>의 막대그래프 길이를 통해 수치를 비교할 수 있어야 한다.

해설

ㄱ. (○) BT분야가 11.2%, NT분야가 5.4%이다. 따로 계산하지 않아도 BT분야가 NT분야의 2배 이상임을 바로 확인할 수 있다.

ㄴ. (○) 기업체의 IT분야 연구개발비 비중은 41.0%, NT분야 연구개발비 비중은 13.4%이므로 전체 연구개발비 중 50% 이상을 차지함을 쉽게 확인할 수 있다.

ㄷ. (×) <그림>에 제시된 것은 3개 기관의 분야별 연구개발비 '비중'이다. 연구개발비용이 따로 제시되어 있지 않으므로 알 수 없는 내용이다. (ET분야 연구개발비 비중은 눈으로만 보아도 공공연구기관이 가장 많으므로 자칫하다 실수로 옳다고 생각할 수 있다. '비중'과 '비용'을 구분하여 생각해야 한다.)

ㄹ. (×) 공공연구기관의 ST분야 연구개발비 '비중'은 7.7%로, 기업체와 대학의 ST분야 연구개발비 비중 합인 '0.6%+2.0%=2.6%'보다 크다. 하지만 이는 '비중'이 크다는 것이고, 연구개발비는 제시되어 있지 않으므로 알 수 없는 내용이다.

ㅁ. (×) 기타를 제외하고 연구개발비 비중이 가장 작은 분야는 <그림>에서 막대 그래프 길이가 가장 짧은 분야를 찾으면 된다. 기업체와 대학은 ST분야, 공공연구기관은 NT분야로 모두 동일하지는 않음을 확인할 수 있다.

⊕ Killer hint

연구개발비 '비중'과 '비용'을 구분할 수 있어야 한다. 이 문제에서는 '비중'만 제시되어 있으므로 '금액'이나 '비용'에 관한 선택지의 내용은 옳은지 틀린지 판단할 수가 없다.

020

정답	⑤	세부영역	표 수치 분석형
난도	하	키포인트	수치비교 / 수치계산

해결전략 여러 지역별 수치가 제시되어 있으므로 헷갈리지 않고 매칭시켜 계산하면 쉽게 풀 수 있는 문제이다.

해설

ㄴ. (○) 경남의 PC 보유율은 72.0%이고, 이보다 보유율이 낮은 지역은 충남(69.9%), 전북(71.8%), 전남(66.7%), 경북(68.8%) 이다. 이 네 지역의 인터넷 이용률은 각각 69.7%, 72.2%, 67.8%, 68.4%로, 모두 경남의 인터넷 이용률인 72.5%보다 낮다.

ㄹ. (○) 제시된 표 왼쪽 칸의 PC 보유율과 오른쪽 칸 인터넷 이용률을 비교해 볼 때, PC 보유율보다 인터넷 이용률이 높은 지역은 전북, 전남, 경남이다.

ㄱ. (×) PC 보유율이 높은 순서대로 나열하면 서울(88.4%), 울산(88.1%), 인천(87.0%), 경기(86.3%)로 네 번째로 높은 지역은 경기이다.

인터넷 이용률이 높은 순서대로 나열하면 울산(85.0%), 경기(82.9%), 인천(81.7%), 광주(81.0%)로 경기의 인터넷 이용률은 두 번째로 높다.

ㄷ. (×) 울산의 인터넷 이용률은 85.0%이고, 인터넷 이용률이 가장 낮은 지역은 67.8%인 전남이다. 67.8×1.3=88.14이므로, 울산의 인터넷 이용률은 전남의 1.3배 이상은 아니다.

021

정답	⑤	세부영역	보고서 계산형
난도	상	키포인트	수치계산

해결전략 <보고서>의 내용에 따라 <그림>의 수치를 보고 올바르게 계산할 수 있어야 한다.

해설

㉠ (○) <그림 1>을 보면, 2020년 '갑'국 e스포츠 산업 규모는 973억 원이고, 973억 원×1.15=1118.95(억 원), 즉 1,118억 9천 5백만 원이다. 2021년 산업 규모인 1,138억 6,000만 원은 1118.95억 원 이상이므로, 2020년 사업 규모보다 15% 이상 성장한 것이다.

㉡ (○) <그림 2>를 보면, 2021년 방송분야 매출은 453억 원으로, 전체 e스포츠 산업에서 차지하는 비중은 $\frac{453억\ 원}{1138.6억\ 원}$ ×100≒39.8(%)이므로, 35% 이상을 차지한다. 비중도 수치상 가장 큰 것임을 바로 알 수 있다.

㉢ (○) <그림 3>을 보면, 글로벌 e스포츠 산업 규모는 2019년 5,424억 원, 2020년 7,207억 원, 2021년 9,517억 원이다. 2019년에는 전년과 비교하여 $\frac{5,424-3,741}{3,741}$ ×100≒44.99(%) 성장하였다. 2020년에는 전년과 비교하여 $\frac{7,207-5,424}{5,424}$ ×100≒32.87(%) 성장하였다. 2021년에는 전년과 비교하여 $\frac{9,517-7,207}{7,207}$ ×100≒32.05(%) 성장하였다. 따라서 2019년부터 전년 대비 30% 이상 성장하였다.

㉣ (○) <그림 1>을 보면, 2020년 '갑'국 e스포츠 산업 규모는 전년 대비 $\frac{973-933.4}{933.4}$ ×100≒4.24(%) 성장에 그쳤다. <그림 3>을 보면 2020년 글로벌 e스포츠 산업 규모는 7,207억 원이므로, 이때 '갑'국이 글로벌 e스포츠 산업 규모에서 차지하는 비중은 $\frac{973}{7,207}$ ×100≒13.5(%)이므로 15% 미만이다.

㉤ (×) 2017년 이후 글로벌 e스포츠 산업 규모 대비 '갑'국 e스포츠 산업 규모의 비중을 구하면 아래와 같다.

2017년: $\frac{602.7}{3,575}$ ×100≒16.86(%)

2018년: $\frac{722.9}{3,741}$ ×100≒19.32(%)

2019년: $\frac{933.4}{5,424}$ ×100≒17.21(%)

2020년: $\frac{973}{7,207}$ ×100≒13.5(%)

2021년: $\frac{1,138.6}{9,517}$ ×100≒11.96(%)

따라서 증가하였다 감소하므로, 매년 감소한 것은 아니다.

Killer hint

<그림 1>의 연도는 왼쪽부터 순서대로 되어 있으나, <그림 2>와 <그림 3>의 연도는 위쪽이 가장 최근, 아래쪽으로 갈수록 예전 연도 순이다. 계산이 헷갈리지 않도록 주의해야 한다.

022

정답	①	세부영역	표 수치 계산형
난도	상	키포인트	수치계산

해결전략 <표>에 제시된 수치 계산으로 <보기> 선택지 내용의 옳고 그름을 판단할 수 있어야 한다.

해설

ㄱ. (○) 지연율(%) = $\frac{총\ 지연\ 대수}{총\ 운항\ 대수}$ ×100이므로, 총 운항 대수는 많고, 총 지연 대수가 적어야 지연율이 낮다. BK항공의 지연율을 구하면, $\frac{110}{2,818}$ ×100≒3.9(%)이다. 이보다 지연율이 낮은 항공사는 없으므로, 옳은 설명이다. (BK항공의 경우 분자의 값이 분모의 10분의 1이 채 되지 않는다. 총 지연 대수가 총 운항 대수의 10분이 1이 되지 않는 항공사는 9C항공밖에 없는데, 이 경우 지연율은 $\frac{229}{2,675}$ ×100≒8.6(%)가 되어 BK항공보다 높다.)

ㄴ. (○) 총 지연 대수 중 항공기 정비, 기상 악화, 기타로 인한 지연 대수의 합이 차지하는 비중이 높다는 것은 총 지연 대수 중 연결편 접속으로 인한 지연 대수 비중이 낮다는 것이다. ZH항공의 총 지연 대수 중 연결편 접속 지연 대수 비중은 $\frac{135}{417}$ ×100≒32.4(%)이다. 나머지 항공사의 총 지연 대수 중 연결편 접속 지연 대수 비중을 살펴보면, 모두 50%를 넘는다. 따로 계산하지 않고 어림하여 살펴보아도 쉽게 확인할 수 있다.

ㄷ. (×) 기상 악화로 인한 전체 지연 대수는 605대이고, 이 중 EK항공과 JL항공이 차지하는 지연 대수는 214+147=361(대)이다. $\frac{361}{605}$ ×100≒59.7(%)이므로, 50%를 초과한다.

ㄹ. (×) EZ항공의 항공기 정비로 인한 지연 대수 대비 기상악화로 인한 지연 대수 비율을 구하면, $\frac{156}{41}$ ≒3.8이다. 기상악화로 인한 지연 대수가 항공기 정비로 인한 지연 대수의 약 3.8배에 해당한다. 나머지 항공사의 이 비율이 EZ항공보다 높은 곳이 있는지 구하면, 8L항공의 비율이 $\frac{36}{4}$ =9임을 알 수 있다. 따라서 항공기 정비로 인한 지연 대수 대비 기상악화로 인한 지연 대수 비율이 가장 높은 항공사는 8L항공이다.

Killer hint

'A+B+C=D'가 제시될 때, B+C의 값이 가장 크다는 것은 A 값이 가장 작다는 말과 같다. 이를 활용해 문제를 좀 더 쉽게 풀 수 있다.

023

정답	①	세부영역	표 · 그림 수치 계산형
난도	상	키포인트	수치계산 / 수치비교

해결전략 <표>와 <그림>에 제시된 수치 계산으로 <보기> 선택지 내용의 옳고 그름을 판단할 수 있어야 한다.

해설

시청자평가지수 $= \left(\dfrac{\text{만족도지수} + \text{질평가지수}}{2}\right)$ 이므로, 이를 이용해 <표>의 주시청 시간대 A, B, D, F, G 방송사의 만족도지수와 질평가지수의 빈칸을 채울 수 있다.

A방송사 시청자평가지수 $7.23 = \dfrac{(\quad) + 7.20}{2}$ 이므로, $(\quad) = 7.26$

B방송사 시청자평가지수 $7.12 = \dfrac{7.23 + (\quad)}{2}$ 이므로, $(\quad) = 7.01$

D방송사 시청자평가지수 $7.32 = \dfrac{(\quad) + 7.23}{2}$ 이므로, $(\quad) = 7.41$

F방송사 시청자평가지수 $7.91 = \dfrac{(\quad) + 7.88}{2}$ 이므로, $(\quad) = 7.94$

G방송사 시청자평가지수 $7.13 = \dfrac{7.20 + (\quad)}{2}$ 이므로, $(\quad) = 7.06$

유형 \ 구분 \ 방송사	전체 시간대		주시청 시간대	
	만족도지수	질평가지수	만족도지수	질평가지수
지상파 A	7.37	7.33	7.26	7.20
지상파 B	7.22	7.05	7.23	7.01
지상파 C	7.14	6.97	7.11	6.93
지상파 D	7.32	7.16	7.41	7.23
종합편성 E	6.94	6.90	7.10	7.02
종합편성 F	7.75	7.67	7.94	7.88
종합편성 G	7.14	7.04	7.20	7.06
종합편성 H	7.03	6.95	7.08	7.00

ㄱ. (○) 위 표를 통해, 각 지상파 방송사는 전체 시간대와 주시청 시간대 모두 만족도지수가 질평가지수보다 높음을 확인할 수 있다.

ㄴ. (○) 위 표를 통해, 종합편성 방송사 E, F, G, H의 질평가지수는 주시청 시간대가 각각 7.02, 7.88, 7.06, 7.00으로, 전체 시간대인 6.90, 7.67, 7.04, 6.95보다 높음을 알 수 있다.

ㄷ. (×) 주시청 시간대의 시청자평가지수는 <그림>에 제시되어 있으므로 전체 시간대의 시청자평가지수를 구하면 아래와 같다.

A: $\dfrac{7.37 + 7.33}{2} = 7.35$

B: $\dfrac{7.22 + 7.05}{2} = 7.135$

C: $\dfrac{7.14 + 6.97}{2} = 7.055$

D: $\dfrac{7.32 + 7.16}{2} = 7.24$

방송사 D의 경우 전체 시간대 시청자평가지수 7.24가 주시청 시간대 시청자평가지수 7.32보다 낮다.

ㄹ. (×) 우선, 종합편성 방송사의 전체 시간대 시청자평가지수를 구해보면 아래와 같다.

E: $\dfrac{6.94 + 6.90}{2} = 6.92$

F: $\dfrac{7.75 + 7.67}{2} = 7.71$

G: $\dfrac{7.14 + 7.04}{2} = 7.09$

H: $\dfrac{7.03 + 6.95}{2} = 6.99$

만족도지수가 '주시청 시간대 > 전체 시간대'인 방송사는 B, D, E, F, G, H이다. 이 중 시청자평가지수가 '주시청 시간대 < 전체 시간대'인 방송사는 B 1개뿐이다.

⊕ Killer hint

특이한 유형은 아니나, 계산해야 하는 부분이 다소 많아 시간이 걸릴 수 있는 문제이다.

024

정답	④	세부영역	표・그림 수치 계산형
난도	중	키포인트	수치비교 / 수치계산

해결전략 자료의 수치를 통해 선택지 내용을 정확하게 계산할 수 있어야 한다.

해설

④ (○) 2016년 일병의 월급은 161,000원이고 단팥빵의 140개 가격은 1,000×140=140,000(원)이므로, 161,000−140,000=21,000(원)이 남는다.

2012년 일병의 월급은 88,300원이고 단팥빵의 140개 가격은 600×140=84,000(원)이므로, 88,300−84,000=4,300(원)이 남는다.

따라서 남은 금액은 2016년이 2012년보다 16,700원 많다.

① (×) <그림>을 보면, 이병 월급은 2020년 408,100원, 2012년 81,700원으로, $\frac{408,100}{81,700}×100≒499.5(\%)$ 증가하였다. 따라서 500% 이상 증액된 것은 아니다.

② (×) <그림>을 보면, 2012년 대비 2016년 상병 월급 증가율은 $\frac{178,000−97,800}{97,800}×100≒82.0(\%)$이고, 2016년 대비 2020년 상병 월급 증가율은 $\frac{488,200−178,000}{178,000}×100≒174.3(\%)$로, 2016년 대비 2020년 월급 증가율이 더 높다.

③ (×) <표>를 보면, 2012년 대비 2016년 가격 인상률은

캔커피가 $\frac{300−250}{250}×100=20(\%)$,

단팥빵이 $\frac{1,000−600}{600}×100≒66.7(\%)$,

햄버거가 $\frac{2,800−2,400}{2,400}×100≒16.7(\%)$이다.

2016년 대비 2020년 가격 인상률은

캔커피가 $\frac{500−300}{300}×100=66.7(\%)$,

단팥빵이 $\frac{1,400−1,000}{1,000}×100=40(\%)$,

햄버거가 $\frac{3,500−2,800}{2,800}×100=25(\%)$이다.

단팥빵의 2012년 대비 2016년 가격인상률은 66.7%로, 2016년 대비 2020년 가격인상률 40%보다 높다.

⑤ (×) 2020년 햄버거의 가격은 3,500원, 병장 월급은 540,900원이므로 $\frac{540,900}{3,500}≒154.5$이므로, 월급으로 구매할 수 있는 햄버거의 최대 개수는 154개이다.

2012년 햄버거의 가격은 2,400원, 병장 월급은 108,300원이므로 $\frac{108,300}{2,400}≒45.1$이므로, 월급으로 구매할 수 있는 햄버거의 최대 개수는 45개이다.

45의 3배는 135이므로 병장 월급으로 구매할 수 있는 햄버거의 최대 개수는 2020년이 2012년의 3배 이상이다.

025

정답	②	세부영역	그림 수치 계산형
난도	중	키포인트	그림이해 / 수치계산

해결전략 그림의 수치 계산을 통해 <보기> 선택지 내용의 옳고 그름을 판단할 수 있어야 한다.

해설

ㄱ. (○) <그림 1>을 보면, 국가채무는 2020년에는 GDP 대비 36%, 2014년에는 GDP 대비 29.7%이므로 아래와 같이 나타낼 수 있다.

2020년 : 1,741(조 원)×0.36=626.76(조 원)

2014년 : 1,323(조 원)×0.297=392.931(조 원)

$\frac{626.76}{392.931}≒1.6$이므로 2020년 국가채무는 2014년의 1.5배 이상이다.

ㄷ. (○) 적자성채무는 2019년 1,658(조 원)×0.2=331.6(조 원)이다. 2020년에는 GDP와 적자성채무 비율이 모두 증가하였으므로 이보다 적자성채무가 증가하였다.

2018년의 적자성채무는 1,563(조 원)×0.183=286.029(조 원)이므로 2019년부터 적자성 채무가 300조 원 이상이 된 것이 맞다.

ㄴ. (×) '금융성채무=국가채무−적자성채무'이다. <그림 1>에는 GDP 대비 국가채무 비율과 적자성채무 비율만 나타나 있다. 이를 이용해 GDP 대비 금융성채무 비율을 계산하여 2014년 비율부터 나타내면, 15.1%, 15.4%, 15.5%, 15.7%, 15.8%, 15.7%, 15.3%이다. 즉 증가하다가 다시 감소하는 추이를 보이고 있다.

ㄹ. (×) GDP 대비 적자성채무 비율이 가장 높은 2020년을 기준으로 살펴보면, 국가채무 비율은 36.0%, 금융성채무 비율은 15.3%이다. 이때 금융성채무 비율은 국가채무 비율의 50%인 36.0%×0.5=18(%)보다 낮으므로, 금융성채무가 매년 국가채무의 50% 이상은 아니다.

026

정답	②	세부영역	표 수치 계산형
난도	상	키포인트	수치계산

해결전략 <표>에 제시된 수치를 계산하여 <보기> 선택지 내용의 옳고 그름을 판단할 수 있어야 한다.

해설

ㄱ. (○) 전국의 노인복지관 중 A지역의 노인복지관 비중은 $\frac{1,336}{4,377} \times 100 ≒ 30.5(\%)$이고, 전국 자원봉사자 중 A지역의 자원봉사자 비중은 $\frac{8,252}{30,171} ≒ 27.4(\%)$로 모두 25% 이상이다.

ㄷ. (○) 자원봉사자 수가 가장 많은 A지역의 복지종합지원센터 1개소당 자원봉사자 수를 계산하면 $\frac{8,252}{20} = 412.6(명)$이고, 그 다음으로 자원봉사자 수가 많은 H지역의 경우 $\frac{2,185}{3} ≒ 728.3(명)$, 그 다음으로 자원봉사자 수가 많은 G지역의 경우 $\frac{1,501}{2} = 750.5$이다. 그 다음으로 자원봉사자 수가 많은 D지역의 경우 복지종합지원센터가 2개소로 자원봉사자 수가 700명 이하가 되므로 제외한다. 그 다음으로 자원봉사자 수가 많은 E지역의 경우 복지종합지원센터 수가 1개소이므로, 복지종합지원센터 1개소당 자원봉사자 수가 1,188명으로 가장 많다. E지역의 복지종합지원센터 1개소당 등록노인 수를 구하면, 59,050명이다. 등록노인 수가 가장 많은 A지역의 복지종합지원센터 1개소당 등록노인 수를 계산하면 $\frac{397,656}{20} = 19882.8(명)$, 그 다음으로 등록노인 수가 많은 H지역의 경우 $\frac{106,745}{3} ≒ 35581.7(명)$이다. 나머지 복지종합지원센터가 1~2개소인 지역의 경우 쉽게 계산할 수 있는데 모두 E지역의 59,050명보다 적으므로 복지종합지원센터 1개소당 등록노인 수가 가장 많은 지역은 E지역이다.

따라서 복지종합지원센터 1개소당 자원봉사자 수가 많은 지역과 등록노인 수가 가장 많은 지역은 모두 E지역으로, 동일하다.

ㄴ. (×) 복지종합지원센터 1개소당 노인복지관 수가 100개소 이하인 지역을 구할 때, 복지종합지원센터가 1개소인 C, E, F지역의 노인복지관 수는 100개소 이상이므로 제외하고 노인복지관수가 60개인 I지역의 복지종합지원센터 1개소당 노인복지관 수는 60개임을 알 수 있다.

D, G지역의 복지종합지원센터는 2개이고 노인복지관 수는 200개소 이상이므로 제외하고, 노인복지관수가 126개소인 B지역의 복지종합지원센터는 2개소이므로, 복지종합지원센터 1개소당 노인복지관 수는 100개소 이하이다.

H지역의 노인복지관 수는 300개 이상인데 복지종합지원센터는 3개소이므로 역시 제외된다.

A지역의 복지종합지원센터 1개소당 노인복지관 수를 계산하면 1,336÷20=66.8이므로 100개소 이하이다.

따라서 복지종합지원센터 1개소당 노인복지관 수가 100개소 이하인 지역은 A, B, I지역이다.

ㄹ. (×) H지역과 C지역의 노인복지관 1개소당 자원봉사자 수를 비교하면, H지역은 $\frac{2,185}{362} ≒ 6.0(명)$, C지역은 $\frac{970}{121} ≒ 8.0(명)$으로 H지역이 C지역보다 적다.

⊕ Killer hint

제시된 항목별로 모든 지역의 수치를 계산하는 것이 정확할 수 있으나, 시간을 아끼기 위해서는 ÷2, 또는 ÷1이 되는 쉬운 계산은 어림산하여 대략적인 수치를 내어 계산하는 방법을 선택하는 편이 좋다.

027

정답	⑤	세부영역	표 수치 계산형
난도	중	키포인트	표의 이해 / 수치계산

해결전략 회계기준에 따라, 선택지 내용에 제시된 수치의 계산을 정확하게 수행하여 선택지 내용의 옳고 그름을 판단할 수 있어야 한다.

해설

⑤ (×) <표 1>을 보면, 비상장기업은 2011년 1,142+16,027= 17,169(개), 2012년 1,403+16,366=17,769(개)이다.

이 중 국제회계기준을 적용한 비상장기업이 차지하는 비율은

2011년이 $\frac{1,142}{17,169} \times 100 ≒ 6.7(\%)$,

2012년이 $\frac{1,403}{17,769} \times 100 ≒ 7.9(\%)$

로 2012년에 전년에 비해 약 1.2%p 증가하였다.

① (○) <표 2>에서 2011년 국제회계기준을 적용한 비상장기업 1,142개 중 자산규모가 1천억 원 미만인 기업은 739개, 1천억 원 이상 5천억 원 미만인 기업은 285개로 모두 1,024개이다.

$\frac{1,024}{1,142} \times 100 ≒ 89.7(\%)$이다.

② (○) <표 2>에서 자산규모 2조 원 이상인 비상장기업의 수는 일반회계기준 적용 14개 기업, 국제회계기준 적용 38개 기업으로, 국제회계기준을 적용한 기업 수가 더 많다.

③ (○) <표 1>을 보면, 2012년 전체 기업 대비 국제회계기준을 적용한 기업의 비율은 15.9%이다. 2011년 15.1%에 비해 증가하였다.

④ (○) <표 1>을 보면 2012년 비상장기업의 수는 국제회계기준과 일반회계기준 모두에서 2011년에 비해 증가하였음을 알 수 있다.

⊕ Killer hint

문제 자체가 어려운 것은 아니나, 표의 형태가 다소 헷갈릴 수 있으므로 실수하지 않고 적절한 수치를 찾아 계산해야 한다.

028

정답	⑤	세부영역	표·그림 수치 계산형
난도	중	키포인트	수치비교 / 수치계산

해결전략 자료의 수치를 통해 선택지 내용을 정확하게 계산할 수 있어야 한다.

해설

ㄴ. (○) <표>의 전체 상담건수 중 '진로컨설턴트'의 상담건수의 비중은 $\frac{641}{5,340} \times 100 ≒ 12(\%)$이고, '상담직원'의 상담건수의 비중은 $\frac{414}{5,340} \times 100 ≒ 7.8(\%)$이다.

'진로컨설턴트'가 상담한 유형이 모두 진로상담이라면 <그림 2>에 따라 진로상담 비중(45%)-'진로컨설턴트' 상담 비중(12%)=33(%)가 된다. 이 33%는 '교수' 또는 '상담직원'의 상담건수에 해당하는데, 이때 '상담직원'의 상담 유형이 모두 생활상담 또는 학업상담에 해당하므로, 이 33%는 모두 '교수'가 상담한 유형이 된다. 따라서 '교수'가 상담한 유형 중 진로상담이 차지하는 비중은 30% 이상이 된다.

ㄷ. (○) <표>에서 학년별 상담건수를 찾아 상담건수가 많은 학년부터 순서대로 나열하면 4학년, 1학년, 2학년, 3학년이다.

ㄹ. (○) <그림 1>을 보면, 1회 상담받은 학생 수+2회 상담받은 학생 수+3회 상담받은 학생 수가 3,826+496+174=4,496(명)임을 알 수 있다.

ㄱ. (×) <표>에서 학년별 전체 상담건수 중 '상담직원'의 상담건수가 차지하는 비중을 구하면

1학년: $\frac{154}{1,306} \times 100 ≒ 11.8(\%)$, 2학년: $\frac{97}{1,229} \times 100 ≒ 7.9(\%)$,

3학년: $\frac{107}{1,082} \times 100 ≒ 9.9(\%)$, 4학년: $\frac{56}{1,723} \times 100 ≒ 3.3(\%)$

이다.

따라서 비중이 큰 학년부터 순서대로 나열하면 1학년, 3학년, 2학년, 4학년 순이다.

029

정답	③	세부영역	그림이해 및 수치 계산형
난도	중	키포인트	그림이해 / 수치계산

해결전략 그림을 이해한 뒤, 그림이 의미하는 비율에 따라 선택지에서 분야별 예산을 계산할 수 있어야 한다.

해설

ㄴ. (○) C 사업의 예산을 구하기 위해서는 '자치행정' 분야 예산을 먼저 구해야 한다. '자치행정' 분야 예산은 총 예산의 42%이므로 135×0.42=56.7, 즉 56억 7천만 원이다. C 사업 예산은 '자치행정' 분야 예산의 19%에 해당하므로 56.7×0.19=10.773, 즉 10억 7,730만 원이다.

　 D 사업의 예산을 구하기 위해서는 '도시안전' 분야 예산을 먼저 구해야 한다. '도시안전' 분야 예산은 총 예산의 19%이므로 135×0.19=25.65, 즉 25억 6,500만 원이다. D 사업 예산은 '도시안전' 분야 예산의 51%에 해당하므로 25.65×0.51=13.0815, 즉 13억 815만 원이다.

　 따라서 C 사업 예산은 D 사업 예산보다 적다.

ㄷ. (○) '경제복지' 분야 예산은 총 예산 135억 원의 30%이므로 135×0.3=40.5, 즉 40억 5천만 원이다.

　 B 사업 예산은 '자치행정' 분야 예산의 34%에 해당한다. 위 'ㄴ'의 해설에서 계산하였듯이 '자치행정' 분야 예산은 총 예산의 42%이므로 135×0.42=56.7, 즉 56억 7천만 원이고, B 사업 예산은 이 예산의 34%이므로 56.7×0.34=19.278, 즉 19억 2,780만 원이다.

　 C 사업 예산 역시 위 'ㄴ'의 해설에서 계산하였듯이 56억 7천만 원의 19%이므로 56.7×0.19=10.773, 즉 10억 7,730만 원이다.

　 B 사업과 C 사업 예산의 합은 19.278+10.773=30.051, 즉 30억 510만 원이다.

　 따라서 '경제복지' 분야 예산인 40억 5천만 원은 B 사업과 C 사업 예산의 합인 30억 510만 원보다 많다.

ㄱ. (×) '교육' 분야 예산은 총 예산 135억 원의 9%이다. 135×0.09=12.15(억 원)이므로 13억 원 이상이 아니다.

ㄹ. (×) '도시안전' 분야 예산은 위 'ㄴ'의 해설에서 계산하였듯이 총 예산의 19%이므로 135×0.19=25.65, 즉 25억 6,500만 원이다.

　 A-2 사업 예산은 '자치행정' 분야 예산의 47%에 해당하는 A 사업 예산의 48%이다. 'ㄴ'의 해설에서 '자치행정' 분야 예산을 이미 구했으므로 이를 바탕으로 계산하면 56.7×0.47×0.48=12.79152이다. 이는 12억 7,915만 2천 원이다.

　 12×3만 계산해도 36이므로, '도시안전' 분야 예산은 A-2 사업 예산의 3배 이상이 아니다.

030

정답	①	세부영역	표 수치 계산형
난도	중	키포인트	수치비교 / 수치계산

해결전략 <표>에 제시된 수치를 계산하거나 비교해 선택지 내용의 옳고 그름을 판단할 수 있어야 한다.

해설

① (○) 경기의 5톤 미만 어선 수는
2019년에 910+283+158+114+118=1,583(척)이고,
2018년은 946+330+175+135+117=1,703(척)이다.

　 따라서 2019년 어선 수는 전년 대비 $\frac{1,703-1,583}{1,703}×100≒$ 7.05(%) 감소했다.

② (×) 2019년 각 지역의 '1톤 미만' 어선 수는 대구와 세종을 제외하고 전년대비 감소하였다.
세종에서는 2018년 7척, 2019년 8척으로 어선 수가 감소하지 않고 증가하였다.

③ (×) 2018년 '1톤 이상 2톤 미만'부터 '4톤 이상 5톤 미만'까지 톤급이 증가함에 따른 어선 수의 변화가 계속 감소 추이가 아닌 지역을 찾으면 아래와 같다.
인천 : 335 → 184 → 191 → 177(척)
전북 : 1,203 → 550 → 151 → 188(척)
전남 : 10,246 → 2,332 → 1,102 → 2,297(척)
경북 : 652 → 372 → 300 → 368(척)
경남 : 4,637 → 2,326 → 1,313 → 1,601(척)
제주 : 163 → 153 → 335 → 250(척)
대구, 세종, 충북을 제외하더라도 6개 지역에서 톤급이 증가할수록 어선 수가 감소하지 않는다.

④ (×) 2018년 '1톤 이상 2톤 미만' 어선 수가 많은 순서대로 나타내면, 전남, 경남, 충남 순이다.
2019년 '1톤 이상 2톤 미만' 어선 수가 많은 순서대로 나타내면, 전남, 경남, 부산 순이다.

⑤ (×) '1톤 미만' 어선 수보다 '3톤 이상 4톤 미만' 어선 수가 많은 지역을 찾으면, 2018년에는 인천, 제주, 2019년에도 인천, 제주이다.
2019년의 '1톤 미만' 어선 수 대비 '3톤 이상 4톤 미만' 어선 수의 비를 구하면 인천은 $\frac{174}{98}≒1.78$, 제주는 $\frac{349}{123}≒2.84$로, 제주의 비율이 인천보다 높다.
2018년의 비를 구하면 인천은 $\frac{191}{147}≒1.30$, 제주는 $\frac{335}{142}≒2.36$으로, 제주의 비율이 인천보다 높다.
따라서 '1톤 미만' 어선 수 대비 '3톤 이상 4톤 미만' 어선 수의 비가 가장 높은 지역은 2018년과 2019년 모두 제주이다.

031

정답	②	세부영역	그림 수치 계산형
난도	상	키포인트	그림이해 / 수치계산

해결전략 <그림 1>과 <그림 2> 수치의 연관성을 파악하고, 수치 계산을 통해 <보기> 선택지 내용의 옳고 그름을 판단할 수 있어야 한다.

해설

ㄱ. (○) OECD 국가의 인구를 구하면, 미국 인구 300백만 명이 OECD 국가 전체 인구의 25%이므로 'OECD 인구×0.25=미국 인구'가 된다. 따라서 OECD 인구는 $\frac{300백만 명}{0.25}=1,200$ (백만 명)이다.

<그림 1>을 보면, 세계 인구의 16.7%가 OECD 국가 인구인 1,200백만 명에 해당하므로, 이를 바탕으로 세계 인구를 구할 수 있다. 세계 인구는 $\frac{1,200백만명}{0.167}≒7185.6$(백만 명)이므로, 약 71억 8,500만 명이다.

ㄷ. (○) <그림 2>를 보면, 2010년 OECD 국가 인구는 총 1,200 백만 명이고, 이 중 터키 인구는 74백만 명이다. 따라서 이 중 터키 인구가 차지하는 비율은 $\frac{74백만}{1,200백만}×100=6.17$(%)이다.

ㄴ. (×) <그림 2>에서 2010년 독일 인구는 8,200만 명임을 알 수 있다. 해마다 인구가 전년 대비 10% 증가하므로, 이를 계산하면 아래와 같다.

2011년 독일 인구: 8,200만 명×1.1=9,020(만 명)
2012년 독일 인구: 9,020만 명×1.1=9,922(만 명)
2013년 독일 인구: 9,922만 명×1.1≒10,914(만 명)
2013년에 1억 914만 명이 되어 최초로 1억 명 이상이 된다.

ㄹ. (×) <그림 1>을 보면, 남아프리카공화국 인구는 세계 인구의 0.7%에 해당하므로, 약 71억 8,500만 명×0.007≒5,030(만 명)임을 알 수 있다. <그림 2>를 보면, 스페인 인구는 4,500 만 명이므로 남아프리카공화국 인구가 스페인 인구보다 많다.

032

정답	⑤	세부영역	표 수치 계산형
난도	중	키포인트	수치계산 / 수치비교

해결전략 <표>에 제시된 수치의 계산을 통해 선택지 내용의 옳고 그름을 판단할 수 있어야 한다.

해설

ㄷ. (○) 2019년의 케이블PP 광고매출액을 먼저 구하면, 31,041−12,310−1,816−35−1,369−503=15,008(억 원)이다. 따라서 케이블PP 광고매출액은 2016년 이후 매년 감소하고 있음을 알 수 있다.

ㄹ. (○) 2016년 대비 2019년 모바일 매체의 광고매출액은 $\frac{54,781}{28,659}×100≒191.1$(%)이므로 2배 가까이 증가하였다. 나머지 매체의 광고매출액 수치를 보아 증감률이 대략적으로 2 배에 크게 미치지 못하는 매체를 제외하면 지상파TV, 케이블PP, 케이블SO, 위성방송, 인터넷(PC)를 들 수 있다.

나머지 매체인 라디오와 지상파DMB의 2016년 대비 2019년 광고매출액 증감률을 구해 보면,

라디오: $\frac{1,816−2,530}{2,530}×100≒−28.2$(%),

지상파DMB: $\frac{35−53}{53}×100≒−34.0$(%)이다.

따라서 2016년 대비 2019년 광고매출액 증감률이 가장 큰 세부 매체는 모바일이다.

ㄱ. (×) 모바일 광고매출액의 전년 대비 증가율을 구하면,

2017년: $\frac{36,618−28,659}{28,659}×100≒27.8$(%),

2018년: $\frac{45,678−36,618}{36,618}×100≒24.7$(%),

2019년: $\frac{54,781−45,678}{45,678}×100≒19.9$(%)로 매년 30%를 넘지 않는다.

ㄴ. (×) 2017년 방송 매체 중 지상파TV 광고매출액이 차지하는 비중은 $\frac{14,219}{35,385}×100≒40.2$(%)이고,

같은 해 온라인 매체 중 인터넷(PC) 광고매출액이 차지하는 비중은 $\frac{20,554}{57,172}×100≒36.0$(%)이다.

따라서 방송 매체 중 지상파TV 광고매출액이 차지하는 비중이 더 크다.

033

정답	③	세부영역	표 수치 계산형
난도	상	키포인트	표의 이해 / 수치계산

해결전략 <표>에 제시된 수치를 보고, 직접적으로 제시되지 않은 항목의 수치도 이끌어낼 수 있어야 한다.

해설

ㄱ. (○) 세계 10대 물기업의 매출액은 28,143백만 달러, 즉 281억 4,300만 달러이다. 350×0.8=280(억 달러)이므로, 세계 10대 물기업이 세계 물부문 매출액의 80% 이상을 점유하고 있다.

ㄹ. (○) 2005년 아그바의 국외비중은 54.0%이므로 국내비중은 46%이다. 아그바의 서비스인구는 3,490만 명이므로 국내 서비스 인구는 3,490×0.46=1,605.4(만 명)으로 1,500만 명 이상이다.

ㄴ. (×) 우선 서비스인구가 3,000만 명 이상이고 국외비중이 50%가 넘는 1~4위 기업인 수에즈, 베올리아, 알베에, 아그바는 국외 서비스인구가 1,000만 명 이상에 해당한다. 국외비중이 0%인 사베습은 제외하고, 서비스인구가 2,383만 명인 유틸리티즈의 국외비중은 57.0%이므로 2,383×0.57=1358.31(만 명)이므로 유틸리티즈도 국외 서비스인구가 1,000만 명 이상이다.
이렇게 되면 5개 회사의 국외 서비스인구가 1,000만 명 이상이다.
7~10위 기업의 경우 서비스인구가 2,000만 명이 되지 않고 국외 비중도 50% 내외이므로 국외 서비스인구가 1,000만 명이 되지 않음을 추론할 수 있다.

ㄷ. (×) 2004년 대비 2005년 서비스인구가 감소한 아그바와 소어를 제외한 나머지 8개 회사의 서비스인구 증가율$\left(=\dfrac{서비스인구차이}{전년도서비스인구}\times100\right)$을 구하면 아래와 같다.

수에즈 : $\dfrac{265}{12,002-265}\times100 ≒ 2.3(\%)$,

베올리아 : $\dfrac{937}{11,753-937} ≒ 8.7(\%)$,

알베에 : $\dfrac{592}{7,537-592} ≒ 8.5(\%)$,

사베습 : $\dfrac{50}{2,560-50}\times100 ≒ 2.0(\%)$,

유틸리티즈 : $\dfrac{170}{2,383-170} ≒ 7.7(\%)$,

FCC : $\dfrac{200}{1,740-200} ≒ 13.0(\%)$,

아체아 : $\dfrac{193}{1,545-193}\times100 ≒ 14.3(\%)$,

서번트렌트 : $\dfrac{96}{1,448-96} ≒ 7.1(\%)$

따라서 증가율이 10% 이상인 회사는 FCC와 아체아 2개이다.

034

정답	⑤	세부영역	표 수치 계산형
난도	중	키포인트	표의 이해 / 수치계산

해결전략 <표>의 수치를 활용해 선택지 내용의 옳고 그름을 판단할 수 있어야 한다.

해설

⑤ (×) 2011년 12월 칠레지사 수출 상담실적이 256건이라면, 2011년 칠레지사의 수출상담실적은 644+256=900(건)이다. 이는 전년의 472건과 비교해 $\dfrac{900-472}{472}\times100 ≒ 90.7(\%)$ 증가한 것이다.

① (○) 2010년 12월의 태국지사 수출 상담실적은 자료에 따로 제시되어 있지 않으므로, 2011년 1~11월의 상담건수를 보고 이를 유추해야 한다.
태국지사의 2011년 1~11월 상담실적의 전년동기대비 증감률이 80%이므로, '2010년 1~11월의 상담건수×1.8=2011년 1~11월 상담건수'이다. 따라서 2010년 1~11월 상담건수는 $\dfrac{2,520건}{1.8}=1,400(건)$이 된다. 2010년 전체의 상담건수는 1,526건이므로, 12월의 상담건수는 1,526-1,400=126(건)이다.

② (○) 태국지사를 제외하고는 전년대비 2010년 상담실적 건수가 모두 증가하였는데, 이 중 인도지사의 경우 천의 자릿수가 달라졌으므로 이를 계산해 보면, 3,530-2,333=1,197(건) 늘어났음을 알 수 있다. 다른 해외지사의 증가 건수 중 1,000건 이상 증가한 경우는 없음을 쉽게 확인할 수 있으므로, 상담실적 건수가 가장 많이 늘어난 해외지사는 인도지사이다.

③ (○) 5,083건 → 5,623건 → 7,630건 → 20,227건 이상으로 매년 증가하였다.

④ (○) 싱가포르지사와 미국지사의 수출 상담실적 건수의 합은 2008년 136+307=443(건), 2009년 196+120=316(건), 2010년 319+273=592(건)으로, 독일의 650건(2008년), 458건(2009년), 724건(2010년)보다 매년 적다.

⊕ Killer hint

2011년 12월의 수출 상담실적이 제시되지 않았고, 대신 전년동기 대비 증감률이 제시되었다. 이를 선택지 ①, ⑤ 관련 계산에 적용해야 문제를 풀 수 있다.

035

정답	③	세부영역	표·그림 수치 계산형
난도	상	키포인트	자료이해 / 수치계산

해결전략 <표>와 <그림>에 나타난 수치를 활용해 <보기> 선택지 내용의 옳고 그름을 판단할 수 있어야 한다.

해설

ㄱ. (○) <표>를 보면 여성 장애인 수와 남성 장애인 수의 전년 대비 증가율만 제시되어 있다. 여성 장애인 수는 전년대비 0.50%, 남성 장애인 수는 5.50% 증가했으므로, 이를 다음과 같이 나타낼 수 있다.

2009년 여성 장애인 수×1.005=2010년 여성 장애인 수

→ 2009년 여성 장애인 수는 $\frac{1,048,979명}{1.005}$≒1,043,760(명)

2009년 남성 장애인 수×1.055=2010년 남성 장애인 수

→ 2009년 남성 장애인 수는 $\frac{1,468,333명}{1.055}$≒1,391,785(명)

2009년 전체 장애인 수는 1,043,760+1,391,785=약 2,435,545(명)이다.

따라서 2010년 전체 등록 장애인 수의 전년대비 증가율은 $\frac{2,517,312-2,435,545}{2,435,545}$×100≒3.4(%)로 4% 미만이다.

ㄹ. (○) <그림>을 통해 등록 장애인 수가 가장 많은 장애등급은 6급, 그 수가 가장 적은 장애등급은 1급임을 알 수 있다. 1급과 6급 남성 장애인 수는 각각 124,623명, 389,601명이고, $\frac{389,601}{124,623}$≒3.1이므로, 6급 남성 장애인 수는 1급 남성 장애인 수의 3배 이상이다.

ㅁ. (○) <그림>을 통해, 성별 등록 장애인 수 차이가 가장 작은 장애등급은 4급, 가장 큰 장애등급은 6급임을 알 수 있다. 4급과 6급의 여성 장애인 수의 합은 190,772+203,810=394,582(명)이다. 이는 여성 전체 등록 장애인 수 1,048,979명의 $\frac{394,582}{1,048,979}$×100≒37.6(%)에 해당하므로 40% 미만이다.

ㄴ. (×) 제시된 자료만으로는 2009년의 등급별 등록 장애인 수를 알 수 없다. 2010년의 남녀별 6급 등록 장애인 수만 알 수 있다.

ㄷ. (×) <그림>을 보면, 장애등급 5급 등록 장애인 수는 248,059+278,586=526,645(명), 6급 등록 장애인 수는 203,810+389,601=593,411명으로 합하면 1,120,056명이다.

전체 등록 장애인 수는 2,517,312명이므로, $\frac{1,120,056}{2,517,312}$×100≒44.5(%)이다. 50%가 되지 않는다.

⊕ Killer hint

선택지 'ㄴ'과 같이 제시된 자료로 알 수 없는 정보의 옳고 그름을 묻는 내용이 제시되는 경우도 있다. 이 경우 판단할 수 없으므로 '옳은 것'으로 볼 수 없다.

036

정답	④	세부영역	표 수치 계산형
난도	중	키포인트	수치계산

해결전략 <표>의 생산액(십억 원)과 전망치(비율)를 구분하여 정확하게 계산할 수 있어야 한다.

해설

ㄱ. (○) 2021년 '오리' 생산액 전망치는 2020년 1,327십억 원에서 5.58% 감소할 것으로 전망되었으므로, 아래와 같이 계산하면 된다.

1,327십억 원×(100−5.58)=1,327십억 원×0.9442

=1252.9534(십억 원)

이는 1조 2,529억 5,340만 원이므로, 1.2조 원 이상이다.

ㄷ. (○) '축산업' 중 전년 대비 생산액 변화율 전망치가 2022년보다 2023년이 낮은 세부항목은 우유, 오리 2개이다.

ㄹ. (○) 2020년 생산액 대비 2022년 생산액 전망치의 증감폭은 아래와 같다.

'재배업'이 30,270×1.015×0.9958≒30595.0 (325십억 원 증가)

'축산업'이 19,782×0.9966×1.007≒19852.7 (70.7십억 원 증가)

따라서 증감폭은 '재배업'이 '축산업'보다 크다.

ㄴ. (×) 2021년 '돼지' 생산액 전망치는 −3.91%이므로, 7,119×0.9609≒6,841(억 원)이다.

같은 해 '농업' 생산액 전망치는 +0.77%이므로, 50,052×1.0077≒50,437(억 원)이다.

$\frac{6,841}{50,437}$×100≒13.6(%)이므로, 15% 이상이 아니다.

037

정답	④	세부영역	그림 수치 계산형
난도	중	키포인트	수치계산

해결전략 <그림>의 수치를 활용해 선택지 내용의 옳고 그름을 판단할 수 있어야 한다.

해설

ㄱ. (○) <그림 1>을 보면, 2007년 도서관 수는 40개에서 46개로 전년보다 증가하였다.

도서관당 좌석 수는 2007년 $\frac{16,200}{46}$≒352.2(석), 2006년 $\frac{14,500}{40}$=362.5(석)이므로 2007년에 전년보다 감소하였다.

ㄴ. (○) <그림 2>를 보면, 연간이용자 수가 가장 적은 해는 7,614천 명인 2007년이다.

연도별 도서관당 연간이용자 수를 구하면,

2005년 : $\frac{10,015}{42}$≒238.5(명), 2006년 : $\frac{10,746}{40}$≒268.7(명),

2007년 : $\frac{7,614}{46}$≒165.5(명), 2008년 : $\frac{9,813}{48}$≒204.4(명),

2009년 : $\frac{9,135}{49}$≒186.4(명)으로 2007년에 그 수가 가장 적다.

따라서, 연간이용자 수가 가장 적은 해와 도서관당 연간이용자 수가 가장 적은 해는 같다.

ㄹ. (○) 2009년 전년 대비 장서 수 증가율은

$\frac{4,299-3,891}{3,891}$×100≒10.5(%)

2009년 전년 대비 연간이용자 수 증가율은

$\frac{9,135-9,813}{9,813}$×100≒-6.9(%)

2009년 전년 대비 도서관 수 증가율은 $\frac{49-48}{48}$≒2.1(%)

2009년 전년 대비 좌석 수 증가율은 $\frac{19.6-18.5}{18.5}$≒5.9(%)

따라서 이 중 전년대비 증가율이 가장 큰 항목은 장서 수이다.

ㄷ. (×) 2008년 도서관 수의 전년대비 증가율은 $\frac{48-46}{46}$×100 ≒4.3(%)이고, 장서 수의 전년대비 증가율은 $\frac{3,891-3,625}{3,625}$ ≒7.3(%)이다. 따라서 전년대비 도서관 수 증가율이 장서 수 증가율보다 낮다.

038

정답	④	세부영역	보고서 계산형
난도	중	키포인트	수치계산

해결전략 <보고서>의 내용에 따라 <표>의 수치를 보고 요구하는 계산을 정확하게 할 수 있어야 한다.

해설

ⓒ (○) 원두 수입중량 대비 생두 수입중량 비율은 2012년에 $\frac{100.2}{5.4}$≒18.6, 2008년에는 $\frac{97.8}{3.1}$≒31.5이다. 따라서 2012년에 수입중량 비율이 2008년에 비해 감소하였다.

ⓒ (○) 2010~2012년 생두 수입단가를 구하면,

2010년 : $\frac{316.1}{107.2}$≒2.9(천 달러), 2011년 : $\frac{528.1}{116.4}$≒4.5(천 달러),

2012년 : $\frac{365.4}{100.2}$≒3.6(천 달러)이다. 2.9×1.5=4.35이므로, 2011년에 전년대비 50% 이상 상승했고, 2012년에는 전년 대비 하락하였다.

ⓔ (○) 2009~2012년 원두 수입금액의 전년대비 증가율을 구하면,

2009년 : $\frac{42.2-37.1}{37.1}$×100≒13.7(%),

2010년 : $\frac{55.5-42.2}{42.2}$×100≒31.5(%),

2011년 : $\frac{90.5-55.5}{55.5}$×100≒63.1(%),

2012년 : $\frac{109.8-90.5}{90.5}$×100≒21.3(%)이다.

따라서 증가율은 2011년이 약 63.1%로 최대이다.

ⓖ (×) 커피 수입금액은 2008년 : 252.1+37.1+42.1=331.3(천 달러)

2009년 : 234.0+42.2+34.6=310.8(천 달러)

2010년 : 316.1+55.5+44.4=416(천 달러)

2011년 : 528.1+90.5+98.8=717.4(천 달러)

2012년 : 365.4+109.8+122.4=597.6(천 달러

2009년에는 전년대비 감소했으므로, 감소-증가-증가-감소의 추이를 보인다.

ⓜ (×) 커피 조제품 수입단가는 2012년에 $\frac{122.4}{8.9}$≒13.8(천 달러), 2008년에 $\frac{42.1}{6.3}$≒6.7(천 달러)이다.

따라서 증가율은 $\frac{13.8-6.7}{6.7}$×100≒106.0(%)로 200% 이상은 아니다.

Chapter

02 계산형

039

정답	①	세부영역	표 수치 계산형
난도	하	키포인트	수치계산 / 수치비교

해결전략 <표>의 수치를 비교하고 간단한 계산을 한 후 대소비교를 할 수 있어야 한다.

해설

ㄱ. (○) 2020년 상위 10개 스포츠 구단 중 전년보다 순위가 상승한 구단은 C(5위 → 3위), D(8위 → 4위), E(9위 → 5위), I(11위 → 9위)로 4개이다. 반면, 전년보다 순위가 하락한 구단은 F(3위 → 6위), H(4위 → 8위), J(6위 → 10위)로 3개이다. 따라서 전년보다 순위가 상승한 구단이 순위가 하락한 구단보다 많다.

ㄴ. (○) 2020년 상위 10개 스포츠 구단 중 미식축구 구단은 A, G, I이고, 가치액 합은 58+40+37=135(억 달러)이다. 2020년 상위 10개 스포츠 구단 중 농구 구단은 C, D, E이고, 가치액 합은 45+44+42=131(억 달러)이다. 따라서 미식축구 구단 가치액 합이 더 크다.

ㄷ. (×) 2020년 상위 10개 스포츠 구단 중 전년 대비 가치액 상승률이 가장 큰 구단은 9억 달러 상승하여 상승률이 $\frac{42-33}{33}$ ×100≒27.3(%)인 E구단이고, 종목은 농구이다.

ㄹ. (×) 연도별 상위 10개 스포츠 구단의 가치액 합은 2019년이 405억 달러, 2020년이 432억 달러로 2020년이 더 크다.

⊕ Killer hint

비교 및 계산이 섞여 있는 비교적 단순한 문항이다. 다만, 괄호 안의 전년도 수치를 계산할 때 헷갈리지 않고 정확하게 계산해야 한다.

040

정답	①	세부영역	표 수치 계산형
난도	중	키포인트	수치계산 / 단위변환

해결전략 <표> 수치 계산과 함께 이를 통해 '석'과 '두' 단위의 환산을 할 수 있어야 한다.

해설

ㄱ. (○) 수취량을 '석'과 '두'로 나누어 그 합을 구하면 4+4+1+6+1+2+2+4=24(석), 3+10+10+1+10=34(두)이다. 합계는 26석 4두이다.
따라서 34두−4두=30두가 2석이 되어, 1석은 15두가 된다.

ㄴ. (×) 계약량 대비 수취량의 비율이 가장 높다는 것은 계약량이 적고 수취량이 많다는 것이다. '도장동'의 계약량과 수취량은 동일해 그 비율이 '1'이 된다. 나머지 위치에서는 모두 계약량이 수취량보다 많으므로, 비율이 '1 이하'가 된다. 따라서, 계약량 대비 수취량 비율이 가장 높은 토지 위치는 '도장동'이다.
계약량 대비 수취량 비율이 가장 낮다는 것은 계약량이 많고 수취량이 적다는 것이다. 도장동을 제외한 나머지 위치의 계약량과 수취량을 비교해 보면, 계약량이 4석이고 수취량이 1석 10두인 '율포'가 이에 해당한다.

ㄷ. (×) 작인이 '동이', '명이', '수양'인 토지는 각각 소삼, 잠방평, 석을고지이다. 이 토지의 두락당 계약량을 구하면 순서대로 각각 $\frac{7석 10두}{12두락}$, $\frac{4석}{7두락}$, $\frac{7석}{10두락}$ 이다. '석'을 '두'로 환산하여 계산하면, $\frac{115두}{12두락}$ =9.6, $\frac{60두}{7두락}$ ≒8.6, $\frac{105두}{10두락}$ =10.5이다. 따라서 두락당 계약량이 가장 큰 토지의 작인은 '수양'이고, 가장 작은 토지의 작인은 '명이'이다.

041

정답	①	세부영역	그림 수치 계산형
난도	중	키포인트	수치계산 / 수치비교

해결전략 <그림>의 수치를 정확하게 계산하고 비교하여 선택지 내용의 옳고 그름을 판단할 수 있어야 한다.

해설

ㄱ. (O) 항목별 금액의 순위는 구성비가 높을수록 낮아지므로, 1위부터 순서대로 나타내면 아래와 같다.

2011년 : 유형자산-무형자산-단기금융상품-이연법인세자산-기타비유동자산-매출채권-현금및현금성자산-재고자산

2012년 : 유형자산-이연법인세자산-단기금융상품-무형자산-기타비유동자산-현금및현금성자산-매출채권-재고자산

순위가 동일한 항목은 유형자산(1위), 단기금융상품(3위), 기타비유동자산(5위), 재고자산(8위) 4개이다.

ㄴ. (O) 유동자산은 '현금및현금성자산 + 단기금융상품 + 매출채권 + 재고자산'이므로, 이 중 단기금융상품 구성비는

$\frac{15.0}{7.0+15.0+7.2+5.1}\times100 ≒ 43.7(\%)$이다.

ㄷ. (×) 2011년 자산총액은 3,400억 원, 2012년은 2,850억 원이고, '현금및현금성자산' 비율은 2011년 7.0%, 2012년 8.0%이므로 계산하면 아래와 같다.

2011년 : 3,400억 원×0.07=238(억 원)

2012년 : 2,850억 원×0.08=228(억 원)

따라서 2012년이 2011년보다 작다.

ㄹ. (×) 2011년 자산총액은 3,400억 원, 2012년은 2,850억 원이고, '무형자산' 비율은 2011년 17.0%, 2012년 12.7%이므로 계산하면 아래와 같다.

2011년 : 3,400억 원×0.17=578(억 원)

2012년 : 2,850억 원×0.127=361.95(억 원)

2011년 대비 2012년에 '무형자산' 금액은 $\frac{361.95-578}{578}\times100$ ≒ -37.4(%)이므로 37.4% 감소하였다.

042

정답	④	세부영역	표 수치 계산형
난도	중	키포인트	수치계산

해결전략 <표>에 제시된 수치의 계산을 통해 <보기> 선택지 내용의 옳고 그름을 판단할 수 있어야 한다.

해설

ㄱ. (O) 2010년 한국의 섬유수출액은 126억 달러, 인도의 섬유수출액은 241억 달러이다. 그 차이는 241-126=115(억 달러)로 100억 달러 이상이다.

ㄴ. (O) 2010년 세계 전체의 섬유수출액은 6,085억 달러이다. 2006년 세계 전체 섬유수출액은 그 수치가 따로 제시되어 있지 않으나 <표 2>의 한국 섬유수출액 비중으로 유추할 수 있다. 2006년 한국의 섬유수출액이 세계 전체 섬유수출액에서 차지하는 비중이 5.0%이고, 이때의 수출액이 177억 달러이므로, 세계 전체 섬유수출액은 $\frac{177(억 달러)}{0.05}$=3,540(억 달러)이다. 3,540×2=7,080이므로, 2010년 세계 전체의 섬유수출액 6,085억 달러는 2006년의 2배 이하이다.

ㄹ. (O) 2010년 중국의 의류수출액은 1,542억 달러로, 세계 전체 의류수출액의 $\frac{1,542}{3,515}\times100$ ≒ 43.9(%)로 50% 이하이다.

ㄷ. (×) 2010년 한국 원단수출액의 전년대비 증가율은

$\frac{110-90}{90}\times100$ ≒ 22.2(%)이고,

2010년 한국 의류수출액의 전년대비 증가율은

$\frac{16-14}{14}\times100$ ≒ 14.3(%)이다.

두 증가율의 차이는 22.2-14.3=7.9(%p)로, 10%p가 되지 않는다.

043

정답	①	세부영역	그림 수치 계산형
난도	중	키포인트	수치계산 / 수치비교

해결전략 <그림>의 수치를 정확하게 계산하여 선택지 내용의 옳고 그름을 판단할 수 있어야 한다. 과정이 다소 긴 편이므로 정확하게 계산한다.

해설

① (○) 2003년 전체 입학정원은 327,000명이고, 2013년에는 341,000명이다.

2003년 인문계열 입학정원은 327,000명×0.144=47,088(명),
2013년 인문계열 입학정원은 341,000명×0.131=44,671(명)이다.
$\frac{47,088-44,671}{47,088}$×100≒5.1(%)이므로, 5% 이상 감소하였다.

② (×) 계열별 입학정원 순위는 2003년 공학-사회-인문-자연-예체능-교육-의약 순이고, 2013년에는 사회-공학-인문-자연-예체능-의약-교육 순이므로 다르다.

③ (×) 2003년 대비 2013년 학과수의 비율이 증가한 교육, 의약, 예체능의 학과수 증가율만 구해보자.

	2003년	2013년	증가율
교육	9,500×0.056 =532(개)	11,000×0.058 =638(개)	$\frac{638-532}{532}$×100 ≒20.0(%)
의약	9,500×0.034 =323(개)	11,000×0.056 =616(개)	$\frac{616-323}{323}$×100 ≒90.7(%)
예체능	9,500×0.12 =1,140(개)	11,000×0.146 =1,606(개)	$\frac{1,606-1,140}{1,140}$ ×100≒40.9(%)

따라서 증가율이 가장 높은 계열은 의약이다.

④ (×) 위 ③의 해설을 보면, 2013년 예체능, 의약, 교육 계열 학과수는 2003년에 비해 각각 증가하였음을 확인할 있다. 나머지 계열(인문, 사회, 공학, 자연)의 학과수의 합계를 구하면,
2003년 : 9,500×(16.4+24.0+22.8+15.8)%=9,500×0.79=7,505(개)
2013년 : 11,000×(13.9+22.9+22.2+15.0)%=11,000×0.74=8,140(개)
이므로, 나머지 계열 학과수의 합계도 증가하였다.

⑤ (×) 2003년과 2013년을 비교할 때, <그림 1>에서 계열별 학과수 비율의 증감방향은 인문, 사회, 공학, 자연 → 감소이고, 교육, 의약, 예체능 → 증가이다.
<그림 2>를 통해 계열별 입학정원 비율의 증감방향을 살펴보면 학과수 비율 증감방향과 일치한다.

044

정답	⑤	세부영역	표·그림 수치 계산형
난도	중	키포인트	수치계산

해결전략 <표>의 수치를 정확하게 계산하여 선택지 내용의 옳고 그름을 판단할 수 있어야 한다.

해설

⑤ (○) 2013년 10월 '갑'국의 전체 자동차 매출액 총액을 x억 원이라고 하자. <표>에서 A자동차의 월매출액은 1,139억 원이고 시장점유율은 34.3%임을 알 수 있다.

x억 원×0.343=1,139(억 원)이므로, $x=\frac{1,139}{0.343}$≒3320.7(억 원)으로, 4,000억 원 이하이다.

① (×) <표>를 보면 2013년 10월 C 자동차의 월매출액은 285억 원이고, 이는 전월인 9월 대비 50% 증가한 것이다. 따라서 9월의 월매출액은 $\frac{285억 원}{1.5}$=190(억 원)이다.

② (×) <표>를 보면, 2013년 10월 월매출액 상위 5개 자동차의 순위는 A-B-C-D-E 순이다.
A~E 자동차의 9월의 월매출액을 구해, 이 순위가 10월의 순위와 다른지 살펴보자.

A : $\frac{1,139}{1.6}$≒711.9(억 원), B : $\frac{1,097}{1.4}$≒783.6(억 원),

C : $\frac{285}{1.5}$=190(억 원), D : $\frac{196}{1.5}$≒130.7(억 원),

E : $\frac{154}{1.4}$=110(억 원)

B-A-C-D-E 순이 되므로 10월의 월매출액 순위와는 다름을 알 수 있다.

③ (×) <그림>은 누적매출액을 나타내고 있으므로, 그 전달의 매출액을 뺀 실질적인 월별 매출액을 나타내면 아래와 같다.
6월 : 5억 원, 7월 : 9-5=4(억 원), 8월 : 24-9=15(억 원),
9월 : 36-24=12(억 원)
2013년 6월부터 9월 중 I 자동차 월매출액이 가장 큰 달은 15억 원인 8월이다.

④ (×) <표>에서 2013년 10월 월매출액 상위 5개 자동차는 A, B, C, D, E 자동차이고, 시장점유율의 합은 34.3+33.0+8.6+5.9+4.6=86.4(%)이다.

⊕ Killer hint

<그림>과 관련된 선택지는 ③ 한 개뿐이고, 나머지 선택지는 모두 <표>의 수치에서 계산하여 답을 확인할 수 있다.

045

정답	②	세부영역	보고서 계산형
난도	중	키포인트	수치비교 / 수치계산

해결전략 <표>의 수치를 정확하게 계산하고 비교하여 <보고서> 내용의 옳고 그름을 판단할 수 있어야 한다.

해설

㉠ (○) <표 1>을 보면 추석교통대책기간 중 총 고속도로 이동인원은 2017년 6,160만 명, 2016년 3,540만 명이다. 따라서 2017년에는 전년대비 $\frac{6,160-3,540}{3,540}\times100≒74.0(\%)$ 증가하였다.

㉡ (×) <표 1>을 보면 1일 평균 이동인원은 2017년 $\frac{6,160}{11}=560$(만 명), 2016년 $\frac{3,540}{6}=590$(만 명)이다. 따라서 전년대비 $\frac{590-560}{590}\times100≒5.1(\%)$ 감소하였으므로 10% 이상 감소한 것은 아니다.

㉢ (○) <표 1>을 보면 추석 당일 고속도로 교통량은 2017년 588만 대, 2016년 535만 대로 전년대비 $\frac{588-535}{535}\times100≒9.9$ (%) 증가하였다.

㉣ (×) <표 2>를 보면, 2017년 귀성 시 고속도로 최대 소요시간은 전년과 비교하여 서울-대전은 15분, 서울-광주는 30분, 서서울-목포는 1시간 50분, 서울-강릉은 10분 감소하였다. 다만, 서울-부산은 7시간 15분에서 7시간 50분으로 오히려 35분 증가하였다.

046

정답	②	세부영역	보고서 계산형
난도	하	키포인트	수치비교 / 수치계산

해결전략 <표>의 수치를 정확하게 계산하고 비교하여 <보고서> 내용의 옳고 그름을 판단할 수 있어야 한다.

해설

㉠ (○) 가사노동을 부인이 전담한다고 응답한 남성은 87.9%로 그 수는 45,000×0.879=39,555(명)이다.
가사노동을 부인이 전담한다고 응답한 여성은 89.9%로 응답자 수는 55,000×0.899=49,445(명)이다.
차이는 49,445-39,555=9,890(명)으로 8,500명 이상이다.

㉡ (×) 가사노동을 부부가 공동으로 분담한다고 응답한 비율을 20대부터 연령대가 높은 순서대로 나열하면 19.4% → 10.4% → 6.4% → 5.9% → 6.7%이다. 연령대가 높아지면서 줄어들다가 60대 이상에서는 다시 증가한다.

㉢ (○) 가사노동 부담형태별 취업자와 미취업자가 응답한 비율의 차이는 아래와 같다.
부인전담 : 90.1%-87.4%=2.7(%p)
부부 공동분담 : 8.6%-6.7%=1.9(%p)
남편전담 : 3.0%-2.3%=0.7(%p)
가사도우미 활용 : 1.0%-0.9%=0.1(%p)
따라서 '부인전담', '부부 공동분담', '남편전담', '가사도우미 활용'의 순이다.

㉣ (×) 가사노동을 '부인전담' 또는 '남편전담'으로 응답한 비율의 합은 취업자가 90.1+2.3=92.4(%)이고, 미취업자가 87.4+3.0=90.4(%)로 취업자가 미취업자에 비해 높다.

047

정답	①	세부영역	표·그림 수치 계산형
난도	중	키포인트	그림이해 / 수치계산

해결전략 제시된 <그림>의 각주 공식에 맞추어 정확하게 계산을 해야 한다.

해설

고사율(%) = $\dfrac{\text{발생지역의 고사한 소나무 수}}{\text{발생지역의 감염된 소나무 수}} \times 100$인데, 제시된 <표>에는 지역별 소나무 수만 제시되어 있으므로, 감염률(%) = $\dfrac{\text{발생지역의 감염된 소나무 수}}{\text{발생지역의 소나무 수}} \times 100$을 이용하여 우선 감염된 소나무 수를 구해야 한다.

지역별 감염률은

거제 : $\dfrac{\text{감염된 소나무 수}}{1{,}590} \times 100 = 50(\%)$이므로, 감염된 소나무 수는

$\dfrac{1{,}590}{100} \times 50 = 795$(천 그루)

경주 : $\dfrac{\text{감염된 소나무 수}}{2{,}981} \times 100 = 20(\%)$이므로, 감염된 소나무 수는 $\dfrac{2{,}981}{100} \times 20 = 596.2$(천 그루)

제주 : $\dfrac{\text{감염된 소나무 수}}{1{,}201} \times 100 = 80(\%)$이므로, 감염된 소나무 수는

$\dfrac{1{,}201}{100} \times 80 = 960.8$(천 그루)

청도 : $\dfrac{\text{감염된 소나무 수}}{279} \times 100 = 10(\%)$이므로, 감염된 소나무 수는

$\dfrac{279}{100} \times 10 = 27.9$(천 그루)

포항 : $\dfrac{\text{감염된 소나무 수}}{2{,}312} \times 100 = 20(\%)$이므로, 감염된 소나무 수는

$\dfrac{2{,}312}{100} \times 20 = 462.4$(천 그루)

이를 바탕으로 지역별 고사율을 구하면,

거제 : $\dfrac{\text{고사한 소나무 수}}{795} \times 100 = 50(\%)$이므로, 고사한 소나무 수는

$\dfrac{795}{100} \times 50 = 397.5$(천 그루)

경주 : $\dfrac{\text{고사한 소나무 수}}{596.2} \times 100 = 50(\%)$이므로, 고사한 소나무 수는

$\dfrac{596.2}{100} \times 50 = 298.1$(천 그루)

제주 : $\dfrac{\text{고사한 소나무 수}}{960.8} \times 100 = 40(\%)$이므로, 고사한 소나무 수는

$\dfrac{960.8}{100} \times 40 = 384.32$(천 그루)

청도 : $\dfrac{\text{고사한 소나무 수}}{27.9} \times 100 = 70(\%)$이므로, 고사한 소나무 수는

$\dfrac{27.9}{100} \times 70 = 19.53$(천 그루)

포항 : $\dfrac{\text{고사한 소나무 수}}{462.4} \times 100 = 60(\%)$이므로, 고사한 소나무 수는

$\dfrac{462.4}{100} \times 60 = 277.44$(천 그루)

따라서 고사한 소나무 수가 가장 많은 발생지역은 거제이다.

⊕ Killer hint

감염된 소나무 / 고사한 소나무를 헷갈리지 않게 주의하여 감염률과 고사율 공식에 대입하여야 한다.

048

정답	①	세부영역	표 수치 계산형
난도	중	키포인트	수치계산 / 수치비교

해결전략 <표>의 수치를 정확하게 계산해야 하는 문제이다.

해설

ㄱ. (○) 농산물별 해운 운송량이 각각 100톤씩 증가하면 4개 농산물의 해운 운송량은 쌀 1,700톤, 밀 3,100톤, 콩 4,100톤, 보리 2,100톤이 되며, 평균은 $\dfrac{1,700+3,100+4,100+2,100}{4}=$ 2,750(톤)이 된다.

ㄷ. (○) 도로 운송량이 많은 농산물 순서대로 나열하면 밀, 쌀, 보리, 콩이다.
이 농산물의 운송량 중 도로 운송량이 차지하는 비중은
밀: $\dfrac{16,500}{27,000}\times100≒61.1(\%)$, 쌀: $\dfrac{10,600}{18,000}\times100≒58.9(\%)$,
보리: $\dfrac{2,900}{12,000}\times100≒24.2(\%)$, 콩: $\dfrac{400}{5,000}\times100=8(\%)$이다.
따라서 도로 운송량이 많은 농산물일수록 해당 농산물의 운송량 중 도로 운송량이 차지하는 비중이 더 크다.

ㄴ. (×) 보리의 수송 방법별 운송량이 각각 50%씩 감소하면, 운송량은 $(2,900+7,100+2,000)\times0.5=6,000$(톤)
콩의 수송 방법별 운송량이 각각 100%씩 증가하면, 운송량은 $(400+600+4,000)\times2=10,000$(톤)
보리와 콩의 총 운송량은 12,000+5,000=17,000톤에서 16,000톤으로 줄어들게 되므로, 4개 농산물 전체 운송량도 변동하게 된다.

ㄹ. (×) 해운 운송량이 적은 농산물 순서대로 나열하면 쌀, 보리, 밀, 콩이다.
이 농산물의 운송량 중 해운 운송량이 차지하는 비중은
쌀: $\dfrac{1,600}{18,000}\times100≒8.9(\%)$, 보리: $\dfrac{2,000}{12,000}\times100≒16.7(\%)$,
밀: $\dfrac{3,000}{27,000}\times100≒11.1(\%)$, 콩: $\dfrac{4,000}{5,000}\times100=80(\%)$이다.
보리의 해운 운송량이 밀보다 적지만 전체 운송량 중 해운 운송량이 차지하는 비중은 더 크다. 따라서 해운 운송량이 적은 농산물일수록 해당 농산물의 운송량 중 해운 운송량이 차지하는 비중이 더 작은 것은 아니다.

049

정답	②	세부영역	표 수치 계산형
난도	하	키포인트	수치계산

해결전략 <표>에 제시된 수치를 통해 <보기> 선택지 내용의 옳고 그름을 계산을 통해 판단할 수 있어야 한다.

해설

ㄱ. (○) 에탄올 주입량이 0.0g일 때 쥐 A~E 렘수면시간 평균은 $\dfrac{88+73+91+68+75}{5}=79$(분)이다.
에탄올 주입량이 4.0g일 때 쥐 A~E 렘수면시간 평균의 $\dfrac{31+40+46+24+24}{5}=33$(분)이다. 따라서 에탄올 주입량 0.0g일 때의 렘수면시간 평균은 에탄올 주입량 4.0g일 때의 2배 이상이다.

ㄷ. (○) 에탄올 주입량이 0.0g일 때와 에탄올 주입량이 1.0g일 때의 렘수면시간 차이는
A가 88-64=24(분), B가 73-54=19(분),
C가 91-70=21(분), D가 68-50=18(분),
E가 75-72=3(분)으로, 차이가 가장 큰 쥐는 A이다.

ㄴ. (×) 에탄올 주입량이 2.0g일 때 쥐 B의 렘수면시간은 60분, 쥐 E의 렘수면시간은 39분이므로 차이는 21분으로 20분 이하가 아니다.

ㄹ. (×) 표를 보면, 쥐 A, B, C, E는 각각 에탄올 주입량이 많을수록, 즉 표의 아래로 갈수록 수치(렘수면시간)가 감소함을 확인할 수 있다. 다만 B와 D의 경우 에탄올 주입량 2.0g일 때 렘수면시간이 1.0g일 때보다 오히려 증가한다. 따라서 에탄올 주입량이 많을수록 렘수면시간이 감소하지 않는 경우도 있다.

050

정답	③	세부영역	그림 수치 계산형
난도	하	키포인트	수치계산

해결전략 <그림>의 수치를 정확하게 계산하고 비교하여 선택지 내용의 옳고 그름을 판단할 수 있어야 한다.

해설

③ (○) 시행기업당 참여직원수를 따로 계산할 것 없이 시행기업수 대비 참여직원수를 어림으로 계산해 보면, 2012년은 2배가 채 안 되고, 2013년과 2014년은 약 2배, 2015년은 약 3배에 해당됨을 따로 계산하지 않고도 파악할 수 있다. 따라서 시행기업당 참여직원수가 가장 많은 해는 2015년이다. (계산해 보면, 2012년은 약 1.5명, 2013년은 약 1.96명, 2014년은 약 1.9명, 2015년은 약 2.8명이다.)

① (×) 2013년 이후 전년보다 참여직원수가 가장 많이 증가한 해는 선그래프의 기울기가 가장 큰 해라 할 수 있다. 이는 2015년이고, 이때 참여직원수는 10,869명에서 21,530명으로 10,000명 이상, 약 2배 늘어났다.
시행기업수가 가장 많이 증가한 해는 막대 그래프의 길이가 가장 크게 늘어난 2014년이다. 2,802개에서 5,764개로 2,962개, 약 2배 이상 늘어났다.
따라서 참여직원수가 가장 많이 증가한 해와 시행기업수가 가장 증가한 해는 서로 다르다.

② (×) 2015년 참여직원수는 21,530명, 2012년 참여직원수는 3,197명이다. 3,197×7=22,379이므로 7배 이상은 아니다.

④ (×) 2013년 대비 2015년 시행기업수의 증가율은

$$\frac{7,686-2,802}{2,802} \times 100 ≒ 174.3(\%),$$

2013년 대비 2015년 참여직원수의 증가율은

$$\frac{21,530-5,517}{5,517} \times 100 ≒ 290.2(\%)\text{이다.}$$

따라서 시행기업수의 증가율이 참여직원수의 증가율보다 낮다.

⑤ (×) 참여직원수의 연간 증가인원을 구하면
2012년 → 2013년: 5,517-3,197=2,320(명)
2013년 → 2014년: 10,869-5,517=5,352(명)
2014년 → 2015년: 21,530-10,869=10,661(명)

따라서 증가인원의 평균은 $\frac{2,320+5,352+10,661}{3}=6,111$(명)

으로 6,000명 이하가 아니다.

051

정답	②	세부영역	표 수치 계산형
난도	하	키포인트	수치계산

해결전략 <표>에 제시된 수치를 통해 <보기> 선택지 내용의 옳고 그름을 판단할 수 있어야 한다.

해설

ㄱ. (○) 2013년의 두 개의 빈칸에 들어갈 수치를 구해본다. 2013년의 전년이월 건수를 구하면, '전년 처리대상 건수-전년 처리 건수'이므로 8,278-6,444=1,834(건)이다. 2014년의 처리대상건수 소계는 1,834+7,883=9,717(건)이다.
따라서 처리대상 건수가 가장 적은 연도는 8,226건인 2016년이고, 이때의 처리율은 $\frac{6,628}{8,226} \times 100 ≒ 80.6(\%)$이다.

ㄹ. (○) 2012년의 인용률은 $\frac{1,767}{346+4,214+1,767} \times 100 ≒ 27.9(\%)$

이고, 2014년의 인용률은 $\frac{1,440}{482+6,200+1,440} \times 100 ≒ 17.7(\%)$

이므로, 인용률은 2012년이 2014년보다 높다.

ㄴ. (×) 취하 건수는 '증가-증가-감소'의 추이를, 기각 건수는 '증가-감소-감소'의 추이를 보이므로 증감방향은 동일하지 않다.

ㄷ. (×) 2013년 처리율은 $\frac{7,314}{9,717} \times 100 ≒ 75.3(\%)$이므로 80% 이상이 아니다.

052

정답	⑤	세부영역	표·그림 수치 계산형
난이도	하	키포인트	수치비교 / 수치계산

해결전략 따로 계산하지 않고 자료만 보고 풀 수 있는 선택지와, 간단한 계산을 통해 풀 수 있는 선택지가 있다.

해설

⑤ (×) 2002년 가격지수는 100이다. 이와 비교했을 때, <표>에서 2015년 3월 가격지수 상승률이 가장 낮은 품목은 151.7인 유지류이다.

① (○) <그림>을 보면, 2015년 3월의 식량 가격지수는 173.8이고, 2014년 3월의 식량 가격지수는 213.8이다.
$\frac{213.8-173.8}{213.8}\times100≒18.7(\%)$ 하락했다.

② (○) <그림>을 보면 2014년 4월부터 2014년 9월까지 식량 가격지수는 매월 하락했음을 확인할 수 있다.

③ (○) 2014년 3월에 비해 2015년 3월 가격지수는
육류 185.5 → 177.0(8.5 하락)
낙농품 268.5 → 184.9(83.6 하락)
곡물 208.9 → 169.8(39.1 하락)
유지류 204.8 → 151.7(53.1 하락),
설탕 254.0 → 187.9(66.9 하락)
따라서 가장 큰 폭으로 하락한 품목은 낙농품이다.

④ (○) <표>를 보면, 육류 가격지수는 185.5 → … → 212.0(2014년 8월)까지 매월 상승하다가 그 이후에는 매월 하락하는 추이를 보이고 있다.

⊕ Killer hint

난이도가 가장 낮은 문항에 속한다. 선택지 ②, ④, ⑤의 경우 따로 계산하지 않고도 <그림>과 <표>를 보고 문제를 풀 수 있다.

053

정답	④	세부영역	그림 수치 계산형
난이도	중	키포인트	수치계산

해결전략 100% 환율 계산(수치계산)으로만 이루어진 문제이다. 빠르고 정확하게 푸는 것이 관건이다.

해설

2014~2016년 각국 기업으로부터 받을 수 있는 원화환산 연봉은 아래와 같다.

구분		연봉
미국기업	2014년	3만 달러×1,150원/1달러=34,500,000원
	2015년	3만 달러×1,200원/달러=36,000,000원
	2016년	3만 달러×1,100원/달러=33,000,000원
중국기업	2014년	26만 위안×150원/위안=39,000,000원
	2015년	26만 위안×140원/위안=36,400,000원
	2016년	26만 위안×160원/위안=41,600,000원
일본기업	2014년	290만 엔×1,100원/100엔=31,900,000원
	2015년	290만 엔×1,200원/100엔=34,800,000원
	2016년	290만 엔×1,300원/100엔=37,700,000원

④ (×) 2015년 대비 2016년 중국기업의 원화환산 연봉의 증가율은 $\frac{4,160만-3,640만}{3,640만}\times100≒14.3(\%)$이고,

2014년 대비 2016년 일본기업의 원화환산 연봉의 증가율은 $\frac{3,770만-3,190만}{3,190만}\times100≒18.2(\%)$로,

중국기업 연봉 증가율이 일본기업 연봉 증가율보다 작다.

① (○) 2014년 원화환산 연봉은 중국기업이 39,000,000원으로 가장 많다.

② (○) 2015년 원화환산 연봉은 일본기업이 34,800,000원으로 가장 적다.

③ (○) 2016년 원화환산 연봉은 일본기업이 37,700,000원이고 미국기업이 33,000,000원으로 일본기업이 미국기업보다 많다.

⑤ (○) 2015년 대비 2016년 미국기업의 원화환산 연봉의 감소율은 $\frac{3,300만-3,600만}{3,600만}\times100≒-8.3(\%)$이고,

2014년 대비 2015년 중국기업의 원화환산 연봉의 감소율은 $\frac{3,640만-3,900만}{3,900만}\times100≒-6.7(\%)$로, 미국기업의 연봉 감소율 8.3%는 중국기업의 연봉 감소율 6.7%보다 크다.

054

정답	⑤	세부영역	보고서 계산형
난도	중	키포인트	수치비교 / 수치계산

해결전략 <보고서>의 내용에 따라 <표>의 수치를 보고 요구하는 계산을 정확하게 할 수 있어야 한다.

해설

㉠ (×) 2000~2002년의 공공기관 전체 대형공사 발주금액은
2000년 : 1,886+1,476=3,362(십억 원)
2001년 : 2,065+1,107=3,172(십억 원)
2002년 : 1,773+1,137=2,910(십억 원)
2000~2002년의 공공기관 전체 소형공사 발주금액은
2000년 : 5,783+8,638=14,421(십억 원)
2001년 : 6,110+8,567=14,677(십억 원)
2002년 : 5,611+10,289=15,900(십억 원)
따라서 대형공사 발주금액은 매년 감소하였고, 소형공사 발주금액은 매년 증가하였다.

㉡ (○) 공공기관 전체 대형공사 발주건수는
2000년 92+73=165(건), 2002년 91+61=152(건)으로 감소하였다.
소형공사 발주건수는 2000년 10,228+21,970=32,198(건), 2002년 8,384+28,939=37,323(건)으로 증가하였다.

㉢ (×) 공공기관 전체에서 발주건수는 대형공사가 소형공사보다 매년 적음을 확인할 수 있다. 발주금액의 경우에도 대형공사 발주금액이 소형공사 발주금액보다 매년 적다. (㉠ 해설 참고)

㉣ (○) 2002년 정부기관 발주공사 중에서 대형공사가 차지하는 발주건수의 비율은 $\frac{91}{8,475} \times 100 ≒ 1.1$(%)이고, 공사금액이 차지하는 비율은 $\frac{1,773}{7,384} \times 100 ≒ 24.0$(%)이다.

㉤ (○) 지방자치단체의 공사 발주규모를 살펴보면, 매년 소형공사가 대형공사보다 건수와 금액 모두 큰 것을 확인할 수 있다.

⊕ Killer hint

비교해야 할 수치(건수, 금액)가 서로 비슷한 경우, 어림산으로 계산하여 정확한 답을 구하기 어려우므로 직접 계산하는 편이 더 빠르고 정확하다.

055

정답	⑤	세부영역	표 수치 계산형
난도	하	키포인트	수치계산

해결전략 간단한 계산으로 풀 수 있는 문제이다.

해설

ㄷ. (○) 각 통신사별 '통화성능' 평가점수의 평균을 구하면,
갑 : $\frac{1+2+1}{3} ≒ 1.3$(점),
을 : $\frac{1+1+1}{3} = 1$(점),
병 : $\frac{2+1+2}{3} ≒ 1.7$(점)이다.
병의 점수가 가장 높다.

ㄹ. (○) 스마트폰 A ~ I의 평가항목별 평가점수의 합은 화질 24점, 내비게이션 22점, 멀티미디어 26점, 배터리수명 18점, 통화성능 12점이다. 따라서 '멀티미디어'의 평가점수 합이 가장 높다.

ㄱ. (×) 소매가격이 200달러인 스마트폰은 B, C, G이고 '종합품질점수'를 계산하면
B : 2+2+3+1+2=10(점),
C : 3+3+3+1+1=11(점),
G : 3+3+3+2+2=13(점)으로 G의 점수가 가장 높다.

ㄴ. (×) 소매가격이 가장 낮은 스마트폰은 50달러인 H이다. H의 '종합품질점수'는 3+2+3+2+=11(점)으로 가장 낮지 않다. (선택지 ㄱ의 계산을 통해 B의 점수가 10점으로 이보다 낮음을 알 수 있다.)

⊕ Killer hint

난이도가 가장 낮은 문항에 속한다. 빠르고 정확하게 계산해 시간을 아낄 수 있는 문제이다.

1 자료해석

2 응용수리

MEMO

056

정답	⑤	세부영역	그림 분석·계산형
난도	상	키포인트	그림해석 / 수치계산

해결전략 각주를 보고 그림이 의미하는 바를 잘 파악하여 선택지에서 요구하는 계산을 할 수 있어야 한다.

해설

⑤ (○) 국제기구 수가 400개 이하인 수위도시는 C, D, E, F, G이다.

$$종주도시지수 = \frac{수위도시\ 실제인구}{2위\ 도시\ 실제인구}이고,$$

$$도시의\ 추정인구 = \frac{수위도시\ 실제인구}{해당도시\ 순위}이다.$$

C~G의 종주도시지수는 1.1 또는 1.2 또는 1.6이다.
종주도시지수가 1.1이라면(E) 2위 도시 실제인구가 100만 명일 때 수위도시 실제인구는 110만 명이다.
종주도시지수가 1.2라면(D, G) 2위 도시 실제인구가 100만 명일 때 수위도시 실제인구는 120만 명이다.
종주도시지수가 1.6이라면(C, F) 2위 도시 실제인구가 100만 명일 때 수위도시 실제인구가 160만 명이 된다.
수위도시 실제인구가 110만 명일 때(E) 2위 도시의 추정인구를 구하면 $\frac{110만 명}{2} = 55(만\ 명)$,

수위도시 실제인구가 120만 명일 때(D, G) 2위 도시의 추정인구를 구하면 $\frac{120만 명}{2} = 60(만\ 명)$,

수위도시 실제인구가 160만 명일 때(C, F) 2위 도시 추정인구는 $\frac{160만 명}{2} = 80(만\ 명)$이 된다.

모든 2위 도시의 실제인구가 해당도시의 추정인구보다 많음을 알 수 있다.

① (×) 세계 500대 기업본사 수가 C보다 많은 수위도시는 E와 F이고, 국제기구 수가 C보다 많은 수위도시는 A와 B이다. 세계 500대 기업본사 수와 국제기구 수 모두 C보다 많은 수위도시는 없다.

② (×) D의 종주도시지수는 1.2로, $\frac{수위도시\ 실제인구}{2위\ 도시\ 실제인구} = 1.2$라는 의미다. $\frac{80만\ 명}{2위\ 도시\ 인구} = 1.2$가 되므로 D의 실제인구가 80만 명이라면, D가 속한 국가의 2위 도시 실제인구는 $\frac{80만}{1.2} ≒ 67(만\ 명)$으로 70만 명보다 적다.

③ (×) G의 실제인구가 70만 명이고, 종주도시지수가 1.2이므로, $\frac{70만\ 명}{2위\ 도시\ 인구} = 1.2$이다. 이때 G가 속한 국가의 2위 도시의 실제인구는 $\frac{70만}{1.2} ≒ 58.3(만)$이므로 약 58만 명이다.

A의 실제인구가 100만 명이고, 종주도시지수가 2.0이므로, $\frac{100만\ 명}{2위\ 도시\ 인구} = 2$이다. 이때 A가 속한 국가의 2위 도시의 실제인구는 100만 명의 절반인 50만 명이다.

따라서 G가 속한 국가의 2위 도시 실제인구와 A가 속한 국가의 2위 도시 실제인구 차이는 10만 명이 되지 않는다.

④ (×) 도시의 추정인구 = $\frac{수위도시\ 실제인구}{해당도시\ 순위}$ 라 하였으므로

3위 도시의 추정인구는 $\frac{100만 명}{3} ≒ 33.3(만\ 명)$이므로 3위 도시의 추정인구는 30만 명보다 많다.

057

정답	④	세부영역	표 분석 · 계산형
난도	상	키포인트	단위변환 / 수치계산

해결전략 <표>의 수치를 비교할 줄 알아야 하고, 단위가 다른 수치들은 통일해 문제에 적용해야 한다.

해설

④ (○) 'G인터넷'과 'HS쇼핑'의 5월 데이터 사용량의 합은 5.3+1.8=7.1(GB)이고, 이를 MB 단위로 바꾸면 7.1×1,024=7,270.4(MB)이다. 이때, '톡톡'과 '앱가게'의 데이터 사용량 합은 4.4GB(=4,505.6MB)이고 나머지 백 MB 단위의 사용량을 합하면 836.0+321.0+254.0=1,411(MB)이다.

7,270.4−4,505.6−1,411=1,353.8(MB)

나머지 백 MB 미만의 앱 데이터 사용량을 합해도 1,353.8MB에 미치지는 못하므로, 'G인터넷'과 'HS쇼핑'의 5월 데이터 사용량의 합은 나머지 앱의 5월 데이터 사용량의 합보다 많음을 알 수 있다.

① (×) 5월과 6월에 모두 데이터 사용량이 있는 앱 중 5월 대비 6월 데이터 사용량이 증가한 앱은 G인터넷, HS쇼핑, 뮤직플레이, 쉬운지도, JJ멤버십, 날씨정보, 지상철이다.

이 중 데이터 사용량 단위가 GB인 것만 보면 5월 대비 6월 데이터 사용량의 증가량은 G인터넷 1.4GB, HS쇼핑 0.3GB로 G인터넷이 가장 크다. 데이터 사용량 단위가 MB인 앱 중 사용량 증가량이 가장 많은 뮤직플레이의 증가량은 570−94.6=475.4(MB)인데, 이는 G인터넷의 1.4GB보다 작다.

따라서 5월 대비 6월 데이터 사용량의 증가량이 가장 큰 앱은 'G인터넷'이다.

② (×) ①의 해설을 참고하면, 5월과 6월에 모두 데이터 사용량이 있는 앱 중 5월 대비 6월 데이터 사용량이 증가한 앱은 모두 7개이고, 감소한 앱은 10개이다.

③ (×) 6월에만 데이터 사용량이 있는 앱은 가계부, 17분운동, JC카드로, 이 앱들의 총 데이터 사용량은 27.7+14.8+0.7=43.2(MB)이다. 이는 '날씨정보'의 6월 데이터 사용량인 45.3MB보다 적다.

⑤ (×) 데이터 사용량의 자릿수가 크게 바뀐 앱을 찾아보면, 뮤직플레이(94.6 → 570.0), JJ멤버십(45.2 → 240.0), NEC뱅크(254.0 → 9.7), S메일(29.7 → 0.8)이 해당한다.

이때, 데이터 사용량 변화율을 계산하면

뮤직플레이 : $\frac{570.0-94.6}{94.6}\times100≒502.5(\%)$

JJ멤버십 : $\frac{240.0-45.2}{45.2}\times100≒431.0(\%)$

NEC뱅크 : $\frac{9.7-254.0}{254.0}\times100≒-96.2(\%)$

S메일 : $\frac{0.8-29.7}{29.7}\times100≒-97.3(\%)$

따라서 뮤직플레이의 사용량 변화율이 가장 크다.

⊕ Killer hint

④의 경우 정확하게 계산하지 않고, GB끼리만 대략 계산하여 어림산하여도 맞는 선택지임을 확인할 수 있다.

058

정답	①	세부영역	표 분석 · 계산형
난도	중	키포인트	수치비교 및 대입

해결전략 <표>에 제시된 수치들을 요구충족도 공식에 대입하여 비교할 수 있어야 한다.

해설

ㄱ. (○) 중요도 점수가 높은 영역부터 차례대로 나열하면, 교수활동−학생복지−교육환경 및 시설−교육지원−비교과−교과로 매년 동일함을 <표 2>에서 확인할 수 있다.

ㄴ. (○) <표 1>을 보면, 2017년 만족도 점수는 각 영역에서 전년보다 모두 높다는 것을 확인할 수 있다.

ㄷ. (×) <표 1>에서 2015년과 2016년 만족도 점수가 가장 높은 영역과 가장 낮은 영역의 만족도 점수 차이를 구하면, 아래와 같다.

2015년 : 3.73점(비교과)−3.39점(학생복지)=0.34(점)
2016년 : 3.52점(교수활동)−3.27점(학생복지)=0.25(점)

따라서 점수 차이는 2016년이 2015년보다 작다.

ㄹ. (×) 요구충족도는 중요도 점수가 낮을수록, 만족도 점수가 높을수록 높아진다. 그런데, <표>를 살펴보면, 모든 영역에서 만족도 점수는 중요도 점수보다 낮다. 이때, 만족도 점수와 중요도 점수의 차가 그중 가장 적은 영역을 구하면 요구충족도가 가장 높은 영역을 찾을 수 있다. 그 차이가 가장 적은 것은 0.8점이 차이 나는 비교과 영역이다.

확인을 위해 교과 영역과 비교과 영역의 요구충족도를 계산해 보면,

교과 영역 : $\frac{3.45}{3.57}\times100≒96.6(\%)$,

비교과 영역 : $\frac{3.56}{3.64}\times100≒97.9(\%)$이다.

059

정답	②	세부영역	표 분석·계산형
난도	상	키포인트	표 해석 / 수치비교

해결전략 표가 나타내는 바를 파악하고, 제시되어 있지 않은 수치(순위)의 비교도 할 수 있어야 한다.

해설

② (O) 2017년 10월 상위 10개 국가의 2017년 9월 순위와, 2016년 10월 순위를 비교하면 아래와 같다.(<표>의 등락을 통해 2017. 9. 순위를 구함)

국가	순위		
	2017. 10.	2017. 9.	2016. 10.
독일	1	2	2
브라질	2	1	3
포르투갈	3	6	8
아르헨티나	4	3	1
벨기에	5	9	4
폴란드	6	5	−
스위스	7	4	−
프랑스	8	10	7
칠레	9	7	6
콜롬비아	10	8	5

2017년 9월 순위가 2016년 10월 순위보다 낮은 국가는 아르헨티나, 벨기에, 프랑스, 칠레, 콜롬비아의 5개국이다.

2017년 9월 순위가 2016년 10월 순위보다 높은 국가는 브라질, 포르투갈, 폴란드, 스위스의 4개국이다. (폴란드와 스위스는 2016년 10월에는 10위권에 들지 못했고 2017년 9월에 10위권에 들었으므로 순위가 더 높다고 할 수 있다.)

따라서 2017년 9월 순위가 2016년 10월 순위보다 낮은 국가는 높은 국가보다 많다.

① (×) 2016년 10월에 순위가 상위 10위 안에 들면서 2017년 10월에도 상위 10위 안에 드는 국가를 2016년 10월 순위가 상위인 국가부터 나열하면, 아르헨티나, 독일, 브라질, 벨기에, 콜롬비아, 칠레, 프랑스, 포르투갈로 총 8개이다. (스페인은 2017년 10월 11위이므로 제외)

③ (×) 2017년 10월 상위 5개 국가의 점수 평균을 구하면,

$$\frac{1,606+1,590+1,386+1,325+1,265}{5}=1434.4$$

2016년 10월 상위 5개 국가의 점수 평균을 구하면,

$$\frac{1,621+1,465+1,410+1,382+1,361}{5}=1447.8$$

2017년 10월 상위 5개 국가 점수 평균이 2016년 10월보다 낮다.

④ (×) 2017년 10월 상위 11개 국가 중 전년 동월인 2016년 10월 대비 점수가 상승한 국가를 2017년 10월 순위가 상위인 국가부터 나열하면, 독일, 브라질, 포르투갈, 폴란드, 스위스, 스페인의 6개 국가이다. (폴란드와 스위스의 2016년 10월 점수는 알 수 없으나 11위인 1,113점 이하이므로, 이를 통해 점수 비교가 가능하다.)

이 6개 국가의 2017년 10월 전년 동월 대비 순위를 살펴보면,

스페인은 10위에서 11위로 하락하였다. (나머지 국가는 모두 상승) 따라서 전년 동월 대비 점수가 상승한 모든 국가의 순위가 상승한 것은 아니다.

⑤ (×) 2017년 10월 상위 11개 국가 중 2017년 10월 순위가 전월 대비 상승한 국가는 등락이 '↑'인 4개(독일, 포르투갈, 벨기에, 프랑스)이다.

2017년 10월 순위가 2016년 10월보다 상승한 국가는 5개(독일, 브라질, 포르투갈, 폴란드, 스위스)이다.

따라서 2017년 10월 상위 11개 국가 중 2017년 10월 순위가 전월 대비 상승한 국가는 4개로 전년 동월 대비 상승한 국가인 5개보다 적다.

⊕ Killer hint

'전월과 비교', '전년 동월과 비교'를 확실하게 구분하여 순위를 비교하여야 한다. 또한 <표>에는 11위까지의 기록의 제시돼 있으므로, 선택지의 '상위 10위 이내'인 국가 수를 셀 때 주의하여야 한다.

060

정답	②	세부영역	그림 분석 · 유추형
난도	상	키포인트	그림의미 유추

해결전략 <그림>과 관련된 <보기> 내용의 옳고 그름을 판단한다. 이때 <그림>에 해당하는 지역은 <표>의 정보로 유추해야 한다.

해설

ㄱ. (○) <그림 3>을 보면, 산불 발생건당 피해면적이 세로축의 값이다. 세로축 값이 5.5에 있는 점의 가로축 값은 약 160이다. 이 점은 산불 발생건수가 165건인 J지역을 나타냄을 알 수 있다. 따라서 산불 발생건당 피해면적이 가장 큰 지역은 J지역이다.

ㄷ. (○) <그림 1>을 보면 산불 발생건수가 가로축, 산불 피해액이 세로축에 나타나 있다. 산불 발생건당 피해액은 산불 발생건수가 적고 피해액이 많을수록(왼쪽, 위쪽에 위치할수록) 크고, 발생건수가 많고 피해액이 적을수록(오른쪽, 아래쪽에 위치할수록) 작다.

가장 왼쪽에 위치하는 점은 (170, 9,000)이고, 가장 위쪽에 위치하는 점은 (280, 29,000)이다.

가장 오른쪽에 위치하는 점은 (620, 21,000)이고, 두 번째로 오른쪽에 위치하고 두 번째로 아래에 위치하는 점은 (570, 4,000)이다.

순서대로 산불 발생건당 피해액을 계산하면 약 53(백만 원), 103(백만 원), 34(백만 원), 7(백만 원)이므로 산불 발생건당 피해액이 가장 큰 지역은 산불 발생건수가 약 280건인 지역(D지역), 산불 발생건당 피해액이 가장 작은 지역은 산불 발생건수가 약 570건인 지역(B지역)이다.

따라서 산불 발생건당 피해액은 D지역이 가장 크고 B지역이 가장 작다.

ㄴ. (×) <그림 2>를 보면 산불 발생건수가 가로축, 산불 피해재적이 세로축에 나타나 있다. 따라서 가로축 값이 작고 세로축 값이 클수록(왼쪽, 위쪽에 위치할수록) 산불 발생건당 피해재적이 크고, 가로축 값이 크고 세로축 값이 작을수록(오른쪽, 아래쪽에 위치할수록) 산불 발생건당 피해재적이 작다. 전자에 해당하는 점은 가로축과 세로축 값이 (160, 100)에, 후자에 해당하는 점은 (500, 5) 또는 (620, 35)이다.

가로축 값(산불 발생건수)이 약 160인 지역을 <표>에서 찾으면 J지역이다.

가로축과 세로축 값이 (500, 5)인 지역의 산불 발생건당 피해재적은 $\frac{1}{100}$, (620, 35)인 지역은 어림하면 약 $\frac{1}{20}$이므로, (500, 5)인 지역의 피해재적이 더 작다고 할 수 있다. 가로축 값(산불 발생건수)이 약 500건인 지역을 <표>에서 찾으면 G지역이다.

따라서 산불 발생건당 피해재적은 J 지역이 가장 크고 G지역이 가장 작다.

ㄹ. (×) <그림 3>을 보면, 산불 피해면적이 따로 나와 있는 것이 아니라 산불 발생건당 피해면적과 산불 발생건수만 나와

있다. '$\frac{산불\ 피해면적}{산불\ 발생건수}$×산불 발생건수=산불 피해면적'이므로, 가로축과 세로축 값을 곱한 값이 가장 큰 것이 산불 피해면적이 가장 큰 지역이다. 따라서 그림에서 오른쪽에 위치하고 위쪽에 위치할수록 피해면적이 가장 크다.

여기에 해당하는 것은 가로축(발생건수)가 520건, 세로축(발생건당 피해면적)이 4만 m²/건인 점이고, 계산하면 산불 피해면적은 520×4=2,080(만 m²)가 된다. 산불 발생건수가 약 520건인 지역을 <표>에서 찾으면 A지역이므로, 피해면적이 가장 큰 지역은 A지역이다.

반대로 피해면적이 가장 작은 점은 산불 발생건수가 200건, 피해면적이 4,000m²/건인 점이고, 계산하면 80(만 m²)가 된다. 산불 발생건수가 약 200건인 지역을 <표>에서 찾으면 E지역이므로, 피해면적이 가장 작은 지역은 E지역이다.

⊕ Killer hint

상당히 어려운 문제이다. 선택지의 내용에 해당하는 지역을 <그림>의 점의 위치를 통해 찾아야 한다. 수치가 세밀하게 제시되어 있지 않으므로, 가로축과 세로축의 대략적인 수치를 유추하여야 한다.

061

정답	①	세부영역	그림 분석·계산형
난도	중	키포인트	그림해석

해결전략 <그림>이 의미하는 바를 정확히 파악해야 선택지의 옳고 그름을 판단할 수 있다.

해설

① (×) '기술무역수지 = 기술수출액 − 기술도입액'이므로, 기술수출액(세로축)이 적고, 기술도입액(가로축)이 많은 산업을 고르면 된다. 즉, <그림>의 아래쪽에 위치하고 오른쪽에 위치할수록 기술무역수지가 작아진다. 여기에 해당하는 것은 소재(▲)이다.
2021년 소재 산업의 기술무역수지를 계산해 보면, 16−290=−274로, 약 −274백 만 달러임을 알 수 있다. 건설 산업의 기술무역수지는 60−80=−20이므로 약 −20백 만 달러이다.

② (○) '기술무역규모 = 기술수출액 + 기술도입액'이므로 <그림>의 위쪽·오른쪽에 위치할수록 기술무역규모가 크다. 또한 가로축(기술도입액)의 금액 단위가 세로축의 약 2배이므로 위쪽보다는 오른쪽에 위치할수록 기술무역 규모가 큼을 알 수 있다. 이에 해당하는 것은 소재 산업으로, 계산하면 약 306백 만 달러이다.

③ (○) 2019년 기술도입액은 건설 90백만 달러, 소재 100백만 달러, 농림수산식품 170백만 달러이다. 합하면 360백만 달러, 즉 3억 6천만 달러이다.

④ (○) <그림>을 보면, 소재 산업의 기술수출액(세로축)은 변화가 거의 없고 기술도입액(가로축)만 해가 지날수록 증가하고 있다. '기술무역수지 = 기술수출액 − 기술도입액'이므로, 기술무역수지는 매년 감소함을 알 수 있다.

⑤ (○) '기술무역수지비 = $\frac{기술수출액}{기술도입액}$'이므로, 기술수출액(세로축)이 크고 기술도입액(가로축)이 작을수록 기술무역수지비가 크다. 즉, 위쪽·왼쪽에 위치할수록 기술무역수지비가 크다. 3개 연도의 농림수산식품 산업(●) 위치를 <그림>에서 찾아보면 2020년이 그래프의 가장 위쪽이자 왼쪽에 위치하므로 기술무역수지비가 가장 크다는 것을 알 수 있다.

⊕ Killer hint

따로 계산을 하지 않더라도 그래프에서 각 산업별이 연도별로 위치하는 곳을 파악하여 선택지에서 요구하는 내용을 모두 파악할 수 있다. (③ 제외)
계산을 하기보다 그래프의 점 위치로 수치를 대략적으로 계산하는 것이 시간을 절약할 수 있는 방법이다.

062

정답	③	세부영역	표 분석·유추형
난도	상	키포인트	표의 의미 파악

해결전략 <표 2>의 활용률이 의미하는 바를 이해해야 한다.

해설

③ (○) <표 1>을 보면, 출퇴근 소요시간이 120분 이하인 과장급 근로자의 비율은 16.9+31.6+16.7+19.9=85.1(%)이다. <표 2>을 보면, 원격근무제를 활용하는 과장급 근로자는 16.3%이므로 원격근무제를 활용하지 않는 과장급 근로자가 100−16.3=83.7(%)가 된다.
과장급 근로자 중 원격근무제를 활용하지 않는 근로자가 출퇴근 소요시간 120분 이하인 근로자보다 적은 것이다. 따라서 원격근무제를 활용하는 과장급 근로자는 출퇴근 소요시간 120분 이하인 근로자에 포함될 수밖에 없다.

① (×) 출퇴근 소요시간이 60분 이하라는 것은 30분 이하와 30분 초과 60분 이하를 합한 범위이다. <표 1>을 보면, 출퇴근 소요시간 60분 이하인 근로자의 직급별 비중은 대리급 이하에서 20.5+37.3=57.8(%), 과장급에서 16.9+31.6=48.5(%), 차장급 이상에서 12.6+36.3=48.9(%)이다. 따라서 출퇴근 소요시간이 60분 이하인 근로자 수는 60분 초과인 근로자수보다 모든 직급에서 많은 것은 아니다. 대리급 이하에서만 많다.

② (×) 출퇴근 소요시간이 90분 초과인 대리급 이하 근로자 비율은 15.4+13.8+5.0+5.3+2.6=42.1(%)이다. 탄력근무제를 활용하는 대리급 이하 근로자 비율인 23.6%보다 높다.

④ (×) 중소기업에서의 탄력근무제와 시차출퇴근제의 활용률을 각각 더하면 15.6+41.7=57.3(%)로 원격근무제의 활용률인 54.4%보다 높다. 그러나 이것이 전체 중소기업 근로자 중 탄력근무제와 시차출퇴근제 중 하나 이상을 활용하는 근로자 수를 나타내는 것은 아니다. 탄력근무제와 시차출퇴근제를 모두 활용하는 중소기업 근로자가 있을 수 있기 때문에, 각각의 활용률을 더한 값이 둘 중 하나 이상을 활용하는 근로자 수를 나타내는 것은 아니다.

⑤ (×) 출퇴근 소요시간이 60분 이하인 차장급 이상 근로자 비율은 12.6+36.3=48.9(%)이다. 원격근무제와 탄력근무제 중 하나 이상을 활용하는 차장급 이상 근로자의 비율은 26.4+25.1=51.5(%)이다. 하지만 위 ④의 해설과 같이, 원격근무제와 탄력근무제를 모두 활용하는 근로자도 있을 수 있기 때문에, 각각의 활용률을 더한 값이 둘 중 하나 이상을 활용하는 근로자 수를 나타내는 것은 아니다.

⊕ Killer hint

<표 2>의 경우 활용률을 더한 값은 100%를 넘거나 100%에 미치지 못한다. 이는 곧 유연근무제도를 중복 활용하기도 하며 전혀 활용하지 않는 경우도 있다는 의미이다. 이를 파악하고 문제를 풀어야 올바른 답을 유추할 수 있다.

063

정답	③	세부영역	그림 분석 · 계산형
난도	상	키포인트	그림파악 및 계산

해결전략 <그림>에서 제시된 수치로 구할 수 있는 또 다른 수치를 유추할 수 있어야 한다.

해설

ㄱ. (○) <그림 2>에서 국민총소득 대비 공적개발원조액 비율이 UN 권고 비율인 0.70%보다 큰 국가를 찾으면, 룩셈부르크, 노르웨이, 스페인, 덴마크, 영국이다. <그림 1>에서 이들 국가의 공적개발원조액 합을 구해 보자. 룩셈부르크는 공적개발원조액 상위 15개 회원국에 포함되지 않아 알 수 없으므로, 이를 뺀 나머지 4개 국가의 합을 우선 구한다.
4.3+2.7+2.5+19.4=28.9(십억 달러)이므로 280억 9천만 달러이다. 룩셈부르크를 제외한 국가들의 공적개발원조액 합만 구해도 250억 달러 이상이다.

ㄴ. (○) <그림 1>에서 공적개발원조액 상위 5개국의 공적개발원조액 합을 구하면 33.0(미국)+24.1(독일)+19.4(영국)+12.0(프랑스)+11.7(일본)=100.2(십억 달러)이다.
개발원조위원회 29개 회원국 공적개발원조액 합은 자료에 제시되지 않아 알 수 없으나, <그림 1>의 상위 15개국 중 원조액이 가장 작은 국가의 원조액이 나머지 14개국 각각의 원조액과 같다고 가정하여 29개 회원국 원조액의 합을 구할 수 있다. 이때, 이 금액은 29개 회원국의 공적개발원조액 합을 최대로 잡은 것이다. 137.5+(2.5×14)=172.5(십억 달러)가 된다.
따라서 공적개발원조액 상위 5개국의 공적개발원조액 합 100.2(십억 달러)는 29개 회원국 공적개발원조액 합 172.5(십억 달러)의 50% 이상이다.

ㄷ. (×) 독일의 국민총소득 대비 공적개발원조액 비율은 0.61%이다. 독일의 현재 공적개발원조액은 241억 달러이므로, 독일의 국민총소득을 계산하면, $\frac{241억 달러}{0.0061}$≒39,508.2(억 달러)가 된다.
독일이 공적개발원조액만 30억 달러 증액하면 공적개발원조액은 271억 달러가 되고, 이때 국민총소득 대비 공적개발원조액 비율은 $\frac{271}{39,508.2}$×100≒0.69(%)가 된다. 이는 UN 권고 비율 0.70%에 미치지 못한다.

⊕ Killer hint

선택지 'ㄴ'의 경우, <그림 1>을 통해 전체 국가들의 공적개발원조액 합의 최대치를 구하고 그 후에 선택지의 내용을 계산하여 적용하면 문제를 쉽게 풀어갈 수 있다. 계산과 함께 유추를 해야 풀 수 있는 문제이다.

064

정답	⑤	세부영역	표 유추 · 계산형
난도	상	키포인트	표 해석 / 수치계산

해결전략 <표> 수치의 계산과 함께, 선택지에서 요구하는 내용을 표 안에서 유추하여 찾을 수 있어야 한다.

해설

ㄴ. (○) <표 2>에 따르면, 저수용량이 '10만 미만'인 저수지 수는 2,668개소이고, 이는 전체 저수지 수의 $\frac{2,668}{3,226}$×100≒82.7(%)이므로 80% 이상이다.

ㄷ. (○) <표 1>을 보면, 관리기관이 농어촌공사인 저수지의 개소당 수혜면적은 $\frac{69,912}{996}$≒70.2(천m³)이다.
관리기관이 자치단체인 저수지의 개소당 수혜면적은 $\frac{29,371}{2,230}$≒13.2(천m³)이다.
$\frac{70.2}{13.2}$≒5.3으로 5배 이상이다.

ㄹ. (○) 저수용량이 '50만 이상 100만 미만'인 저수지는 모두 100개소이다. 이 저수지들의 저수용량 합은 저수용량을 '50만'으로 잡으면 50만×100=5,000만(m³)이고, 저수용량을 '100만'으로 잡으면 100만×100=10,000만(m³)이다. 즉 저수용량 합은 5,000만 이상 10,000만 미만이 된다.
전체 저수지 총 저수용량은 707,612(천m³)이므로, 총 저수용량의 5%는 707,612×0.05=35,380.6(천m³)이다. 이는 3,538만 600만(m³)이므로, 저수용량이 '50만 이상 100만 미만'인 저수지의 저수용량 합은 총 저수용량의 5% 이상이라 할 수 있다.

ㄱ. (×) 자치단체에서 관리하는 저수지인 2,230개소이고, 그렇지 않은 저수지는 996개소이다. 그리고 제방높이가 '10 미만'인 저수지는 2,566개소이다. 따라서 자치단체에서 관리하지 않는 저수지 즉 농어촌공사에서 관리하는 저수지 모두가 제방높이가 '10 미만'이라 가정하면, 2,566-996=1,570(개소)의 저수지가 자치단체 관리 저수지로 남게 된다.
즉, 제방높이가 '10 미만'인 저수지 중 자치단체가 관리기관인 저수지는 최소 1,570개소라는 의미다. 1,600개소 이상이 될 수도 있으나, 1,600개소 미만이 될 수도 있다.

⊕ Killer hint

언뜻 보면 단순한 계산 문제일 수 있으나, <표>의 내용과 <보기> 선택지에서 요구하는 내용이 바로 일치하여 직관적으로 답을 찾을 수 있는 문제는 아니다. 선택지의 내용을 <표>에서 어떻게 찾아 계산하여야 하는지 생각해야 하는 문제이다.

065

정답	①	세부영역	그림 분석·계산형
난도	상	키포인트	그림 파악 및 계산

해결전략 <그림>의 수치가 나타내는 바가 무엇인지 정확히 아는 것이 중요하다.

해설

① (×) 2020년 전체 회원 수는 85만 2천 명이고, 장기저축급여 가입 인원 수는 744,733명이므로 $\frac{744,733}{852,000} \times 100 ≒ 87.4(\%)$이다.

② (○) 공제제도별 자산 규모 구성비를 보면, 장기저축급여의 자산 규모는 27.3조 원이고 차지하는 비중은 64.5%이다. 이를 통해 전체 공제제도의 자산 규모를 구하면, $\frac{27.3}{0.645} ≒ 42.4$(조 원)이 된다. 40조 원 이상이 맞다.

③ (○) 공제회의 모든 회원은 1개 또는 2개의 공제제도에 가입해 있다고 하였다. 따라서 중복가입한 회원은 2개의 공제제도에 가입한 회원이다.
자산 규모 상위 4개 제도인 장기저축급여, 퇴직생활급여, 목돈급여, 분할급여에 가입한 회원 수는 744,733+40,344+55,090+32,411=872,578(명)이다. 이 4개 제도에 가입한 회원 수는 전체 회원 수보다 적어야 하는데, 전체 회원 수가 852,000명으로 오히려 많은 상황이다. 따라서 4개 제도에 가입한 회원 중 중복 가입(2개의 제도에 가입)한 사람은 872,578-852,000=20,578(명) 이상이다.

④ (○) 충청의 장기저축급여 가입 회원 수는 61,850명이다. 15개 지역 평균 장기저축급여 가입 회원 수는 전체 가입자 수 744,733명÷15≒49,649(명)이므로, 이보다 많다.

⑤ (○) 공제제도별 1인당 구좌 수는
장기저축급여가 $\frac{449,579,295}{744,733} ≒ 603.7$(구좌),
분할급여가 $\frac{2,829,332}{32,411} ≒ 87.3$(구좌)이다.
$\frac{603.7}{87.3} ≒ 6.9$이므로, 5배 이상이다.

⊕ Killer hint

<그림>이 직관적이지 않으므로, 이를 잘 파악해 계산해 내야 한다. 또한 선택지 ③의 경우 단순 계산보다는 중복된 인원을 구하는 방법을 알아야 풀 수 있다. 중복자를 전체 회원 수에서 어떻게 구해야 할지 그 방법을 논리적으로 찾아내 계산에 적용시킬 수 있어야 한다.

066

정답	⑤	세부영역	표 분석·유추형
난도	중	키포인트	수치와 선택지 비교

해결전략 '금연계획률=단기 금연계획률+장기 금연계획률'임을 이용해 문제를 풀 수 있어야 한다.

해설

⑤ (○) <표 3>을 보면, '금연계획률=단기 금연계획률 + 장기 금연계획률'이므로, 2011년 장기 금연계획률은 56.3-20.2=36.1(%), 2008년 단기 금연계획률은 56.9-39.2=17.7(%)이다. 2008년 단기 금연계획률의 두 배는 17.7×2=35.4(%)로 36.1%보다 작으므로, 2011년 장기 금연계획률이 2008년 단기 금연계획률의 두 배 이상이다.

① (×) <표 1>을 보면 남성 흡연율은 42.1%~48.3% 사이, 여성 흡연율은 5.3%~7.9% 사이이다. 이때, 여성 흡연율이 7.9%로 가장 높은 2012년에 남성 흡연율은 43.7%이고, $\frac{43.7}{7.9} ≒ 5.5$로 6배가 되지 않는다.

② (×) <표 2>를 보면, 소득수준이 높을수록, 즉 '최상'의 흡연율과 '하'의 흡연율을 비교하면, '하'의 흡연율이 높은 것처럼 보인다. 그런데 자세히 살펴보면 2012년 소득수준 '최상'의 흡연율은 40.8%로 소득수준이 이보다 낮은 '상'의 흡연율 38.6%보다 높다. 따라서 소득수준이 높을수록 남성 흡연율이 항상 낮다고는 말할 수 없다.

③ (×) 제시된 자료의 <표 2>로 소득수준별 남성 흡연율은 파악할 수 있으나, 소득수준에 따른 여성 흡연자 수는 알 수 없다.

④ (×) '금연계획률=단기 금연계획률 + 장기 금연계획률'이므로, 2009년의 금연계획률은 18.2+39.2=57.4(%), 2010년의 금연계획률은 20.8+32.7=53.5(%)이다.
2007~2010년 금연계획률은 59.8%(2007년) → 56.9%(2008년) → 57.4%(2009년) → 53.5%(2010년)로 변화하므로 2009년에는 전년대비 증가하였다.

067

정답	①	세부영역	표 분석 · 계산형
난도	중	키포인트	수치계산 / 수치비교

해결전략 <표>가 나타내는 바를 파악하여, 제시된 수치를 자료 그대로 적용하는 것이 아닌, 제시된 내용에 맞게 적용하여 선택지에서 요구하는 계산을 할 수 있어야 한다.

해설

① (×) 전체 전투 대비 일본측 공격 비율은

임진왜란 전기가 $\frac{27+2}{70+17} \times 100 ≒ 33.3(\%)$,

임진왜란 후기가 $\frac{8}{10+8} \times 100 ≒ 44.4(\%)$이다.

따라서 임진왜란 전기에 비해 임진왜란 후기가 높다.

② (○) 조선측 공격이 일본측 공격보다 많았던 해는 1592년, 1593년, 1598년으로, 이때 조선측 승리는 각각 40회, 14회, 6회로 일본측 승리보다 많았다.

③ (○) 전체 전투 대비 관군 단독전 비율은

1598년이 $\frac{6}{8} \times 100 = 75(\%)$, 1592년이 $\frac{19}{70} \times 100 ≒ 27.1(\%)$이다.

따라서 1598년이 1592년의 2배 이상이다.

④ (○) 1592년 관군 · 의병 연합전은 42회이다. 그리고 관군 · 의병 연합전이 아닌 관군 단독전과 의병 단독전은 총 28회이다. 그 해 조선측 승리는 40회인데, 만약 이 40회에 관군 단독전과 의병 단독전이 모두 포함된다면 관군 · 의병 연합전으로 거둔 승리는 12회가 된다. 즉, 관군 · 의병 연합전으로 치러진 전투 중 조선측이 승리한 경우가 최소 12회는 된다는 의미다. $\frac{12}{40} \times 100 = 30(\%)$이므로 최소 30% 이상이다.

⑤ (○) 1598년 관군 단독전은 6회이고, 조선측 승리는 6회, 일본측 승리는 2회이다. 관군 단독전 중 조선측이 승리하지 않고 일본측이 승리한 경우가 2회 있다 하더라도, 나머지는 조선측이 승리한 경우에 해당하므로, 관군 단독전 중 조선측이 승리한 경우가 있을 수밖에 없다.

⊕ Killer hint

선택지 ④와 ⑤의 경우, 단순히 승리 횟수를 대입해 답을 찾아서는 안 된다. 'a인 경우와 a가 아닌 경우가 있을 때, a가 아닌 경우를 최대로 잡아 x%라면, a는 전체에서 적어도 $(100-x)$%는 된다'는 것을 생각하고 계산을 해야 한다.

068

정답	④	세부영역	표 유추 · 계산형
난도	중	키포인트	표 해석 / 수치계산

해결전략 <표>가 나타내는 바를 파악해, 제시되어 있지 않은 수치 간의 대소 비교도 할 수 있어야 한다.

해설

ㄴ. (○) <표 1>을 보면 화훼 생산액의 비중만 제시돼 있다. 화훼 생산액 비중은 2009년에만 전년대비 감소했고, 나머지 연도는 전년대비 매년 증가하고 있다. 또한, 농 · 임업 생산액도 매년 증가하다가 2011년에만 전년대비 감소하였다. 따라서 농 · 임업 생산액과 화훼 생산액 비중 모두 전년대비 증가한 2012, 2013년을 제외한 2008~2011년의 화훼 생산액을 계산하면 선택지의 옳고 그름을 확인할 수 있다.

2008년 화훼 생산액: 39,663×0.28≒11105.6(십억 원)
2009년 화훼 생산액: 42,995×0.277≒11909.6(십억 원)
2010년 화훼 생산액: 43,523×0.294≒12795.8(십억 원)
2011년 화훼 생산액: 43,214×0.301≒13007.4(십억 원)

따라서 화훼 생산액이 매년 증가함을 확인할 수 있다.

ㄹ. (○) <표 2>를 보면 농 · 임업은 농업과 임업으로만 구성된다고 하였으므로, 농업의 부가가치와 임업의 부가가치를 합한 것이 농 · 임업 부가가치이다. 따라서 표에서 GDP 대비 농업과 임업의 비중(부가가치 비중)만 따져보면 된다.

농 · 임업 부가가치는 GDP 대비 2008년~2013년 모두 2.2%이다. 농업 부가가치는 GDP 대비 2008년 2.1%, 2009년 2.1%, 2010년 2.0%, 2011년 2.1%, 2012년 2.0%, 2013년 2.0%이다.

농 · 임업 부가가치 대비 농업 부가가치는 $\frac{2.1}{2.2}$ 또는 $\frac{2.0}{2.2}$으로 약 95% 또는 91%가 된다. 따라서 매년 85% 이상이다.

ㄱ. (×) <표 1>을 보면, 농 · 임업 생산액이 전년보다 작은 해는 2011년이다. <표 2>를 보면 2011년의 농 · 임업 부가가치는 전년보다 크다.

ㄷ. (×) <표 1>을 보면 농 · 임업 생산액 대비 곡물 생산액 비중과 과수 생산액 비중이 제시돼 있다. 정확한 금액은 계산할 수 없으나 비중으로 곡물 생산액이 과수 생산액의 50% 이상인지 아닌지는 계산할 수 있다. 연도별로 살펴보면, 곡물 생산액 비중은 과수 생산액 비중의 절반 이상이나, 2010년에는 15.6%로, 과수 생산액 비중 40.2%의 절반이 채 되지 않는다. 따라서 매년 곡물 생산액이 과수 생산액의 50% 이상인 것은 아니다.

⊕ Killer hint

선택지 'ㄴ'을 제외하고는 따로 계산하지 않아도 눈으로 수치를 대략적으로 계산해 답을 유추할 수 있다.

069

정답	②	세부영역	표 분석·계산형
난도	중	키포인트	표 해석 / 수치계산

해결전략 <표>가 나타내는 바를 파악하여, 제시된 수치를 자료 그대로 적용하는 것이 아닌, 제시된 내용에 맞게 적용하여 선택지에서 요구하는 계산을 할 수 있어야 한다.

해설

ㄱ. (○) AI가 돼지로 식별한 동물은 408마리이고, 실제 돼지를 돼지라고 맞게 식별한 것은 350마리이다. 따라서 $408-350=58$(마리)가 AI가 돼지로 식별한 동물 중 실제 돼지가 아니다. 그 비율은 $\frac{58}{408}\times100≒14.2(\%)$이다.

ㄷ. (○) 전체 동물은 모두 1,766마리이다. 이 중 AI가 실제와 동일하게 식별한 경우는 표에 대각선을 그었을 때 해당하는 것, 즉 개를 개로, 여우를 여우로, 돼지를 돼지로, 염소를 염소로, 양을 양으로, 고양이를 고양이로 식별한 경우이다. 이 경우를 더하면 $457+600+350+35+76+87=1,605$(마리)이다. 전체 동물 수 중 이 경우의 비율을 구하면, $\frac{1,605}{1,766}\times100≒90.9(\%)$이다.

ㄴ. (×) 실제 여우는 635마리이고, 이 중 AI가 여우라고 맞게 식별한 것은 600마리이다. 따라서 실제 여우 중 AI가 여우로 식별한 비율은 $\frac{600}{635}\times100≒94.5(\%)$이다.

실제 돼지는 399마리이고, 이 중 AI가 돼지라고 맞게 식별한 것은 350마리이다. 따라서 실제 돼지 중 AI가 돼지로 식별한 비율은 $\frac{350}{399}\times100≒87.7(\%)$이다.

따라서 실제 여우 중 AI가 여우로 식별한 비율이 실제 돼지 중 AI가 돼지로 식별한 비율보다 높다.

ㄹ. (×) 실제 염소를 AI가 고양이로 식별한 수는 2마리로, 실제 염소를 AI가 양으로 식별한 수 1마리보다 많다.

070

정답	②	세부영역	자료 분석·계산형
난도	하	키포인트	수치비교 / 수치계산

해결전략 <표>가 나타내는 바를 파악하여 선택지에서 요구하는 계산을 할 수 있어야 한다.

해설

ㄱ. (○) <그림>을 보면, 18.2TWh에서 10% 증가라면 1.82TWh만큼 증가, 28.5TWh에서 10% 증가라면 2.85TWh만큼 증가해야 한다. 이런 식으로 따로 계산하지 않고 눈으로 보며 약 10%씩을 더해보면, 매년 전년대비 10% 이상 증가하고 있음을 확인할 수 있다.

ㄷ. (○) 태양광을 에너지원으로 하는 재생에너지 생산량은 <그림>의 연도별 재생에너지 생산량에 <표>의 비율을 곱하여 구할 수 있다.
2016년 : $45\times0.109=4.905$(TWh)
2017년 : $56\times0.098=5.488$(TWh)
2018년 : $68\times0.088=5.984$(TWh)
따라서 매년 증가하였다.

ㄴ. (×) 에너지원별 재생에너지 생산량 비율의 순위를 1위부터 순서대로 나타내면 아래와 같다.
2016년 : 폐기물-바이오-태양광-수력-풍력
2017년 : 폐기물-바이오-수력-태양광-풍력
2018년 : 폐기물-바이오-수력-태양광-풍력
따라서 매년 동일하지 않다.

ㄹ. (×) 수력을 에너지원으로 하는 재생에너지 생산량을 구하면
2018년 : $68\times0.151=10.268$(TWh)
2016년 : $45\times0.103=4.635$(TWh)
따라서 2018년 생산량이 2016의 3배 이상은 아니다.

071

정답	③	세부영역	표 분석 · 계산형
난도	하	키포인트	수치비교 / 수치계산

해결전략 <표>가 나타내는 바를 파악하여 선택지에서 요구하는 계산을 할 수 있어야 한다.

해설

ㄱ. (○) <표 1>을 통해 직업별 2010년 정부창업지원금 신청자 수의 전년대비 증가율을 구할 수 있다. 정확히 계산할 필요는 없고, 아래와 같이 전년대비 몇 배가량 증가했는지 확인해보면 된다.

교수: 34명 → 183명 ($\frac{183}{34}$≒5.4이므로, 5배 이상 증가)

연구원: 73명 → 118명 (2배 이하로 증가)

대학생: 17명 → 74명($\frac{74}{17}$≒4.4이므로, 4배 이상 증가)

대학원생: 31명 → 93명 (3배 증가)

회사원: 297명 → 567명 (2배 이하로 증가)

따라서 전년대비 증가율이 가장 높은 직업은 교수, 두 번째로 높은 직업은 대학생이다.

ㄴ. (○) <표 2>에서 기술개발단계 신청자수 비중은 연도별로 36.3%, 45.8%, 42.4%이다. 최대 45.8%−36.3%=9.5(%p) 차이가 난다.

시장진입단계 신청자수 비중은 연도별로 36.4%, 29.1%, 31.7%이다. 최대 36.4%−29.1%=7.3(%p) 차이가 난다.

따라서 기술개발단계에 있는 신청자수 비중의 연도별 차이가 시장진입단계에서보다 더 크다.

ㄷ. (×) <표 2>를 보면, 시장진입단계 외에 시제품제작단계의 경우에서도 전년보다 신청자수는 증가(140명 → 209명)하고 신청자수 비중은 감소(17.5% → 14.3%)하였다.

072

정답	①	세부영역	표 분석 · 계산형
난도	하	키포인트	수치비교 / 수치계산

해결전략 표가 나타내는 바를 파악하여 선택지에서 요구하는 계산을 할 수 있어야 한다.

해설

① (×) <표>의 각주를 보면, 발전원은 원자력, 화력, 수력, 신재생 에너지로만 구성된다.

따라서 2015년 프랑스의 원자력 발전량 비중은, 전체에서 나머지 발전원인 화력, 수력, 신재생 에너지의 발전량 비중을 빼면 구할 수 있다.

100−(2.1+3.5+0.4+10.4+6.6)=77(%)이므로 75% 이상이다.

② (○) 2015년 영국의 전체 발전량 중 신재생 에너지 발전량의 비중은 100−(20.8+22.6+29.5+0.6+2.7)=23.8(%)이다.

2010년도의 6.2%에 비해 15%p 이상 증가하였다.

③ (○) 2010년 석탄 발전량은 미국이 1,994.2TWh로 일본의 309.5TWh의 6배 이상이다. (309.5×6=1,857)

④ (○) 독일 외의 국가는 모두 2010년 대비 2015년 전체 발전량이 감소하였다.

⑤ (○) 2010년 대비 2015년 각 국가에서 신재생 에너지의 발전량은 모두 증가하였다.

미국과 영국의 2015년 신재생 에너지 비중은 빈칸으로 되어 있는데, 두 국가 모두 전체 발전량이 줄어든 반면 신재생 에너지 발전량은 증가했으므로 그 비중이 증가했음을 유추할 수 있다. 따라서 신재생 에너지 비중도 모두 증가하였다.

073

정답	④	세부영역	표 유추·계산형
난도	중	키포인트	수치비교 / 수치계산

해결전략 표가 나타내는 바를 파악해, 제시되어 있지 않은 수치 간의 대소 비교도 할 수 있어야 한다.

해설

ㄴ. (○) B 기업 지원자 중 최종학력이 석사 또는 박사인 지원자는 21+42=63(명)이고, 학사인 지원자는 18명이다. B 기업 지원자 중 관련 업무 경력 20년 이상인 지원자는 25명이다. 만약 학사 학력의 지원자 전원이 경력 20년 이상이라고 한다면, 학사 학력 지원자가 아니면서 경력 20년 이상의 지원자는 25-18=7(명)이 된다. 학사 학력의 지원자가 아니라면 석사 또는 박사 학력의 지원자이므로, 최종학력이 석사 또는 박사인 B 기업 지원자 중 관련 업무 경력이 20년 이상인 지원자는 7명 이상이다.

ㄹ. (○) A, B 기업 전체 지원자는 53+21+57+24=155(명)이다. 40대 지원자의 수는 25+26=51(명)이므로, 전체 지원자 중 비율은 $\frac{51}{155} \times 100 ≒ 32.9$(%)이다.

ㄱ. (×) A 기업 지원자 중 남성 지원자는 74명 중 53명이다. 관련 업무 경력이 10년 이상인 지원자는 경력 10~15년, 15~20년, 20년 이상을 모두 더한 18+16+19=53(명)이다. 두 경우의 지원자가 53명으로 그 수가 동일하므로, 그 비율도 동일하다.

ㄷ. (×) 기업별 여성 지원자의 비율은 A 기업이 $\frac{21}{53+21} \times 100 ≒ 28.4$(%), B 기업이 $\frac{24}{57+24} ≒ 29.6$(%)이다. 따라서 A 기업이 B 기업보다 낮다.

074

정답	①	세부영역	표 분석·계산형
난도	중	키포인트	수치계산 / 수치비교

해결전략 <표>가 나타내는 바를 파악하여 선택지에서 요구하는 계산을 할 수 있어야 한다.

해설

ㄱ. (○) <자료>의 1) 고용형태를 보면, 청년통장 사업에 참여한 근로자는 총 6,500명이고, 이 중 4,591명이 정규직이므로, $\frac{4,591}{6,500} \times 100 ≒ 70.5$(%)가 정규직 근로자이다.

ㄴ. (○) <자료>의 1) 고용형태를 보면, 청년통장 사업에 참여한 정규직 근로자는 전체 6,500명 중 4,591명, 비정규직 근로자는 1,909명이다. 3) 근무연수를 보면, 근무연수가 2년 이상인 근로자는 전체 6,500명 중 2,044명인데, 정규직 근로자 중 근무연수 2년 이상인 근로자가 몇 명인지 따로 제시되지 않았다. 그런데, 만약 비정규직 근로자 전체가 근무연수 2년 이상에 해당한다고 하면, 근무연수 2년 이상이면서 비정규직이 아닌 정규직 근로자는 2,044-1,909=135(명)이다. 즉, 근무연수 2년 이상인 정규직 근로자는 최소로 잡아도 135명은 된다는 것이다.(135명 이상이 됨) 따라서 정규직 근로자 중 근무연수가 2년 이상인 근로자는 $\frac{135}{4,591} \times 100 ≒ 2.9$(%)이다.

ㄷ. (×) <자료>의 1) 고용형태에서 청년통장 사업에 참여한 정규직 근로자는 전체 6,500명 중 4,591명, 비정규직 근로자는 1,909명이다. <자료>의 2) 직종을 보면, 제조업과 서비스업을 제외한 직종의 근로자는 '전체 근로자-제조업 근로자-서비스업 근로자'이므로, 6,500-1,280-2,847=2,373(명)이다. 만약 비정규직 근로자 1,909명이 제조업과 서비스업을 제외한 직종 근로자인 2,373명에 모두 포함된다고 하면, 제조업과 서비스업을 제외한 직종의 근로자이면서 정규직 근로자는 2,373-1,909=464(명)이 된다. 즉, 제조업과 서비스업을 제외한 직종의 정규직 근로자는 최소로 잡아도 464명은 된다는 말이다.(464명 이상이라는 의미) 이는 450명보다 많다.

ㄹ. (×) <표>를 보면, 참여인원 대비 유지인원 비율은
청년통장Ⅰ : $\frac{476}{500} \times 100 = 95.2$(%),
청년통장Ⅱ : $\frac{984}{1,000} = 98.4$(%),
청년통장Ⅲ : $\frac{4,984}{5,000} \times 100 ≒ 99.7$(%)이다.
따라서 청년통장Ⅲ이 가장 높고, 다음으로 청년통장Ⅱ, 청년통장Ⅰ 순이다.

075

정답	④	세부영역	자료 분석 · 계산형
난도	중	키포인트	수치비교 / 수치계산

해결전략 표와 그림이 나타내는 바를 파악하여 선택지에서 요구하는 계산을 할 수 있어야 한다.

해설

ㄱ. (○) <그림>에 따르면, 2012년과 2013년 의약품 국내시장규모는

2012년 : 15.71−5.85+2.34=12.2(조 원),

2013년 : 16.38−5.28+2.33=13.43(조 원)이다.

이때 각 연도의 수입액이 차지하는 비중을 구하면,

2012년 : $\frac{2.34}{12.2} \times 100 ≒ 19.2(\%)$,

2013년 : $\frac{2.33}{13.43} \times 100 ≒ 17.3(\%)$이다.

따라서 2013년에 전년대비 감소하였다.

ㄷ. (○) <표>를 보면, 2013년 의약품 세계 전체 시장규모에서 유럽이 차지하는 비중은 $\frac{219.8}{947.6} \times 100 ≒ 23.2(\%)$이다. 2014년 유럽이 차지하는 비중은 22.3%이므로 전년대비 감소하였다.

ㄹ. (○) 2014년 의약품 세계 전체 시장규모를 x십억 달러라고 하면, 여기서 7% 비중을 가진 라틴 아메리카의 시장규모가 72.1십억 달러이므로 $x \times 0.07=72.1$(십억 달러)로 나타낼 수 있다.

$x = \frac{72.1}{0.07} = 1,030$(십억 달러)이다. 이는 전년의 947.6십억 달러에 비해 $\frac{1,030-947.6}{947.6} \times 100 ≒ 8.7(\%)$ 증가한 것이다.

ㄴ. (×) '국내시장규모 = 생산액 − 수출액 + 수입액'이므로, 생산액과 수입액이 많을수록, 수출액은 적을수록 국내시장규모는 증가한다. <그림>을 보고, 2008~2015년 생산액과 수입액, 수출액의 증감액을 나타내면 아래와 같다.

	2007	2008	2009	2010	2011	2012	2013	2014	2015
생산액(+)	12.60	13.89	14.79	15.71	15.60	15.71	16.38	16.42	16.97
수출액(−)	3.62	4.56	5.22	5.42	5.53	5.85	5.28	5.49	5.60
수입액(+)	0.96	1.27	1.79	1.78	1.96	2.34	2.33	2.54	3.33
합계	9.94	10.6	11.36	12.07	12.03	12.2	13.43	13.47	14.7

2008년 이후 의약품 국내시장규모는 전년대비 증가하다가 2011년에 감소한 이후 다시 증가하였다.

076

정답	②	세부영역	표 분석 · 계산형
난도	하	키포인트	수치비교 / 수치계산

해결전략 <표>의 수치를 비교하고, 간단한 계산을 하여 문제를 풀 수 있는 유형이다.

해설

ㄱ. (○) 습도가 70%일 때 연간소비전력량이 가장 적은 제습기는 790kWh인 A이다.

ㄷ. (○) 습도가 40%일 때 제습기 E의 연간소비전력량은 660kWh로, 습도가 50%일 때 제습기 B의 연간소비전력량 640kWh보다 많다.

ㄴ. (×) 각 습도에서 제습기부터 순서대로 나열하면,

습도 60%일 때의 순서는 D−E−B−C−A,

습도 70%일 때의 순서는 E−D−B−C−A로 동일하지 않다.

ㄹ. (×) 제습기 각각에서 연간소비전력량을 비교하면 아래와 같다. (괄호는 습도 40%일 때와 비교한 수치)

	A	B	C	D	E
습도 40%	550	560	580	600	660
습도 80%	840 (약 1.53배)	890 (약 1.59배)	880 (약 1.52배)	950 (약 1.58배)	970 (약 1.47배)

제습기 E의 경우 1.5배 이상이 아니므로 틀린 설명이다.

077

정답	②	세부영역	표 분석·계산형
난도	하	키포인트	수치비교 / 수치계산

해결전략 <표>가 나타내는 바를 파악하여 선택지에서 요구하는 계산을 할 수 있어야 한다.

해설

② (×) <표 2>에서 수출액 중 각 상품의 비중을 확인한 후, <표 1>의 연도별 수출액을 통해 수출액을 계산할 수 있다. 1884년의 우피 수출액은 그해 수출액의 31.9%이므로, 수출액은 253×0.319=80.707(천 원)
1887년 쌀의 수출액은 그해 수출액의 15.5%이므로, 수출액은 394×0.155=61.07(천 원)
따라서 1884년의 우피 수출액은 1887년 쌀의 수출액보다 많다.

① (○) 수입액이 차지하는 비중이 50% 이상이려면 수입액이 수출액보다 많거나, 최소한 수출액과 동일해야 한다. <표 1>에서 이에 해당하는 연도를 찾으면, 1884년, 1885년, 1886년, 1887년, 1888년, 1889년의 6개이다.

③ (○) <표 2>를 통해 확인하면, 1~3위에 포함된 횟수는 대두가 10회로 가장 많다. 매년 포함되었다.

④ (○) <표 1>에서 1882년 이후 수출액의 전년대비 증감방향을 확인하면, 1882년 이후 계속 감소하다가 1886년부터 다시 증가하고 있다. 1882년 이후 무역규모의 전년대비 증감방향 역시 1882년 이후 계속 감소하다가 1886년부터 다시 증가하고 있다. 따라서 매년 증감방향이 동일하다.

⑤ (○) <표 3>을 보면, 1887년 한냉사 수입액이 차지하는 비중은 제시되어 있지 않은데 3위인 소금의 5.0%보다 낮음을 알 수 있다. 1884년의 한냉사 수입액 비중은 9.9%이므로, 1887년에 1884년보다 감소하였다고 할 수 있다.

078

정답	③	세부영역	표 분석·계산형
난도	중	키포인트	수치비교 / 수치계산

해결전략 <표>와 <그림>이 나타내는 바를 파악하여 선택지에서 요구하는 계산을 할 수 있어야 한다.

해설

③ (○) 6월 1일은 여름, 12월 1일은 겨울에 해당한다. <표 2>에서 중간부하 시간대의 총 시간을 계산하면 여름과 겨울에 8시간으로 동일하다.

① (×) <표 1>을 보면, 중간부하 시간대와 최대부하 시간대에서는 봄, 가을의 전력량 요율이 가장 낮으나 경부하 시간대에서는 여름의 전력량 요율이 가장 낮다.

② (×) 기본요금은 같으므로, 전력량 요율이 가장 적은 기간과 가장 많은 기간에 충전할 경우의 충전요금을 계산해 보자.
여름 경부하 시간대 : 2,390+57.6×100=2,390+5,760=8,150(원)
여름 최대부하 시간대 : 2,390+232.5×100=2,390+23,250
=25,640(원)
25,640−8,150=17,490(원) 차이가 난다.

④ (×) 22시 30분은 여름과 봄, 가을에는 중간부하 시간대에 해당하고 겨울에는 최대부하 시간대에 해당한다. 전력량 요율은 여름에는 145.3(원/kWh), 봄·가을에는 70.5(원/kWh), 겨울에는 190.8(원/kWh)이므로, 겨울에 가장 높다.

⑤ (×) 12월 중간부하 시간대의 전력량 요율은 128.2(원/kWh), 6월 경부하 시간대의 전력량 요율은 57.6(원/kWh)이므로 각각의 월 충전요금을 계산해 보자.
12월 중간부하 시간대 : 2,390+128.2×100=2,390+12,820
=15,210(원)
6월 경부하 시간대 : 2,390+57.6×100=2,390+5,760=8,150(원)
8,150×2=16,300(원)이므로 2배가 되지 않는다.

⊕ Killer hint

계산이 필요한 선택지는 ②, ⑤이다. 나머지 선택지의 경우 표의 시간대와 요금 수치 등을 비교하여 맞는 내용인지 틀린 내용인지를 판단하면 된다.

079

정답	⑤	세부영역	표 분석 · 계산형
난도	중	키포인트	수치비교 / 수치계산

해결전략 <표>의 수치 및 순위를 비교하고, 이를 통한 수치계산을 통해 문제를 풀 수 있다.

해설

ㄷ. (○) <표 2>를 보면 2017년 대비 2018년 '전체 제조업계 내 순위'가 상승한 브랜드는 TO, BE, BM, AU, HY이고, 이 중 '자동차업계 내 순위'도 상승한 브랜드는 AU(8위 → 7위), HY(9위 → 8위) 2개이다. (TO, BE, BM의 '자동차업계 내 순위'는 모두 변하지 않음)

ㄹ. (○) <표 2>에서 2017년과 2018년 '자동차업계 내 순위' 기준 상위 7개 브랜드를 찾아보면 1위~6위까지는 동일하고, 7위만 다르다. 이를 바탕으로 <표 1>에서 상위 7개 브랜드 가치평가액을 더해 보면 아래와 같다.

2017년 : 248+200+171+158+132+56+38=1,003(억 달러)
2018년 : 279+218+196+170+110+60+42=1,075(억 달러)

이에 따라 상위 7개 브랜드 가치평가액 평균은 2018년이 2017년보다 큼을 알 수 있다.

ㄱ. (✕) <표 2>를 보면, 2017년 대비 2018년 '전체 제조업계 내 순위'가 하락한 브랜드는 FO, XO, NI이다. <표 1>에서 이 브랜드들의 2017년 대비 2018년 브랜드 가치평가액을 살펴보면 FO와 NI는 감소하였으나, XO는 증가하였다.

ㄴ. (✕) <표 1>에서 2017년과 2018년의 브랜드 가치평가액 차이가 큰 순서대로 나열하면 TO(31억 달러), BM(25억 달러), FO(22억 달러)이다. 즉 차이가 세 번째로 큰 브랜드는 FO이다. BE의 브랜드 가치평가액 차이는 18억 달러이다.

080

정답	⑤	세부영역	표 분석 · 계산형
난도	하	키포인트	수치비교 / 수치계산

해결전략 <표>의 지역별 사업비를 비교하여 문제를 풀 수 있는 유형이다.

해설

ㄱ. (○) 부산의 사업비는 240억 원이다. 이보다 사업비가 많은 지역은 경기, 강원, 충북, 충남, 전북, 전남, 경북, 경남의 8개 지역이다.

ㄴ. (○) 사업비 상위 2개 지역은 경남(440억 원), 강원(420억 원)이고, 경남과 강원의 사업비 합은 860억 원이다. 사업비 하위 4개 지역은 순서대로 세종(0), 인천(80억 원), 울산(120억 원), 제주(120억 원)이고 이 4개 지역의 사업비 합은 320억 원이다. 860억 원은 320억 원의 2배 이상이다.

ㄷ. (○) 전체 사업비는 각 지역 사업비를 모두 더하여 구할 수 있다.

160+240+200+80+160+160+120+360+420+300+320+280+320+320+440+120=4,000(억 원)

4,000억 원의 10%는 400억 원이고, 사업비가 400억 원 이상인 지역은 강원(420억 원)과 경남(440억 원) 2개 지역이다.

081

정답	⑤	세부영역	그래프 작성형
난도	상	키포인트	표 수치와 그래프 대조 및 계산

[해결전략] 표 수치를 그래프와 대조하여 이를 바탕으로 작성했는지 여부를 판단하는 문항이다.

[해설]

⑤ (○) <표 1>에 나타난 수치를 통해 연도별 D마을의 1인 가구수 증가율을 구하면 아래와 같다.

2019년 : $\frac{190-80}{80} \times 100 = 137.5(\%)$

2020년 : $\frac{75-190}{190} \times 100 ≒ -60.5(\%)$

2021년 : $\frac{315-75}{75} \times 100 = 320(\%)$

그래프의 수치와 일치하므로, <표>를 이용하여 작성한 것이 맞다.

① (×) '연도별 '갑'지역 1인 가구수' 그래프의 상단에 제시된 2021년 1인 가구수부터 <표 1>에서 확인하면, 120+205+160 +315=800(명)이다. 그래프의 수치 900명과 일치하지 않으므로 <표>를 이용하여 작성한 그래프로 옳지 않다.

② (×) <표 1>에 2021년 마을별 1인 가구수가 제시되어 있으므로, '총 가구 수-1인 가구 수'를 하여 마을별 2인 이상 가구수를 구하면 아래와 같다.

A마을 : 600-120=480(가구), B마을 : 550-205=345(가구), C마을 : 500-160=340(가구), D마을 : 500-315=185(가구)

2021년 '갑'지역 총가구 수는
600+550+500+500=2,150(가구)이므로,
전체 2인 이상 가구수는 2,150-800=1,350(가구)가 된다.
따라서 2인 이상 가구의 마을별 구성비는 아래와 같다.

A마을 : $\frac{480}{1,350} \times 100 ≒ 35.6(\%)$, B마을 : $\frac{345}{1,350} \times 100 ≒ 25.6(\%)$,

C마을 : $\frac{340}{1,350} \times 100 ≒ 25.2(\%)$. D마을 : $\frac{185}{1,350} \times 100 ≒ 13.7(\%)$

위의 수치를 그래프와 비교해보면, C마을과 D마을의 수치가 뒤바뀌어 있으므로, 옳은 그래프로 볼 수 없다.

③ (×) <표 1>의 각주를 보면, (　) 안 수치는 연도별 '갑'지역 1인 가구수 중 해당 마을 1인 가구수의 비중이다. '연도별 A마을의 총가구수 대비 1인 가구수 비중' 그래프에서 제시되어야 하는 수치는 전체 1인 가구수가 아닌, A마을 전체 가구수 중에서 1인 가구수가 얼마나 되는지를 나타내는 것이므로 (　) 안의 수치와는 그 의미가 다르다. 그런데 그래프의 비중은 18.0% → 36.7% → 43.6% → 15.0%로 (　) 안 수치와 동일하게 제시되므로 이는 옳은 그래프가 아니다.

④ (×) B마을부터 2인 이상 가구수와 1인 가구수 차이부터 연도별로 구해보면,

2018년 : 2인 이상 가구수 550-130=420/ 1인 가구수 130가구/ 차이 420-130=290(가구)

2019년 : 2인 이상 가구수 550-60=490/ 1인 가구수 60가구/ 차이 490-60=430(가구)

2020년 : 2인 이상 가구수 550-240=310/ 1인 가구수 240가구/ 차이 310-240=70(가구)

2021년 : 2인 이상 가구수 550-205=345/ 1인 가구수 205가구/ 차이 345-205=140(가구)

'연도별 B, C 마을의 2인 이상 가구수와 1인 가구수 차이' 그래프 수치와 비교해보면, 2021년 수치가 180(가구)로 나타나 있어 <표>의 수치로 계산한 내용과 차이가 있다. 따라서 C마을의 수치를 따로 구하지 않더라도 옳은 그래프가 아님을 알수 있다.

⊕ Killer hint

2인 이상 가구수는 '전체 가구수-1인 가구수'라는 점과, 전체 1인 가구수 중 해당 마을의 1인 가구수가 차지하는 비중/ 해당 마을 가구수 중 1인 가구수의 비중을 헷갈리지 말고 파악하여 계산, 적용해야 한다.

082

정답	⑤	세부영역	자료활용여부 판단형
난도	중	키포인트	그래프와 자료 제목 대조

해결전략 <보고서>에 제시된 그래프 혹은 그림 자료가, 선택지의 자료(자료제목)와 연관이 있는지를 판단하는 유형이다. <보고서>가 그래프로 제시되고, 관련 자료가 제목으로만 제시되는 것이 특이점이다.

해설
<보고서> 내용에 나온 자료와 이를 작성하기 위해 근거로 활용된 선택지 ①~⑤의 자료를 연결해 보면 아래와 같다.

- 자원봉사자 등록 현황: 세종특별자치시 인구수 대비 자원봉사자 등록률, 남녀 자원봉사자 수가 제시되어 있으므로 ② '인구현황'과 ③ '성별, 연령별 자원봉사자수 현황'이 활용되었다.
- 자원봉사단체 등록 현황: 단체수와 단체의 총 회원수가 제시되어 있으므로 ① '등록된 자원봉사단체별 회원수 현황'이 활용되었다.
- 연령대별 자원봉사자 등록 현황: ③ '성별, 연령별 자원봉사자 수 현황'이 활용되었다.
- 자원봉사자 활동 현황: 1회 이상 활동한 자원봉사자수와 한번도 활동하지 않은 비활동 자원봉사자수가 제시되어 있으므로 ④ '연간 1회 이상 활동한 자원봉사자수 현황'과, ① '등록된 자원봉사단체별 회원수 현황'이 활용되었다.
- 자원봉사 누적시간대별 자원봉사 참여자수 현황: 누적시간대별 자원봉사자에 대한 자료는 없다. ⑤의 '1일 시간대별 자원봉사 참여자수 현황'에서 '1일 시간대'란 오전, 오후 등의 시간대 중 어느 시간대에 자원봉사 참여자수가 얼마나 되는지를 나타내는 것이므로 누적시간대별 자원봉사 참여자수와는 관련이 없다.

⊕ Killer hint
<보고서>의 '그래프' ⇔ 선택지의 자료 '제목'을 비교한다. 그래프의 내용이 무엇인지 잘 보고 파악해야 한다. 답인 선택지 ⑤를 보면, '1일 시간대별'이라는 말이 나오는데, 이는 <보고서>의 '누적 시간대별'이라는 말과 그 의미가 완전히 다르다.

083

정답	②	세부영역	자료활용여부 판단형
난도	중	키포인트	보고서 내용과 자료 대조

해결전략 <보고서> 작성에 필요한 자료가 <표> 외에 ㄱ~ㄹ 중 어느 것인지를 묻는 문제이다. 보고서의 내용을 읽으면서, <보기>에 이와 관련한 자료가 있는지 확인한다.

해설

2019년 생활안전 통계에 따르면 전국 473개소의 안전체험관이 운영 중인 것으로 확인되었다. 전국 안전체험관을 규모별로 살펴보면, 대형이 32개소, 중형이 7개소, 소형이 434개소였다.

→ <표> '2019년 전국 안전체험관 규모별 현황'에 제시된 정보를 <보고서> 작성에 그대로 이용한 것이다.

이 중 대형 안전체험관은 서울이 가장 많고 경북, 충남이 그 뒤를 이었다.

→ <표>에도, <보기>의 선택지에서도 찾아볼 수 없는 자료이다.

전국 안전사고 사망자 수는 2015년 이후 매년 감소하다가 2018년에는 증가하였다.

→ <보기>의 'ㄷ. 연도별 전국 안전사고 사망자 수'를 이용하여 작성한 내용이다.

교통사고 사망자 수는 2015년 이후 매년 줄어들었고, 특히 2018년에 전년 대비 11.2% 감소하였다.

→ <보기>의 'ㄱ. 연도별 전국 교통사고 사망자 수'를 이용하여 작성한 내용이다. 2018년에는 3,529명으로 2017년 3,973명에 비해 $\frac{3,973-3,529}{3,973} \times 100 ≒ 11.2(\%)$ 감소하였다.

2019년 분야별 지역안전지수 1등급 지역을 살펴보면 교통사고 분야는 서울, 경기, 화재 분야는 광주, 생활안전 분야는 경기, 부산으로 나타났다.

→ <보기>의 'ㄴ' 표를 보면, 분야별 1등급과 5등급 지역이 있다. <보고서>에서는 2019년 분야별 지역안전지수 1등급 지역에 대해 나오는데, 'ㄴ' 표에는 2015~2018년 1등급, 5등급 지역만 나와 있어 2019년 1등급 지역에 대한 정보는 얻을 수 없다. 따라서 <보고서>에서는 'ㄴ' 표를 이용하지 않았다.

따라서 <보고서>를 작성하기 위해 추가로 필요한 자료는 ㄱ, ㄷ이다.

⊕ Killer hint
<보고서>에 제시된 내용과 비슷한 내용의 자료가 나왔다고 해서 자세히 살펴보지 않고 사용된 자료라고 단정해서는 안 된다. 이 문제의 경우 자료 'ㄴ'에 <보고서> 작성에 필요한 연도의 자료가 아닌 다른 연도의 자료만 제시되어 있어 이용한 자료에서 제외되었다. 이른바, 함정 선택지이다.

084

정답	③	세부영역	그래프 작성형
난도	중	키포인트	표 수치와 그래프 대조

해결전략 표 수치를 그래프와 대조하여, 이를 바탕으로 그래프를 작성했는지 여부를 판단하는 문항이다.

해설

③ (×) 전체 수주액, 토목 공종 수주액, 건출 공종 수주액으로 전체 수주액의 공종별 구성비를 구하면 아래와 같다.

구분	토목 구성비	건축 구성비
2009	$\frac{54.1}{118.7} \times 100 \fallingdotseq 45.6$	$\frac{64.6}{118.7} \times 100 \fallingdotseq 54.4$
2010	$\frac{41.4}{103.2} \times 100 \fallingdotseq 40.1$	$\frac{61.8}{103.2} \times 100 \fallingdotseq 59.9$
2011	$\frac{38.8}{110.7} \times 100 \fallingdotseq 35.0$	$\frac{71.9}{110.7} \times 100 \fallingdotseq 65.0$
2012	$\frac{34.0}{99.8} \times 100 \fallingdotseq 34.1$	$\frac{65.8}{99.8} \times 100 \fallingdotseq 65.9$
2013	$\frac{29.9}{90.4} \times 100 \fallingdotseq 33.1$	$\frac{60.5}{90.4} \times 100 \fallingdotseq 66.9$
2014	$\frac{32.7}{107.4} \times 100 \fallingdotseq 30.4$	$\frac{74.7}{107.4} \times 100 \fallingdotseq 69.6$

얼핏 보기에 수치가 맞아떨어져 제시된 자료로 작성한 그래프로 보이나, 토목 구성비와 건축 구성비가 거꾸로 나타나 있음을 알 수 있다. 잘못된 그래프이다.

① (○) <표>에서 건축 공종 수주액은 2009~2014년 64.6 → 61.8 → 71.9 → 65.8 → 60.5 → 74.7(조 원)으로 나타난다. 그래프가 이에 맞게 작성되어 있다.

② (○) <표>에서 토목 공종 수주액은 2009~2014년 54.1 → 41.4 → 38.8 → 34.0 → 29.9 → 32.7(조 원)으로 변화하고, 토목 공종 수주액의 전년대비 증감률은 31.2 → −23.5 → −6.3 → −12.4 → −12.1 → 9.4(%)로 변화한다. 그래프가 이에 맞게 작성되어 있다.

④ (○) <표>의 가장 오른쪽 항목인 건축 공종 수주액 중 주거용과 비거주용 공종 수주액 금액을 나타낸 그래프이다. 여기서 주의할 점은, <표>는 2009년부터 시간순으로 아래로 수치가 나열되나, 그래프의 경우 2009년 수치가 아래에 있고 시간순으로 위로 수치가 나열되고 있다는 것이다. 이에 주의하여 그래프를 살펴보면 이를 근거로 그래프가 맞게 작성되어 있음을 알 수 있다.

⑤ (○) 건축 공종 수주액의 2009~2014년 전년대비 증감률은 −18.1 → −4.3 → 16.3 → −8.5 → −8.1 → 23.5(%)이다. 그래프의 검은색 점으로 이루어진 실선이 이에 부합한다.
건설공사 전체 수주액의 2009~2014년 전년대비 증감률은 −1.1 → −13.1 → 7.3 → −9.8 → −9.4 → 18.8(%)이다. 그래프의 흰색 점으로 이루어진 실선이 이에 부합한다.

085

정답	⑤	세부영역	자료활용여부 판단형
난도	중	키포인트	보고서 내용과 자료 대조

해결전략 <보고서>의 내용을 읽으면서 이에 해당하는 자료가 선택지에 있는지 확인하고, 이에 해당하는 자료가 있으면 <보고서> 내용과 부합하는지를 빠르게 판단한다.

해설

⑤ (×) <보고서>의 마지막 문단에서 2016년 A시 생활체육지도자의 자치구별 인원수가 제시되었다. 하지만 이 내용은 '2016년 생활체육지도자의 도시별 분포' 자료를 보고 작성되었다고 하기는 어렵다. 이 자료에는 생활체육지도자의 인원수가 나와 있지 않고, A시의 자치구별 분포가 아닌 A시와 다른 도시를 비교한 내용이 제시되어 있으므로, <보고서> 작성에 활용되었다고 할 수는 없다.

① (○) '연도별 A시 시민의 생활체육 미참여 이유 조사결과'는 <보고서> 두 번째 문단에서 생활체육에 참여하지 않는 이유를 '시설부족'이라고 응답한 비율이 30.3%라는 조사 결과에 활용되었다.

② (○) '2016년 A시 시민의 생활체육 참여 빈도 조사결과'는 <보고서>의 첫 문단에서 제시된 생활체육 참여실태 조사 결과에서 활용된 자료이다. 생활체육 참여를 '전혀 하지 않음'이 51.8%, '주 4~6회'와 '매일'한다는 응답을 합쳐 28.6%를 나타낸다.

③ (○) '2016년 A시의 자치구·성별 인구'는 <보고서>의 마지막 문단인 A시 2016년 북구와 동구의 인구수와 관련된 내용에 활용되었다.

④ (○) '2016년 도시별 공공체육시설 현황'은 <보고서>의 두 번째 문단에서 2016년 A시의 공공체육시설을 B시, C시와 비교한 내용에서 활용되었다.

⊕ Killer hint

수치를 비교하거나 자료가 맞게 작성되었는지 확인하는 문제와는 달리, 선택지의 자료가 보고서의 내용에 쓰였는지를 확인하는 문제이다. 보고서에 활용되지 않은 자료인 ⑤를 보면, '생활체육지도자'는 보고서에서 확인할 수 있으나, <보고서>에서 쓰인 자료는 생활체육지도자의 수이지, 도시별 분포가 아니다. 자료의 제목만 보아도 어느 정도 판단할 수 있다.

086

정답	③	세부영역	자료활용여부 판단형
난도	중	키포인트	보고서 내용과 자료 대조

해결전략 <보고서> 작성에 필요한 자료가 <표> 외에 ㄱ~ㅁ 중 어느 것인지를 묻는 문제이다. 보고서의 내용을 읽으면서, <보기>에 이와 관련한 자료가 있는지 확인한다.

해설

<보고서> 내용을 살펴보면서, 작성에 어떤 자료를 사용했는지 확인하자.

> 2010학년도 학교폭력 현황을 살펴보면 학교폭력 심의건수는 중학교가 가장 많아 중학교에 대한 집중교육이 요구된다.

→ <표 1> '2010학년도 학교폭력 심의 현황'을 보면, 중학교의 학교폭력 심의건수는 5,376건으로 초등학교 231건, 고등학교 2,216건보다 많다.

> 중학교의 학교폭력 심의건수는 5,376건으로 전년대비 40.5% 증가하였다.

→ <표>에서 찾을 수 없는 내용이다. 2010학년도 중학교 학교폭력 심의건수는 <표 1>에 제시되어 있으나 '전년대비'라는 설명에서 2009학년도 심의건수가 있어야 하는데, <표>에 제시되어 있지 않다. 이 부분을 작성하기 위해서는 <보기>의 'ㄷ. 2009학년도 학교급별 학교폭력 심의건수'가 필요하다.

> 2010학년도 학교폭력 가해학생수는 피해학생수보다 많아, 여러 학생이 한 학생에게 폭력을 행사하는 경우가 많음을 알 수 있다.

→ <표 1>을 보면, 모든 학교급에서 피해학생수보다 가해학생수가 많다.

> 2010학년도 학교폭력 피해학생에 대한 조치를 보면 심리상담이 가장 많고, 일시보호가 그 다음으로 많은 것으로 나타났다.

→ <표 2>을 보면, 학교폭력 피해학생에 대한 조치 중 심리상담이 10,567명으로 가장 많고, 일시보호가 635명으로 그 다음을 차지한다.

> 가해학생에 대한 조치를 보면 초등학교는 서면사과가 가장 많고, 중학교는 교내봉사가 가장 많았다. 고등학교의 경우 가해학생에 대한 조치는 교내봉사, 사회봉사, 특별교육의 순으로 많았으며,

→ <표 3>을 보면, 학교폭력 가해학생에 대한 조치는 초등학교는 222명인 서면사과가, 중학교는 5,444명인 교내봉사가 가장 많다. 고등학교의 경우 교내봉사 1,617명, 사회봉사 1,071명, 특별교육 969명 순으로 많다.

> 기타조치 중 퇴학조치보다는 전학조치가 많았다.

→ <표>에서 찾을 수 없는 내용이다. <표 3>에 기타조치 현황만 나와있을 뿐이다. <보기>의 'ㅁ. 2010학년도 학교급별 가해학생에 대한 전학 및 퇴학 조치수' 자료가 있어야 이 부분의 내용을 작성할 수 있다.

> 가해학생에 대한 전체 조치 중 교내봉사와 사회봉사의 합은 절반 이상을 차지하고 있다.

→ <표 3>을 보면, 가해학생에 대한 전체 조치는 1,849+816+7,211+3,488+3,437+1,395+1,753=19,949(명)이다. 이 중 교내봉사와 사회봉사의 합은 7,211+3,488=10,699(명)이므로 전체의 절반이 넘음을 확인할 수 있다.

따라서 <보기>에서 필요한 자료는 ㄷ, ㅁ이다.

087

정답	③	세부영역	자료부합여부 판단형
난도	상	키포인트	보도자료와 자료 수치 대조 및 계산

해결전략 보도자료와 선택지에 제시된 표·그래프 내용이 부합하는지를 묻는 문제이다. 보도자료의 내용도 다소 복잡하고 계산하여 확인할 부분도 많으므로 차근차근 문제를 풀어나가야 한다.

해설

③ (×) 보도자료의 마지막 문장에서 "간접광고(PPL) 취급액은 전년 대비 14% 이상 증가하여 1,270억 원으로 나타났으며, 그 중 지상파TV와 케이블TV 간 비중의 격차는 5%p 이하"라고 하였다.

선택지의 '간접광고(PPL) 취급액 현황' 그래프를 보면 2018년 기준 PPL 취급액은 1,270억 원으로 2017년 기준 1,108억 원 대비 $\frac{1,270-1,108}{1,108} \times 100 ≒ 14.6(\%)$ 증가하였다.

그리고 PPL 취급액 중 지상파TV 취급액은 573억 원, 케이블 TV는 498억 원으로, 각각의 비중은 $\frac{573}{1,270} \times 100 ≒ 45.1(\%)$, $\frac{498}{1,270} \times 100 ≒ 39.2(\%)$이다. 그 차이는 $45.1 - 39.2 = 5.9(\%p)$이므로 비중 격차는 5%p 이하가 아니다.

따라서 보도자료와 선택지의 그래프는 부합하지 않는다.

① (○) 보도자료의 세 번째 문단에서 "2018년 기준 광고사업체의 매체 광고비 규모는 11조 362억 원(64.1%), 매체 외 서비스 취급액은 6조 1,757억 원(35.9%)으로 조사됐다."고 하였다. 선택지의 '광고사업체 취급액 현황(2018년 기준)' 그래프의 수치와 보도자료에 제시된 금액 규모와 비중이 부합한다.

② (○) 보도자료의 세 번째 문단 두 번째 항목에서 "인터넷매체 취급액은 3조 8,804억 원으로 전년 대비 6% 이상 증가했다. 특히, 모바일 취급액은 전년 대비 20% 이상 증가"라고 하였다. 선택지의 '인터넷매체(PC, 모바일) 취급액 현황'을 보면, 2018년 인터넷매체 취급액은 3조 8,804억 원이고, 2017년 기준 인터넷매체 취급액은 3조 6,406억 원이다. 2018년 취급액이 2017년 대비 $\frac{38,804-36,406}{36,406} \times 100 ≒ 6.6(\%)$ 증가한 것이다. 모바일 취급액 역시 2017년 14,735억 원에서 2018년 17,796억 원으로 $\frac{17,796-14,735}{14,735} \times 100 ≒ 20.8(\%)$ 증가하였다.

따라서 보도자료와 선택지의 그래프는 부합한다.

④ (○) 보도자료의 두 번째 문단에서 ⅰ) "2018년 기준 광고산업 규모는 17조 2,119억 원으로, 전년 대비 4.5% 이상 증가했고, 광고사업체당 취급액 역시 증가했다."는 내용과, ⅱ) "업종별로 살펴보면 광고대행업이 6조 6,239억 원으로 전체 취급액의 38% 이상을 차지했으나, 취급액의 전년 대비 증가율은 온라인광고대행업이 16% 이상으로 가장 높다."는 내용을 '업종별 광고사업체 취급액 현황' 표에서 찾아볼 수 있다. 내용이 부합하는지 살펴보자.

ⅰ) 선택지의 표에서 2018년 기준 광고산업 규모는 17조 2,119억 원으로 2017년 기준 16조 4,133억 원 대비 $\frac{172,119-164,133}{164,133} \times 100 ≒ 4.9(\%)$ 증가하였으므로, 전년 대비 4.5% 이상 증가한 것이 맞다. 또한, 광고사업체당 취급액을 살펴보면, 2017년 기준 대비 2018년 기준 업종별 사업체 수가 감소하거나 그대로인 광고대행업, 광고전문서비스업, 인쇄업의 경우 취급액은 늘어났으므로 사업체당 취급액은 증가했음을 바로 알 수 있다. 나머지 광고제작업, 온라인광고대행업, 옥외광고업의 2017년 기준 및 2018년 기준 광고사업체당 취급액을 구하면 아래와 같다.

광고제작업 : $\frac{20,102}{1,374} ≒ 14.6(억 \ 원)$,

$\frac{20,434}{1,388} ≒ 14.7(억 \ 원) → 증가$

온라인광고대행업 : $\frac{27,335}{780} ≒ 35.0(억 \ 원)$,

$\frac{31,953}{900} ≒ 35.5(억 \ 원) → 증가$

옥외광고업 : $\frac{13,737}{691} ≒ 19.9(억 \ 원)$,

$\frac{12,169}{607} ≒ 20.0(억 \ 원) → 증가$

사업체당 취급액이 모두 증가하였으므로 보도자료의 내용과 부합한다.

ⅱ) 2018년 기준 광고대행업의 취급액은 66,239억 원으로 전체 취급액 172,119억 원의 $\frac{66,239}{172,119} \times 100 ≒ 38.5(\%)$를 차지한다. 보도자료의 내용과 부합한다.

2018년 업종별 취급액의 전년 대비 증가율은 아래와 같다. (취급액이 감소한 옥외광고업은 제외)

광고대행업 $\frac{66,239-64,050}{64,050} \times 100 ≒ 3.4(\%)$,

광고제작업 $\frac{20,434-20,102}{20,102} \times 100 ≒ 1.7(\%)$,

광고전문서비스업 $\frac{33,267-31,535}{31,535} \times 100 ≒ 5.5(\%)$,

인쇄업 $\frac{8,057-7,374}{7,374} \times 100 ≒ 9.3(\%)$,

온라인광고대행업 $\frac{31,953-27,335}{27,335} \times 100 ≒ 16.9(\%)$

취급액의 전년 대비 증가율은 온라인광고대행업이 16% 이상으로 가장 높으므로 보도자료의 내용과 부합한다.

⑤ (○) 보도자료의 세 번째 문단 첫 번째 항목에서 "매체 광고비 중 방송매체 취급액은 4조 266억 원으로 가장 큰 비중을 차지하고 있으며, 그 다음으로 인터넷매체, 옥외광고매체, 인쇄매체 순으로 나타났다."고 하였다. '매체별 광고사업체 취급액 현황(2018년 기준)' 그래프를 보면, 방송매체 취급액이 4조 266억 원으로 가장 크고, 그 다음이 인터넷매체, 옥외광고매체, 인쇄매체 순임을 확인할 수 있으므로, 보도자료와 선택지의 그래프는 부합한다.

088

정답	⑤	세부영역	그래프 작성형
난도	상	키포인트	표 수치와 그래프 대조 및 계산

해결전략 제시된 표 수치의 변화와, 선택지의 그래프가 나타내는 정확한 의미를 파악해야 풀 수 있다.

해설

⑤ (×) 연봉 총액의 직종별 구성비율을 구하기 위해서는 우선 연봉 총액을 구한 후 여기서 연구 인력이 차지하는 연봉 비율과 지원 인력이 차지하는 연봉 비율을 구해야 한다. 즉

$$\frac{연구\ 인력\ 평균\ 연봉 \times 연구\ 인력\ 수}{연봉\ 총액} : \frac{지원\ 인력\ 평균\ 연봉 \times 지원\ 인력\ 수}{연봉\ 총액}$$

이다. 그런데 연구 인력과 지원 인력의 평균 연봉 차이는 백만 원 단위로 크게 차이나지 않고, 인력 수는 50명 내외로 차이가 많이 난다. 즉 연구 인력의 수가 월등히 많으므로 구성비율은 연구 인력이 월등히 높아야 한다. 그런데 선택지의 그래프에서는 두 직종의 구성 비율이 비슷하게 나오므로 잘못된 그래프임을 알 수 있다.

이 그래프는 단순히 '연구 인력 평균 연봉 : 지원 인력 평균 연봉'의 구성비를 나타낸 것이다.

① (○) 충원율(%) $= \frac{현원}{정원} \times 100$이므로, <표>에서 연도별 지원 충원율을 구하면 아래와 같다.

2007년 : $\frac{12}{15} \times 100 = 80(\%)$

2008년 : $\frac{14}{15} \times 100 \fallingdotseq 93.3(\%)$

2009년 : $\frac{17}{18} \times 100 \fallingdotseq 94.4(\%)$

]2010년 : $\frac{21}{20} \times 100 = 105(\%)$

2011년 : $\frac{25}{25} \times 100 = 100(\%)$

이는 선택지의 '연도별 지원 인력의 충원율' 그래프와 일치하므로, 옳다.

② (○) <표>에서 직종별 현원의 구성비율을 계산하면 아래와 같다.

	2007	2008	2009	2010	2011
연구 인력 (%)	$\frac{79}{91} \times 100$ ≒86.8	$\frac{79}{93} \times 100$ ≒84.9	$\frac{77}{94} \times 100$ ≒81.9	$\frac{75}{96} \times 100$ =78.1	$\frac{72}{97} \times 100$ =74.2
지원 인력 (%)	$\frac{12}{91} \times 100$ =13.2	$\frac{14}{93} \times 100$ ≒15.1	$\frac{17}{94} \times 100$ ≒18.1	$\frac{21}{96} \times 100$ =21.9	$\frac{25}{97} \times 100$ =25.8

이는 선택지의 '연도별 지원 인력의 충원율' 그래프와 일치하므로, 옳다.

③ (○) <표>에서 지원 인력(현원) 중 박사 학위 소지자의 비율을 구하면 아래와 같다.

2007년 : $\frac{3}{12} \times 100 = 25(\%)$

2008년 : $\frac{3}{14} \times 100 \fallingdotseq 21.4(\%)$

2009년 : $\frac{3}{17} \times 100 \fallingdotseq 17.6(\%)$

2010년 : $\frac{3}{21} \times 100 \fallingdotseq 14.3(\%)$

2011년 : $\frac{3}{25} \times 100 = 12(\%)$

이는 선택지의 '지원 인력(현원) 중 박사 학위 소지자 비율' 그래프와 일치하므로, 옳다.

④ (○) 2007년부터 2011년까지 연구 인력의 평균 연령을 차례로 나타내면 42.1, 43.1, 41.2, 42.2, 39.8(세)이고, 지원 인력의 평균 연령을 차례로 나타내면 43.8, 45.1, 46.1, 47.1, 45.5(세)이다. 이는 선택지의 '직종별 현원의 평균 연령' 그래프 수치와 일치하므로, 옳다.

⊕ Killer hint

⑤의 경우 단순히 그래프의 제목만 보았을 때 헷갈리기가 쉽다. 그리고 표의 정보를 토대로 다소 복잡한 계산을 거치면 시간이 오래 걸리더라도 계산이 가능하다. 계산에 시간을 허비하지 말고, 표의 수치를 어림하여 그래프의 수치가 논리적으로 나올 수 없는 것임을 파악해야 한다.

089

정답	①	세부영역	자료활용여부 판단형
난도	상	키포인트	보고서 내용과 자료 대조

해결전략 <보고서> 작성에 필요한 자료가 <표> 외에 ㄱ~ㄹ 중 어느 것인지를 묻는 문제이다. <보고서>의 내용을 읽으면서, <보기>에 필요한 자료가 있는지 확인한다.

해설

보고서 내용을 살펴보면서, 보고서 작성에 어떤 자료를 사용했는지 확인하자.

> 2011년 '갑'지역의 지역내 총생산은 2조 4,810억 원으로 전년대비 2.0% 증가하였지만, 2011년 국가 경제성장률인 3.3%보다 낮았다.

→ '갑'지역의 지역내 총생산이 제시되지는 않았으나, <표 1>이나 <표 2>의 구별 혹은 경제활동부문별 지역내 총생산들의 합을 구하면 지역내 총생산 값을 구할 수 있다.

2010년 지역내 총생산 합 : 3,046+3,339+2,492+1,523+5,442
　　　　　　　　　　　　　+8,473=24,315(억 원)

2011년 지역내 총생산 합 : 2,834+3,253+2,842+1,579+5,660
　　　　　　　　　　　　　+8,642=24,810(억 원)

$\dfrac{24,810-24,315}{24,315} \times 100 ≒ 2.0$(%)이므로, 2011년 '갑'지역의 지역내 총생산은 2조 4,810억 원으로 전년에 비해 2.0% 증가한 것이 맞다.

하지만 2011년 국가 경제성장률은 제시되지 않아 알 수 없다. 따라서 <보기>의 'ㄴ' 자료가 필요하다.

> 구별로는 4개 구의 2011년 지역내 총생산이 전년대비 증가하였으나, A구와 B구에서는 감소한 것으로 나타났다. 2011년 구별 지역내 총생산은 F구가 8,642억 원으로 규모가 가장 컸고, D구가 1,579억 원으로 가장 작았다.

→ <표 1>을 보면, 전년대비 2011년 구별 지역내 총생산은 C, D, E, F구에서는 증가하였고 A구에서는 감소(3,046억 원에서 2,834억 원으로), B구에서도 감소(3,339억 원에서 3,253억 원으로)하였다. 또한 <표 1>을 통해 2011년 구별 지역내 총생산은 F구가 가장 크고 D구가 가장 작은 것을 확인할 수 있다.

> 2010~2011년 '갑'지역 경제활동부문별 지역내 총생산을 보면, 제조업이 성장을 주도한 것으로 나타났다. 2011년 제조업의 지역내 총생산의 전년대비 증가율은 2010년에 비해 감소하였으나 5% 이상이었다. 그리고 2011년에는 서비스업과 금융업 등이 전년대비 플러스(+) 성장한 반면, 같은 기간 도소매업과 건설업은 마이너스(−) 성장으로 부진한 것으로 나타났다.

→ <표 2>를 보면, '갑'지역 경제활동부문별 지역내 총생산에서 총생산액이 가장 큰 부문은 두 연도 모두 제조업이다.

또한, 2011년 제조업의 지역내 총생산의 전년대비 증가율은 $\dfrac{7,221-6,873}{6,873} \times 100 ≒ 5.1$(%)로 5% 이상이 맞다. 하지만 "2011년 제조업의 지역내 총생산의 전년대비 증가율은 2010년에 비해 감소"하였다는 내용에서 2009년 제조업의 지역내

총생산은 자료가 제시되어 있지 않으므로, 이 자료가 필요하다. 이는 <보기>의 'ㄱ'에 해당한다.

마지막으로 2011년 서비스업과 금융업이 플러스 성장하고, 도소매업과 건설업이 마이너스 성장한 것도 <표 2>에서 찾아볼 수 있는 내용이다.

따라서 <보고서>를 작성하기 위해 추가로 필요한 자료는 ㄱ, ㄴ이다.

090

정답	④	세부영역	자료활용여부 판단형
난도	중	키포인트	보고서 내용과 자료 대조

해결전략 <보고서> 작성에 필요한 자료가 <표> 외에 ㄱ~ㄹ 중 어느 것인지를 묻는 문제이다. 보고서의 내용을 읽으면서, 여기에 필요한 자료가 있는지 확인한다.

해설

<보고서> 내용을 살펴보면서, <보고서> 작성에 어떤 자료를 사용했는지 확인하자.

'갑'국의 택배 물량은 2015년 이후 매년 증가하였고, 2018년은 2017년에 비해 약 9.6% 증가하였다.

→ <표>를 보면, 택배 물량은 매년 증가 추세이고, 2018년은 2017년에 비해 $\frac{254,278-231,946}{231,946} \times 100 ≒ 9.6(\%)$ 증가하였다.

2015년 이후 '갑'국의 경제활동인구 1인당 택배 물량 또한 매년 증가하고 있는데, 이와 같은 추세는 앞으로도 계속될 것으로 예측된다.

→ 경제활동인구 1인당 택배 물량에 대해 언급하고 있는데 <표>에는 '경제활동인구' 관련 자료가 없으므로, <보기>의 'ㄹ. 2015~2018년 연도별 경제활동인구' 자료가 필요하다.

2018년 '갑'국의 택배업 매출액은 2017년 대비 약 8.7% 증가한 5조 6,679억 원이었다.

→ <표>를 보면, 2018년 택배업 매출액은 5조 6,679억 원이고 이는 전년대비 $\frac{56,679-52,141}{52,141} \times 100 ≒ 8.7(\%)$ 증가한 것이다.

'갑'국 택배업 매출액의 연평균 성장률을 살펴보면 2001 ~ 2010년 19.1%, 2011 ~ 2018년 8.4%를 기록하였는데, 2011년 이후 성장률이 다소 둔화하였지만, 여전히 높은 성장률을 유지하고 있음을 알 수 있다.

→ <표>에는 2015~2018년의 택배업 매출액만이 제시되어 있으므로, <보기>의 'ㄱ. 2001~2014년 연도별 택배업 매출액' 자료가 필요하다.

2011 ~ 2018년 '갑'국 유통업 매출액의 연평균 성장률은 3.5%로 동기간 택배업 매출액의 연평균 성장률보다 매우 낮다고 할 수 있다.

→ <표>에는 유통업 관련 자료가 제시되어 있지 않으므로 <보기>의 'ㄴ. 2011~2018년 연도별 유통업 매출액' 자료가 필요하다.

한편, 택배의 평균단가는 2015년 이후 매년 하락하고 있다.

→ <표>를 통해 택배 평균단가가 매년 하락하고 있음을 확인할 수 있다.

따라서 <보고서>를 작성하기 위해 추가로 필요한 자료는 ㄱ, ㄴ, ㄹ이다.

091

정답	①	세부영역	그래프 작성형
난도	상	키포인트	보고서 내용에 맞지 않는 자료 제거

해결전략 <보고서> 내용에 따라 <그림>에 제시된 수치들이 어떻게 바뀔지 추론하여, 이에 맞는 자료를 선택지에서 고르는 유형이다.

해설

<보고서>의 두 번째 항목에서 "직원을 증원하지 않을 경우 '가', '나' 사업장의 2017년 대비 2018년 매출액 증감률은 각각 10% 이하"라고 하였으므로 2017년 230백만 원인 '가' 사업장의 2018년 매출액은 최소 230×0.9=207(백만 원), 최대 230×1.1=253(백만 원)이 된다. 2017년 160백만 원인 '나' 사업장의 2018년 매출액은 최소 160×0.9=144(백만 원), 최대 160×1.1=176(백만 원)이 된다.
→ 선택지 ④, ⑤의 경우 '증원없음'의 경우 매출액이 이 범위에서 벗어나므로 제외시킨다.

또한 <보고서>의 세 번째 항목에서 "직원 증원이 없을 때와 직원 3명을 증원할 때의 2018년 매출액 차이는 '나'사업장이 '가'사업장보다 클 것으로 추정"된다고 하였으므로 선택지 ①, ②, ③에서 '증원없음'과 '3명'의 매출액 차이를 구해보면 아래와 같다.
① '가' 사업장: 128백만 원, '나' 사업장: 146백만 원
② '가' 사업장: 158백만 원, '나' 사업장: 154백만 원 → '가'사업장의 매출액 차이가 더 크므로 제외
③ '가' 사업장: 101백만 원, '나' 사업장: 124백만 원

<보고서>의 마지막에서 "'나'사업장이 2013 ~ 2017년 중 최대 매출액을 기록했던 2014년보다 큰 매출액을 기록하기 위해서는 2018년에 최소 2명의 직원을 증원해야 함"이라고 하였다. '나'사업장의 2014년 매출액은 252백만 원이고, 2명의 직원을 증원했을 경우 2018년의 '나'사업장 매출액은 252백만 원보다 커야 한다. ① 258백만 원, ② 244백만 원으로, ②의 경우 2명의 직원을 증원해도 '나'사업장의 2014년 매출액보다 매출액이 적으므로 제외된다.

따라서 답은 ①이다.

⊕ Killer hint

소거법을 이용해, <보고서>에 맞지 않는 선택지를 하나하나 제외시켜 나가면서 답을 구한다.

092

정답	③	세부영역	그래프 작성형
난도	상	키포인트	표 수치와 그래프 대조

해결전략 <표> 수치를 선택지 그래프와 대조하여 이를 바탕으로 그래프를 작성했는지 여부를 판단하는 문항이다.

해설

③ (×) <표 1>의 각주를 보면, 기혼여성은 취업여성과 비취업여성으로 구분된다. 따라서, 기혼 취업여성 수는 '기혼여성－기혼 비취업여성'를 하면 구할 수 있다. 이는 아래와 같다.

25~29세 : 570－306＝264(천 명)

30~34세 : 1,403－763＝640(천 명)

35~39세 : 1,818－862＝956(천 명)

40~44세 : 1,989－687＝1,302(천 명)

45~49세 : 2,010－673＝1,337(천 명)

50~54세 : 1,983－727＝1,256(천 명)

전체 기혼 취업여성의 수는 9,773－4,018＝5,755(천 명)이므로 연령별 기혼 취업여성 구성비를 구하면 아래와 같다.

25~29세 : $\frac{264}{5,755} \times 100 ≒ 4.6(\%)$

30~34세 : $\frac{640}{5,755} \times 100 ≒ 11.1(\%)$

35~39세 : $\frac{956}{5,755} \times 100 ≒ 16.6(\%)$

40~44세 : $\frac{1,302}{5,755} \times 100 ≒ 22.6(\%)$

45~49세 : $\frac{1,337}{5,755} \times 100 ≒ 23.2(\%)$

50~54세 : $\frac{1,256}{5,755} \times 100 ≒ 21.8(\%)$

이는 '25 ~ 54세 기혼 취업여성의 연령대 구성비' 그래프의 수치와 일치하지 않는다. 따라서 이 그래프는 <표>를 이용하여 작성된 그래프가 아니다.

① (○) <표 1>에서 기혼여성인구를 바로 확인할 수 있다.
기혼여성 중 경제활동인구는 기혼여성 전체 수에서 비경제활동인구를 뺀 것과 같으므로, '기혼여성－비경제활동인구'를 하면 아래와 같다.

25~29세 : 570－295＝275(천 명)

30~34세 : 1,403－743＝660(천 명)

35~39세 : 1,818－839＝979(천 명)

40~44세 : 1,989－659＝1,330(천 명)

45~49세 : 2,010－648＝1,362(천 명)

50~54세 : 1,983－707＝1,276(천 명)

이는 그래프에 나타난 수치와 일치한다.

② (○) 연령대별 기혼여성 중 비취업여성의 수는 <표 1>에서 바로 확인할 수 있다.
또한 경력단절여성 수는 <표 2>에서 확인할 수 있다. 표의 가장 오른쪽 '합'의 수치이다.

④ (○) <표 2> '기혼 경력단절여성의 경력단절 사유 분포'에서 30~34세의 수치와 35~39세의 수치를 더해 보면, 제시된 그래프의 경력단절 사유 분포 수치와 일치함을 확인할 수 있다.

⑤ (○) <표 2>를 보면, 25 ~ 54세 기혼 경력단절여성의 전체 수는 2,905천 명이고 연령별 구성비를 구하면 아래와 같다.

25~29세 : $\frac{246}{2,905} \times 100 ≒ 8.5(\%)$

30~34세 : $\frac{640}{2,905} \times 100 ≒ 22.0(\%)$

35~39세 : $\frac{680}{2,905} \times 100 ≒ 23.4(\%)$

40~44세 : $\frac{484}{2,905} \times 100 ≒ 16.7(\%)$

45~49세 : $\frac{434}{2,905} \times 100 ≒ 14.9(\%)$

50~54세 : $\frac{421}{2,905} \times 100 ≒ 14.5(\%)$

이는 그래프에 나타난 수치와 일치한다.

093

정답	①	세부영역	그래프 작성형
난도	상	키포인트	표 수치와 그래프 대조 및 계산

해결전략 <표> 수치를 그래프와 대조하여 이를 바탕으로 작성했는지 여부를 판단하는 문항이다.

해설

① (×) 전년대비 매출액 증가폭을 구하면,

2014년 : 2,307−1,586=721(억 원)

2015년 : 3,074−2,307=767(억 원)

2016년 : 4,583−3,074=1,509(억 원)

2017년 : 6,483−4,583=1,900(억 원)

2018년 : 7,428−6,483=945(억 원)

전년대비 점포수 증가폭을 구하면,

2014년 : 544−269=275((개)

2015년 : 743−544=199(개)

2016년 : 983−743=240(개)

2017년 : 1,507−983=524(개)

2018년 : 2,168−1,507=661(개)

'전체 커피전문점의 전년대비 매출액과 점포수 증가폭 추이' 그래프에서 매출액 증가폭 그래프의 수치는 <표>와 일치하나, 점포수 증가폭 그래프 수치는 일치하지 않는다.

② (○) <표>를 통해 2018년 커피전문점 브랜드별 점포당 매출액을 구하면 아래와 같다.

A : $\frac{2,982}{395}$ ≒7.55(억 원)

B : $\frac{1,675}{735}$ ≒2.28(억 원)

C : $\frac{1,338}{252}$ ≒5.31(억 원)

D : $\frac{625}{314}$ ≒1.99(억 원)

E : $\frac{577}{366}$ ≒1.58(억 원)

F : $\frac{231}{106}$ ≒2.18(억 원)

'2018년 커피전문점 브랜드별 점포당 매출액' 그래프 수치와 일치한다.

③ (○) 2017년 커피전문점 브랜드별 매출액 점유율을 구하면, 전체 매출액은 6,483(억 원)이므로

A : $\frac{2,400}{6,483}$ ×100≒37.02(%)

B : $\frac{1,010}{6,483}$ ×100≒15.58(%)

C : $\frac{1,267}{6,483}$ ×100≒19.54(%)

D : $\frac{540}{6,483}$ ×100≒8.33(%)

E : $\frac{1,082}{6,483}$ ×100≒16.69(%)

F : $\frac{184}{6,483}$ ×100≒2.84(%)

'2017년 매출액 기준 커피전문점 브랜드별 점유율' 그래프 수치와 일치한다.

④ (○) 2017년 대비 2018년 매출액 증가량을 구하면,

A : 2,982−2,400=582(억 원)

B : 1,675−1,010=665(억 원)

C : 1,338−1,267=71(억 원)

D : 625−540=85(억 원)

E : 577−1,082=−505(억 원)

F : 231−184=47(억 원)

'2017년 대비 2018년 커피전문점 브랜드별 매출액의 증가량' 그래프 수치와 일치한다.

⑤ (○) 커피전문점 점포당 매출액을 구하면,

2013년 : $\frac{1,586}{269}$ ≒5.90(억 원)

2014년 : $\frac{2,307}{544}$ ≒4.24(억 원)

2015년 : $\frac{3,074}{743}$ ≒4.14(억 원)

2016년 : $\frac{4,583}{983}$ ≒4.66(억 원)

2017년 : $\frac{6,483}{1,507}$ ≒4.30(억 원)

2018년 : $\frac{7,428}{2,168}$ ≒3.43(억 원)

'전체 커피전문점의 연도별 점포당 매출액' 그래프 수치와 일치한다.

094

정답	③	세부영역	자료활용여부 판단형
난도	중	키포인트	보고서 내용과 자료 대조

해결전략 보고서의 내용을 읽으면서 이에 해당하는 자료가 있는지 확인하고 자료의 활용 여부를 빠르게 판단하는 유형이다.

해설

③ (×) <보고서>의 마지막 문단을 보면 드론 산업 육성을 위한 정부 R&D 예산 비중에 관한 내용이 제시되어 있으나, 민간 R&D 투자 현황에 관해서는 제시되어 있지 않다.

① (○) <보고서>의 두 번째 문단에 2017년 국내 드론 활용 분야별 사업체수 관련 내용이 제시된다. 이는 '2016 ~ 2017년 국내 드론 활용 분야별 사업체수 현황' 자료를 사용한 것으로, 농업과 콘텐츠 제작 분야의 사업체수가 그래프상의 다른 분야와 비교해 월등한 부분을 차지한다는 것을 알 수 있다. 실제 계산해 보면 약 90%, 85%이다. 사업체수의 전년 대비 증가율에 있어서는 교육 분야가 2016년 대비 2017년 3배 이상이므로 농업과 콘텐츠 제작 분야보다 높음을 쉽게 추론할 수 있다.

② (○) '2013년과 2018년 세계 드론 시장 점유율 현황'은 세계 드론 산업 시장이 2013년과 비교해 2018년에는 유럽 시장보다 아시아·태평양 시장 점유율이 더 높아졌다는 <보고서>의 첫 문단 내용에 사용되었다.

④ (○) '2015 ~ 2017년 국내 드론 산업 관련 기술 분야별 정부 R&D 예산 비중 현황'은 <보고서>의 마지막 문단인 정부 R&D 예산 비중 관련 내용에 사용되었다. <보고서>에서는 기반기술과 응용서비스기술의 예산 비중의 합이 매년 65% 이상이라고 하였는데, 이는 그래프의 수치를 어림산하여 쉽게 확인할 수 있다.

⑤ (○) '2013 ~ 2017년 국내 드론 활용 산업의 주요 관리 항목별 현황'은 <보고서> 두 번째 문단 내용에서 사용되었다. <보고서>에서는 2017년 국내 드론 활용 산업의 주요 관리 항목을 2013년 대비 증가율이 높은 항목부터 순서대로 나열하면, 조종자격 취득자수, 장치신고 대수, 드론 활용 사업체수 순이라고 하였는데, 그래프를 보면 '조종자격 취득자수'가 약 70배 늘어났음을 알 수 있다. 이는 다른 항목에 비해 월등히 높은 수치이므로 이 항목의 증가율이 가장 높고, '장치신고 대수'는 19배 이상, '드론 활용 사업체수'는 10배가 되지 않으므로 증가율 순서를 확인할 수 있다.

> **✛ Killer hint**
>
> <보고서>에 R&D 예산 및 투자 관련 내용이 제시되었지만, 이는 정부 예산에 한정된다. 선택지의 민간 R&D 관련 자료는 이와 관련이 없음을 빠르게 확인할 수 있어야 한다.

095

정답	③	세부영역	자료활용여부 판단형
난도	중	키포인트	보고서 내용과 자료 대조

해결전략 <보고서> 작성에 이용된 자료가 제시된 <표> 외에 ㄱ~ㄹ 중 어느 것인지를 묻는 문제이다. 보고서의 내용을 읽으면서 이에 해당하는 자료가 있는지 확인한다.

해설

우선, <보고서>의 첫 문단에 나타난 청년대상 희망직업 취업 조사의 수치는 <표>의 '전공계열별 희망직업 취업 현황'에 모두 나타나 있다. 첫 번째 문단은 <표>를 이용하여 작성되었다.

ㄴ. (○) <보고서>의 두 번째 문단에서 전공계열별 희망직업의 선호도 분호를 조사한 결과 계열별로 '경영', '연구직', '보건·의료·교육'으로 답하였다. 이는 '전공계열별 희망직업 선호도 분포' 표에서 확인할 수 있는데, 인문사회계열의 경우 '경영'이 47.7%, 이공계열에서 '연구직'이 52.8%, 의약/교육/예체능계열에서 '보건·의료·교육'이 62.2%로 가장 높았다.

ㄷ. (○) <보고서>의 두 번째 문단에서 전공계열별로 희망직업을 선택한 동기에 관한 내용이 제시되었다. '전공계열별 희망직업 선택 동기 구성비' 그래프를 보면, <보고서>에서 제시된 대로 이공계열, 의약/교육/예체능계열, 인문사회계열에서 '전공분야'라고 응답한 비율이 각각 50.3%, 49.9%, 33.3%임을 확인할 수 있다.

ㄱ. (×) '구인·구직 추이' 그래프는 연도별 구인인원과 구직건수를 나타낸 자료이다. 이는 <보고서>에서는 쓰이지 않은 자료이다.

ㄹ. (×) '희망직업 취업여부에 따른 항목별 직장만족도' 표는 희망직업에 취업한 경우와 희망직업이 아닌 다른 직업에 취업한 경우 업무내용, 소득, 고용안정 만족도를 나타낸 것이다. <보고서>의 마지막 문단에서 '전공계열별로 희망직업에 취업한 청년과 희망직업 외에 취업한 청년의 직장만족도'에 관한 내용이 나왔으므로 이 표의 자료가 사용되었다고 생각할 수도 있으나, <보고서>의 만족도는 '전공계열별' 만족도이다. 선택지에 제시된 표의 항목별 직장만족도와는 그 내용이 다르므로 이는 <보고서> 작성에 사용되었다고 할 수 없다.

> **✛ Killer hint**
>
> 결론적으로 <보고서>의 첫 번째 문단은 제시된 <표>를 사용, 두 번째 문단은 <보기>의 자료 ㄴ, ㄷ을 사용하였다. 마지막 문단을 작성하기 위해 사용한 자료는 <보기>에서 찾을 수 없다.

096

정답	①	세부영역	자료부합여부 판단형
난도	중	키포인트	보고서 내용과 자료 대조

해결전략 <보고서>의 내용을 읽으면서 선택지에 제시된 자료의 제목, 수치 등을 확인하며 선택지의 자료가 <보고서>와 부합하는지 아닌지 확인한다.

해설

<보고서> 내용을 살펴보면서, 부합 여부를 확인하자.

> 2009년 우리나라 국세결손처분 비율은 4.6%로 EU 주요국 중 영국, 오스트리아, 독일, 프랑스에 비해 4배 이상 높다. 반면, 미정리체납액 비율은 2.7%로 영국, 오스트리아, 프랑스에 비해 낮다.

→ ① '우리나라 및 EU 주요국의 체납처분 현황(2009년)' 그래프에서 확인할 수 있다. 2009년 우리나라 국세결손처분 비율은 4.6%이고, 영국 0.9%, 오스트리아 0.9%, 독일 0.6%, 프랑스 1.2%이다. 영국, 오스트리아, 독일보다 우리나라 국세결손처분 비율이 4배 이상 높은 것은 맞으나, 프랑스보다 4배 이상 높은 것은 아니다.(프랑스 1.2%×4=4.8%이므로) 미정리체납액 비율이 영국, 오스트리아, 프랑스보다 낮은 것은 맞다. 따라서 ①이 <보고서>의 내용과 부합하지 않는 자료이다.

> 2009 ~ 2011년 동안 세수실적 대비 미정리체납액 비율은 부가가치세가 국세보다 매년 높다.

→ ② '국세와 부가가치세의 미정리체납액 추이'에서 세수실적 대비 미정리체납액 비율이 $\dfrac{b}{a} \times 100$으로 나타낸다. 부가가치세 비율과 국세 비율을 비교하면, 2009년 3.2>2.7, 2010년 3.3>3.0, 2011년 3.4>3.0으로 부가가치세 비율이 매년 높다.

> 2009 ~ 2011년 동안 부가가치세는 소득세 및 법인세보다 세수실적 대비 미정리체납액 비율이 매년 더 높다.

→ ③ '주요 세목의 세수실적 대비 미정리체납액 비율' 그래프에서 바로 확인할 수 있다.

> 2011년 부가가치세 체납액정리 현황을 보면, 현금정리가 44.3%로 가장 큰 비중을 차지하고, 그 다음으로 미정리, 결손정리, 기타정리의 순으로 큰 비중을 차지하고 있다.

→ ④ '부가가치세 체납액정리 현황(2011년)' 그래프에서 바로 확인할 수 있다.

> 2011년 주요세목 체납정리 현황에서 건당금액의 경우 각 분야에서 법인세가 소득세 및 부가가치세보다 높다.

→ ⑤ '주요세목 체납정리 현황(2011년)' 표를 보면, 법인세의 건당금액은 현금정리 847억 원, 결손정리 5,511억 원, 기타정리 3,180억 원, 미정리 1,362억 원으로 모든 분야에서 소득세나 부가가치세보다 높은 것을 확인할 수 있다.

097

정답	⑤	세부영역	그래프 작성형
난도	중	키포인트	표 수치와 그래프 대조

해결전략 <표>의 수치를 바로 대조하여 판단할 수 있는 선택지와, 수치의 변화를 확인해야 판단할 수 있는 선택지가 함께 있는 문항이다.

해설

①, ②는 <표>의 수치를 그래프에 대입해 보았을 때, <표>로 작성한 그래프임을 바로 확인할 수 있다. ③, ④, ⑤의 그래프는 제시된 표 수치를 바탕으로 어림 계산을 해야 작성 여부를 판단할 수 있다.

⑤ (×) '잔여석 수=공급석 수－탑승객 수'라고 하였다. 2017년 A항공사의 잔여석 수는 360－300=60이 되어야 하는데, 그래프에는 '40'으로 나타나 있다. 이는 2016년의 잔여석 수인 260－220=40이다.
나머지 B~F 항공사의 수치를 확인해 보면, 이 그래프는 2017년이 아닌 2016년 잔여석 수를 나타내고 있음을 알 수 있다.

③ (○) 2017년 전체 항공사 탑승객 수는 2,000명이다. 이를 바탕으로 구성비를 계산하면 아래와 같다.

A : $\dfrac{300}{2,000} \times 100 = 15(\%)$

B : $\dfrac{70}{2,000} \times 100 = 3.5(\%)$

C : $\dfrac{250}{2,000} \times 100 = 12.5(\%)$

D : $\dfrac{580}{2,000} \times 100 = 29(\%)$

E : $\dfrac{480}{2,000} \times 100 = 24(\%)$

F : $\dfrac{320}{2,000} \times 100 = 16(\%)$

그래프와 일치함을 알 수 있다.

④ (○) <표>의 공급석 수 항목에서 '2017년 수치－2016년 수치'를 하면 된다. 숫자 단위가 크지 않으므로 쉽게 계산할 수 있다. A항공사부터 F항공사까지 순서대로 그 차이가 100, 90, 60, 170, 120, 140이므로 그래프와 일치함을 알 수 있다.

098

정답	①	세부영역	자료부합여부 판단형
난도	상	키포인트	보고서 내용과 자료 대조 및 계산

해결전략 보고서의 내용을 읽으면서 선택지에 제시된 자료의 제목, 수치 등이 〈보고서〉와 부합하는지 아닌지 확인한다.

해설

〈보고서〉 내용을 살펴보면서, 부합 여부를 확인하자.

> 2012년 2분기 말 현재 외국인의 국내토지 소유면적은 224,715천m², 금액으로는 335,018억 원인 것으로 조사되었다. 면적 기준으로 2012년 1분기 말 대비 2,040천m², 보유필지수로는 1분기 말 대비 3% 미만 증가한 것이다.

→ ② '외국인 국내토지 소유현황' 표를 보면, 2분기 말 소유면적과 금액은 〈보고서〉 내용과 일치한다. 1분기 말과 비교하면, 면적은 224,715−222,675＝2,040(천m²) 증가하였고, 보유필지수는 $\frac{82,729-81,109}{81,109} \times 100 ≒ 2.0(\%)$ 증가하였다.

따라서 〈보고서〉 내용과 자료가 부합한다.

> 국적별로는 기타 지역을 제외하고 토지 소유면적이 넓은 것부터 나열하면 미국, 유럽, 일본, 중국 순이며, 미국 국적 외국인은 외국인 국내토지 소유면적의 50% 이상을 소유하였다.

→ ③ '2012년 2분기 말 국적별 외국인 국내토지 소유현황' 그래프를 보면 토지 소유면적은 〈보고서〉에서 설명한 그대로 순서가 일치하며, 미국 국적 외국인 소유 토지의 면적은 122,167(천 m²)으로 전체 외국인 소유 토지면적인 224,715(천 m²)의 50% 이상임을 알 수 있다. (어림하여 120,000×2을 계산하면 240,000이고, 이는 224,715보다 크다.)

따라서 〈보고서〉 내용과 자료가 부합한다.

> 용도별로 외국인 국내토지 소유면적을 넓은 것부터 나열하면 임야·농지, 공장용지, 주거용지, 상업용지, 레저용지 순이며, 이 중 주거용지, 상업용지, 레저용지 토지 면적의 합이 외국인 국내토지 소유면적의 10% 이상인 것으로 나타나 부동산 투기에 대한 지속적인 감시가 필요할 것으로 판단된다.

→ ④ '2012년 2분기말 용도별 외국인 국내토지 소유현황' 표를 보면, 용도별 소유 면적이 넓은 것은 〈보고서〉의 내용과 일치하며, 주거용지, 상업용지, 레저용지 토지 면적 합은 14,973+5,871+3,642＝24,486(천 m²)이다. 전체 면적이 224,715(천 m²)이므로 면적 합이 10% 이상임을 알 수 있다.

따라서 〈보고서〉 내용과 자료가 부합한다.

> 토지 소유 주체별로는 개인이 전체 외국인 소유 토지의 60% 이상을 차지하고 있으며, 특히 개인 소유 토지의 57.1%를 차지하고 있는 외국국적 교포의 토지 소유면적이 법인 및 외국정부단체 등이 소유한 토지 면적보다 더 넓은 것으로 나타났다.

→ ① '2012년 2분기 말 주체별 외국인 국내토지 소유현황' 표를 보면, 개인이 전체 외국인 소유 토지의 61.0%를, 외국국적교포는 전체 외국인의 57.1%를 차지하고 있다. 〈보고서〉에서 설명한 것처럼 외국국적교포가 개인 소유 토지의 57.1%를 차지하는 것이 아니라, 개인, 법인, 외국정부단체 등을 합한 전체 외국인 소유 토지의 57.1%를 차지한 것이다.

따라서 〈보고서〉 내용과 자료가 부합하지 않는다.

> 외국인이 소유하고 있는 지역별 토지 면적을 넓은 것부터 나열하면 전남, 경기, 경북 순이고 이들 지역에서의 보유 면적의 합은 전체 외국인 국내토지 소유면적의 40%를 상회하고 있어 향후 집중적인 모니터링이 요구된다.

→ ⑤ '2012년 2분기말 시도별 외국인 국내토지 소유현황' 표를 보면, 소유 비율이 높은 지역은 순서대로 16.9%인 전남, 16.7%인 경기, 15.6%인 경북이고, 이들 지역의 보유 면적 비중은 16.9+16.7+15.6＝49.2(%)로 40%를 상회한다. 따라서 〈보고서〉 내용과 자료가 부합한다.

⊕ Killer hint

이 문제의 선택지 ①~⑤의 자료들은 모두 〈보고서〉 내용을 바탕으로 한다. 다만, 답인 ①의 자료에서 표의 수치가 〈보고서〉의 설명과 어긋난 것이다.

099

정답	②	세부영역	자료활용여부 판단형
난도	중	키포인트	보고서 내용과 자료 대조

해결전략 <보고서> 작성에 필요한 자료가 <표> 외에 ㄱ~ㅁ 중 어느 것인지를 묻는 문제이다. <보고서>의 내용을 읽으면서, 추가로 필요한 자료가 있는지 확인한다.

해설
<보고서> 내용을 살펴보면서, <보고서> 작성에 어떤 자료를 사용했는지 확인하자.

> 박사학위 취득자의 전체 고용률은 58.0%이었다. 전공계열 중 교육계열의 고용률이 가장 높고 그 다음으로 공학계열, 예술·체육계열, 인문계열의 순으로 나타났으며, 사회계열, 의약계열과 자연계열의 고용률은 상대적으로 낮았다.

→ <그림>에 전체 박사학위 취득자의 고용률과, 전공계열별 고용률이 모두 나타나 있으므로 <그림> 자료를 사용했음을 알 수 있다.

> 박사학위 취득자 중 취업자의 직장유형 구성비율을 살펴보면 대학이 가장 높았고, 그 다음으로 민간기업, 공공연구소 등의 순이었다.

→ <표>를 보면, 박사학위 취득자 중 취업자의 직장유형 구성비율을 보면, 대학이 54.2%를 차지해 가장 높음을 알 수 있다. 그 다음은 24.9%인 민간기업, 10.3%인 공공연구소이다.

> 박사학위 취득자 중 취업자의 고용형태를 살펴보면, 여성 취업자 중 비정규직 비율은 75% 이상이었다.

→ 박사학위 취득자 중 남성과 여성 취업자의 고용형태가 <그림>이나 <표>에 따로 제시되어 있지 않다. <보기>의 'ㄹ. 박사학위 취득자 중 취업자의 성별 고용형태'를 활용하면 이 내용을 작성할 수 있다.

> 전공계열별로는 인문계열의 비정규직 비율이 가장 높고, 그 다음으로 예술·체육계열, 의약계열, 사회계열, 자연계열, 교육계열, 공학계열 순으로 나타났다.

→ 비정규직 비율의 직장유형별 비율은 <그림>에 나타나 있으나, 전공계열별 비정규직 비율은 따로 제시되어 있지 않다. <보기>의 'ㄱ. 박사학위 취득자 중 취업자의 전공계열별 고용형태' 자료를 사용하여 이 내용을 작성할 수 있다.

> 정규직은 과반수가 민간기업에 소속된 반면, 비정규직은 80% 이상이 대학에 소속된 것으로 나타났다.

→ <표>를 보면, 정규직의 64.3%가 민간기업에, 비정규직의 81.1%가 대학에 소속되어 있음을 확인할 수 있다.

> 박사학위 취득자 중 취업자의 고용형태에 따라 평균 연봉 차이가 큰 것으로 나타났다. 정규직 취업자의 직장유형을 기타를 제외하고 평균 연봉이 높은 것부터 순서대로 나열하면 민간기업, 민간연구소, 공공연구소, 대학, 정부·지자체 순이었다. 또한, 비정규직 내에서도 직장유형별 평균 연봉의 편차가 크게 나타났다.

→ 박사학위 취득자 중 취업자의 '연봉'과 관련한 자료는 <그림>이나 <표>에서 찾아볼 수 없다. <보고서>에 고용형태별, 직장유형별 평균 연봉에 관한 내용이 제시되어 있으므로 <보기>에서 관련 자료를 찾으면, 'ㄷ. 박사학위 취득자 중 취업자의 고용형태별, 직장유형별 평균 연봉'이다.

따라서 <보기>에서 필요한 자료는 ㄱ, ㄷ, ㄹ이다.

100

정답	②	세부영역	그래프 작성형
난도	중	키포인트	표 수치와 그래프 대조

해결전략 <표> 수치를 바로 대조하여 판단할 수 있는 선택지와, 제시된 <표> 수치의 변화를 확인해야 판단할 수 있는 선택지가 함께 있는 문항이다.

해설

② (×) <표>의 2009~2013년 유상거래 최고 가격은 500 → 500 → 400 → 400 → 600(원/kg)으로 변화하고, 최저 가격은 60 → 50 → 10 → 30 → 60(원/kg)의 추이를 보인다. 그래프와 비교하면 최고 가격 선그래프는 일치하나 최저 가격 중 2011년의 그래프 수치가 10(원/kg)이 아닌 40(원/kg)으로 되어 있어 표의 수치와 일치하지 않는다.

① (○) <표>에서 전체 거래의 건당 거래량을 계산하면 아래와 같다.

2010년 : $\dfrac{1,712,694}{32} ≒ 53,521.7$

2011년 : $\dfrac{1,568,065}{25} = 62,722.6$

2012년 : $\dfrac{1,401,374}{32} ≒ 43,792.9$

2013년 : $\dfrac{2,901,457}{59} ≒ 49,177.2$

계산한 수치가 그래프의 수치와 일치한다.

③ (○) <표>의 수치를 그래프에 대입해 보았을 때, <표>로 작성한 그래프임을 바로 확인할 수 있다.

④ (○) 유상거래량의 비율은 $\dfrac{73,394}{115,894} × 100 ≒ 63.3(\%)$,

무상거래량의 비율은 $\dfrac{42,500}{115,894} × 100 ≒ 36.7(\%)$로 그래프의 구성비와 부합한다.

⑤ (○) <표>의 2010~2013년 무상거래 건수는 9 → 6 → 7 → 5(건), 유상거래 건수는 23 → 19 → 25 → 54(건)의 추이를 보이므로 그래프와 일치한다.

101

정답	③	세부영역	자료활용여부 판단형
난도	중	키포인트	보고서 내용과 자료 대조

해결전략 <보고서> 작성에 필요한 자료가 <표> 외에 ㄱ~ㄹ 중 어느 것인지를 묻는 문제이다. <보고서>의 내용을 읽으면서, 추가로 필요한 자료가 있는지 확인한다.

해설

<보고서>의 첫 번째 문단에는 '2012 ~ 2018년 연평균 미세먼지 농도 관련 수치'가 나열되어 있다. 이는 <표 1>의 자료를 참고하면 작성할 수 있는 내용이다.

<보고서>의 두 번째 문단에는 '연구대상 기간 동안 전체 연령집단, 65세 미만 연령집단, 65세 이상 연령집단의 연간 일일 사망자 수'에 대한 자료가 제시되어 있다. 이는 <표>에서는 확인할 수 없는 자료로, <보기>의 'ㄱ. A시 연간 일일 사망자 수'에서 전체 연령집단 사망자 수 관련 자료를, 'ㄹ. A시 65세 이상 연령집단의 연간 일일 사망자 수'에서 65세 이상 연령집단 사망자 수 관련 자료를 확인하여 보고서 내용을 작성할 수 있다. (65세 미만 연령집단 사망자 수 관련 자료는, 'ㄱ'에서 'ㄹ'을 뺀 수치로 구하여 사용할 수 있다.)

<보고서>의 마지막 문단에는 2012 ~ 2018년 A시의 연평균 기온 및 상대습도에 대한 내용이 제시되어 있다. 이는 <표 2>의 자료를 참고하여 작성할 수 있는 내용이다.

따라서 <보고서>를 작성하기 위해 추가로 필요한 자료는 ㄱ, ㄹ이다.

⊕ Killer hint

두 번째 문단의 연령집단 사망자 수 관련 자료는 <보고서>의 내용만 보아도 <표>에서 찾을 수 없는 자료임을 바로 알아볼 수 있다.

102

정답	④	세부영역	자료부합여부 판단형
난도	상	키포인트	보고서 내용과 자료 대조 및 계산

해결전략 <보고서>의 내용을 읽으면서 이에 해당하는 자료가 있는지 확인하고 이에 해당하는 자료가 <보고서> 내용과 부합하는지를 빠르게 판단하는 유형이다.

해설

<보고서>의 내용을 살펴보면서 부합 여부를 확인하자.

> 2017년 '갑'국의 공연예술계 관객수는 410만 5천 명, 전체 매출액은 871억 5천만 원으로 집계되었다. 이는 매출액 기준 전년 대비 100% 이상 성장한 것으로, 2014년 이후 공연예술계 매출액과 관객수 모두 매년 증가하는 추세이다.

→ 이 수치는 <보기>의 ㄱ. '2014 ~ 2017년 매출액 및 관객수' 그래프 수치와 부합한다. 또한, 2017년 매출액은 전년인 2016년의 40,372백만 원 대비 100%, 즉 2배 이상 성장한 것이고, 매출액과 관객수가 모두 계속 증가하는 추세를 그래프가 나타내고 있으므로, <보고서> 내용과 부합한다.

> 2017년 '갑'국 공연예술계의 전체 개막편수 및 공연횟수를 월별로 분석한 결과, 월간 개막편수가 전체 개막편수의 10% 이상을 차지하는 달은 3월뿐이고 월간 공연횟수가 전체 공연횟수의 10% 이상을 차지하는 달은 8월뿐인 것으로 나타났다.

→ <보기>의 ㄴ. '2017년 개막편수 및 공연횟수' 표에 따르면, 2017년 전체 개막편수는 5,288편, 전체 공연횟수는 52,131회로, 각각의 10%는 약 528편, 약 5,213회이다. 개막편수가 528편 이상인 달은 574회인 3월, 공연횟수가 5,213회 이상인 달은 5,559회인 8월분이므로, 표는 <보고서> 내용과 부합한다.

> 반면, '갑'국 공연예술계 매출액 및 관객수의 장르별 편차는 매우 심한 것으로 나타났는데, 2017년 기준 공연예술계 전체 매출액의 60% 이상이 '뮤지컬' 한 장르에서 발생하였으며 또한 관객수 상위 3개 장르가 공연예술계 전체 관객수의 90% 이상을 차지하는 것으로 조사되었다.

→ <보기>의 ㄷ. '2017년 장르별 매출액 및 관객수' 표에 나타난 뮤지컬 장르 매출액은 56,014백만 원으로 전체의 $\frac{56,014}{87,150}$ ×100≒64.3(%)로 60% 이상을 차지하는 것이 맞다.
관객수 상위 3개 장르인 뮤지컬, 클래식, 연극의 관객수는 1,791+990+808=3,589(천 명)으로 전체의 $\frac{3,589}{4,105}$ ×100≒87.4(%)를 차지한다. 90% 이상은 아니므로, 이 표는 <보고서>의 내용과 부합하지 않는다.

> 2017년 '갑'국 공연예술계 관객수를 입장권 가격대별로 살펴보면 가장 저렴한 '3만 원 미만' 입장권 관객수가 절반 이상을 차지하였고, 이는 가장 비싼 '7만 원 이상' 입장권 관객수의 3.5배 이상이었다.

→ <보기>의 ㄹ. '2017년 입장권 가격대별 관객수 구성비' 표를 보면, '3만원 미만' 입장권 관객은 57.0%로 절반 이상이다. 또한 이 수치는 '7만 원 이상' 입장권 관객 비중 14.5%의 $\frac{57.0}{14.5}$ ≒3.9(배)로 3.5배 이상이다. 따라서 그래프는 <보고서> 내용과 부합한다.

따라서 <보고서>의 내용과 부합하는 자료는 ㄱ, ㄴ, ㄹ이다.

103

정답	④	세부영역	그래프 작성형
난도	상	키포인트	표 수치와 그래프 대조

해결전략 제시된 표 수치의 변화를 계산을 통해 확인해야 한다.

해설

④ (×) 화재발생건수 대비 인명피해자수이므로 $\frac{인명피해자수}{화재발생건수}$ 로 계산하여 구해야 한다. 그런데 <표>를 보면 화재발생건수 가 인명피해자수보다 항상 많다. 그러므로 $\frac{인명피해자수}{화재발생건수}$ 는 항상 1보다 작아야 하는데, 그래프의 수치를 살펴보면 모든 연도에서 천 건당 3.3~5.5명으로 나타난다. 따라서 <표>를 이용해 작성한 그래프라고 할 수 없다.

① (○) <표>의 수치를 그래프에 대입해 보았을 때, <표>로 작성한 그래프임을 바로 확인할 수 있다.

② (○) 인명피해자수 편차는 해당년도 인명피해자수에서 평균 인명피해자수를 뺀 값이라고 하였다. 즉 해당연도 인명피해자수와 평균 인명피해자수(2,150명)의 차이를 나타낸 것이다. 연도별 인명피해자수 편차의 절댓값을 구하면 아래와 같다.
2012년 : 2,222−2,150=72, 2013년 : 2,184−2,150=34,
2014년 : 2,180−2,150=30, 2015년 : 2,150−2,093=57,
2016년 : 2,150−2,024=126, 2017년 : 2,197−2,150=47
수치가 일치하므로 <표>를 이용해 작성한 그래프가 맞다.

③ (○) 연도별 구조활동건수는 2013년에만 전년대비 감소하고 이후 나머지 연도는 전년대비 증가하였다. '해당연도 건수−전년도 건수'의 수치를 어림산하여 구하면 아래와 같다.
2013년 : 약 27,000명 감소, 2014년 : 약 50,000명 증가,
2015년 : 약 28,000명 증가, 2016년 : 약 130,000명 증가,
2017년 : 약 45,000명 증가
그래프의 수치와 거의 일치하므로, <표>를 이용해 작성한 그래프가 맞다.

⑤ (○) 화재발생건수는 2013년과 2016년에는 전년대비 감소, 나머지 연도는 전년대비 증가하였다. 정확한 증가율을 구하면 아래와 같다.

2013년 : $\frac{40,932-43,249}{43,249} \times 100 ≒ -5.4(\%)$

2014년 : $\frac{42,135-40,932}{40,932} \times 100 ≒ 2.9(\%)$

2015년 : $\frac{44,435-42,135}{42,135} \times 100 ≒ 5.5(\%)$

2016년 : $\frac{43,413-44,435}{44,435} \times 100 ≒ -2.3(\%)$

2017년 : $\frac{44,178-43,413}{43,413} \times 100 ≒ 1.8(\%)$

그래프의 수치와 일치하므로, <표>를 이용해 작성한 그래프가 맞다.

104

정답	⑤	세부영역	그래프 작성형
난도	중	키포인트	표 수치와 그래프 대조

해결전략 표 수치를 바로 대조하여 판단할 수 있는 선택지와, 제시된 표 수치의 변화를 확인해야 판단할 수 있는 선택지가 함께 있는 문항이다.

해설

①, ②, ③은 <표>의 수치를 그래프에 대입해 보았을 때, <표>를 이용하여 작성한 그래프임을 바로 확인할 수 있다. ④, ⑤의 그래프는 제시된 표 수치를 바탕으로 계산을 해야 작성 여부를 판단할 수 있다.

④ (○) 전체 R&D 과제 건수는 2013년 230건, 2014년 851건, 2015년 1,218건, 2016년 1,068건이다.
2014~2016년 전년 대비 증가율을 구하면 아래와 같다.

2014년 $\frac{851-230}{230} \times 100 = 270(\%)$,

2015년 $\frac{1,218-851}{851} \times 100 ≒ 43.1(\%)$,

2016년 $\frac{1,068-1,218}{1,218} \times 100 ≒ -12.3(\%)$

<표>를 이용하여 작성한 그래프로 볼 수 있다.

⑤ (×) 2013년부터 2016년까지 연도별 기업의 R&D 과제 건수는 31건 → 80건 → 93건 → 91건으로 변화하고 있다. (계속 증가 추세)
정부의 R&D 과제 건수는 141건 → 330건 → 486건 → 419건으로 변화하고 있다.(증가추세이다가 2016년에 감소)
우선 따로 증가율을 계산하지 않아도, 가장 큰 변화인 정부의 R&D 과제 건수 증가율이 2016년에는 전년대비 감소하므로 −값을 보여야 하는데, 39.2%로 제시되어 있으므로 이 그래프는 틀렸음을 알 수 있다.

105

정답	⑤	세부영역	자료활용여부 판단형
난도	중	키포인트	보고서 내용과 자료 대조

해결전략 <보고서> 작성에 필요한 자료가 <표> 외에 ㄱ~ㄹ 중 어느 것인지를 묻는 문제이다. <보고서>의 내용을 읽으면서, 여기에 필요한 자료가 있는지 확인한다.

해설

<보고서> 내용을 살펴보면서, <보고서> 작성에 어떤 자료를 사용했는지 확인하자.

> 2017년 3월부터 7월까지 5개월간 전년 동기간 대비 방한 중국인 관광객수는 300만 명 이상 감소한 것으로 추정된다.

→ <표 1> '2016 ~ 2017년 월별 방한 중국인 관광객수'를 보면, 2016년과 2017년 3월부터 7월까지의 방한 중국인 관광객수가 제시되어 있다. 2016년 80+80+78+95+87=420(만 명), 2017년 18+17+17+20+15=87(만 명)이다.
420-87=333(만 명)으로, 300만 명 이상 감소하였다.

> 해당 규모에 2016년 기준 전체 방한 중국인 관광객 1인당 관광 지출액인 1,956달러를 적용하면 중국인의 한국 관광 포기로 인한 지출 감소액은 약 65.1억 달러로 추정된다.

→ <표 2>에 2016년 방한 중국인 관광객 1인당 관광 지출액이 1,956달러라고 제시되어 있다. 이를 <표 1>에 적용해 2017년 3월~7월 중국인의 한국 관광 포기로 인한 지출 감소액을 구하면, 333만 명×1,956달러=65억 1,348만 달러가 된다.

> 2017년 전년대비 연간 추정 방한 중국인 관광객 감소 규모는 약 756만 명이며, 추정 지출 감소액은 약 147.9억 달러로 나타난다.

→ <표 1>에서 2016년과 2017년 방한 중국인 관광객 수를 찾으면 각각 951만 명과 195만 명으로 756만 명 감소하였고, <표 2>의 2016년 방한 중국인 관광객 1인당 관광 지출액 1,956달러를 여기에 곱하여 추정 지출 감소액을 구할 수 있다. 756만 명×1,956달러=147억 8,736만 달러이다.

> 이는 각각 2016년 중국인 관광객을 제외한 연간 전체 방한 외국인 관광객수의 46.3%, 중국인 관광객 지출액을 제외한 전체 방한 외국인 관광객 총 지출액의 55.8% 수준이다.

→ <표>에는 방한 중국인 관광객수만 제시되어 있다. 따라서 2016년 전체 방한 외국인 관광객 수와 전체 방한 외국인 관광객 지출액 관련 자료가 있어야 한다. 이에 해당하는 자료를 <보기>에서 찾으면 'ㄴ. 2016년 전체 방한 외국인 관광객수 및 지출액 현황'이다.

> 2017년 산업부문별 추정 매출 감소액을 살펴보면, 도소매업의 매출액 감소가 전년대비 108.9억 달러로 가장 크고, 다음으로 식음료업, 숙박업 순으로 나타났다.

→ 산업부문별 매출 감소액과 관련된 자료가 필요하다. 2017년 매출 감소액과 전년대비 매출액 감소가 언급되었으므로 2017년과 2016년 자료가 모두 필요하다. 이에 해당하는 자료를 <보기>에서 찾으면 'ㄷ. 2016년 산업부문별 매출액 규모 및 구성비'와 'ㄹ. 2017년 산업부문별 추정 매출액 규모 및 구성비'이다.

따라서 <보기>에서 필요한 자료는 ㄴ, ㄷ, ㄹ이다.

⊕ Killer hint

<보고서>의 마지막 문단을 읽으면서 선택지 'ㄹ'을 고르기란 어렵지 않으나, 이 부분에서 '전년대비'라는 내용을 보고 2016년 매출액 자료인 'ㄷ'도 찾아낼 수 있어야 한다.

106

정답	③	세부영역	조건매칭형
난도	중	키포인트	수치계산 / 추론

해결전략 조건에 제시되는 도시의 수치들을 찾아 비교한다.

해설

첫 번째 조건부터 살펴보자. "결정면적이 전국 결정면적의 3% 미만인 도시는 광주, 대전, 대구"라고 하였다.
전국 결정면적은 1,020.1(백만 m²)이고 이의 3%는 1,020.1×0.03 =30.603(백만 m²)이다. 결정면적이 30.603(백만 m²) 미만인 도시는 19.6백만 m²인 '나', 22.2백만 m²인 '다', 24.6백만 m²인 '대구' 3개이다.
→ '나'와 '다'는 광주, 대전이다.

두 번째 조건을 살펴보면, "활용률이 전국 활용률보다 낮은 도시는 부산과 울산"이라 하였다.
전국 활용률은 40.4%이고, 이보다 활용률이 낮은 도시는 29.3%인 부산, 33.2%인 '라'이다.
→ '라'는 울산이다.

세 번째 조건을 살펴보면, "1인당 조성면적이 1인당 결정면적의 50% 이하인 도시는 부산, 대구, 광주, 인천, 울산"이라고 하였다.
<표>에는 1인당 결정면적만 제시되어 있고, 1인당 조성면적은 제시되어 있지 않다. 1인당 결정면적은 $\frac{결정면적}{인구수}$, 1인당 조성면적은 $\frac{조성면적}{인구수}$이다. 인구수는 같으므로 1인당 조성면적이 1인당 결정면적의 50%라면 이는 조성면적이 결정면적의 50%라는 의미가 된다.
따라서 1인당 조성면적을 따로 계산할 필요 없이 <표>에서 조성면적이 결정면적의 50% 이하인 도시를 찾으면 된다.
→ '가', '나', '부산', '대구', '라'가 이에 해당하므로, '가', '나'는 광주, 인천이다.
첫 번째 조건으로부터 '나'와 '다'는 광주, 대전이라는 것을 알 수 있으므로 '나'는 광주이다. 이에 따라 '가'는 인천, '다'는 대전이다.

따라서, '가'가 인천, '나'가 광주, '다'가 대전, '라'가 울산이다.

⊕ Killer hint

세 번째 조건의 경우, 따로 계산하는 과정 없이 '결정면적'과 '조성면적'을 비교하여도 그 수치를 비교하는 것이 가능하다.

107

정답	③	세부영역	조건매칭형
난도	상	키포인트	수치계산 / 수치비교

해결전략 조건의 수치를 계산하고 항목끼리의 비교를 통해 답을 구한다.

해설

첫 번째 조건을 보면, '우리대'와 '나라대'는 해당 대학의 응시자 수가 가장 많은 해에 합격률이 가장 낮다. 합격률은 $\frac{합격자}{응시자}$ ×100이므로, A~D 대학의 응시자 수가 가장 많은 해와, 그 해의 합격률을 구하면 아래와 같다.

A대학 : 2021년 합격률= $\frac{48}{90}$×100≒53.3(%)

B대학 : 2018년 합격률= $\frac{73}{98}$×100≒74.5(%)이다. (→ 2021년의 경우 2018년보다 응시자가 1명 적은데 합격자는 15명 적으므로 2021년의 합격률이 더 낮음을 추론할 수 있다.)

C대학 : 2021년 합격률= $\frac{80}{145}$×100≒55.2(%)

D대학 : 2021년 합격률= $\frac{95}{212}$×100≒44.8(%)이다. (→ 2020년의 경우 응시자가 2명 적은데 합격자는 8명 적으므로 2020년의 합격률이 더 낮음을 추론할 수 있다. 계산해 보면 $\frac{87}{210}$×100≒41.4(%)로 2020년의 합격률이 더 낮다.)
→ '우리대'와 '나라대'는 A와 C이다.

두 번째 조건을 보면 '우리대'의 2021년 합격률은 55% 미만이라고 하였다.
→ '우리대'는 A 또는 C인데, 2021년 합격률은 A가 53.3%, C가 55.2%이므로, A가 '우리대'이다. 이에 따라 C가 '나라대'가 된다.

마지막 조건을 보면, '강산대'의 2015년 대비 2021년 합격률 감소폭은 40%p 이하이다. 이때 '강산대'는 B 또는 D이므로, 이 두 대학의 2015년 대비 2021년 합격률 감소폭을 구해본다.

B대학 : 2015년 합격률은 $\frac{47}{58}$×100≒81.0(%), 2021년 합격률은 $\frac{58}{97}$×100≒59.8(%)이므로 감소폭은 81.0−59.8=21.2(%p)이다.

D대학 : 2015년 합격률은 $\frac{86}{95}$×100≒90.5(%), 2021년 합격률은 44.8%이므로 감소폭은 90.5−44.8=45.7(%p)이다.
→ B대학의 감소폭이 40%p 이하이므로, B가 '강산대'이고, D가 '푸른대'가 된다.

따라서, A가 '우리대', B가 '강산대', C가 '나라대', D가 '푸른대'이다.

⊕ Killer hint

세 번째 조건은 사용하지 않았다. 매칭형 문제를 풀 때 주어진 모든 조건을 다 사용할 필요는 없다.

108

정답	②	세부영역	조건매칭형
난도	상	키포인트	수치계산 / 수치비교

해결전략 <대화> 내용에 조건이 제시되어 있다. 이 조건에 따라 요구되는 수치를 계산하고 비교해 C, D를 찾는다.

해설

4개 지자체 중 세종을 제외한 3개 지자체에서 4월 4일 기준 자가격리자가 전일 기준 자가격리자보다 늘어났다고 하였다. <표>의 각주를 보면 '해당일 기준 자가격리자= 전일 기준 자가격리자 + 신규 인원 − 해제 인원'이므로 '전일 기준 자가격리자=해당일 기준 자가격리자−신규 인원+해제 인원'이 된다. 이 식으로 4월 3일 기준 지자체별 자가격리자 수를 구하면 아래와 같다.

A: $(9,778+7,796)-(900+646)+(560+600)=17,188$(명)
B: $(1,287+508)-(70+52)+(195+33)=1,901$(명)
C: $(1,147+141)-(20+15)+(7+5)=1,265$(명)
D: $(9,263+7,626)-(839+741)+(704+666)=16,679$(명)

A, B, C, D의 4월 4일 기준 자가격리자는 각각 17,574명, 1,795명, 1,288명, 16,889명이므로, B를 제외한 3개 지자체에서 4월 4일 기준 자가격리자가 전일에 비해 늘어났다.
→ B는 '세종'이다.

4월 4일 기준으로 대전, 세종, 충북은 모니터링 요원 대비 자가격리자의 비율이 1.8 이상이라고 하였다. 이는 모니터링 요원에 비해 자가격리자의 수가 1.8배 이상 많다는 것을 의미한다.
A, B, C, D의 자가격리자는 각각 17,574명, 1,795명, 1,288명, 16,889명이고, 모니터링 요원은 각각 10,142명, 710명, 196명, 8,898명이다. 이때 A의 경우 $10,142\times1.8=18,255.6$이므로 A의 자가격리자 수가 모니터링 요원 수의 1.8배 이상이 아니다.
→ A는 대전, 세종, 충북에 해당되지 않으므로 A는 '충남'이다.

자가격리자 중 외국인이 차지하는 비중이 4개 지자체 가운데 대전이 가장 높다고 하였다. B와 C는 눈으로만 보아도 외국인 자가격리자가 내국인 자가격리자의 절반도 되지 않음을 알 수 있으므로 이는 우선 제외한다. A나 D는 내국인과 외국인 자가격리자의 수가 9:7 정도이므로 이 두 지자체를 비교하면 된다.
→ A와 D 중 자가격리자 중 외국인이 차지하는 비중이 가장 높은 '대전'이 있음을 추론할 수 있다. 그런데 A는 '충남'이므로 D가 '대전'이다.

따라서, C가 '충북', D가 '대전'이다.

⊕ Killer hint

계산이 필요한 부분은 계산을 해야 하나, 눈으로만 보아도 수치가 확연하게 차이가 나는 경우에는 추론하여 답을 구하는 것이 시간을 절약하는 방법이다.

109

정답	④	세부영역	조건매칭형
난도	중	키포인트	수치비교 / 추론

해결전략 두 개의 <그림>을 통해, 조건에서 요구하는 수치를 계산하여 비교한다.

해설

첫 번째 조건을 보면, 자동차 압류건수는 중부청이 남동청의 2배 이상이라고 하였다. <그림 2> '자동차 압류건수의 지방청별 구성비'에서 A, B, C, D의 수치 중 다른 건수의 2배 이상이 될 수 있는 것은 32%인 C밖에 없다. C는 A의 2배 이상 또는 D의 2배 이상이 된다.
→ C는 중부청이고, 남동청은 A 또는 D가 된다.

두 번째 조건을 보면, 남부청과 북부청의 부동산 압류건수는 각각 2만 건 이하라고 하였는데, <그림 1>에서 전체 부동산 압류건수는 121,397건이고 이때 2만 건은 전체의 $\frac{20,000}{121,397}\times100\fallingdotseq16.5(\%)$에 해당한다. 16.5% 이하를 차지하는 것은 B와 D뿐이다.
→ 남부청, 북부청은 B, D이다. 위의 해설에서 A 또는 D가 남동청이라 했는데 D는 남부청 또는 북부청이므로 A가 남동청이다.

세 번째 조건에서 부동산 압류건수와 자동차 압류건수가 큰 순서대로 나열할 때 동부청, 남부청, 중부청의 순서가 동일하다고 하였다. 순서를 나열해 보면 아래와 같다.
부동산 압류건수: C−A−B−서부청−D−동부청
자동차 압류건수: C−B−서부청−A−D−동부청
순서가 동일한 것은 C, D, 동부청이므로 C, D는 남부청, 중부청이다.
→ C는 중부청이므로 D가 남부청이고, 이에 따라 B는 북부청이다.

따라서, B는 북부청, D는 남부청이다.

110

정답	①	세부영역	조건매칭형
난도	중	키포인트	수치비교

해결전략 국가별 수치를 비교하여, 어느 국가인지 매칭한다.

해설

첫 번째 조건을 보면, 독신 가구와 다자녀 가구의 실질세부담률 차이가 덴마크의 10.4p%보다 큰 국가는 A(14.8p%), C(11.4%p), D(12.8%p)이다.
→ A, C, D가 캐나다, 벨기에, 포르투갈에 해당한다.

두 번째 조건을 보면, 독신 가구 실질세부담률이 전년대비 감소한 국가는 전년대비 증감이 '−' 값을 기록한 A, B, E이다.
→ A, B, E가 벨기에, 그리스, 스페인에 해당한다.
→ 첫 번째 조건과 두 번째 조건이 겹치는 A에 해당하는 국가는 두 조건에 모두 등장한 '벨기에'이다.
따라서, C, D가 캐나다, 포르투갈이고, B, E가 그리스, 스페인이다.

세 번째 조건을 보면 스페인의 2015년 독신 가구 실질세부담률은 그리스의 2015년 독신 가구 실질세부담률보다 높다고 하였다. B, E가 그리스, 스페인이므로 B와 E의 독신 가구 실질세부담률을 비교하면, B(39.0%)<E(39.6%)이다.
→ B가 그리스, E가 스페인이다.

네 번째 조건을 보면 2005년 대비 2015년 독신 가구 실질세부담률이 가장 큰 폭으로 증가한 국가는 5.26%p 증가한 C이다.
→ C가 포르투갈이고 이에 따라 D가 캐나다에 해당한다.

따라서, A, B, C, D국가는 차례대로 벨기에, 그리스, 포르투갈, 캐나다이다.

111

정답	①	세부영역	조건매칭형
난도	상	키포인트	수치계산 / 소거법

해결전략 <보고서> 내용 따라 내용에서 요구하는 수치를 계산하여 해당되지 않는 국가를 하나씩 제외시켜 나가는 방식(소거법)으로 '갑'국가를 찾는다.

해설

<표>의 A~E국 중 <보고서>의 네 가지 내용(조건)에 해당하는 '갑'국을 찾는 문제이다.

첫째, 남성과 여성 모두 일일평균 TV 시청시간이 길면 사망률이 높다.
→ A, B, C, E국이 이에 해당한다.
(D국의 경우 여성의 TV 시청시간이 4시간인 경우보다 6시간인 경우 사망률이 낮으므로 제외한다.)

둘째, 일일평균 TV 시청시간의 증가에 따른 사망률의 증가폭은 남성이 여성보다 컸으나, 일일평균 TV 시청시간이 증가함에 따라 남성과 여성 간 사망률 증가폭의 차이는 줄어들었다.
→ 일일평균 TV 시청시간이 증가함에 따른 남성과 여성 간 사망률 증가폭의 차이는 아래와 같다.

		증가폭(%p)	증가폭 차이(%p)
A	남성	2.3 → 2.4 → 2.2	0.9 → 0.8 → 0.7
	여성	1.4 → 1.6 → 1.5	
B	남성	0.7 → 1.7 → 1.9	0.4 → 0.3 → 0.3
	여성	0.3 → 1.4 → 1.6	
C	남성	3.4 → 2.8 → 1.8	1.3 → 1.2 → 0.1
	여성	2.1 → 1.6 → 1.7	
E	남성	1.1 → 1.5 → 2.7	0.8 → 0.7 → 1
	여성	0.3 → 0.8 → 1.7	

A, B, C, E국의 사망률 증가폭은 모두 남성이 여성보다 크다. 일일 평균 TV 시청시간이 증가함에 따라 남성과 여성 간 사망률 증가폭 차이가 줄어드는 국가는 A국, C국이다. (B국, E국 제외)

셋째, 남성과 여성 모두 TV를 일일평균 8시간 시청했을 때 사망률이 TV를 일일평균 2시간 시청했을 때 사망률의 1.65배 이상이다.
→ A국과 C국의 사망률을 아래와 같이 나타낼 수 있다.

	2시간		4시간		6시간		8시간	
	남	여	남	여	남	여	남	여
A	5.8	6.3	8.1	7.7	10.5	9.3	12.7	10.8
C	6.8	7.7	10.2	9.8	13.0	11.4	14.8	13.1

A국부터 살펴보면, 2시간 시청 시 남성 사망률은 5.8%이고, 5.8×1.65=9.57(%)이다.
2시간 시청 시 여성 사망률은 6.3%이고, 6.3×1.65=10.395(%)이다.
8시간 시청 시 남성과 여성의 사망률은 각각 12.7%, 10.8%로, 9.57%와 10.395%보다 높다.
C국을 살펴보면, 2시간 시청 시 남성 사망률은 6.8%이고, 6.8×1.65=11.22(%)이다.

2시간 시청 시 여성 사망률은 7.7%이고, 7.7×1.65=12.705(%)이다. 8시간 시청 시 남성과 여성의 사망률은 각각 14.8%, 13.1%로 11.22%, 12.705%보다 높다.

넷째, TV를 일일평균 6시간 시청했을 때 남성과 여성의 사망률 차이는 TV를 일일평균 2시간 시청했을 때 남성과 여성의 사망률 차이의 2배 이상이다.
→ TV를 일일평균 6시간 시청했을 때 A국의 남성과 여성의 사망률은 각각 10.5%, 9.3%이고 그 차이는 1.2%p이다. TV를 일일평균 2시간 시청했을 때 A국의 남성과 여성의 사망률은 각각 5.8%, 6.3%이고 그 차이는 0.5%p이다. 1.2%p는 0.5%p의 2배 이상이므로 <보고서>의 설명에 부합한다.
TV를 일일평균 6시간 시청했을 때 C국의 남성과 여성의 사망률은 각각 13.0%, 11.4%이고 그 차이는 1.6%p이다. TV를 일일평균 2시간 시청했을 때 C국의 남성과 여성의 사망률은 각각 6.8%, 7.7%이고 그 차이는 0.9%p이다. 1.6%p는 0.9%p의 2배 이상이 되지 못하므로, <보고서>의 설명에 부합하지 못한다.

따라서 '갑'국에 해당하는 국가는 A이다.

⊕ Killer hint

전체적으로 시간이 많이 걸리는 유형의 문제다. 본 해설에서는 <보고서>의 조건 4개를 순서대로 대입하여 A를 찾았으나, 두 번째의 경우 계산 과정이 다소 복잡하고 헷갈리기 쉽다. 이를 건너뛰고 첫 번째, 세 번째, 네 번째 조건만을 대입해 문제를 푸는 것이 시간 절약에 도움이 된다.

112

정답	④	세부영역	조건매칭형
난도	중	키포인트	그림이해 / 수치비교

해결전략 <그림>과 <표>가 의미하는 바를 파악하고, 이를 통해 수치를 비교한다.

해설

첫 번째 조건에서 언급한 "전체 기업수 대비 서비스업 기업수의 비중이 가장 큰 국가"는 전체 기업수가 적고, 그에 비해 서비스업 기업수가 많은 국가이다. <표>에서 A국은 전체 기업수가 C와 비슷하면서 서비스업 기업이 C보다 적으므로 제외하고, B는 서비스업 기업수는 D와 비슷하면서 전체 기업수는 이보다 많으므로 제외한다.
C와 D를 비교하면,

$$C : \frac{2,450,288}{2,975,674} \times 100 ≒ 82.3(\%), \quad D : \frac{2,747,603}{3,254,196} \times 100 ≒ 84.4(\%)$$

이므로 D국가의 비중이 더 크다.
→ D국가는 '갑'이다.

두 번째 조건에서 '정'국은 '을'국보다 제조업 기업수가 많다고 하였다. '갑'국인 D를 제외한 A, B, C를 제조업 기업수가 많은 순서대로 나열하면 C-B-A이다.
→ '정'국은 B나 C이고, '을'국은 A나 B이다.

세 번째 조건에서 '을'국은 '병'국보다 전체 기업수는 많지만 GDP는 낮다고 하였다. <그림>의 A, B, C를 보면, B는 A보다 전체 기업수는 많지만 GDP는 낮다. (D를 제외하면 이 설명에 해당하는 것은 B와 A뿐이다.)
→ 이에 따라 '을'국은 B이고, '병'국은 A이다. 따라서, '정'국은 C가 된다.

따라서, 'A'국이 병, 'B'국이 을, 'C'국이 정, 'D'국이 갑이 된다.

113

정답	⑤	세부영역	조건매칭형
난도	상	키포인트	수치계산 / 추론

해결전략 먼저 <표>를 통해 A~D의 수질기준 총점을 계산하여 수질기준을 판별한다. 이후 <조건>에 맞는 해수욕장을 매칭하면 된다.

해설

해수욕장 A~D의 수질기준이 '적합', '관리요망', '부적합' 중 어디에 해당하는지 판단해보자.

수질기준을 판단하기 위해서는 <표 2>의 조사항목별 점수를 <표 3>의 결과에 대입해 <표 1>의 기준에 따라 나누면 된다.

	부유물질량	화학적 산소요구량	암모니아질소	총인	총점
A	3점	3점	1점	3점	10점
B	1점	2점	1점	1점	5점
C	4점	2점	2점	2점	10점
D	1점	1점	1점	1점	4점

이때, 대장균군수가 1,000MPN/100ml 이상인 경우 수질기준 총점과 관계없이 '부적합'으로 본다고 하였으므로, 대장균군수가 1,432MPN/100ml인 A는 '부적합'이다.

나머지를 <표 1>의 기준에 대입해 보면, B는 '적합', C는 '관리요망', D는 '적합'에 해당한다.

이제, <조건>을 살펴보자.

첫 번째 조건에 따르면 수질기준이 '적합'인 해수욕장은 '서지'와 '호민'이므로, B와 D가 '서지', '호민'이다.

두 번째 조건에 따라 부유물질량의 항목점수가 총인의 항목점수보다 큰 해수욕장을 찾으면 C이다. 따라서 C가 '남현'이다.

세 번째 조건에서 수질기준이 '부적합'인 해수욕장은 '박재'와 '수련'이라 했으므로, A가 '수련'이다.

네 번째 조건에서 '수련'해수욕장 수질기준 총점은 '서지'해수욕장 수질기준 총점의 두 배라고 하였다. '수련'인 A의 수질기준 총점은 10점이므로 5점인 B가 '서지'이다. 따라서 D가 '호민'이다.

A가 '수련', B가 '서지', C가 '남현', D가 '호민'이다.

114

정답	③	세부영역	매칭형 변형
난도	상	키포인트	수치비교 / 순위나열

해결전략 조건에서 요구하는 수치를 계산하고 비교하여 A~F에 해당하는 국가를 찾아 내려간다. 모든 조건을 적용한 뒤 아무런 조건에도 해당하지 않거나 비교군이 없는 국가가 답이 된다.

해설

첫 번째 조건에서 '연강수량'이 세계평균의 2배 이상인 국가는 일본과 뉴질랜드라고 하였다. 연강수량 세계평균은 807mm이고, 이 수치의 2배 이상을 기록한 국가는 1,690mm인 B와 1,732mm인 G이다.
→ B, G는 일본과 뉴질랜드이다.

두 번째 조건에 따라 '연강수량'이 세계평균 807mm보다 많은 국가를 나열하면 A, B, D, G, H, 영국, 이탈리아이고 이 중 '1인당 이용가능한 연수자원총량'이 가장 적은 국가는 1,553(m³/인)인 A이다.
→ A는 대한민국이다.

세 번째 조건에 따라 '1인당 연강수총량'이 세계평균의 5배, 즉 16,427×5=82,135(m³/인) 이상인 국가를 찾으면 E, F, G이고, 이를 '연강수량'이 많은 국가부터 나열하면 G, E, F가 된다.
→ G, E, F는 순서대로 뉴질랜드, 캐나다, 호주가 된다. 이때, B와 G가 일본과 뉴질랜드이므로 B는 일본임을 알 수 있다.

네 번째 조건에 따라 '1인당 이용가능한 연수자원총량'이 영국의 2,429(m³/인)보다 적은 국가는 A, C, D이고, 이 중 '1인당 연강수총량'이 세계평균의 25% 즉 16,427×0.25=4,106.75(m³/인) 이상인 국가는 4,530(m³/인)인 C이다.
→ C는 중국이다.

마지막 조건에 따라 '1인당 이용가능한 연수자원총량' 많은 순서대로 상위 6개를 찾아 나열하면 E−G−러시아−F−미국−H이다.
→ '1인당 이용가능한 연수자원총량'이 6번째로 많은 국가는 H이므로 H는 프랑스이다.

따라서, A~H에 해당하는 국가는 A: 대한민국, B: 일본, C: 중국, E: 캐나다, F: 호주, G: 뉴질랜드, H: 프랑스이다.
D의 국가명을 알 수 없다.

⊕ Killer hint

조건에 따라 자료의 A~F 국가를 매칭하는 것이 아닌, 조건으로 알 수 없는 국가명을 찾는 매칭형의 변형 문제이다.

115

정답	①	세부영역	조건매칭형
난도	중	키포인트	수치계산 / 수치비교

해결전략 점유율에 대한 조건이 있으므로 이를 계산한 후 점유율 차이를 비교한다.

해설

<표>의 빈칸에 들어갈 기술 A, B, C, D의 한국 점유율을 구하면 아래와 같다.

A의 한국 점유율: $\frac{1,880}{27,252} \times 100 ≒ 6.9(\%)$

B의 한국 점유율: $\frac{7,518}{170,855} \times 100 ≒ 4.4(\%)$

C의 한국 점유율: $\frac{4,295}{20,849} \times 100 ≒ 20.6(\%)$

D의 한국 점유율: $\frac{7,127}{26,495} \times 100 ≒ 26.9(\%)$

이제 <조건>을 살펴보자.

첫 번째 조건에 따라 기술 A~D 중 미국보다 한국의 점유율이 높은 기술을 찾으면 C, D이다.
→ '발효식품개발기술'과 '환경생물공학기술'은 C, D이다.

세 번째 조건에 따라 기술 A~D 중 한국 점유율과 미국 점유율의 차이가 41%p 이상인 것을 찾으면 한국 점유율이 4.4%이고 미국 점유율이 45.6%로 그 차이가 41.2%p인 B이다.
→ '유전체기술'은 B이다.

마지막 조건에 따라 한국의 점유율이 25% 이상인 것을 찾으면 26.9%인 D이다.
→ '환경생물공학기술'은 D이다. 그리고 첫 번째 조건에 따라 C는 '발효식품개발기술'이다.
또한, 마지막으로 남은 A가 '동식물세포배양기술'이다. (이는 두 번째 조건에서 A의 미국 점유율 47.6%가 생물농약개발기술의 미국 점유율인 42.8%보다 높다는 것에서 확인할 수 있다.)

따라서, 'A'가 동식물세포배양기술, 'B'가 유전체기술, 'C'가 발효식품개발기술, 'D'가 환경생물공학기술이다.

⊕ Killer hint

두 번째 조건을 사용하지 않아도 A~D에 해당하는 기술이 무엇인지 답을 구할 수 있다. 나머지 3개의 조건으로 추론이 가능하다.

116

정답	①	세부영역	조건매칭형
난도	중	키포인트	소거법 / 수치비교

해결전략 <보고서>의 네 가지 내용에 해당하지 않는 국가를 <표>에서 하나씩 제외시켜 나가는 방식(소거법)으로 '갑' 국가를 찾는다.

해설

표의 A~E국 중 <보고서>의 네 가지 내용(조건)에 해당하는 '갑'국을 찾는 문제이다.
첫째, 둘째, 셋째, 마지막에 해당하는 국가를 차례로 찾아보자.

첫째 – 2020년과 2021년 모두 선행시간이 12시간씩 감소할수록 거리오차도 감소
둘째 – 2021년의 거리오차는 선행시간이 36시간, 24시간, 12시간일 때 각각 100km 이하
셋째 – 선행시간별 거리오차는 2020년보다 2021년이 작음
마지막 – 2020년과 2021년 모두 선행시간이 12시간씩 감소해도 거리오차 감소폭은 30km 미만

첫 번째 조건에 해당하는 국가를 찾으면, 이 국가들에만 그 다음 조건의 내용을 적용시키면 된다. 이러한 방식으로 조건에 해당되지 않는 국가를 제외시킨다.

ⅰ) 첫 번째 조건에 해당하는 국가: A, B, C, E
   (→ D는 제외. D국의 2020년 선행시간 48시간 거리오차는 122km, 36시간 거리오차는 134km로 오히려 증가)
ⅱ) 두 번째 조건에 해당하는 국가: A, B, E
   (→ C는 제외. C국의 2021년 36시간 거리오차는 103km로, 100km 이하가 아니다.)
ⅲ) 세 번째 조건에 해당하는 국가: A, B
   (→ E는 제외. E국의 48시간, 36시간, 24시간 거리오차는 2021년이 2021년보다 크다.)
ⅳ) 마지막 조건에 해당하는 국가: A
   (→ B는 제외. B국의 2020년 36시간 거리오차는 122km, 24시간 거리오차는 82km로, 감소폭은 40km이다.)

따라서, A국이 '갑'국이다.

117

정답	①	세부영역	조건매칭형
난도	중	키포인트	수치비교

해결전략 조건에서 요구하는 수치를 <표>에서 찾아내 계산·비교하여 답을 구한다.

해설

첫 번째 조건에 따라, 전단강도 대비 압축강도 비가 큰 상위 2개 수종을 구해야 한다. 직접 계산해도 되지만, 우선 눈으로 보았을 때 E의 경우 압축강도가 전단강도의 7배 이상이 되므로(7×7=49) 이를 기준으로 다른 수종을 살펴보면 C의 압축강도가 전단강도의 7배이다. C와 E보다 전단강도 대비 압축강도 비가 큰 수종은 없으므로, 상위 2개는 C와 E가 된다.
→ C, E가 낙엽송과 전나무이다.

두 번째 조건에 따라 압축강도와 휨강도의 차이를 살펴보면 우선 수종 A의 차이는 88−48=40(N/mm²)이다. B는 118−64=54(N/mm²)이므로 이보다 크다. 나머지 C, D, E는 40보다는 그 차이가 작음을 눈으로도 확인할 수 있다.
→ A, B가 소나무와 참나무이다.

네 번째 조건에 따라 인장강도와 압축강도의 차이를 살펴보면, 그 차가 가장 큰 수종은 60N/mm² 이상인 B이고 그 다음 두 번째로 차가 큰 수종은 차가 8N/mm²인 E이므로 E가 전나무이다.
→ E가 전나무이므로 C가 낙엽송이다.

여기까지의 결론으로 선택지를 보면 답은 ① 또는 ③인데, A는 소나무 또는 참나무이므로 답은 ①임을 알 수 있다.

다만, 나머지 수종을 확인하기 위해 세 번째 조건을 살펴보자. 오동나무는 위 해설에서 언급되지 않은 D가 된다. 참나무의 기건비중은 오동나무인 D의 기건비중 0.31ton/m³의 2.5배 이상인 0.775ton/m³ 이상이어야 한다. 따라서 기건비중이 0.89ton/m³인 B가 참나무이고, A가 소나무가 된다.

⊕ Killer hint

문제에서 요구하는 A와 C항목에 해당하는 수종이 무엇인지만 구하면 된다. 그 이후에는 조건에 해당하는 수치의 비교나 계산을 하지 않아도 된다.

118

정답	④	세부영역	조건매칭형
난도	상	키포인트	수치계산 / 수치비교

해결전략 제시된 자료의 공식을 통해 <조건>에서 판별해야 할 항목을 계산해야 한다.

해설

첫 번째 조건에 따라, 2015년 대비 2016년의 상품수입액 증가폭이 동일한 국가를 찾아본다.
<그림 1>에서 "상품(서비스)수지 = 상품(서비스)수출액 − 상품(서비스)수입액"이라고 하였다.
따라서, '상품수입액=상품수출액−상품수지'로 나타낼 수 있다. 이에 따라 A~E의 2015, 2016년 상품수입액을 순서대로 나타내면 아래와 같다.
A : 2015년 50−40=10, 2016년 50−30=20 (증가폭은 10백만 달러)
B : 2015년 30−15=15, 2016년 40−20=20 (증가폭은 5백만 달러)
C : 2015년 60−50=10, 2016년 70−50=20 (증가폭은 10백만 달러)
D : 2015년 70−10=60, 2016년 62−5=57 (증가폭은 −3백만 달러)
E : 2015년 50−20=30, 2016년 40−20=20 (증가폭은 −10백만 달러)
2015년 대비 2016년의 상품수입액 증가폭이 동일한 국가를 찾으면, 증가폭이 10백만 달러인 A와 C이다,
→ A와 C가 '을'국과 '정'국이다.

두 번째 조건에 따라 2015년과 2016년의 서비스수입액이 동일한 국가를 찾아본다.
<그림 1>에서 "상품(서비스)수지 = 상품(서비스)수출액 − 상품(서비스)수입액"이라고 하였다.
따라서, '서비스수입액=서비스수출액−서비스수지'로 나타낼 수 있다. 이에 따라 A~E의 2015, 2016년 상품수입액을 순서대로 나타내면 아래와 같다.
A : 2015년 30−(−8)=38, 2016년 26−(−4)=30
B : 2015년 28−(−4)=32, 2016년 34−2=32
C : 2015년 40−(−4)=44, 2016년 46−2=44
D : 2015년 55−10=45, 2016년 60−8=52
E : 2015년 27−(−3)=30, 2016년 33−3=30
2015년과 2016년의 서비스수입액이 동일한 국가는 32백만 달러인 B, 44백만 달러인 C, 30백만 달러인 E이다.
→ B, C, E가 '을'국, '병'국, '무'국이다.
첫 번째 조건에서 A와 C가 '을'국과 '정'국이라 했으므로 C가 '을'국이고 A가 '정'국이다. B, E가 '병'국과 '무'국이다.

세 번째 조건에서 "2015년 본원소득수지 대비 상품수지 비율은 '병'국이 '무'국의 3배"라고 하였다. '병'국과 '무'국은 B, E이므로 이 둘의 2015년 본원소득수지 대비 상품수지 비율을 비교해 보자.
<그림 2>에서 본원소득수지, <그림 1>에서 상품수지를 찾아 2015년 본원소득수지 대비 상품수지 비율을 계산하면
B는 $\frac{15}{1}$=15, E는 $\frac{20}{4}$=5이다.

→ B가 E의 3배이므로, B가 '병'국, E가 '무'국이다. 이에 따라 남은 D국은 '갑'국이 된다.

따라서, A가 '정'국, B가 '병'국, C가 '을'국, D가 '갑'국, E가 '무'국이다.

⊕ Killer hint

마지막 조건을 사용하지 않아도 A~E에 해당하는 국가를 찾아낼 수 있다. 자료가 많이 주어지고 계산이 필요해 시간이 오래 걸리는 문제이므로, 3개의 조건만 사용해 시간을 절약하자.

119

정답	②	세부영역	조건매칭형
난도	중	키포인트	수치계산 / 수치비교

해결전략 <보기>의 조건에 따라 수치를 비교한다.

해설

<보기>의 두 번째 조건에서 "화물량이 많은 공항부터 순서대로 나열하면 제주공항이 세 번째"라고 하였다. 화물량은 인천(249,076톤), A(21,512톤), C(21,137톤) 순으로 많다.
→ C가 '제주'공항이다.

첫 번째 조건에서 "김포공항과 제주공항 여객수의 합은 인천공항 여객수보다 많다"고 하였다.
'김포 여객수+C 여객수>인천 여객수'이므로, '김포 여객수+1,820>3,076'이 된다. 이는 다시 '김포 여객수>3,076−1,820'으로 나타낼 수 있다. 이에 따라 김포공항 여객수는 1,256(천 명)보다 많으므로, 이에 해당하는 것은 A이다. (B의 여객수는 전체 여객수에서 나머지 공항의 여객수를 빼면 구할 수 있고, 이때 B의 여객수는 834천 명이다. 이는 1,256천 명보다 작으므로 제외한다.)
→ A가 '김포'공항이다.

네 번째 조건에 따라 운항편수가 적은 순서를 찾는다. 이때, D의 운항편수는 빈칸이므로, 전체 운항편수(52,822편)에서 인천, 광주공항과 A, B, C, D, E공항 운항편수를 빼면 D의 운항편수를 구할 수 있다.
D의 운항편수는 755편이므로 운항편수가 가장 적고, 두 번째로 적은 공항은 771편인 E이다.
→ E가 '대구'공항이다.

세 번째 조건에서 "김해공항 여객수는 광주공항 여객수의 6배 이상"이라고 하였다. 김해공항은 B, D 중 하나이다. 광주공항 여객수는 129천 명이고, B의 여객수는 834천 명, D의 여객수는 108천 명이므로 B의 여객수가 광주공항 여객수의 6배 이상임을 쉽게 알 수 있다.
→ B가 '김해'공항이다. 이에 따라 D는 '청주'공항이다.

따라서, A는 '김포', B는 '김해', C는 '제주', D는 '청주', E는 '대구'공항이다.

⊕ Killer hint

<보기>나 <조건>의 주어진 순서대로 적용하지 않아도 상관없다. 가급적 애매하지 않고 바로 결론을 도출해 낼 수 있는 조건을 먼저 적용시키는 것이 좋다.

120

정답	②	세부영역	조건매칭형
난도	하	키포인트	수치비교 / 소거법

해결전략 <보고서>의 내용을 세 가지로 구분하고, 이에 해당하지 않는 국가를 <표>를 통해 찾아 하나씩 제외시켜 나간다.

해설

<보고서>에서 "'갑'국의 최종학력별 전일제 근로자 비율은 대졸이 고졸과 중졸보다 각각 10%p, 20%p 이상 커서"라고 하였다. <표>에서 전일제 근로자 비율을 보았을 때, 대졸이 고졸보다 10%p 이상, 중졸보다 20%p 이상 높은 국가는 A, B, C, D국가이다. (→ E국가 제외)

또한, "시간제 근로자 비율은 고졸의 경우 중졸과 대졸보다 크지만, 그 차이는 3%p 이하"라고 하였다. 이에 해당하는 국가는 B, C, D국가이다. (→ A국가 제외)

마지막으로, "'갑'국의 무직자 비율은 대졸의 경우 20% 미만이며 고졸의 경우 25% 미만이지만, 중졸의 경우 30% 이상"이라고 하였다. 이에 해당하는 국가는 B국가이다. (→ C, D국가 제외)

따라서, '갑'국에 해당하는 국가는 B이다.

121

정답	①	세부영역	조건매칭형
난도	상	키포인트	공식대입 / 수치계산 / 추론

해결전략 '1인당 배출량' 공식을 이용하여 인구를 구할 수 있어야 한다.

해설

첫 번째 조건에서 "1인당 이산화탄소 배출량이 2011년과 2012년 모두 전년대비 증가한 국가는 멕시코, 브라질, 사우디, 한국"이라고 하였다. <표>에서 1인당 이산화탄소 배출량이 2011년과 2012년 모두 전년대비 증가한 국가를 찾으면 한국, 멕시코, B, D이다. → B, D는 브라질, 사우디이다.

두 번째 조건에서 "2010 ~ 2012년 동안 매년 인구가 1억 명 이상인 국가는 멕시코와 브라질"이라고 하였다.

각주의 1인당 배출량(톤/인) $= \dfrac{\text{총배출량}}{\text{인구}}$ 를 이용하면,

인구 $= \dfrac{\text{총배출량}}{\text{1인당 배출량}}$ 이다.

인구가 1억 명 이상이려면, $\dfrac{\text{총배출량(천만 톤)}}{\text{1인당 배출량(명/톤)}}$ 에서 분자(총배출량) 수치가 분모(1인당배출량) 수치의 10배 이상이 되어야 한다. 브라질의 인구가 매년 1억 명 이상이고, B와 D 중 하나가 브라질이므로 두 국가의 2010, 2011, 2012년 인구를 차례로 나열하면 아래와 같다.

B: $\dfrac{41.49}{15.22}$, $\dfrac{42.98}{15.48}$, $\dfrac{45.88}{16.22}$

D: $\dfrac{38.85}{1.99}$, $\dfrac{40.80}{2.07}$, $\dfrac{44.02}{2.22}$

B와 D 중 분자 수치가 분모 수치의 10배 이상이 되는 것은 D이다. → D는 브라질이다. 이에 따라 B는 사우디이다.

세 번째 조건에서 "2012년 인구는 남아공이 한국보다 많다"고 하였다. 각주의 공식을 이용하여 2012년 한국의 인구를 구하면, $\dfrac{59.29(\text{천만 톤})}{11.86(\text{명/톤})} ≒ 49,991,568(\text{명})$, 즉 4,999만 1,568명이다.

A와 C 중 2012년 인구가 $\dfrac{59.29}{11.86}$ 보다 큰 것은 $\dfrac{37.61}{7.20}$ 인 A이다.

A의 인구는 $\dfrac{37.61(\text{천만 톤})}{7.20(\text{명/톤})} ≒ 52,236,111(\text{명})$으로 한국의 인구보다 많다.
→ A는 남아공이다. 이에 따라 C는 캐나다이다.

따라서, A는 남아공, B는 사우디, C는 캐나다, D는 브라질이다.

⊕ Killer hint

직접 계산과 어림산 계산을 적절히 활용하며, 단위(천만/만)에 주의하여 계산해야 한다.

122

정답	①	세부영역	조건매칭형
난도	중	키포인트	수치비교

해결전략 <표>의 수치 간 비교, 간단한 계산을 통해 답을 구할 수 있다.

해설

첫 번째 조건에서 "2014년 중국 대상 해외직구 반입 전체 금액은 같은 해 독일 대상 해외직구 반입 전체 금액의 2배 이상"이라고 하였다.

2014년 독일 대상 해외직구 반입 전체 금액은 80,171천 달러이다. 따라서, 중국 대상 해외직구 반입 전체 금액은 이의 2배인 약 160,000천 달러 이상이어야 한다. A~D의 금액 중 이에 해당하는 것은 A뿐이다.

→ A는 중국이다.

두 번째 조건에서 "2014년 영국과 호주 대상 EDI 수입 건수 합은 같은 해 뉴질랜드 대상 EDI 수입 건수의 2배보다 작다"고 하였다. 2014년 뉴질랜드 대상 EDI 수입 건수는 108,282건이므로, 영국과 호주 대상 EDI 수입 건수 합은 이의 2배인 약 216,000건보다 작아야 한다. A를 제외한 B, C, D의 건수는 각각 215,602건, 131,993건, 46,330건이다. B는 수치가 크므로 제외하고 C와 D의 수입 건수 합이 180,000건이 되지 않아 조건에 부합함을 알 수 있다.

→ C와 D는 영국, 호주이다.

세 번째 조건에서 "2014년 호주 대상 해외직구 반입 전체 금액은 2013년 호주 대상 해외직구 반입 전체 금액의 10배 미만"이라고 하였다.

2013년 호주 대상 해외직구 반입 전체 금액은 2,535천 달러이고, 2014년 전체 금액 중 이의 10배인 25,350천 달러에 미치지 못하는 국가를 C와 D 중에 찾으면 D이다.

→ D는 호주이고, C는 영국이다. 또한, 남은 B는 일본임을 알 수 있다.

따라서, A는 중국, B는 일본, C는 영국, D는 호주이다.

⊕ Killer hint

네 번째 조건은 문제를 푸는 데 사용하지 않아도 B가 일본임을 추론할 수 있다. 이를 통해 시간을 절약하도록 한다.

123

정답	③	세부영역	조건매칭형
난도	중	키포인트	수치비교 / 추론

해결전략 조건에 따라 수치를 비교하여 답을 찾는다.

해설

두 번째 조건을 보면, "장애인 고용률은 서부청이 가장 낮다"고 하였다.

→ 장애인 고용률은 1.06%인 A가 가장 낮으므로, A가 서부청이다.

첫 번째 조건에서 "동부청의 장애인 고용의무인원은 서부청보다 많고, 남부청보다 적다"고 하였고, 세 번째 조건에서 "장애인 고용의무인원은 북부청이 남부청보다 적다"고 하였다. 이는 서부청<동부청<남부청, 북부청<남부청으로 나타낼 수 있다.

A~D의 장애인 고용의무인원을 나타내면, A<D<B<C이다.

→ 남부청의 고용의무인원은 서부청, 동부청, 북부청보다 많으므로 C가 남부청임을 알 수 있다. 이때, 남은 B와 D가 동부청, 북부청이다.

마지막 조건을 보면, "동부청은 남동청보다 장애인 고용인원은 많으나, 장애인 고용률은 낮다"고 하였다. 남동청의 장애인 고용인원은 58명으로 B와 D가 이보다 많다. 남동청의 장애인 고용률은 1.45%로, B(1.35%)는 이보다 낮고 D(1.67%)는 이보다 높다.

→ 이에 따라 동부청은 B, 북부청은 D가 된다.

따라서, A가 서부청, B가 동부청, C가 남부청, D가 북부청이다.

124

정답	②	세부영역	추론매칭형
난도	중	키포인트	수치비교 / 추론

해결전략 <표>와 <그림>의 항목과 수치를 비교하여, 각 항목에 해당되는 것을 추론해 낸다.

해설

<표>에 제시된 상담내용인 전산처리, 수입, 사전검증, 징수, 요건 신청, 수출, 화물, 환급 중 A, B가 있다.

우선 A부터 선택지에 제시된 수입, 사전검증, 환급 상담내용의 상담건수 구성비를 살펴보자.

<그림> A에서 '기타'의 구성비가 10.2%이다. 10%는 눈으로만 보아 어림으로 계산하기 쉬운 수치이므로, '기타' 구성비를 먼저 살펴본다.

'수입'의 '기타' 상담건수는 664건으로 전체 43,513건의 10%인 약 4,351건에 크게 못미치므로 제외하고, '환급'의 '기타' 상담건수는 101건으로 전체 6,857건의 10%인 약 685건에 크게 못미치므로 역시 제외한다. '사전검증'의 '기타' 상담건수는 3,586건으로 전체 35,173건의 10%인 약 3,517건을 약간 상회하므로, A에 해당하는 상담내용은 '사전검증'임을 추론할 수 있다.

이렇게 되면 선택지 ②, ③ 중 답이 있고, 상담내용 B는 '화물'과 '환급' 중 하나가 된다.

<그림>에서 B의 구성비 중 '세관'과 '관세사'의 구성비는 26.7% 와 26.8%로 0.1%밖에 차이가 나지 않아 그 상담건수가 얼마 차이나지 않음을 알 수 있다. '화물'에서 '세관'과 '관세사'의 상담 건수는 3,835건, 3,846건으로 11건밖에 차이가 나지 않는다. '환급'을 살펴보면 '세관'과 '관세사'의 상담 건수는 1,815건, 3,809건으로 약 2,000건 차이가 난다. 따라서, B에 해당하는 상담내용은 '화물'임을 알 수 있다.

따라서, A는 '사전검증', B는 '화물'이다.

⊕ Killer hint

<그림>의 구성비 중 눈으로 어림하여 계산하기 쉬운 항목을 골라 그 부분을 먼저 계산하면 빠르게 답을 찾을 수 있다. 또한, 답이 아닌 선택지를 제외시키는 것도 시간을 절약하는 좋은 방법이다.

125

정답	⑤	세부영역	조건매칭형
난도	중	키포인트	수치계산 / 수치비교

해결전략 조건에 따라 자료의 수치를 비교한다.

해설

<보기>의 첫 번째 조건에서 "시내버스와 농어촌버스의 종사자 수는 각각 매년 증가한 반면, 시외일반버스와 시외고속버스 종사자수는 각각 매년 감소하였다'고 하였다.

종사자수가 매년 증가한 유형은 B, D이고, 종사자수가 매년 감소한 유형은 A, C이다.

→ 시내버스와 농어촌버스는 B, D이고, 시외일반버스와 시외고속버스는 A, C이다.

두 번째 조건에서, "2010년 업체당 종사자수가 2006년에 비해 감소한 유형은 시외고속버스"라고 하였다.

위의 첫 번째 조건에서 시외고속버스는 A 또는 C이므로, A와 C의 2010년과 2006년의 업체당 종사자수를 구하면 아래와 같다.

A: 2006년 $\frac{5,944}{10}$ ≒594.0(명)에서 2010년 $\frac{4,191}{8}$ ≒523.9(명)으로 감소하였다.

C: 2006년 $\frac{15,570}{105}$ ≒148.3(명)에서 2010년 $\frac{14,171}{84}$ ≒168.7(명)으로 증가하였다.

→ 시외고속버스는 A이다. 따라서 C는 시외일반버스이다.

세 번째 조건에서 "농어촌버스의 업체당 보유대수는 매년 감소"한다고 하였다.

위의 첫 번째 조건에서 농어촌버스는 B 또는 D이므로, B와 D의 업체당 보유대수 변화추이를 살펴보면 아래와 같다.

B: 2006~2010년 업체당 보유대수는 순서대로

$\frac{2,041}{99}$ ≒20.6, $\frac{1,910}{98}$ ≒19.5, $\frac{1,830}{96}$ ≒19.1, $\frac{1,730}{92}$ ≒18.8,

$\frac{1,650}{90}$ ≒18.3이므로 매년 감소하고 있음을 알 수 있다.

→ 농어촌버스는 B이다. 따라서 D는 시내버스이다.

(D의 업체당 보유대수는 2006년과 2010년만 계산해보아도 각각 90.0대, 93.5대로 감소하지 않았음을 알 수 있다.)

따라서, A는 시외고속버스, B는 농어촌버스, D는 시내버스이다.

126

정답	①	세부영역	조건매칭형
난도	상	키포인트	수치계산 / 수치비교

해결전략 조건에 따라 자료의 수치를 계산하여 비교한다.

해설

<보기>의 첫 번째 조건에 따라 초가 수가 와가 수의 2배 이상인 곳을 <표 2>에서 찾으면, B, 고성왕국, D이다.
→ B, D는 '아산외암', '성읍민속'이다.

두 번째 조건에서 "성인 15명, 청소년 2명, 아동 8명의 입장료 총합이 56,000원인 곳은 '안동하회'"라 하였다.
입장료가 무료인 B와 E, '안동하회'가 아닌 D를 제외한 A, C의 입장료를 계산하면 아래와 같다.
A : $(3,000×15)+(1,500×2)+(1,000×8)=56,000$(원)
C : $(4,000×15)+(2,000×2)+(1,500×8)=76,000$(원)
→ '안동하회'는 A이다.

세 번째 조건에서 "지정면적 천 m²당 총 건물수가 가장 많은 곳은 '아산외암'"이라고 하였다. 첫 번째 조건에 따라 '아산외암'은 B 또는 D이므로 <표 1>과 <표 2>에서 지정면적과 건물수를 찾아, 지정면적 천 m²당 총 건물수를 비교해 보자.
B : $\frac{675}{794}≒0.85$(개), D : $\frac{236}{197}≒1.20$(개)
→ '아산외암'은 D이다. 이에 따라 B는 '성읍민속'이다.

마지막 조건에서 "'경주양동'의 지정면적은 '성주한개'와 '영주무섬'의 지정면적을 합한 것보다 크다"고 하였다. '경주양동'과 '성주한개'는 C와 E이므로, 'C+영주무섬'의 지정면적과, 'E+영주무섬'의 지정면적 크기를 비교해 보면 아래와 같다.
C+영주무섬=969+669=1,638이고, 1,638>E의 면적 201 (×)
E+영주무섬=201+669=870이고, 870<C의 면적 969 (○)
→ '경주양동'은 C이고, '성주한개'는 E이다.

따라서, B는 '성읍민속', D는 '아산외암', E는 '성주한개'이다.

127

정답	③	세부영역	조건매칭형
난도	중	키포인트	수치비교

해결전략 <보고서>를 읽으면서 <보고서> 내용에 해당되는 질환을 찾아 나간다.

해설

<보고서>의 두 번째 문단에서 "4대 질환 중 전체 보험혜택 비율이 가장 높은 질환은 심장 질환"이라고 하였다. 보험혜택 비율은 A질환이 3.4%, B질환이 7.5%, C질환이 7.3%, D질환이 3.9%로 B질환이 가장 높다.
→ B질환이 심장 질환이다.

<보고서> 두 번째 문단에서 "뇌혈관, 심장, 암 질환의 1분위 보험혜택 비율은 각각 5분위의 10배에 미치지 못하였다"고 하였는데, A, B, C, D질환 중 1분위 보험혜택 비율은 각각 12.9, 28.6, 28.8, 16.7%이다. 5분위의 10배인 14, 32, 31, 16%에 미치지 못하는 것은 A, B, C질환이다.
→ B질환은 심장 질환이므로 A와 C가 뇌혈관 질환, 암 질환이다.

<보고서> 마지막 문장에서 "뇌혈관, 심장, 희귀 질환의 1분위 가구당 보험급여는 각각 전체질환의 1분위 가구당 보험급여의 3배 이상"이라고 하였다.
전체질환의 1분위 가구당 보험급여는 128,431원이다. 이의 3배는 128,431×3=385,293원이고, 이보다 1분위 가구당 보험급여가 많은 질환은 B, C, D 질환이다.
→ B질환은 심장 질환이 C와 D가 뇌혈관, 희귀 질환이다.
앞의 내용에서 A와 C가 뇌혈관, 암 질환이라 하였으므로 C가 뇌혈관 질환이다. 이에 따라 A가 암 질환, D가 희귀 질환이다.

따라서, 'A'가 암 질환, 'B'가 심장 질환, 'D'가 희귀 질환이다.

128

정답	③	세부영역	조건매칭형
난도	중	키포인트	수치비교

해결전략 조건에 따라 유통채널들을 비교한다.

해설

〈보기〉의 첫 번째 조건에 따라 매년 판매액이 증가하는 유통채널을 구하면, A, B, 브랜드샵, 인터넷, E이다.
→ A, B, E는 방문판매, 백화점, 홈쇼핑이다.

두 번째 조건에 따라 매년 판매액이 1,000억 원 이상인 유통채널을 찾으면, A, B이다.
→ A, B는 백화점, 방문판매이다. 이를 첫 번째 조건에 대입하면, E는 홈쇼핑이다.

세 번째 조건에서 "2005 ~ 2009년 동안 매년 일반점과 브랜드샵의 판매액 합은 백화점의 판매액보다 많다"고 하였다. 백화점은 A 또는 B이므로, 'A의 판매액', 'B의 판매액', '일반점 판매액＋브랜드샵 판매액'을 비교해 보자.
'일반점 판매액＋브랜드샵 판매액'은 2005~2009년 사이 매년 'A의 판매액'보다 많음을 표를 통해 눈으로 쉽게 확인할 수 있다. 'B의 판매액'과 비교하면, 2007년의 경우 '일반점 판매액＋브랜드샵 판매액'이 610＋770＝1,380(억 원), 2008년의 경우 560＋940＝1,500(억 원)으로, 'B의 판매액'이 더 많다.
→ A는 백화점이다. 이에 따라 B는 방문판매이다.

마지막 조건에서 "다단계 판매액을 연도별로 비교하면, 2010년이 가장 적다"고 하였다. 다단계는 C 또는 D이므로, C와 D의 판매액 추이를 보자. C의 판매액은 2008년에 가장 적고, D의 판매액은 2010년에 가장 적다.
→ D는 다단계이다. 이에 따라 남은 C는 직판이다.

따라서, A는 백화점, B는 방문판매, C는 직판, D는 다단계, E는 홈쇼핑이다.

⊕ Killer hint

〈보기〉의 네 번째 조건을 적용하지 않고 A~E에 해당하는 유통채널을 모두 찾을 수 있다.

129

정답	⑤	세부영역	조건매칭형
난도	중	키포인트	수치비교

해결전략 조건에서 비교하는 항목을 잘 찾아 비교·대조한다.

해설

첫 번째 조건에서 "궐련과 김은 매년 수출액이 증가"했다고 하였다. A~E 중 매년 수출액이 증가한 품목은 C(5.7 → 8.1 → 18.4백만 불), E(4.8 → 5.9 → 8.7백만 불)이다.
→ C와 E는 궐련, 김이다.

두 번째 조건에서 "2011년 면화의 수출물량은 전년보다 감소하였으나 수출액은 전년보다 증가"했다고 하였다. C와 E를 제외한 A, B, D 중 2011년 수출물량이 전년보다 감소한 품목은 A, B이고 이 중 수출액이 전년보다 증가한 품목은 6.9백만 불에서 7.4백만 불로 증가한 B이다.
→ B는 면화이다.

세 번째 조건에서 "사과의 수출액은 매년 감소"했다고 하였다. B, C, E를 제외한 A, D 중에서 수출액이 매년 감소한 품목을 찾으면 A이다.
→ A는 사과이다.

네 번째 조건에서 "2010년에는 김이 라면보다 수출액이 적었으나, 2012년에는 김이 라면보다 수출액이 많았다"고 하였다. 이때 라면은 위의 조건에 따른 결론에 등장하지 않은 D임을 알 수 있고, 김은 C 또는 E이다.
D와 C, D와 E의 수출액을 비교해 보면, 2010년과 2012년 모두 C의 수출액이 D보다 많으므로 C는 김이 아니다. 2010년 E의 수출액은 D보다 적고 2012년 E의 수출액은 D보다 많으므로 E가 김이다.
→ D는 라면, E는 김, C는 궐련이다.

따라서, A는 사과, B는 면화, C는 궐련, D는 라면, E는 김이다.

130

정답	①	세부영역	조건매칭형
난도	하	키포인트	수치비교

해결전략 A−B끼리, C−D끼리, E−F끼리만 비교해야 한다.

해설

두 번째 조건을 보면, A와 B의 졸업률은 같고, D의 졸업률이 C보다 높고, E의 졸업률이 F보다 높다.
→ 야누스−플로라는 D−C 또는 E−F이다.

세 번째 조건에 따라 학생 수 차이가 18,000명 이상인 대학을 찾으면 27,600−9,270=18,330(명)인 E−F뿐이다.
→ E와 F가 로키, 토르이다. (단, E와 F 중 어느 대학이 로키이고 토르인지는 알 수 없음)
이에 따라 D는 야누스, C는 플로라이다.

마지막 조건을 보면 입학허가율은 토르가 로키보다 높다고 하였다.
→ E의 입학허가율은 9%, F의 입학허가율은 7%이므로 E가 토르, F가 로키이다.

C, D, E, F가 각각 플로라, 야누스, 토르, 로키임을 알 수 있고 여기서 답을 바로 찾을 수 있다.

단, A와 B를 찾는 과정은 아래와 같다.

네 번째 조건을 보면 교수 수는 이시스가 오리시스보다 많다고 하였다. 이제 남은 대학의 쌍인 A−B의 교수 수를 '교수 1인당 학생수'와 '학생 수' 수치로 계산해 보자.

교수 1인당 학생 수=$\dfrac{\text{학생 수}}{\text{교수 수}}$이므로,

교수 수=$\dfrac{\text{학생 수}}{\text{교수 1인당 학생 수}}$이다.

A의 교수 수는 $\dfrac{7,000}{7}$=1,000(명),

B의 교수 수는 $\dfrac{24,600}{6}$=4,100(명)이다.

→ B의 교수 수가 A보다 많으므로 A가 오시리스, B가 이시스이다.

따라서, A−B는 '오시리스−이시스', C−D는 '플로라−야누스', E−F는 '토르−로키'이다.

131

정답	⑤	세부영역	조건적용형
난도	상	키포인트	그림이해 / 공식적용 · 계산

해결전략 예상이익금 및 예상운반비 공식을 적용해 계산하고, <보기>의 설명이 맞는지 잘 판단해야 한다.

해설

<그림>의 정보와 <수종별 벌채 가능 판단기준>의 공식을 통해 수종들의 예상운반비를 구하면 아래와 같다.
잣나무 : 100톤×100m×1천 원/(톤·원)=10,000천 원
낙엽송 : 200톤×200m×1천 원/(톤·원)=40,000천 원
참나무 : 300톤×200m×1천 원/(톤·원)=60,000천 원
소나무 : 100톤×300m×1천 원/(톤·원)=30,000천 원
전나무 : 100톤×300m×1천 원/(톤·원)=30,000천 원

예상이익금을 구하면 아래와 같다.
잣나무 : 100톤×250천 원/톤-10,000천 원=15,000천 원
낙엽송 : 200톤×300천 원/톤-40,000천 원=20,000천 원
참나무 : 300톤×100천 원/톤-60,000천 원=-30,000천 원
소나무 : 100톤×300천 원/톤-30,000천 원=0원
전나무 : 100톤×200천 원/톤-30,000천 원=-10,000천 원

ㄱ. (○) 예상이익금이 0원을 초과해야 벌채가 가능하므로, 벌채 가능한 수종은 잣나무, 낙엽송뿐이다.

ㄷ. (○) 운반비 단가가 2천 원/(톤·m)으로 이전의 2배가 되는 경우이므로, 예상운반비는 기존의 2배가 된다. 따라서, 기존 운반비 단가로도 벌채가 가능한 잣나무와 낙엽송의 예상이익금을 구하면,
잣나무 : 100톤×250천 원/톤-20,000천 원=5,000천 원
낙엽송 : 200톤×300천 원/톤-80,000천 원=-20,000천 원
잣나무의 예상이익금만 0원을 초과하게 되어 벌채 가능한 수종은 잣나무만 남게 된다.

ㄹ. (○) 전나무의 단위 판매가격이 30만 원/톤인 경우의 예상이익금을 구하면,
100톤×30만 원/톤-30,000천 원=0이 된다.
이때 단위 판매가격이 30만 원/톤을 초과하게 되면 예상이익금은 0을 초과하게 되어 벌채가 가능해진다.

ㄴ. (×) 소나무의 벌채예정량이 2배가 되면, 200톤이 된다.
이때 예상운반비는 200톤×300m×1천 원/(톤·원)=60,000천 원이 되고,
예상이익금은 200톤×300천 원/톤-60,000천 원=0원이 되므로 벌채가 불가능하다.

⊕ Killer hint

'예상운반비'와 '예상이익금' 계산 시 <보기> 선택지에서 제시한 바뀌는 수치들을 헷갈리지 말고 잘 적용하여야 한다.

132

정답	③	세부영역	자료추론형
난도	상	키포인트	자료를 바탕으로 한 추리

해결전략 각 등급을 받는 직원 수가 정해져 있으므로, 이를 염두에 두고 직원별 등급을 추론한다. 또한 직원들이 받은 성과급 액수로 성과급 지급비율을 추론하여 최종 등급을 도출한다.

해설

2018~2020년 직원 갑~기의 각자 연봉에는 변화가 없으므로, 연도별로 받은 성과급을 통해, 성과등급이 S, A, B 중 무엇인지 유추할 수 있다.

우선 '갑'의 경우 2018, 2019, 2020년 성과급이 다르므로 성과급이 가장 많은 2018년에 S등급을, 그 다음으로 많은 2019년에 A등급을, 2020년에는 B등급을 받음을 알 수 있다.

갑	12.0(S등급)	6.0(A등급)	3.0(B등급)

'을'의 경우 2018년과 2020년 성과급이 같은데, 금액이 2019년 성과급의 $\frac{1}{4}$에 해당하므로, 2019년이 S등급이고, 2018년과 2020년에 B등급을 받음을 유추할 수 있다.

을	5.0(B등급)	20.0(S등급)	5.0(B등급)

그 다음 '병'의 경우 이제는 다른 직원들의 등급과 비교를 하여 구할 수 있다. 같은 연도에 S등급은 1명, A등급은 2명, B등급은 3명이기 때문에 이를 바탕으로 '병'의 등급을 구할 수 있는 것이다. 2018, 2019년에 각각 '갑'과 '을'이 S등급을 받았으므로 '병'은 이 해에 S등급을 받을 수 없고 A등급 또는 B등급을 받게 된다. 따라서 성과급이 6백만 원인 2018년에 A등급, 3백만 원인 2019년에 B등급을 받았고, 역시 6백만 원인 2020년에 A등급을 받았음을 추론할 수 있다.

병	6.0(A등급)	3.0(B등급)	6.0(A등급)

이러한 방식으로 나머지 정~기의 등급을 구하여 직원들이 받은 성과등급을 정리하면 아래와 같다.

연도 직원	2018	2019	2020
갑	12.0(S등급)	6.0(A등급)	3.0(B등급)
을	5.0(B등급)	20.0(S등급)	5.0(B등급)
병	6.0(A등급)	3.0(B등급)	6.0(A등급)
정	6.0(A등급)	6.0(A등급)	12.0(S등급)
무	4.5(B등급)	4.5(B등급)	4.5(B등급)
기	6.0(B등급)	6.0(B등급)	12.0(A등급)

(단, '정'과 '기' 둘의 성과급은 매년 동일한데, 이들의 등급은 서로 바뀔 수 있다. 이때 성과급 금액이 같으므로 기본 연봉 합을 구하는 데는 상관이 없다.)

갑~기의 기본연봉을 구해보자.

갑 : 300만 원이 기본연봉의 5%이므로 기본연봉은 $\frac{300만\ 원}{0.05}=$ 6,000만 원

을 : 500만 원이 기본연봉의 5%이므로 기본연봉은 $\frac{500만\ 원}{0.05}=$ 10,000만 원

병 : 600만 원이 기본연봉의 10%이므로 기본연봉은 $\frac{600만\ 원}{0.1}=$ 6,000만 원

정 : 1,200만 원이 기본연봉의 20%이므로 기본연봉은 $\frac{1,200만\ 원}{0.2}$ =6,000만 원

무 : 450만 원이 기본연봉의 5%이므로 기본연봉은 $\frac{450만\ 원}{0.05}=$ 9,000만 원

기 : 1,200만 원이 기본연봉의 10%이므로 기본연봉은 $\frac{1,200만\ 원}{0.1}$ =12,000만 원

기본연봉 합은 6,000+10,000+6,000+6,000+9,000+12,000= 49,000만 원, 즉 490백만 원이다.

133

정답	⑤	세부영역	자료추론형
난도	상	키포인트	경우의 수 / 승점계산

해결전략 '경우의 수'를 이용해 경기 수를 유추할 수 있다. 또한 세트 수/ 승패/ 최종 승점 3가지를 보고 <표>의 빈칸을 유추할 수 있다.

해설

ㄱ. (○) 첫 번째 조건에서 "한 팀이 다른 모든 팀과 각각 1번씩 경기한다"고 하였으므로, 7개 팀의 경기 수는 6+5+4+3+2 +1=21(경기)이다.

1경기당 생기는 승리팀과 패배팀이 얻는 승점의 합은 2:0인 경우 3점+0점=3점, 2:1인 경우 2점+1점=3점이다. 따라서, 총 21경기에서 생기는 승점의 합은 21×3=63(점)이다.

ㄴ. (○) 위 경기결과에 따른 최종 승점의 총합은 63점이므로, E의 최종 승점을 구하면,
63-6-7-11-15-12-5=7(점)이다.

이때 E는 세트 스코어가 공개된 3, 4, 6경기에서 모두 패했으므로 1, 2, 5경기에서 모두 승리했음을 알 수 있다. 패한 3, 4, 6경기에서 얻은 승점은 1점이므로 1, 2, 5경기에서 얻은 승점은 6점이다. 3승을 하여 6점을 얻은 것이므로, 세 경기 모두에서 2:1의 세트 스코어로 이겼음을 추론할 수 있다.

ㄷ. (○) <조건>의 마지막 항목을 보면, A와 G가 경기한 총 세트 수가 같다고 하였다. G가 경기한 총 세트 수는 14세트이다. A의 경기 중 세트 스코어가 공개된 1경기, 2경기, 6경기의 세트 수 합은 6세트이므로, 3, 4, 5경기의 세트 수 합은 8세트가 된다.

또한 공개된 1, 2, 6경기에서 얻은 승점이 0점이고 3패를 기록했으므로, 3, 4, 5경기에서 6점을 얻고 2승 1패를 기록했음을 알 수 있다.

즉 3, 4, 5경기에서 2승 1패를 기록하고 세 경기의 세트 수 합이 8세트가 되면서 세 경기의 승점 합이 6점이 되어야 한다. 2승 1패이면서 승점 합이 6점이 되는 경우는 두 가지가 있다.

3점(2:0 승)+3점(2:0 승)+0점(0:2 패)=6(점)
→ 세트 수 합이 6이 되므로 X
3점(2:0 승)+2점(2:1 승)+1점(1:2 패)=6(점)
→ 세트 수 합이 8
따라서 A가 2:0으로 승리한 경기 수는 1개이다.

⊕ Killer hint

제시된 팀들의 경기 수 합이 21경기라는 점과 이에 따라 승점의 합이 63점이라는 것에서부터 출발해야 한다.

134

정답	②	세부영역	자료추론형
난도	상	키포인트	추론 / 점수계산

해결전략 점수 계산 후, 주어진 각주의 조건에 따라 <보기> 선택지의 내용에 적용·추론하여 옳고 그름을 판단한다.

해설

ㄱ. (○) '을'의 종합점수는 89.0점이다. 미공개인 E의 점수를 제외한 평가 점수가 89, 86, 90, 88점인데, 이 중 종합점수에 근접한(종합점수와의 편차가 가장 적은) 89, 90, 88점을 선택하여 평균을 내면 89점이 된다. 따라서 이 세 점수를 제외한 86점과 E의 점수가 점수의 최댓값, 최솟값이라 할 수 있다. 86점이 최솟값이 되고, E의 점수가 최댓값이 된다.

ㄹ. (○) 종합점수가 미공개인 '병'을 제외한 '갑'~'무'의 경우 직무평가 점수가 제외되는, 즉 점수가 최댓값이나 최솟값이 되는 점수가 어떤 것인지 살펴보자.

'갑'의 경우 $\frac{91+87+89}{3}$=89점이므로 최댓값은 E, 최솟값은 C의 직무평가 점수이다.

'을'의 경우 최댓값은 E, 최솟값은 B의 직무평가 점수이다.

'정'의 경우 종합점수 77.0점과 A, B, C, D 직무평가 점수의 편차가 각각 6, 5, 8, 3점이고 편차가 가장 큰 C의 직무평가 점수를 제외한 세 점수는 71, 72, 74점으로, 이 점수들의 평균은 종합점수 77점에 미치지 못한다는 것을 바로 알 수 있다. 따라서, 편차가 그 다음으로 큰 71점을 제외한 세 점수 72, 85, 74의 평균을 구하면 $\frac{72+85+74}{3}$=77점이 되어 종합점수와 같아진다. 따라서, A의 점수가 최솟값, E의 점수가 최댓값임을 알 수 있다.

'무'의 경우 종합점수 78.0점과 A, B, C, D 직무평가 점수의 편차가 각각 7, 6, 1, 7점이다. 편차가 가장 큰 A의 직무평가 점수를 제외한 세 점수의 평균은 $\frac{72+79+85}{3}$=78.7점, 역시 편차가 가장 큰 D의 직무평가 점수를 제외한 세 점수의 평균은 $\frac{71+72+79}{3}$=74점으로 종합점수가 나오지 않는다. 따라서 E의 점수는 최댓값이나 최솟값이 아니고, 이에 따라 D의 점수가 최댓값, A의 점수가 최솟값이 된다.

→ 갑, 을, 정, 무를 살펴보았을 때, 평가자 A, B, C, D, E의 직무평가 점수는 종합점수 산출 시 모두 한 번 이상 제외된다.

ㄴ. (×) '병'의 직무평가 점수 중 미공개된 C의 점수가 최댓값일 경우, 68점이 최솟값이 되므로 종합점수는 $\frac{76+74+78}{3}$=76점이 된다.

C의 점수가 최솟값일 경우, 최댓값은 78점이 되므로 종합점수는 $\frac{68+76+74}{3}$≒72.7점이 된다.

종합점수로 가능한 점수는 76점, 72.7점으로 그 차이가 5점 이상은 아니다.

ㄷ. (×) '갑'의 종합점수는 89.0점이다. C의 점수를 제외한 평가 점수가 91, 87, 89, 95점인데, 이 네 점수의 평균은 89점을 넘으므로 이 중에 점수 최댓값이 있음을 알 수 있다. 따라서 최댓값은 95가 된다. 나머지 세 점수의 평균을 구하면 $\frac{91+87+89}{3}$=89점이다. 따라서, C의 점수가 최솟값임을 알 수 있다. 최솟값이므로, 91, 87, 89점 중 가장 작은 87점보다 그 값이 작아야 한다.

따라서, 평가자 C의 '갑'에 대한 직무평가 점수는 '갑'의 종합점수 89점보다 낮다.

135

정답	①	세부영역	자료이해형
난도	중	키포인트	그림이해

해결전략 <그림>이 나타내는 바를 이해하는 것이 핵심이다.

해설

ㄱ. (○) <그림>의 각주 2)를 보면, "각 시민단체의 연결중심성은 해당 시민단체에 직접연결된 다른 시민단체수"라고 하였다. 따라서, <그림>의 ○에 직접연결된 선의 개수가 가장 많은 ○를 찾으면 된다.
　A시에서 직접연결된 선의 개수가 가장 많은 ○의 연결 개수는 8개, B시는 7개이므로 연결중심성이 가장 큰 시민단체는 A시에 있다.

ㄴ. (○) 연결중심성이 1이라는 것은, ○에 직접연결된 선의 개수가 1개라는 의미다. 연결중심성이 1인 시민단체수는 A시가 7개, B시가 6개이므로, A시가 B시보다 많다.

ㄷ. (×) 시민단체수는 A시가 16개, B시가 17개로 A시가 B시보다 적다.

ㄹ. (×) 연결망 밀도는

$$\frac{2 \times \text{해당 시의 직접연결 개수 총합}}{\text{해당 시의 시민단체수} \times (\text{해당 시의 시민단체수}-1)} \text{이다.}$$

A시의 연결망 밀도 $= \dfrac{2 \times 19}{16 \times 15} = \dfrac{19}{120} \fallingdotseq 0.158$,

B시의 연결망 밀도 $= \dfrac{2 \times 22}{17 \times 16} = \dfrac{11}{68} \fallingdotseq 0.162$

이므로 B시의 연결망 밀도가 더 크다.

⊕ Killer hint

<그림>은 '분석도'라는 제목과 달리 복잡한 그림은 아니다. 시민단체 간 연결성을 직접적으로 나타낸 자료이다. 다만 '직접연결'과 '연결'을 구분하여 문제를 풀어야 한다. ○——○가 연이어 있는 것은 '직접연결'이 아니다.

136

정답	②	세부영역	조건적용형
난도	상	키포인트	조건대입 / 수치계산

해결전략 <조건>에 따라 A, B, C차량의 연비, 연료비를 계산한 후 대소를 비교한다.

해설

구간별 주행속도와 그에 따른 연비적용률은 차량마다 다르다. A~C 차량의 구간별 연비와 연료비를 구하면 아래와 같다.

ⅰ) A차량(LPG 연료)
　1구간 : 연비는 10km/L×0.5=5km/L이다.
　100km 주행 시 연료비는 $\dfrac{100km}{5km/L} \times 1{,}000$원/L=20,000원이다.
　2구간 : 연비는 10km/L이다.
　40km 주행 시 연료비는 $\dfrac{40km}{10km/L} \times 1{,}000$원/L=4,000원이다.
　3구간 : 연비는 10km/L×0.8=8km/L이다.
　60km 주행 시 연료비는 $\dfrac{60km}{8km/L} \times 1{,}000$원/L=7,500원이다.
　→ A차량의 연료비는 20,000+4,000+7,500=31,500원이다.

ⅱ) B차량(휘발유 연료)
　1구간 : 연비는 16km/L×0.625=10km/L이다. 100km 주행 시 연료비는 $\dfrac{100km}{10km/L} \times 2{,}000$원/L=20,000원이다.
　2구간 : 연비는 16km/L이다.
　40km 주행 시 연료비는 $\dfrac{40km}{16km/L} \times 2{,}000$원/L=5,000원이다.
　3구간 : 연비는 16km/L×0.75=12km/L이다.
　60km 주행 시 연료비는 $\dfrac{60km}{12km/L} \times 2{,}000$원/L=10,000원이다.
　→ B차량의 연료비는 20,000+5,000+10,000=35,000원이다.

ⅲ) C차량(경유 연료)
　1구간 : 연비는 20km/L×0.5=10km/L이다.
　100km 주행 시 연료비는 $\dfrac{100km}{10km/L} \times 1{,}600$원/L=16,000원이다.
　2구간 : 연비는 20km/L이다.
　40km 주행 시 연료비는 $\dfrac{40km}{20km/L} \times 1{,}600$원/L=3,200원이다.
　3구간 : 연비는 20km/L×0.75=15km/L이다.
　60km 주행 시 연료비는 $\dfrac{60km}{15km/L} \times 1{,}600$원/L=6,400원이다.
　→ C차량의 연료비는 16,000+3,200+6,400=25,600원이다.

따라서, 두 번째로 높은 연료비가 소요되는 차량은 A차량이고, 이때 연료비는 31,500원이다.

137

정답	③	세부영역	자료추론형
난도	상	키포인트	규칙적용 / 수치계산

해결전략 <규칙>의 방식을 적용해 <표>의 선호순위를 점수로 계산한다. 가중치 계산, 중앙값 구하기, 공식 적용 등의 계산방법이 사용된다.

해설

<규칙>의 평가점수 선정방식 가, 나, 다에 따라 평가점수를 선정하면 아래와 같다.

- 가 방식 - (선호순위가 1인 심사자 수 × 2) + (선호순위가 2인 심사자 수 × 1)
  Ⅰ: $(2×2)+(0×1)=4$, Ⅱ: $(0×2)+(1×1)=1$,
  Ⅲ: $(1×2)+(1×1)=3$, Ⅳ: $(0×2)+(0×1)=0$,
  Ⅴ: $(0×2)+(1×1)=1$이므로, 논문 Ⅰ은 1점, 나머지 논문은 2점이다.

- 나 방식 - 중앙값을 구한다.
  Ⅰ: 1, Ⅱ: 3, Ⅲ: 2, Ⅳ: 4, Ⅴ: 3이므로, 논문 Ⅰ은 1점, 나머지 논문은 2점이다.

- 다 방식 - 선호순위 합을 구한다.
  Ⅰ: 7, Ⅱ: 9, Ⅲ: 6, Ⅳ: 13, Ⅴ: 10이므로, 논문 Ⅲ은 1점, 나머지 논문은 2점이다.

<규칙>의 우수논문 선정방식 A, B, C에 따라 우수논문을 선정하면 아래와 같다.

A. 우수논문은 가 방식과 나 방식에 따르면 논문 Ⅰ이고, 다 방식에 따르면 논문 Ⅲ이다.

B. 평가점수 산정방식 가, 나, 다에 따른 평가점수 합이 가장 낮은 논문은 $1+1+2=4$점인 논문 Ⅰ이다.

C. 가, 나, 다에서 도출된 평가점수에 가중치를 $\frac{1}{6}$, $\frac{1}{3}$, $\frac{1}{2}$을 적용한 점수 합을 구하면

Ⅰ: $\frac{1}{6}+\frac{1}{3}+\frac{2}{2}=\frac{3}{2}$, Ⅱ: $\frac{2}{6}+\frac{2}{3}+\frac{2}{2}=2$,

Ⅲ: $\frac{2}{6}+\frac{2}{3}+\frac{1}{2}=\frac{3}{2}$, Ⅳ: $\frac{2}{6}+\frac{2}{3}+\frac{2}{2}=2$,

Ⅴ: $\frac{2}{6}+\frac{2}{3}+\frac{2}{2}=2$이다.

ㄱ. (○) 선정방식 A에 따르면 각 산정방식이 활용될 확률은 동일하다. 따라서, 3개 중 2개의 선정방식(가와 나)에서 우수논문으로 선정되는 Ⅰ이 우수논문으로 선정될 확률이 가장 높다.

ㄷ. (○) 선정방식 C에 따라 가중치를 부여했을 때, 이를 적용한 점수 합이 가장 낮은 논문은 Ⅰ과 Ⅲ이다. <규칙>의 각주 2)에서 점수의 합이 가장 낮은 논문이 2편 이상이면 심사자 '병'의 선호가 더 높은 논문을 우수논문으로 선정한다고 하였으므로, Ⅰ과 Ⅲ 중 '병'의 선호순위가 1위인 Ⅲ이 우수논문이다.

ㄴ. (×) 평가점수 산정방식 가, 나, 다를 통틀어 평가점수 합이 가장 낮은 논문은 Ⅰ이므로, 선정방식 B에 따르면 우수논문은 Ⅰ이다.

138

정답	②	세부영역	자료추론형
난도	상	키포인트	그림이해 / 배점적용

해결전략 결승전에 올라갈 팀과 3·4위가 되는 팀들을 정리한 후, 팀의 승점 배점을 선택지의 조건에 맞게 적용할 수 있어야 한다.

해설

ⅰ) 단체줄넘기
  1, 2위는 기획팀 또는 재무팀(120점 또는 80점)
  3·4위는 법무팀 또는 인사팀(각각 40점)

ⅱ) 족구
  1, 2위는 기획팀 또는 재무팀(90점, 60점)
  3, 4위는 인사팀 또는 법무팀(각각 30점)

ⅲ) 피구
  1, 2위는 재무팀 또는 인사팀(90점, 60점)
  3·4위는 기획팀 또는 법무팀(각각 30점)

ⅳ) 제기차기
  1, 2위는 인사팀 또는 기획팀(60점, 40점)
  3·4위는 재무팀 또는 법무팀(각각 20점)

② (×) 재무팀은 단체줄넘기, 족구, 피구 종목에서 결승전에 올라 있다. 재무팀이 결승전에 오른 종목 중 점수 배점이 가장 높은 단체줄넘기를 제외한 2종목에서 이기는 경우의 승점을 계산하면 아래와 같다. (이때 기획팀의 승점은 가능한 최대로 계산)
  재무팀: 80점(패)+90점(승)+90점(승)+20점=280점
  기획팀: 120점(승)+60점(패)+30점+60점(승)=270점
  이번에는 재무팀이 결승전에 오른 종목 중 점수 배점이 낮은 족구를 제외한 2종목에서 이기는 경우의 승점을 계산하면 아래와 같다. (이때 기획팀의 승점은 가능한 최대로 계산)
  재무팀: 120점(승)+60점(패)+90점(승)+20점=290점
  기획팀: 80점(패)+90점(승)+30점+60점(승)=260점
  두 경우 모두에서 기획팀의 승점합계가 재무팀보다 낮으므로, 재무팀이 남은 경기 중 2종목에서 이기면 기획팀이 종합 우승을 할 수 없다.

① (○) 법무팀은 모든 종목에서 결승에 진출하지 못했으므로 각 종목에서 모두 3위 또는 4위를 차지한다. 종합 우승은 할 수 없다.

③ (○) 기획팀이 남은 경기에서 모두 질 경우의 승점을 계산하면 아래와 같다.
  80점(2위)+60점(2위)+30점(3·4위)+40점(2위)=210점
  이때 재무팀의 승점을 계산하면 아래와 같다.
  재무팀: 120점(1위)+90점(1위)+90 또는 60점(1위 또는 2위)+20점(3·4위)=320점 또는 290점
  이 경우 기획팀보다 재무팀의 승점이 더 높다. 법무팀은 결승전에 오른 종목이 없고, 인사팀의 경우 피구와 제기차기 종목 결승전에서 이긴다 하더라도 최종 승점이 40+30+90+60=220점이 되어 재무팀이 최소한 얻을 수 있는 승점보다 높은 승점을 얻지 못한다.
  따라서, 최종적으로 재무팀이 종합 우승을 하게 된다.

④ (○) 재무팀이 남은 경기에서 모두 지면
80점(2위)+60점(2위)+60점(2위)+20점(3·4위)=220점이다.
이때, 기획팀, 인사팀의 승점합계를 구하면 아래와 같다.
기획팀: 120점(1위)+90점(1위)+30점(3·4위)+60점 또는
40점(1위 또는 2위)=300점 또는 280점
인사팀: 40점(3·4위)+30점(3·4위)+90점(1위)+60점 또는
40점(1위 또는 2위)=220점 또는 200점
이 경우 기획팀이 종합 우승을 차지하게 된다. 인사팀과 재무
팀이 승점합계가 같은 경우가 존재할 수 있는데, 이때는
<표>의 각주에 따라 단체줄넘기 종목 순위가 높은 재무팀이
준우승을 차지하게 된다.

⑤ (○) 인사팀이 남은 경기에서 모두 이긴다면 피구와 제기차
기에서 1위를 차지한다. 이때 인사팀의 승점을 계산하면 40점
+30점+90점+60점=220점이다.
이때 기획팀이 남은 경기에서 모두 진다면 80점+60점+30점
+40점=210점, 재무팀은 120점+90점+60점+20점=290점
이 된다.
기획팀이 남은 경기에서 모두 이기면 120점+90점+30점+40
점=280점, 재무팀은 80점+60점+60점+20점=220점이 된다.
따라서, 인사팀은 남은 경기에서 모두 이겨도 종합 우승을 할
수는 없다.

⊕ Killer hint

승점이 가장 높은 경우와 가장 낮은 경우를 모두 계산해야 정확
한 답을 찾을 수 있다.

139

정답	①	세부영역	조건적용형
난도	상	키포인트	정보에 따른 표 수치 계산

해결전략 <정보>를 통해 <표 1>에서 총지출액을, <표 2>에서
총보조금을 산출하여 순지출액을 계산한다.

해설

<정보>의 첫 번째 항목에서, "월간 순지출액은 각 지역에서 월
간 발생하는 총지출액에서 해당 국가의 월간 총보조금을 뺀 금
액"이라고 하였다. 세 번째 항목에서 언급한 '갑'기업의 직원 수,
월간 전력 사용량, 월간 운송 횟수를 보고 7개 지역의 월간 순지
출액을 구하면 아래와 같다.

자카르타: $(310 \times 10 + \frac{10,000}{100} \times 7 + 2,300 \times 4) - (50 \times 10 + 2,300 \times 0.5 \times 4) = 13,000 - 5,100 = 7,900$(달러)

바탐: $(240 \times 10 + \frac{10,000}{100} \times 7 + 3,500 \times 4) - (50 \times 10 + 3,500 \times 0.5 \times 4) = 17,100 - 7,500 = 9,600$(달러)

하노이: $(220 \times 10 + \frac{10,000}{100} \times 19 + 3,400 \times 4) - (30 \times 10 + \frac{10,000}{100} \times 5) = 17,700 - 800 = 16,900$(달러)

호치민: $(240 \times 10 + \frac{10,000}{100} \times 10 + 2,300 \times 4) - (30 \times 10 + \frac{10,000}{100} \times 5) = 12,600 - 800 = 11,800$(달러)

다낭: $(200 \times 10 + \frac{10,000}{100} \times 19 + 4,000 \times 4) - (30 \times 10 + \frac{10,000}{100} \times 5) = 19,900 - 800 = 19,100$(달러)

마닐라: $(230 \times 10 + \frac{10,000}{100} \times 12 + 2,300 \times 4) - (\frac{10,000}{100} \times 10 + 2,300 \times 0.5 \times 4) = 12,700 - 5,600 = 7,100$(달러)

세부: $(220 \times 10 + \frac{10,000}{100} \times 21 + 3,500 \times 4) - (\frac{10,000}{100} \times 10 + 3,500 \times 0.5 \times 4) = 18,300 - 8,000 = 10,300$(달러)

따라서, '갑'기업의 월간 순지출액이 가장 작은 지역은 7,100달러
인 필리핀 '마닐라'이고, 월간 순지출액이 가장 큰 지역은 19,100
달러인 베트남 '다낭'이다.

140

정답	②	세부영역	자료추론형
난도	중	키포인트	조건에 따른 추론

해결전략 <조건>에 따라 표의 주문량, 구매량을 추론할 수 있다.

해설

ⅰ) 1주차

A제품 주문량이 0이므로 B부품 500개를 구매해 보유하고 있다.

ⅱ) 2주차

A제품 주문량이 200개이다. 1주차에 구매한 B제품으로 A제품 250개를 생산하여 200개를 판매한다. 남은 50개는 재고로 보유한다.

B부품을 900개 구매해 A제품 450개 생산에 사용할 수 있다.

ⅲ) 3주차

A제품 주문량이 450개이다. 2주차에 구매한 B제품으로 A제품 450개를 생산하고, 재고는 50개가 있으므로 팔 수 있는 A제품이 총 500개이다. 이 중 450개를 판매하고 남은 50개는 재고로 보유한다.

B부품을 1,100개 구매하였으므로 그 다음주인 4주차에 A제품 550개 생산에 사용할 수 있다.

따라서, 1주차에는 A제품의 재고가 없고, 2주차에 재고 50개, 3주차에 재고 50개가 있다.

141

정답	②	세부영역	조건적용형
난도	중	키포인트	조건에 따른 표 수치 계산

해결전략 주어진 조건에 따라 원점수와 가중치를 적용한 최종 점수를 계산한다.

해설

ㄱ. (○) <표 1>에 따라 각 사업의 6개 평가 항목의 원점수를 계산하면, 아래와 같다.

A 사업 : $80+80+90+90+70+70=480$

B 사업 : $90+90+80+80+70+70=480$

원점수는 480점으로 두 사업이 같다.

ㄷ. (○) <조건>에 제시된대로 원점수에 가중치를 곱하여 최종 점수를 계산하면 아래와 같다.

A 사업 : $80\times0.2+80\times0.1+90\times0.3+90\times0.2+70\times0.1+70\times0.1=16+8+27+18+7+7=83$

B 사업 : $90\times0.2+90\times0.1+80\times0.3+80\times0.2+70\times0.1+70\times0.1=18+9+24+16+7+7=81$

A사업의 최종 점수가 더 높으므로 '갑'공기업은 A 사업을 신규 사업으로 최종 선정한다.

ㄴ. (×) '공적 가치'에 할당된 가중치의 합은 $0.3+0.2=0.5$로 '참여 여건'에 할당된 가중치의 합 $0.1+0.1=0.2$보다 크고, '사업적 가치'에 할당된 가중치의 합 $0.2+0.1=0.3$보다도 크다.

ㄹ. (×) '정부정책 지원 기여도' 가중치와 '수익창출 기여도' 가중치를 서로 바꾸면, '정부정책 지원 기여도' 가중치는 0.1, '수익창출 기여도' 가중치는 0.3이 된다. 아래와 같이 밑줄 친 부분의 가중치 계산이 바뀌게 된다.

A 사업 : $80\times0.2+\underline{80\times0.3+90\times0.1}+90\times0.2+70\times0.1+70\times0.1=16+\underline{24+9}+18+7+7=81$

B 사업 : $90\times0.2+\underline{90\times0.3+80\times0.1}+80\times0.2+70\times0.1+70\times0.1=18+\underline{27+8}+16+7+7=83$

B사업의 최종 점수가 더 높아지므로 최정 선정되는 신규 사업은 B사업으로 바뀌게 된다.

142

정답	③	세부영역	자료추론형
난도	상	키포인트	자료이해 / 조건적용

해결전략 <표 2>의 인접 여부에 따라 A~F가 속하는 자치구를 정한다.

해설
<표 2>를 보고, <표 1>의 자치구 현황의 빈칸을 추론해보자.

<표 2>에 따르면, B는 F와는 인접하지 않으므로 개편 전 자치구는 '가' 또는 '나'이다.
D는 A, B, E와 인접하고, C(자치구 '나'), F(자치구 '다')와는 인접하지 않으므로 개편 전 자치구는 '가'이다.
E는 A와 인접하지 않고, B, C, D, F와 인접한다. 따라서 개편 전 자치구는 '나' 또는 '다'이다.
이에 따라 개편 전 자치구를 정리하면 아래와 같다.

A	가
B	(가 또는 나)
C	나
D	(가)
E	(나 또는 다)
F	다

<표 2>에 따르면, A는 B, D(자치구 '라')와 인접하고 C, E, F와 인접하지 않으므로 개편 후 자치구는 '라'이다.
C는 B, E, F와 인접하고 A, D와 인접하지 않으므로 개편 후 자치구는 '마'이다.
F는 C, E와 인접하고 A, B, D와 인접하지 않으므로 개편 후 자치구는 '마'이다.
B는 A, C, D, E와 인접하고 F와 인접하지 않으므로 개편 후 자치구는 '라' 또는 '마'이다.

A	(라)
B	(라 또는 마)
C	(마)
D	라
E	마
F	(마)

두 번째 <조건>을 보면, "개편 전에는 한 자치구에 2개의 행정동이 속하고, 개편 후에는 3개의 행정동이 속한다"고 하였다. 이에 맞게 개편 전과 후의 자치구를 정하면 아래와 같다.

	개편 전 자치구	개편 후 자치구
A	가	라
B	나	라
C	나	마
D	가	라
E	다	마
F	다	마

③ (×) 자치구 개편 전, 자치구 '가'의 인구는 1,500+1,500= 3,000(명)이다. 자치구 '나'의 인구인 2,000+1,500=3,500명보다 적다.
① (○) 자치구 개편 전, 행정동 E는 자치구 '다'에 속한다.
② (○) 자치구 개편 후, 행정동 C와 행정동 E는 같은 자치구 '마'에 속한다.
④ (○) 자치구 개편 후, 자치구 '라'의 인구는 1,500+2,000+ 1,500=5,000(명)으로 자치구 '마'의 인구 1,500+1,000+1,500 =4,000(명)보다 많다.
⑤ (○) 행정동 B는 개편 전 자치구 '나'에 속하고, 개편 후 자치구 '라'에 속한다.

143

정답	①	세부영역	조건적용형
난도	상	키포인트	조건에 따른 금액 계산

해결전략 제시된 할인혜택에 따라 A, B, C카드 각각의 예상청구액을 정확하게 계산해야 한다.

해설

A, B, C 신용카드로 지출하였을 때의 예상청구액을 구해보자.

ⅰ) A신용카드

버스·지하철, KTX 요금 8+10=18만 원에서 20% 할인

18만 원×0.2=36,000원으로 월 한도액 이상이므로 2만 원 할인

→ 교통비는 20만 원-2만 원=18만 원

외식비 주말 결제액이 5% 할인되므로 5만 원×0.05=2,500원

→ 식비는 외식비에서만 2,500원 할인되므로, 30만 원-2,500원=297,500원

의류구입비 → 할인혜택 없음

학원 수강료가 15% 할인되므로 20만 원×0.15=3만 원

→ 여가 및 자기계발비에서 3만 원이 할인되어 30만 원-3만 원=27만 원

예상청구액: 교통비 18만 원+식비 297,500원+의류구입비 30만 원+여가 및 자기계발비 27만 원+연회비 1만 5천 원=1,062,500원

ⅱ) B신용카드

버스·지하철, KTX 요금 8+10=18만 원에서 10% 할인되므로 1만 8천 원 할인이나, 월 한도액 이상이므로 1만 원 할인

→ 교통비는 20만 원-1만 원=19만 원

식비 → 할인혜택 없음

온라인 의류구입비 15만 원에서 10% 할인되므로 15,000원 할인

→ 의류구입비는 30만 원-15,000원=285,000원

권당 가격이 1만 2천 원 이상인 도서 구입 시 권당 3천 원 할인되므로, 2만 원인 도서 1권에 3천 원, 1만 5천 원인 도서 2권에 6천 원이 할인되어 총 9천 원 할인된다.

→ 여가 및 자기계발비에서 9천 원 할인되어 30만 원-9천 원=29만 1천 원

예상청구액: 총 할인금액이 1만 원+1만 5천 원+9천 원=34,000원인데, 총 할인한도액이 월 3만 원이라고 하였으므로 지출 합에서 3만 원만 할인된다.

따라서 20만 원+30만 원+30만 원+30만 원-3만 원=107만 원이다.

ⅲ) C신용카드

버스·지하철, 택시 요금 8+2=10만 원에서 10% 할인되므로 1만 원 할인

→ 교통비는 20만 원-1만 원=19만 원

카페 지출액 5만 원의 10%가 할인되므로 5천 원이 할인되고, 재래시장 식료품 구입비 5만 원의 10%도 할인되므로 또 5천 원이 할인된다.

→ 식비는 30만 원-5천 원-5천 원=29만 원

의류구입비 → 할인혜택 없음

영화관람료가 회당 2천 원 할인되므로 2×2천 원=4천 원 할인

→ 여가 및 자기계발비에서 4천 원 할인되어 30만 원-4천 원=29만 6천 원

예상청구액: 총 할인금액이 1만 원+5천 원+5천 원+4천 원=24,000원이다.

20만 원+30만 원+30만 원+30만 원-2만 4천 원=107만 6천 원이다.

예상청구액이 가장 적은 카드부터 순서대로 나열하면 A-B-C이다.

144

정답	③	세부영역	조건적용형
난도	중	키포인트	조건대입 / 수치계산

해결전략 <조건>에 따라 계산, 추론하면 되는 문제이다.

해설

우선 <표>에 빈칸으로 나타난 E의 시급을 구하면, 2015년 수강생 만족도가 3.2점이므로 시급은 동결돼 2016년 시급도 48,000원이다. A~E의 2017년 시급을 구하면 아래와 같다.

A: 55,000×1.05=57,750원
　　→ 2016년과 2017년 시급 차이는 2,750원

B: 45,000×1.05=47,250원
　　→ 2016년과 2017년 시급 차이는 2,250원

C: 54,600×1.1=60,060원. 최대 시급은 60,000원
　　→ 2016년과 2017년 시급 차이는 5,400원

D: 59,400×1.05=62,370원. 최대 시급은 60,000원
　　→ 2016년과 2017년 시급 차이는 600원

E: 48,000원(동결됨) → 2016년과 2017년 시급 차이는 0원

③ (○) 2016년과 2017년 시급 차이가 가장 큰 강사는 C이다.
① (×) 강사 E의 2016년 시급은 48,000원이다.
② (×) 강사 C와 강사 D의 2017년 시급은 모두 60,000원으로 동일하다.
④ (×) 강사 C의 2016년 시급은 2015년에 비해 $\frac{54,600-52,000}{52,000}$
　　×100=5(%) 올랐다. 따라서, 강사 C의 2015년 수강생 만족도 점수는 4.0 이상 4.5점 미만임을 알 수 있다.
⑤ (×) 2017년 강사 A와 강사 B의 시급은 각각 57,750원, 47,250원으로 그 차이는 10,500원이다.

⊕ Killer hint

강사의 시급이 최대 60,000원이라는 조건은 답 선택에 중요하게 작용하므로 이를 반드시 적용하여 문제를 풀어야 한다.

145

정답	④	세부영역	자료이해형
난도	하	키포인트	비교 · 대조

해결전략 <표>의 '예측'과 '실제' 그림이 일치하는지 여부만 선택지에 따라 판단하면 된다.

해설

ㄴ. (○) 예측 날씨와 실제 날씨가 일치한 일수를 도시별로 구하면 아래와 같다.
　　A: 7월 1일, 4일, 5일, 6일, 7일, 9일 → 6일 일치
　　B: 7월 3일, 4일, 5일, 6일, 7일, 9일, 10일 → 7일 일치
　　C: 7월 1일, 6일, 8일, 9일, 10일 → 5일 일치
　　D: 7월 1일, 6일, 7일, 9일 → 4일 일치
　　E: 7월 1일, 4일, 5일 → 3일 일치
　　7일 일치한 B의 일치 일수가 가장 많다.

ㄷ. (○) 위 'ㄴ'의 해설을 참고하면, 예측 날씨와 실제 날씨가 일치한 도시 수가 가장 적은 날짜는 7월 2일이다. 일치한 도시가 하나도 없다. 나머지 일자에서는 일치한 도시 수가 1개 이상이다.

ㄱ. (×) 도시 A에서 예측 날씨가 '비'인 날은 7월 1일, 4일, 7일, 8일이었다. 이 중 실제 날씨가 '비'가 아닌 날이 있다. 8일에는 '맑음'이었다.

146

정답	②	세부영역	자료추론형
난도	중	키포인트	자료이해 / 분석

해결전략 <보기> 선택지 내용의 조건에 맞는 것을 <표>에서 찾아낼 수 있어야 한다.

해설

ㄱ. (○) '갑'의 필요 기능은 기능 3, 5, 7, 8이고, 이를 모두 제공하는 소프트웨어는 A, E이다. 둘 중 가격이 낮은 것은 E이다.

ㄴ. (○) <표 1>의 각주를 보면, 소프트웨어의 가격은 제공 기능 가격의 합이라고 하였으므로, 이를 이용해 기능의 가격을 구할 수 있다.

소프트웨어 B와 C의 기능과 가격을 나타내면 아래와 같다.

B: 기능2+기능3+기능4+기능6+기능9+기능10=62,000원

C: 기능1+기능2+기능3+기능4+기능5+기능6+기능8+기능9=58,000원

B와 C의 기능 중 기능2, 3, 4, 6, 9가 공통됨을 알 수 있다.

이 기능 2, 3, 4, 6, 9의 가격을 x원이라 하면 또 아래와 같이 나타낼 수 있다.

B: x원+기능10=62,000원

C: x원+기능1+기능5+기능8=58,000원

위 식으로 보아, '기능10'의 가격은 '기능1+기능5+기능8'의 가격보다 62,000−58,000=4,000원 더 비싸다는 것을 알 수 있다.

따라서, 기능 1, 5, 8의 가격 합과 기능 10의 가격 차이는 3,000원 이상이다.

ㄷ. (×) '을'의 보유 소프트웨어는 B이고 B가 갖고 있는 기능은 2, 3, 4, 6, 9, 10이다. 따라서 기능 1~10 중 기능 1, 5, 7, 8이 있어야 기능 1~10을 모두 제공할 수 있다. 또한 '병'은 기능 1, 3, 8이 필요하다. 기능 1, 3, 5, 7, 8을 모두 갖고 있는 소프트웨어는 A, E 두 개다.

147

정답	⑤	세부영역	조건적용형
난도	중	키포인트	대입 / 수치계산

해결전략 <정보>의 내용을 <표>에 대입하여 원하는 수치를 구한다.

해설

<정보>의 내용을 <표>의 생산이력에 대입하여 월별 총생산량을 구해본다. (B~E기업의 기본생산능력을 a~e로 나타낸다.)

1월: b+c=23,000

2월: (b+d)×0.5=17,000, b+d=34,000

3월: c+(e×1.2)=22,000

이때 C기업과 E기업의 기본생산능력은 동일하므로 c=e이고, 이를 위의 식에 대입하면

c+(c×1.2)=22,000, c×2.2=22,000이므로

c=10,000, e=10,000

b+c=23,000 → b+10,000=23,000, b=13,000

b+d=34,000 → 13,000+d=34,000, d=21,000

따라서, A~E기업의 기본생산능력은

A기업 15,000개/월, B기업 13,000개/월, C기업 10,000개/월, D기업 21,000개/월, E기업 10,000개/월이다.

기본생산능력이 가장 큰 기업은 D, 세 번째로 큰 기업은 B이다.

148

정답	①	세부영역	조건적용형
난도	중	키포인트	공식적용 / 점수계산

해결전략 제시된 공식에 따라 <그림>의 점수를 계산해야 한다.

해설

<표>의 종합점수 공식에 따라, <그림>의 항목별 득점에 가중치를 적용한 참가자 A~D의 종합점수를 구하면 아래와 같다.

A : $(4×6)+(3×4)+(3×4)+(3×3)+(2×3)=24+12+12+9+6$ $=63$(점)

B : $(3×6)+(4×4)+(5×4)+(4×3)+(1×3)=18+16+20+12+3$ $=69$(점)

C : $(2×6)+(3×4)+(3×4)+(3×3)+(2×3)=12+12+12+9+6$ $=51$(점)

D : $(2×6)+(1×4)+(5×4)+(4×3)+(3×3)=12+4+20+12+9$ $=57$(점)

종합점수가 클수록 순위가 높으므로, 1위는 B, 2위는 A, 3위는 D, 4위는 C이다.

ㄱ. (○) A의 '색상' 점수가 1점 상승하면 종합점수는 $24+12+(4×4)+9+6=67$(점), D의 '장식' 점수가 1점 상승하면 종합점수는 $12+4+20+12+(4×3)=60$(점)이 된다.
이때 순위는 1위가 B, 2위가 A, 3위가 D, 4위가 C가 되어 전체 순위에 변화는 없다.

ㄴ. (○) 항목별 득점기여도$=\dfrac{항목별\ 득점×항목별\ 가중치}{종합점수}$이므로, B의 '향' 항목 득점기여도를 구하면 $\dfrac{4×4}{69}≒0.23$이고, A의 '색상' 항목 득점기여도를 구하면 $\dfrac{3×4}{63}≒0.19$이다.
B의 '향' 항목 득점기여도는 A의 '색상' 항목 득점기여도보다 높다.

ㄷ. (×) 참가자 C가 모든 항목에서 1점씩 더 득점할 경우의 종합점수를 구하면,
$(3×6)+(4×4)+(4×4)+(4×3)+(3×3)=18+16+16+12+9=71$(점)
종합점수가 가장 큰 B의 69점보다 점수가 크므로, C가 위와 같이 모든 항목에서 1점씩 더 득점할 경우 1위가 될 수 있다.

ㄹ. (×) 순위가 높은 순서대로 '맛' 항목의 득점기여도를 구하면,
B : $\dfrac{3×6}{69}≒0.26$, A : $\dfrac{4×6}{63}≒0.38$, D : $\dfrac{2×6}{57}≒0.21$, C : $\dfrac{2×6}{51}$ $≒0.24$이다.
순위가 높은 참가자일수록 '맛' 항목 득점기여도가 높은 것은 아니다.

149

정답	④	세부영역	조건적용형
난도	중	키포인트	순위산정 및 계산

해결전략 제시된 방식으로 순위를 산정한 뒤, 선택지의 옳고 그름을 판단한다.

해설

A, B, C 방식으로 순위를 산정하면 다음과 같다.

ⅰ) A방식
학생들의 총점을 나열하면,
갑 : $75+85+90+97=347$점
을 : $82+83+79+81=325$점
병 : $95+75+75+85=330$점
정 : $89+70+91+90=340$점
1위 '갑', 2위 '정', 3위 '병', 4위 '을'이다.

ⅱ) B방식
과목별 등수를 1위부터 순서대로 나타내면,
국어 : 병(1위), 정(2위), 을(3위), 갑(4위)
영어 : 갑(1위), 을(2위), 병(3위), 정(4위)
수학 : 정(1위), 갑(2위), 을(3위), 병(4위)
과학 : 갑(1위), 정(2위), 병(3위), 을(4위)
과목별 등수의 합을 나타내면,
갑 : $4+1+2+1=8$, 을 : $3+2+3+4=12$,
병 : $1+3+4+3=11$, 정 : $2+4+1+2=9$
등수의 합이 작은 순서대로 1, 2, 3, 4위이므로, 1위 '갑', 2위 '정', 3위 '병', 4위 '을'이다.

ⅲ) C방식
학생별 80점 이상인 과목 수는 갑이 3개, 을이 3개, 병이 2개, 정이 3개이다.
갑, 을, 정의 80점 이상 과목 수는 동일하므로 이 세 명의 경우 A방식에 따라 순위를 정한다.
따라서 1위 '갑', 2위 '정', 3위 '을', 4위 '병'이 된다.

ㄱ. (○) A방식과 B방식으로 산정한 '병'의 순위는 3위로 동일하다.

ㄴ. (○) C방식으로 산정한 '정'의 순위는 2위이다.

ㄷ. (×) '정'의 과학점수만 95점으로 변경될 경우에도 과학 과목의 1위는 97점인 갑이고, '정'은 95점으로 2위가 된다. 3, 4위의 순위도 바뀌지 않으므로 B방식으로 산정한 '갑'의 순위는 그대로 1위가 된다.

150

정답	④	세부영역	자료이해형
난도	하	키포인트	표의 빈칸 추론

해결전략 ○, ◑, ●가 나타내는 점수에 따라 제시된 자료 빈칸의 점수를 계산한다.

해설

○(0점), ◑(0.5점), ●(1.0점)으로 평가되므로, 이에 따라 정책의 점수와 총점을 구하면 된다. 이때, <표>의 빈칸 6개의 점수는 <표> 하단의 평균점수를 통해 구할 수 있다.

심사위원 정책	A	B	C	D	총점
가	1.0	1.0	0.5	0	2.5
나	1.0	1.0	0.5	1.0	3.5
다	0.5	0	1.0	0.5	2.0
라	(0)	1.0	0.5	(0)	1.5
마	1.0	(1.0)	1.0	0.5	3.5
바	0.5	0.5	0.5	1.0	2.5
사	0.5	0.5	0.5	1.0	2.5
아	0.5	0.5	1.0	(0)	2.0
자	0.5	0.5	(1.0)	1.0	3.0
차	(0)	1.0	0.5	0	1.5
평균(점)	0.55	0.70	0.70	0.50	

위 표에서 정책의 총점이 가장 낮은 4개 정책은 다(2.0), 라(1.5), 아(2.0), 차(1.5)이다.

MEMO

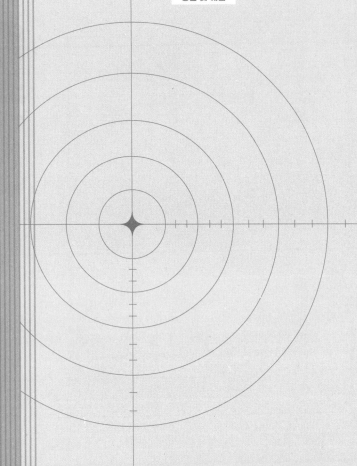

응 용 수 리

151

정답	③	세부영역	페이지 수 구하기
난도	하	키포인트	일차방정식

해결전략 총 페이지 수를 미지수 x로 두는 일차방정식 문제이다.

해설

민재가 보는 역사책의 총 페이지 수를 x라고 하면

$$80 \times 2 + (x - 80 \times 2) \times \frac{2}{5} + 120 = x$$

$$160 + \frac{2}{5}x - 64 + 120 = x$$

$$\frac{3}{5}x = 216$$

$$\therefore x = 360$$

따라서 민재가 보는 역사책의 총 페이지 수는 360페이지이다.

152

정답	⑤	세부영역	물의 양 구하기
난도	중	키포인트	연립방정식과 비례식

해결전략 페인트와 물의 양의 비, 무게와 농도를 모두 활용하는 문제로 상황에 맞게 연립방정식을 세운다.

해설

A와 B의 페인트 양의 비는 $3:2$, 물의 양의 비는 $6:4$이므로
A에 들어있는 페인트의 양은 $3x$, 물의 양은 $6y$
B에 들어있는 페인트의 양은 $2x$, 물의 양은 $4y$라고 할 수 있다.
이에 대한 연립방정식을 세우면 다음과 같다.

$$\begin{cases} 5x + 10y = 250 \\ \dfrac{3x}{3x + 6y} \times 100 = 20 \end{cases}$$

이 식을 정리하면

$$\begin{cases} x + 2y = 50 \\ 2x = y \end{cases}$$

두 식을 연립하여 풀면

$$\therefore x = 10, \ y = 20$$

따라서 B에 들어 있는 물의 양은 $20 \times 4 = 80(\text{g})$이다.

153

정답	①	세부영역	학생 수 구하기
난도	중	키포인트	연립방정식

해결전략 작년의 남학생 수를 미지수 x, 여학생 수를 미지수 y로 두어 올해 학생 수를 구하는 연립방정식을 세운다.

해설

작년 남학생 수를 x명, 작년 여학생 수를 y명이라 하면,
올해 남학생 수는 $0.8x$명, 올해 여학생 수는 $1.12y$명이다.
이에 대한 연립방정식을 세우면 다음과 같다.

$$\begin{cases} x + y = 600 \\ 0.8x + 1.12y = 640 \end{cases}$$

이 식을 정리하면

$$\begin{cases} x + y = 600 \\ 5x + 7y = 4000 \end{cases}$$

두 식을 연립하여 풀면

$$\therefore x = 100, \ y = 500$$

따라서 올해 남학생 수는 $100 \times 0.8 = 80(\text{명})$이다.

154

정답	③	세부영역	시간과 개수 구하기
난도	상	키포인트	연립방정식

해결전략 3분짜리, 4분짜리, 5분짜리 라디오 사연의 개수에 각각 x, y, $x+y+1$이라는 다른 미지수를 두고 문제의 상황에 맞게 연립방정식을 세운다.

해설

3분, 4분, 5분짜리 라디오 사연의 개수를 각각 x개, y개, $(x+y+1)$개로 놓을 수 있다.
이때, 3분짜리 사연의 총 재생 시간이 4분짜리 사연의 총 재생 시간보다 17분 더 길다고 했으므로

$$3x = 4y + 17$$

그리고 사연과 사연 사이에 30초 간격을 둔다고 했으므로,
이 간격의 재생시간은

$$\frac{1}{2} \times \{(x + y + x + y + 1) - 1\} = \frac{1}{2}(2x + 2y)$$

전체 사연을 재생할 경우 5시간 42분이 소요되므로

$$3x + 4y + 5(x + y + 1) + \frac{1}{2}(2x + 2y) = 342$$

이 식을 정리하면

$$\begin{cases} 3x - 4y = 17 \\ 9x + 10y = 337 \end{cases}$$

두 식을 연립하여 풀면

$$\therefore x = 23, \ y = 13$$

따라서 5분짜리 사연은 37개이고, 4분짜리 사연보다 $37 - 13 = 24(\text{개})$ 더 많다.

155

정답	④	세부영역	도형 넓이 구하기
난도	중	키포인트	연립방정식

해결전략 타일의 가로 길이를 미지수 x, 세로 길이를 미지수 y로 두고 연립방정식을 세운 후 넓이를 계산한다.

해설

타일 한 장의 가로의 길이를 $x$cm, 세로의 길이를 $y$cm라 하면

$8x = 3y \, (\because x < y)$

또한, 큰 직사각형의 둘레의 길이가 105cm라고 했으므로

$2 \times (3y + y + x) = 105$

$2x + 8y = 105$

이를 정리하면

$\begin{cases} 8x = 3y \\ 2x + 8y = 105 \end{cases}$

두 식을 연립하여 풀면

$\therefore x = 4.5, \ y = 12$

따라서 직사각형 모양의 타일 한 장의 넓이는 $4.5 \times 12 = 54$(cm²)이다.

156

정답	⑤	세부영역	점수 및 개수 구하기
난도	하	키포인트	일차방정식

해결전략 가윤이 틀린 문제 수를 미지수 x로 두고 문제를 풀이한다.

해설

가윤이가 틀린 문제 수를 x라 하면

$10 \times \dfrac{5}{4} \times x - 5x = 60$

양변에 4를 곱하면

$50x - 20x = 240$

$\therefore x = 8$

따라서 가윤이 푼 문제의 수는 $8 \times \dfrac{5}{4} + 8 = 18$(문제)이다.

157

정답	①	세부영역	개수 구하기
난도	중	키포인트	연립방정식

해결전략 작년 사과 수확량을 미지수 a, 딸기 수확량을 미지수 b로 두고 연립방정식을 세운 후 올해 사과의 수확량을 구한다.

해설

작년 사과 수확량을 a상자, 딸기 수확량을 b상자라고 하면

$\begin{cases} a + b = 500 \\ \dfrac{15}{100}a - \dfrac{10}{100}b = 500 \times \dfrac{8}{100} \end{cases}$

이를 정리하면

$\begin{cases} a + b = 500 \\ 3a - 2b = 800 \end{cases}$

두 식을 연립하여 풀면

$\therefore a = 360, \ b = 140$

작년 사과 수확량은 360상자이고, 딸기 수확량은 140상자이다. 따라서 올해 사과 수확량은 작년에 비해 15% 증가했으므로,

$360 + 360 \times \dfrac{15}{100} = 414$(상자)이다.

158

정답	③	세부영역	처음의 개수 구하기
난도	상	키포인트	연립방정식

해결전략 물고기 수에 대한 미지수 x, y를 설정한 후 물고기가 1마리도 없다는 부분에 중점을 두고 문제를 풀이한다.

해설

수족관에 처음 들어있던 물고기의 수를 x로 두고, 일정한 간격으로 물고기가 들어오고 있으므로 1분에 들어오는 물고기의 수를 y로 두자.

이때 9분마다 평균 6마리의 물고기가 나가면 90분 후 수족관에 물고기가 1마리도 없으므로

$x + 90y - \dfrac{90}{9} \times 6 = 0 \quad \therefore x = 60 - 90y \ \cdots\cdots \ \bigcirc$

7분마다 평균 4마리의 물고기가 나가면 140분 후 수족관에 물고기가 1마리도 없으므로

$x + 140y - \dfrac{140}{7} \times 4 = 0 \quad \therefore x = 80 - 140y \ \cdots\cdots \ \bigcirc$

이를 정리하면

$60 - 90y = 80 - 140y \quad \therefore y = \dfrac{2}{5}$

따라서 이를 $\bigcirc$에 대입하면 처음 들어있던 물고기의 수는

$x = 60 - 90 \times \dfrac{2}{5} = 24$(마리)다.

방정식, 부등식, 비례식

159

정답	④	세부영역	처음 수 찾기
난도	중	키포인트	일차방정식

해결전략 십의 자리의 숫자를 미지수 x로 둔 후 처음 수와 바꾼 수 사이의 방정식을 세운다.

해설

십의 자리의 숫자를 x라 하면 각 자리의 숫자의 합이 10이므로 일의 자리의 숫자는 $10-2-x=8-x$이다.

(처음 수)$=200+10x+(8-x)$라 하면

(바꾼 수)$=(8-x)\times100+10x+2$가 되고

(바꾼 수)$=$(처음 수)$\times2+62$이므로

$(8-x)\times100+10x+2=(200+10x+8-x)\times2+62$

이를 정리하면

$800-100x+10x+2=18x+416+62$

$-90x-18x=478-802$

$-108x=-324$

$\therefore x=3$

따라서 십의 자리의 숫자는 3, 일의 자리의 숫자는 $8-3=5$이므로 처음 수는 $200+30+5=235$이다.

160

정답	⑤	세부영역	요금 구하기
난도	중	키포인트	연립방정식

해결전략 6월과 7월의 스마트폰 요금과 관련된 연립방정식을 세운 후 여기서 나온 x, y의 값으로 8월의 스마트폰 요금을 구한다.

해설

6월 한 달 동안 사용한 데이터는 12GB이고 요금은 11,100원이므로

$x+2y=11,100$ …… ㉠

7월 한 달 동안 사용한 데이터는 24GB이고 요금은 30,300원이므로

$x+10y+4\times2y=30300$

$x+18y=30300$ …… ㉡

㉠, ㉡을 연립하여 풀면

$\therefore x=8700,\ y=1200$

8월 한 달 동안 사용한 데이터는 37GB이므로

데이터 요금은 $x+10y+17\times2y=x+44y$이므로

$8,700+44\times1,200=61,500$(원)이다.

161

정답	②	세부영역	저축 금액 구하기
난도	하	키포인트	일차부등식

해결전략 저축하는 기간을 미지수 x로 두는 일차부등식 문제로 부등호 방향을 문제를 읽고 제대로 표시한다.

해설

통장에 저축을 x일 동안 한다고 하면 이한이 저축한 금액은 $20,000x+300,000$이고, 주호가 저축한 금액은 $40,000x+180,000$이다.

이에 대한 식을 세우면 다음과 같다.

$40,000x+180,000>20,000x+300,000$

$20,000x>120,000$

$\therefore x>6$

따라서 주호는 6일 후 이한보다 돈이 많아지게 된다.

162

정답	③	세부영역	최대 개수 구하기
난도	중	키포인트	연립부등식

해결전략 의자의 개수를 미지수 x로 두고 연립일차부등식을 세운 후 공통부분을 계산해 의자의 최대 개수를 구한다.

해설

의자의 개수를 x라고 놓으면 학생 수는 $(4x+16)$명이므로

$7(x-5)+1\le4x+16\le7(x-5)+7$

이를 연립부등식으로 나타내면

$\begin{cases}7(x-5)+1\le4x+16\\4x+16\le7(x-5)+7\end{cases}$

$7(x-5)+1\le4x+16$을 풀면

$7x-34\le4x+16,\ 3x\le50,\ x\le\dfrac{50}{3}$ …… ㉠

$4x+16\le7(x-5)+7$을 풀면

$4x+16\le7x-28,\ 44\le3x,\ x\ge\dfrac{44}{3}$ …… ㉡

㉠, ㉡의 공통부분을 구하면

$\dfrac{44}{3}\le x\le\dfrac{50}{3}$

이때 x는 자연수이므로 $x=15,\ 16$

따라서 의자는 최대 16개이다.

163

정답	①	세부영역	기약분수 구하기
난도	상	키포인트	방정식과 부등식

해결전략 기약분수의 의미를 알고 $x+2$가 2의 배수라는 것을 안 상태에서 문제를 풀어야 한다.

해설

구하는 기약분수를 $\dfrac{y}{x}$ 라 하면(x, y는 서로소인 자연수)

$$\begin{cases} \dfrac{y}{x+2}=\dfrac{1}{2} & \cdots\cdots ㉠ \\ 1<\dfrac{y+3}{x}<2 & \cdots\cdots ㉡ \end{cases}$$

㉠에서 $y=\dfrac{1}{2}(x+2)$이고, $x+2$는 2의 배수이다.

㉡을 간단히 하면

$x-3<y<2x-3$ $\cdots\cdots$ ㉢

이므로 ㉠을 ㉢에 대입하여 풀면

$x-3<\dfrac{1}{2}(x+2)<2x-3$

$\therefore \dfrac{8}{3}<x<8$

$x+2$가 2의 배수이므로 x도 2의 배수이고, 이를 만족하는 x는 4, 6이다.

따라서 $x=4$일 때 $y=3$이고, $x=6$일 때 $y=4$이므로 조건을 만족하는 기약분수는 $\dfrac{3}{4}$ 이다.

164

정답	③	세부영역	직원 수 구하기
난도	상	키포인트	연립부등식과 비례식

해결전략 남·여 직원의 비를 이용해 연립부등식과 비례식을 세운 후 이를 이용해 금년에 채용한 직원의 수를 구한다.

해설

작년도 남자와 여자 직원을 각각 $5a$, $3a$라고 하고, 금년도에 채용한 남·여 직원의 수를 각각 x라 하면

$5a+3a<400$ $\cdots\cdots\cdots\cdots\cdots\cdots$ ㉠

$5a+3a+2x>400$ $\cdots\cdots\cdots\cdots$ ㉡

$(5a+x):(3a+x)=8:5$ $\cdots\cdots$ ㉢

㉢을 정리하면 $a=3x$이고, 이를 ㉠, ㉡에 대입하면

㉠은 $x<\dfrac{50}{3}$, ㉡은 $x>\dfrac{200}{13}$

$\therefore \dfrac{200}{13}<x<\dfrac{50}{3}$

이때 x는 자연수이므로 $x=16$

따라서 금년에 채용한 직원은 32명이다.

165

정답	②	세부영역	요금 구하기
난도	중	키포인트	일차부등식

해결전략 추가요금을 미지수 x로 두고 지상 주차장에 대한 부등식을 세운다.

해설

지하 주차장 요금은 $6,000+500\times27=19,500$(원)이다.

지상 주차장의 추가요금을 x원이라고 하면 다음과 같다.

$4000+30x<19500$

$\therefore x<516.667$

추가요금은 50원 단위로 산정되므로 지상 주차장의 추가요금은 최대 500원이다.

현재 추가요금은 1,000원이므로 최소 500원을 인하해야 5시간 30분 이용 시 지하 주차장보다 요금이 적어진다.

166

정답	②	세부영역	개수 구하기
난도	상	키포인트	연립방정식과 부등식

해결전략 서울과 지방에 보내는 수박의 묶음을 미지수 a, b로 둔 후 중량과 요금을 이용해 식을 세운다.

해설

서울에 보내는 수박 묶음의 수를 a, 지방에 보내는 수박 묶음의 수를 b로 두면

구분	무게	수박 수	비용	총 묶음 수
서울	4.5kg	1	5,000원	a
지방	13.5kg	3	9,000원	b

$$\begin{cases} 5000a+9000b=38000 & \cdots\cdots ㉠ \\ 4.5a+13.5b\le45 & \cdots\cdots ㉡ \end{cases}$$

이를 정리하면

$$\begin{cases} a=7.6-1.8b & \cdots\cdots ㉢ \\ a+3b\le10 & \cdots\cdots ㉣ \end{cases}$$

㉢을 ㉣에 대입하면 $7.6-1.8b+3b\le10$

$1.2b\le2.4$

$\therefore b\le2$

b가 1일 경우 a는 5.8, b가 2일 경우 a는 4이다.

a, b는 자연수이므로 $a=4$, $b=2$

따라서 고객에게 택배로 보내는 수박은 $4+2\times3=10$(통)이다.

방정식, 부등식, 비례식

167

정답	④	세부영역	최소 섭취량 구하기
난도	중	키포인트	연립일차부등식

해결전략 달걀의 섭취량을 미지수 x로 두고 식을 세운 후 이를 이용해 두부의 최소 섭취량을 구한다.

해설
달걀 섭취량을 xg, 두부 섭취량을 $(300-x)$g이라고 하면

$$\begin{cases} \dfrac{160}{100}x + \dfrac{80}{100}(300-x) \leq 424 & \cdots\cdots \ \text{㉠} \\ \dfrac{12}{100}x + \dfrac{9}{100}(300-x) \geq 33 & \cdots\cdots \ \text{㉡} \end{cases}$$

㉠에서
$160x + 80(300-x) \leq 42400,\ \ 2x + 300 - x \leq 530$
$x \leq 230$
㉡에서
$12x + 9(300-x) \geq 3300,\ \ 4x + 900 - 3x \geq 1100$
$x \geq 200$
이를 정리하면
$\therefore 200 \leq x \leq 230$
달걀은 최대 230g 먹어야 하므로 두부는 최소한 $300-230=70(\text{g})$을 먹어야 한다.

168

정답	④	세부영역	작은 수 구하기
난도	중	키포인트	연립부등식

해결전략 어떤 세 수의 중간값을 미지수 x로 두고 연립부등식을 세운 후 가장 작은 수를 구한다.

해설
연속한 세 수이므로 $(x-1),\ x,\ (x+1)$이라고 하면,
$300 \leq (x-1)^2 + x^2 + (x+1)^2 < 400$
$300 \leq 3x^2 + 2 < 400$
$\therefore x = 10 \ \text{or} \ x = 11$
ⅰ) $x = 10$일 경우
　세 수의 곱은 $9 \times 10 \times 11 = 990$이므로 조건에 만족한다.
ⅱ) $x = 11$일 경우
　세 수의 곱은 $10 \times 11 \times 12 = 1{,}320$이므로 조건에 만족하지 않는다.
따라서 $x = 10$이고, 이에 따라 연속한 세 수 중 가장 작은 수는 9이다.

169

정답	③	세부영역	합금의 양 구하기
난도	중	키포인트	연립방정식과 비례식

해결전략 합금 420g에 들어갈 철과 니켈의 양을 구한 후 A와 B 합금에 포함된 철의 양과 니켈의 양의 합에 대해 연립방정식을 세워 문제를 풀어야 한다.

해설
철과 니켈을 2:1의 비율로 포함한 합금 420g에 포함된 철의 양은 $420 \times \dfrac{2}{3} = 280(\text{g})$, 니켈의 양은 $420 \times \dfrac{1}{3} = 140(\text{g})$이 된다.

필요한 합금 A, B의 양을 각각 xg, yg이라 하자.
A, B에 섞인 철의 양의 합이 280g이므로

$\dfrac{1}{2}x + \dfrac{3}{4}y = 280$

A, B에 섞인 니켈의 양의 합이 140g이므로

$\dfrac{1}{2}x + \dfrac{1}{4}y = 140$

이 식을 정리하면
$$\begin{cases} 2x + 3y = 1120 \\ 2x + y = 560 \end{cases}$$
위 식을 연립하여 풀면
$\therefore x = 140,\ \ y = 280$
따라서 A는 140g, B는 280g이 필요하다.

170

정답	①	세부영역	최댓값 구하기
난도	상	키포인트	이차부등식

해결전략 만둣국의 한 그릇의 가격이 200원씩 내려가는 것을 미지수 x로 두고 이차부등식을 세운다.

해설
만둣국 한 그릇의 가격을 200원씩 x번 내린다고 하면 하루 동안의 만둣국 판매액은
$(5000 - 200x)(120 + 10x)$원
하루 동안의 라면 판매액이 672,000원 이상이 되려면
$(5000 - 200x)(120 + 10x) \geq 672000$
$(25 - x)(12 + x) \geq 336$
$-x^2 + 13x + 300 \geq 336$
$x^2 - 13x + 36 \leq 0$
$(x-4)(x-9) \leq 0$
$\therefore 4 \leq x \leq 9$
따라서 x가 4일 때, 라면 한 그릇의 가격이 최대가 되므로 $5{,}000 - 200 \times 4 = 4{,}200(\text{원})$이다.

171

정답	②	세부영역	인원수 구하기
난도	중	키포인트	일차방정식과 비례식

해결전략 바자회에 참여한 전체 인원을 미지수 x로 두고 물건을 구매하지 않은 남자와 여자의 비가 같다는 것을 이용해 풀이한다.

해설

바자회에 참여한 전체 인원을 x라 하면 남자는 $\dfrac{9}{16}x$,

여자는 $\dfrac{7}{16}x$이다.

물건을 구매한 사람은 200명인데, 이중 $\dfrac{3}{5}$인 120명이 남자이고

$\dfrac{2}{5}$인 80명이 여자이다.

물건을 구매하지 않은 여자는 전체 여자 참여자 중 구매자를 뺀 숫자이고, 이때 물건을 구매하지 않은 남녀 인원수가 같다고 했으므로

$$\frac{9}{16}x - 120 = \frac{7}{16}x - 80$$

$$\frac{1}{8}x = 40$$

$$\therefore x = 320$$

따라서 바자회에 참여한 전체 인원은 320명이다.

172

정답	①	세부영역	개수 구하기
난도	중	키포인트	연립방정식과 비례식

해결전략 처음 라면과 김밥의 개수를 각각 미지수 x, y로 두고 남은 라면과 김밥의 비를 이용해 연립방정식을 세운다.

해설

처음 라면과 김밥의 개수를 각각 x, y라 하면

ⅰ) $x - 15 : y = 1 : 2$

　　$y = 2x - 30$ …… ㉠

ⅱ) $x - 15 : y - 30 = 5 : 4$

　　$4(x - 15) = 5(y - 30)$

　　$4x - 5y = -90$ …… ㉡

이를 정리하면

$$\begin{cases} y = 2x - 30 \\ 4x - 5y = -90 \end{cases}$$

두 식을 연립하여 풀면

$\therefore x = 40$, $y = 50$

따라서 남은 라면의 개수는 $x - 15 = 40 - 15 = 25$(개)이고, 남은 김밥의 개수는 $y - 30 = 50 - 30 = 20$(개)이다.

173

정답	④	세부영역	개수 구하기
난도	상	키포인트	일차방정식과 비례식

해결전략 정우와 민지가 가지고 있는 동전의 개수를 각각 미지수 a, b로 두고 방정식을 세운 후 가질 수 있는 동전의 개수를 추측해야 한다.

해설

정우가 500원짜리 동전을 $3a$개 갖고 있다고 하면 100원짜리 동전은 a개 갖고 있다. 민지가 500원짜리 동전을 $5b$개 갖고 있다고 하면 100원짜리 동전은 $3b$개 갖고 있다.

$500 \times (3a + 5b) + 100 \times (a + 3b) = 24800$

$4a + 7b = 62$ (∵ a, b는 자연수)

미지수가 a, b 두 개이므로 a보다 계수가 큰 b에 자연수를 대입해 본다. b가 홀수라면 $4a$가 홀수가 되어야 하므로 식이 성립되지 않는다. 따라서 b는 짝수가 되어야 한다.

b가 될 수 있는 자연수는 2, 6으로 2개이고 b의 값에 따라 a는 12, 5가 될 수 있다.

즉, $(a, b) = (12, 2)$ 또는 $(5, 6)$이다.

이때 정우가 갖고 있을 수 있는 100원짜리 동전의 개수는 5개, 12개이고, 민지가 갖고 있을 수 있는 100원짜리 동전의 개수는 6개, 18개이다.

따라서 정우와 민지가 갖고 있는 100원짜리 동전의 개수가 될 수 없는 것은 ④이다.

174

정답	⑤	세부영역	평균 구하기
난도	중	키포인트	일차방정식과 비례식

해결전략 여학생의 국어 성적 평균을 미지수 x로 두고 일차방정식을 세운다.

해설

남학생과 여학생의 성비가 3 : 5이고, 전체 학급인원 수가 40명이므로 남학생은 $40 \times \dfrac{3}{8} = 15$명, 여학생은 $40 \times \dfrac{5}{8} = 25$명이다.

이때 남학생의 국어 성적 총점은 $75 \times 15 = 1,125$(점)이고, 여학생의 국어 성적 평균을 x라고 하면 여학생 국어 성적 총점은 $25 \times x$가 된다.

이를 정리하면 A반 국어 성적 총점＝남학생 국어 총점＋여학생 국어 총점이므로

$1125 + 25x = 40 \times 79.5$

$\therefore x = 82.2$

따라서 A반 여학생의 국어 성적 평균은 82.2점이다.

175

정답	⑤	세부영역	시간 구하기
난도	하	키포인트	최소공배수

해결전략 부산행 기차의 출발 간격과 대전행 기차의 출발 간격의 최소공배수를 구한다.

해설

부산행 기차의 출발 간격은 28분, 대전행 기차의 출발 간격은 12분으로 이의 최소공배수를 구하면

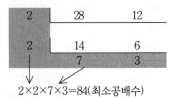

$2 \times 2 \times 7 \times 3 = 84$(최소공배수)

따라서 다음에 동시에 출발하는 시각은 84분 후, 즉 1시간 24분 후인 오전 10시 44분이다.

176

정답	①	세부영역	간격 구하기
난도	상	키포인트	최대공약수

해결전략 64와 80의 최대공약수를 구한 후 네 모퉁이를 고려해서 꽃을 몇 송이 심는지 계산한다.

해설

64와 80의 최대공약수를 구하면

2	64	80
2	32	40
2	16	20
2	8	10
	4	5

$2 \times 2 \times 2 \times 2 = 16$(최대공약수)

최대공약수가 16이므로 16cm 간격으로 꽃을 심어야 가장 넓은 간격으로 가장 적게 심을 수 있다.

이때 가로의 한 변에 심는 꽃의 수는 $64 \div 16 + 1 = 5$(송이), 세로에 심는 꽃의 수는 $80 \div 16 + 1 = 6$(송이)이다. 그런데 네 모퉁이에 심는 꽃이 두 번씩 겹치므로 필요한 꽃은 $5 + 5 + 6 + 6 - 4 = 18$(송이)이다.

177

정답	②	세부영역	시간 구하기
난도	중	키포인트	최소공배수

해결전략 동시에 켜지는 시간을 구하기 위해서는 세 개의 가로등의 최소공배수를 구한다.

해설

세 개의 가로등 중 하나는 켜지고 꺼지는 데 32초, 다른 하나는 48초, 또 다른 하나는 60초가 걸린다. 이 세 개의 가로등이 꺼지고 켜지는 데 걸리는 시간의 최소공배수를 구하면

2	32	48	60
2	16	24	30
2	8	12	15
2	4	6	15
3	2	3	15
	2	1	5

$2 \times 2 \times 2 \times 2 \times 3 \times 2 \times 1 \times 5 = 480$(최소공배수)

따라서 세 개의 가로등이 동시에 켜진 후 그 다음 동시에 켜질 때까지는 480초가 걸린다.

178

정답	④	세부영역	가격 구하기
난도	중	키포인트	최대공약수

해결전략 가능한 한 많은 묶음으로 판매해야 하므로 최대공약수를 구한 후 그에 대한 가격을 계산한다.

해설

가능한 한 많은 묶음으로 판매하기 위한 최대공약수를 구하면

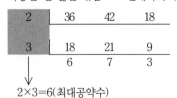

$2 \times 3 = 6$(최대공약수)

6묶음으로 판매하려고 할 때 한 묶음에 들어가는 공책은 6권, 볼펜은 7자루, 형광펜은 3자루이다.

따라서 한 묶음의 가격은 $(1,200 \times 6) + (800 \times 7) + (900 \times 3) = 15,500$(원)이다.

179

정답	③	세부영역	날짜 구하기
난도	중	키포인트	최소공배수

해결전략 민지와 현수의 아르바이트 주기의 최소공배수를 구한 후 같이 쉬는 날을 계산한다.

해설
민지가 아르바이트를 하는 주기는 7+1=8(일), 현수가 아르바이트를 하는 주기는 8+2=10(일)이므로 최소공배수는

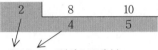

2×4×5=40(최소공배수)

민지와 현수는 40일마다 일을 시작하는 날이 겹친다. 즉, 40일 주기로 일을 같이 시작한다. 또한 40일 주기에서 같이 쉬는 날은 하루뿐이다.
365÷40=9 … 5이다.
따라서 같이 쉬는 날은 9일이다.

180

정답	①	세부영역	인원수 구하기
난도	중	키포인트	최대공약수

해결전략 라면, 과자, 콜라의 나눠준 개수를 제대로 파악하여 최대공약수를 구한다.

해설
라면 182봉지에서 2봉지가 남는다고 했으므로 나눠준 라면은 180봉지이다.
과자 75봉지에서 3봉지가 남는다고 했으므로 나눠준 과자는 72봉지이다.
콜라 107캔에서 1캔이 부족하다고 했으므로 나눠줘야 하는 콜라는 108캔이 된다.
이때 라면, 과자, 콜라의 최대공약수를 구하면

2	180	72	108
2	90	36	54
3	45	18	27
3	15	6	9
	5	2	3

2×2×3×3=36(최대공약수)
따라서 학생들은 모두 36명이다.

181

정답	②	세부영역	날짜 구하기
난도	상	키포인트	최소공배수

해결전략 석주와 지원이 영화를 보는 주기의 최소공배수를 구한 후 다시 수요일에 만나는 날을 구해야 하므로 일주일에 대한 최소공배수도 구한다.

해설
먼저 석주가 영화를 보는 주기와 지원이 영화를 보는 주기는 12일, 18일이므로 12와 18의 최소공배수를 구하면

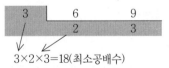

2×3×2×3=36(최소공배수)

즉 석주와 지원은 36일마다 영화관에서 만나게 된다. 이때 일주일은 7일이므로 처음 만난 이후 그 다음에 다시 만나게 되는 수요일을 구하기 위해서는 7과 36의 최소공배수를 구해야 하고 이는 7×36=252가 된다. 따라서 석주와 지원이 다음에 다시 만나게 되는 수요일은 252일 후이다.

182

정답	③	세부영역	개수 구하기
난도	중	키포인트	최소공배수

해결전략 쿠키의 개수를 구하기 위해서는 6과 9의 최소공배수를 구한 후 이의 배수들 중 8로 나누었을 때 나머지가 6인 것을 찾는다.

해설
쿠키의 개수를 구하기 위해서 6과 9의 최소공배수를 구하면

3	6	9
	2	3

3×2×3=18(최소공배수)

18의 배수들 중에 8로 나누었을 때 나머지가 6인 수를 찾아보면 다음과 같다.
18÷8=2…2
36÷8=4…4
54÷8=6…6
따라서 쿠키 박스에 들어 있던 쿠키는 적어도 54개이다.

183

정답	④	세부영역	횟수 구하기
난도	하	키포인트	최소공배수

해결전략 갑, 을, 병이 공원 둘레를 도는 데 걸리는 시간의 최소공배수를 구한 후 출발점에서 몇 분마다 다시 만나게 되는지 구한다.

해설

갑, 을, 병이 공원 둘레를 한 바퀴 도는 데 걸리는 시간의 최소공배수를 구하면

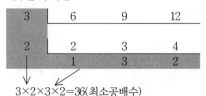

$3 \times 2 \times 3 \times 2 = 36$(최소공배수)

따라서 갑, 을, 병은 36분에 한 번씩 만나게 되므로 360분 동안 출발점에서 10번을 다시 만나게 된다.

184

정답	①	세부영역	개수 구하기
난도	중	키포인트	최소공배수

해결전략 16과 12의 최소공배수를 구한 후 정사각형 모양을 만들기 위해 사용되는 직사각형 모양 매트의 개수를 구한다.

해설

직사각형 모양의 매트를 이용해 가장 작은 정사각형을 만들기 위해서는 16과 12의 최소공배수를 구해야 한다.

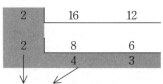

$2 \times 2 \times 4 \times 3 = 48$(최소공배수)

16과 12의 최소공배수는 48이므로 한 변의 길이가 48cm인 정사각형 모양을 만들기 위해서는 가로로 $48 \div 16 = 3$(장), 세로는 $48 \div 12 = 4$(장)이 필요하다.

따라서 직사각형 모양의 매트는 $3 \times 4 = 12$(장)이 필요하다.

185

정답	⑤	세부영역	인원수 구하기
난도	중	키포인트	비율과 최대공약수

해결전략 남녀의 비가 같도록 모둠을 구성하려면 모둠의 수는 88과 72의 공약수이어야 하고, 최대한 많은 모둠을 구성하려면 88과 72의 최대공약수를 구해야 한다.

해설

최대한 많은 모둠을 구성하기 위해 88과 72의 최대공약수를 구하면

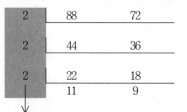

$2 \times 2 \times 2 = 8$(최대공약수)

따라서 최대로 구성할 수 있는 모둠은 8개이므로 한 모둠에 속하는 남학생의 수는 $88 \div 8 = 11$(명), 여학생의 수는 $72 \div 8 = 9$(명)이다.

186

정답	②	세부영역	개수 구하기
난도	중	키포인트	최소공배수

해결전략 6, 8, 9의 최소공배수를 구한 후 이들의 배수에 +1을 한 값 중 7로 나누었을 때 나머지가 5인 수를 찾는다.

해설

먼저 6, 8, 9의 최소공배수를 구하면

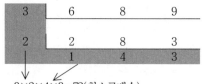

$3 \times 2 \times 4 \times 3 = 72$(최소공배수)

6, 8, 9의 공배수는 72, 144, 216 … 이고, 과자의 수는 1개가 남는다고 했으므로 73, 145, 217 … 이다. 이때 7로 나누었을 때 나머지가 5인 수를 찾아보면 다음과 같다.

$73 \div 7 = 10 \cdots 3$

$145 \div 7 = 20 \cdots 5$

따라서 박 교수가 가지고 있는 과자는 최소 145개이다.

187

정답	③	세부영역	시간 구하기
난도	중	키포인트	최소공배수

해결전략 A톱니바퀴와 B톱니바퀴의 최소공배수를 구한 후 둘이 다시 만나는 데 걸리는 시간을 구한다.

해설

먼저 A톱니바퀴와 B톱니바퀴의 최소공배수를 구하면

2	64	88
2	32	44
2	16	22
	8	11

$2 \times 2 \times 2 \times 8 \times 11 = 704$(최소공배수)

즉 A톱니바퀴와 B톱니바퀴는 704번을 맞물린 후 다시 만나게 된다.

이때 A톱니바퀴는 $704 \div 64 = 11$(바퀴)를 돌고,

B톱니바퀴는 $704 \div 88 = 8$(바퀴)를 돈다.

따라서 두 톱니바퀴가 회전하기 전 맞물렸던 곳에서 처음으로 다시 만나는 데 걸리는 시간은 $8 \times 3 = 24$(분 후)이다.

188

정답	①	세부영역	횟수 구하기
난도	하	키포인트	최소공배수

해결전략 예운의 검은 구슬과 민지의 검은 구슬의 규칙을 찾아 최소공배수를 구한 후 100개의 구슬을 놓는 동안 같은 자리에 위치하는 것이 몇 번인지 확인한다.

해설

예운의 검은 구슬은 6의 배수자리마다 놓이고, 민지의 검은 구슬은 8의 배수자리마다 놓인다. 6과 8의 최소공배수를 구하면

$2 \times 3 \times 4 = 24$(최소공배수)

따라서 100개의 구슬을 놓을 때 검은 구슬이 같은 자리에 위치하는 경우는 24, 48, 72, 96으로 총 4번이다.

189

정답	④	세부영역	판매금액 구하기
난도	중	키포인트	최대공약수

해결전략 직육면체 가로, 세로, 높이의 최대공약수를 구한 후 총 만들어지는 정육면체 찰흙의 개수에 대한 판매금액을 구한다.

해설

직육면체의 가로, 세로, 높이의 최대공약수를 구하면

2	126	84	42
3	63	42	21
7	21	14	7
	3	2	1

$2 \times 3 \times 7 = 42$(최대공약수)

따라서 가로, 세로, 높이가 42cm인 정육면체 모양으로 잘라 판매한다.

이때 가로는 $126 \div 42 = 3$, 세로는 $84 \div 42 = 2$, 높이는 $42 \div 42 = 1$이므로 정육면체 모양의 찰흙은 총 $3 \times 2 = 6$(개)이다.

따라서 정육면체 모양의 찰흙 판매금액은 $1,200 \times 6 = 7,200$(원)이다.

190

정답	②	세부영역	인원수 구하기
난도	하	키포인트	최대공약수

해결전략 120과 96의 최대공약수를 구한 후 이를 통해 나누어 줄 수 있는 사람 수를 알아본다.

해설

비누세트 120개와 각티슈 96개이므로 120과 90의 최대공약수를 구하면

2	120	96
2	60	48
2	30	24
3	15	12
	5	4

$2 \times 2 \times 2 \times 3 = 24$(최대공약수)

최대 24명에게 선물을 증정할 수 있다.

191

정답	①	세부영역	개수 구하기
난도	하	키포인트	최소공배수

해결전략 3, 4, 5의 최소공배수를 구한 후 모자란 수만큼 빼줘야 남은 초콜릿의 개수를 구할 수 있다.

해설

3개씩 세면 1개, 4개씩 세면 2개, 5개씩 세면 3개가 남는다는 뜻은 3개씩 세면 2개, 4개씩 세면 2개, 5개씩 세면 2개가 모자라다라는 뜻이다.

즉, 영희가 집에 돌아와서 세어본 초콜릿의 개수는 3, 4, 5의 최소공배수에서 2가 모자란 수이다.

이때 3, 4, 5의 최소공배수는 $3 \times 4 \times 5 = 60$이므로 영희가 집에 왔을 때 남은 초콜릿의 개수는 2개가 모자란 58개이다.

따라서 100개의 초콜릿을 샀으므로 친구와 나눠먹은 초콜릿의 개수는 $100 - 58 = 42$(개)이다.

192

정답	⑤	세부영역	날짜 구하기
난도	상	키포인트	최소공배수

해결전략 A회사의 육포와 B회사의 오징어포가 동시에 납품되는 날의 최소공배수를 구한 후 같이 재고 정리를 하는 날이 언제인지 계산한다.

해설

요일은 7일마다 반복이 되고, A회사의 육포는 168일, B회사의 오징어포는 56일마다 납품을 받으므로 이에 대한 최소공배수를 구하면

2	7	168	56
2	7	84	28
2	7	42	14
7	7	21	7
	1	3	1

$2 \times 2 \times 2 \times 7 \times 3 = 168$(최소공배수)

즉, 청현이가 두 회사의 제품을 화요일에 싸게 살 수 있는 데 걸리는 시간은 최소 168일이다.

따라서 7월 5일로부터 168일 후는 12월 20일 화요일이다.

193

정답	②	세부영역	개수 구하기
난도	중	키포인트	최대공약수

해결전략 임원진과 직원은 다른 줄에 앉아야 하므로, 36과 180의 최대공약수를 구한 후 이를 통해 총 몇 줄이 생기는지 계산한다.

해설

한 줄에 놓이는 의자의 개수는 36과 180의 공약수이면서 가장 큰 수가 되어야 하므로 두 수의 최대공약수를 구하면 된다.

2	36	180
2	18	90
3	9	45
3	3	15
	1	5

$2 \times 2 \times 3 \times 3 = 36$(최대공약수)

즉, 한 줄에 놓이는 의자의 개수는 36개이다.

따라서 만들어지는 줄의 개수는 임원진이 $36 \div 36 = 1$(줄), 직원이 $180 \div 36 = 5$(줄)로 총 6줄이다.

194

정답	③	세부영역	날짜 구하기
난도	상	키포인트	최대공약수

해결전략 예운과 민정이 일하는 주기의 최소공배수를 구한 후 이를 이용해 며칠 후에 처음으로 동시에 2일 연속 쉬는지를 알아본다.

해설

예운은 12일마다 일을 시작하고, 민정은 20일마다 일을 시작하므로, 12와 20의 최소공배수를 구하면

2	12	20
2	6	10
	3	5

$2 \times 2 \times 3 \times 5 = 60$(최소공배수)

최소공배수가 60이므로 두 사람은 60일마다 동시에 일한다고 할 수 있다. 60일 동안 2일 연속 함께 쉬는 날은 함께 일을 시작한지 59일째, 60일째 되는 날이다. 따라서 처음으로 동시에 2일 연속 쉬는 날은 일을 시작하고 58일 후가 된다.

195

정답	④	세부영역	시간 구하기
난도	중	키포인트	최소공배수

해결전략 A극장은 인터미션을 포함하여 150분, B극장은 인터미션을 포함하여 120분 공연을 하며 이들의 최소공배수를 구한 후 다시 공연을 동시에 하는 시각을 계산해야 한다.

해설

인터미션을 고려하면 A극장은 150분, B극장은 120분의 공연을 하므로 150과 120에 대한 최소공배수를 구하면

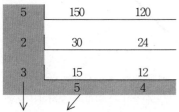

5×2×3×5×4=600(최소공배수)

즉 두 극장은 600분 후에 동시에 공연 시작을 하게 된다.

따라서 오전 8시 30분에 동시에 연극을 한 다음 600분 후, 즉 10시간 후인 오후 6시 30분에 연극을 다시 동시에 시작하게 된다.

196

정답	②	세부영역	조합과 분할 및 곱의 법칙
난도	상	키포인트	경우의 수와 조합

해결전략 모빌 가장 위에 있는 두 곳에 6개의 모형 중 2개를 매다는 방법은 순서를 생각하지 않고 중복을 허락하지 않으므로 조합의 방법으로 구해야 하고, 나머지 4개 모형을 2개씩 두 곳에 매다는 방법은 조합 중 분할의 방법을 적용하여 계산한다.

해설
먼저 모빌 가장 위에 있는 두 곳에 6개의 모형 중 2개를 매다는 방법은 $_6C_2 = \dfrac{6 \times 5}{2 \times 1} = 15$(가지)이다.

나머지 4개 모형을 2개씩 두 곳에 매다는 방법은

$_4C_2 \times _2C_2 \times \dfrac{1}{2!} = \dfrac{4 \times 3}{2 \times 1} \times \dfrac{2 \times 1}{2 \times 1} \times \dfrac{1}{2 \times 1} = 3$(가지)이다.

따라서 철수가 만들 수 있는 서로 다른 모빌은 $15 \times 3 = 45$(가지)이다.

197

정답	④	세부영역	곱의 법칙
난도	하	키포인트	경우의 수

해결전략 다섯 가지의 색을 사용해 A, B, C, D를 칠할 때 이웃한 면에는 같은 색을 사용할 수 없다고 했으므로 B와 C에 칠한 색은 다른 곳에 사용할 수 없고, B와 C에 사용한 색을 제외한 나머지 세 가지 색을 사용해 A와 D를 칠할 수 있도록 경우의 수를 계산한다.

해설
그림을 보면 B와 C가 모든 칸과 이웃해 있는 것을 확인할 수 있다. 즉, B나 C 중 어느 하나에 칠해진 색은 다른 면에는 칠해져서는 안 된다.
이때 B → C → A → D의 순서로 색을 칠한다고 하면 B에는 5가지, C에는 4가지, A에는 3가지, D에는 3가지의 색을 사용할 수 있다.
따라서 경계를 구분하는 방법의 수는 $5 \times 4 \times 3 \times 3 = 180$(가지)이다.

198

정답	①	세부영역	곱의 법칙
난도	중	키포인트	경우의 수

해결전략 정육면체에서 직각이등변삼각형을 만들 수 있는 방법을 찾은 후 경우의 수를 구한다.

해설

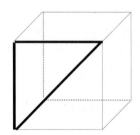

정육면체에서 임의의 꼭짓점 세 개를 택하여 직각이등변삼각형을 만들기 위해서는 위의 그림과 같이 각 면의 두 모서리를 포함하도록 연결하면 된다.
따라서 각 면에 네 개씩 만들 수 있으므로 $4 \times 6 = 24$(개)의 직각이등변삼각형을 만들 수 있다.

199

정답	⑤	세부영역	합과 곱의 법칙
난도	중	키포인트	경우의 수

해결전략 세 가지 정수 중 423보다 큰 경우를 카드의 중복 사용을 포함해서 알아봐야 한다. 이때 백의 자리는 4, 5 두 가지 뿐이므로 십의 자리와 일의 자리에서 나오는 경우의 수를 곱의 법칙으로 계산한 후 총 몇 가지인지 확인한다.

해설
세 가지 정수 중 423보다 큰 경우는 중복 사용할 수 있으므로

백의 자리	십의 자리	일의 자리	경우의 수
4	2	4, 5	2가지
	3, 4, 5	1, 2, 3, 4, 5	$3 \times 5 = 15$(가지)
5	1, 2, 3, 4, 5	1, 2, 3, 4, 5	$5 \times 5 = 25$(가지)

따라서 총 경우의 수는 $2 + 15 + 25 = 42$(가지)이다.

200

정답	③	세부영역	합의 법칙
난도	하	키포인트	경우의 수

해결전략 a가 연속하지 않을 방법은 b가 2개인 경우, b가 3개인 경우, b가 4개인 경우이므로 이에 대한 경우의 수를 구한다.

해설
a, b를 이용하여 4개로 이루어진 문자열을 만들 때, a가 연속하지 않도록 하려면 b가 최소 2개는 있어야 한다.
ⅰ) b가 2개인 경우
　a와 b를 서로 교차하여 배열하거나 a를 양 끝에 배치하는 경우가 가능하다.
　$a-b-a-b$, $b-a-b-a$, $a-b-b-a$: 3가지
ⅱ) b가 3개인 경우
　b를 먼저 배열하고, b 사이에 a를 배열하는 경우가 가능하다.
　$a-b-b-b$, $b-a-b-b$, $b-b-a-b$, $b-b-b-a$: 4가지
ⅲ) b가 4개인 경우
　$b-b-b-b$: 1가지
따라서 가능한 경우의 수는 $3+4+1=8$(가지)이다.

201

정답	①	세부영역	합과 곱의 법칙
난도	중	키포인트	경우의 수와 순열

해결전략 다섯 칸의 계단을 오르는 방법의 수를 알아본 후 이를 통해 경우의 수를 구한다.

해설
ⅰ) 두 칸씩 2번, 한 칸씩 1번 오르는 경우
　$\dfrac{3!}{2!}=\dfrac{3\times2\times1}{2\times1}=3$(가지)
ⅱ) 두 칸씩 1번, 한 칸씩 3번 오르는 경우
　$\dfrac{4!}{3!}=\dfrac{4\times3\times2\times1}{3\times2\times1}=4$(가지)
ⅲ) 한 칸씩 5번 오르는 경우
　1가지
따라서 계단을 올라가는 방법은 $3+4+1=8$(가지)이다.

202

정답	④	세부영역	곱과 합의 법칙 및 조합
난도	상	키포인트	경우의 수와 조합

해결전략 B와 E 사이에 1명이 있도록 하는 경우와 2명이 있도록 하는 경우의 방법을 알아본 후 이를 통해 경우의 수를 구한다.

해설
ⅰ) B와 E 사이에 1명이 있도록 하는 경우
　B와 E 사이에 있을 1명을 결정하는 방법은 $_3C_1=3$(가지)이다. 또한 B와 E는 서로 자리를 바꿀 수 있으므로, B와 E를 포함하여 3명을 일렬로 배치하는 방법은 $3\times2=6$(가지)이다. 결국 B와 E를 포함한 3명을 1묶음으로 생각하고, 3명을 일렬로 배치한다고 생각하면 된다. 따라서 $6\times3!=36$(가지)이다.
ⅱ) B와 E 사이에 2명이 있도록 하는 경우
　B와 E 사이에 있을 2명을 결정하는 방법은 $_3C_2=_3C_1=3$(가지)이다. 또한 B와 E는 서로 자리를 바꿀 수 있으며, 사이에 있는 2명도 마찬가지이다. 따라서 B와 E를 포함하여 4명을 일렬로 배치하는 방법은 $3\times2\times2=12$(가지)이다. 결국 B와 E를 포함한 4명을 1묶음으로 생각하고, 2명을 일렬로 배치한다고 생각하면 된다. 따라서 $12\times2!=24$(가지)이다.
따라서 B와 E 사이에 1명 또는 2명이 있도록 하는 경우의 수는 $36+24=60$(가지)이다.

203

정답	②	세부영역	합과 곱의 법칙 및 순열
난도	중	키포인트	경우의 수와 순열

해결전략 남학생과 여학생이 각각 맨 앞에 오는 경우를 알아본 후 이를 통해 방법의 수가 모두 몇 가지인지 구한다.

해설
ⅰ) 남학생이 맨 앞에 오는 경우
　우선 남학생 3명을 일렬로 배치한다. 이후 맨 앞에 위치한 남학생 뒤에서부터 여학생을 1명씩 배치하면 된다.
　$3!\times3!=36$(가지)
ⅱ) 여학생이 맨 앞에 오는 경우
　우선 여학생 3명을 일렬로 배치한다. 이후 맨 앞에 위치한 여학생 앞에서부터 남학생을 1명씩 배치하면 된다.
　$3!\times3!=36$(가지)
따라서 교탁 방향으로 일렬로 앉게 하는 방법은 $36+36=72$(가지)이다.

204

정답	⑤	세부영역	조합과 합의 법칙
난도	중	키포인트	경우의 수와 조합

해결전략 찬성이 3표, 4표, 5표인 경우를 중복을 허락하지 않는 조합의 방법으로 구한 후 이를 통해 경우의 수를 구한다.

해설

찬반 투표는 다수결에 의해 결정되므로 찬성이 3표 이상인 경우를 살펴보자.

ⅰ) 찬성이 3표인 경우
　　5명 중 3명을 뽑는 경우와 같다.
$$_5C_3 = {_5C_2} = \frac{5 \times 4}{2 \times 1} = 10(가지)$$

ⅱ) 찬성이 4표인 경우
　　5명 중 4명을 뽑는 경우와 같다.
$$_5C_4 = {_5C_1} = 5(가지)$$

ⅲ) 찬성이 5표인 경우
　　5명 중 5명을 뽑는 경우와 같다.
$$_5C_5 = {_5C_0} = 1(가지)$$

따라서 안건이 다수결에 의해 채택되는 경우의 수는
$10+5+1=16(가지)$이다.

205

정답	③	세부영역	원순열과 곱의 법칙
난도	중	키포인트	경우의 수와 순열

해결전략 대한민국, 프랑스, 캐나다 3국의 정상을 1명으로 묶은 후 원순열을 이용해 자리 배치가 가능한 경우의 수를 구해야 한다.

해설

대한민국, 프랑스, 캐나다 3국의 정상을 1명으로 간주하여 18명이 원탁에 앉는 경우를 구해야 한다.
이때 프랑스 정상과 캐나다 정상은 자리바꿈을 할 수 있다.
원탁에 앉는 경우이므로 원순열을 이용한다. 따라서 자리 배치가 가능한 경우의 수는
$(18-1)! \times 2 = 17! \times 2$이다.

206

정답	①	세부영역	합과 곱의 법칙
난도	중	키포인트	경우의 수

해결전략 문제에 동전에 대한 언급이 없다는 것은 동전은 앞면이나 뒷면 어느 면이 나와도 상관이 없다는 뜻이다.
즉 주사위 눈의 합이 3의 배수가 나오는 경우만 고려해서 경우의 수를 구하면 된다.

해설

동전에 대한 별도의 언급이 없으므로 앞면이나 뒷면 어느 면이 나와도 상관이 없다. 주사위의 경우만 생각하면 된다.
두 주사위의 눈의 합이 3의 배수가 나올 경우는 3, 6, 9, 12이다.
3이 나올 경우는 (1, 2), (2, 1)이고, 6이 나올 경우는 (1, 5), (2, 4), (3, 3), (4, 2), (5, 1)이고 9가 나올 경우는 (3, 6), (4, 5), (5, 4), (6, 3)이고, 12가 나올 경우는 (6, 6)으로 총 12가지이다.
따라서 100원짜리 동전 3개와 주사위를 던질 때 주사위의 눈의 합이 3의 배수가 나오는 경우의 수는 $2 \times 2 \times 2 \times 12 = 96(가지)$이다.

207

정답	④	세부영역	조합과 합의 법칙
난도	중	키포인트	경우의 수와 조합

해결전략 (짝수, 짝수), (홀수, 홀수)가 되는 경우의 수는 중복을 허락하지 않는 조합의 방법으로 구한다.

해설

1에서 9까지 적힌 숫자 카드 중에서 2장을 뽑아 두 수의 합이 짝수가 되는 경우는 (짝수, 짝수), (홀수, 홀수)만이 가능하다.

ⅰ) (짝수, 짝수)를 뽑는 경우의 수
　　2, 4, 6, 8 네 장의 카드 중 2장을 뽑는 경우이므로
$$_4C_2 = \frac{4 \times 3}{2 \times 1} = 6(가지)이다.$$

ⅱ) (홀수, 홀수)를 뽑는 경우의 수
　　1, 3, 5, 7, 9 다섯 장의 카드 중 2장을 뽑는 경우이므로
$$_5C_2 = \frac{5 \times 4}{2 \times 1} = 10(가지)이다.$$

따라서 두 수의 합이 짝수가 되는 경우는 $6+10=16(가지)$이다.

208

정답	④	세부영역	원순열과 곱의 법칙
난도	중	키포인트	경우의 수와 순열

해결전략 원순열과 순열로 경우의 수를 구할 수 있다.

해설

남자 직원 4명이 원형으로 앉는 방법을 원순열로 구한 후 나머지 여자 직원이 남자 직원 사이에 앉는 방법은 순열로 구해줘야 한다. 남자 직원 4명을 원형으로 나열하는 경우의 수는 서로 다른 4개를 원형으로 나열하는 원순열의 수이므로 $(4-1)!=6$(가지)이다. 이때 남자 직원과 여자 직원이 교차하여 앉는 경우의 수는 여자 직원을 남자 직원 사이에 나열하는 경우의 수와 같고 이는 서로 다른 4개에서 4개를 택하는 경우의 수이므로 $_4P_4=4!=24$(가지)이다.

따라서 남학생과 여학생이 교차하여 앉는 경우의 수는 $6\times24=144$(가지)이다.

209

정답	②	세부영역	중복조합
난도	상	키포인트	경우의 수와 조합

해결전략 한 상자에 들어가는 쿠키의 종류가 결정되면 다른 상자에 들어가는 쿠키의 종류도 한 가지로 결정되므로, 중복조합을 이용한다.

해설

한 상자에 쿠키를 담는 경우가 결정되면 다른 상자에 쿠키를 담는 경우는 한 가지로 결정된다.

예를 들어 사각형 상자에 오각형 쿠키 2개와 육각형 쿠키 3개를 담으면 남은 오각형 쿠키 3개는 육각형 상자에 들어가야만 한다.

그러므로 사각형 쿠키 5개와 오각형 쿠키 5개 중에서 육각형 상자에 담을 5개의 쿠키를 선택하는 방법의 수가 구하는 경우의 수이다.

이는 두 종류의 쿠키에서 상자에 담을 5개의 쿠키를 택하는 중복조합으로 $_2H_5$가 된다.

따라서 쿠키를 담는 경우의 수는 $_2H_5=_{2+5-1}C_5=6$(가지)이다.

210

정답	③	세부영역	조합과 곱의 법칙
난도	중	키포인트	경우의 수와 조합

해결전략 남자 C와 여자 G는 반드시 최종 합격하므로 그 둘을 제외한 나머지 사람들이 합격할 수 있는 경우의 수를 구하면 된다.

해설

남자 2명, 여자 3명을 뽑는데 남자 A, B, C, D 중 C와 여자 E, F, G, H, I 중 G를 포함하는 경우의 수를 구하면 다음과 같다. 남자 A, B, D 중에서 1명을 뽑는 경우의 수는 3가지이다.

여자 E, F, H, I 중에서 2명을 뽑는 경우의 수는 $_4C_2=\dfrac{4\times3}{2\times1}=6$ (가지)이다.

따라서 조건을 만족하는 경우의 수는 $3\times6=18$(가지)이다.

211

정답	①	세부영역	방정식과 중복조합
난도	상	키포인트	경우의 수와 방정식

해결전략 정회원과 준회원이 반드시 가져가는 사은품 개수를 제외한 나머지 사은품을 나눠가지는 방법을 중복조합을 이용해 구한다.

해설

정회원을 A, B라 하고 준회원을 C, D라 하자.

A, B, C, D가 받는 사은품의 개수를 각각 a, b, c, d라 할 때, 구하는 방법의 수는

$a\geq2$, $b\geq2$

$a+b+c+d=10$ …… ㉠

를 만족하는 자연수 해의 개수와 같다.

$a+b+c+d=10$에서 $a'+2=a$, $b'+2=b$, $c'+1=c$, $d'+1=d$ 라 하면 ㉠을 만족하는 자연수 해의 개수는 $a'+b'+c'+d'=4$를 만족하는 음이 아닌 정수 해의 개수와 같다.

따라서 구하는 방법의 수는 $_4H_4=_7C_4=_7C_3=\dfrac{7\times6\times5}{3\times2\times1}=35$(가지)이다.

212

정답	⑤	세부영역	곱의 법칙
난도	하	키포인트	경우의 수

해결전략 B와 C를 거치지 않고 갈 수 있도록 임의의 점을 정한 후 각 점 간의 경로의 수를 구해 곱해주면 된다.

해설

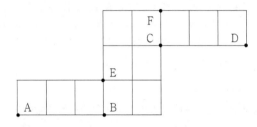

위의 길에서 B와 C를 거치지 않으려면 A → E → F → D의 순서로 진행하여야 한다.
A → E, E → F, F → D로 가는 최단 경로의 경우의 수를 구하면, A → E는 3가지, E → F는 3가지, F → D는 3가지이다.
따라서 D로 가는 최단 경로의 수는 $3×3×3=27$(가지)이다.

213

정답	①	세부영역	합과 곱의 법칙 및 순열
난도	중	키포인트	경우의 수와 순열

해결전략 A가 세 번째 이내로 서며 B와 이웃하는 방법을 구한 후 A, B를 제외한 나머지 3명이 자리를 바꾸는 경우를 곱하여 경우의 수를 구한다.

해설
A가 세 번째 이내에 서고 A, B가 이웃하는 경우는 다음과 같다.
 ⅰ) A가 맨 앞에 서는 경우
  (A, B, ×, ×, ×): 1가지
 ⅱ) A가 두 번째에 서는 경우
  (×, A, B, ×, ×), (B, A, ×, ×, ×): 2가지
 ⅲ) A가 세 번째에 서는 경우
  (×, ×, A, B, ×), (×, B, A, ×, ×): 2가지
이때 A, B를 제외한 나머지 3명이 자리를 바꾸는 경우의 수는 3!이다.
따라서 A, B가 이웃하는 경우의 수는 $5×3!=30$(가지)이다.

214

정답	②	세부영역	합의 법칙
난도	중	키포인트	경우의 수

해결전략 같은 종류의 라면을 동일한 상자에 나누어 넣는 것이므로 자연수 11을 4개의 자연수로 분할하여 경우의 수를 구한다.

해설
같은 종류의 라면 11개를 동일한 4개의 상자에 빈 상자가 없도록 나누어 넣는 경우의 수는 자연수 11을 4개의 자연수로 분할하는 경우의 수와 같다.
$$11=8+1+1+1$$
$$=7+2+1+1$$
$$=6+3+1+1$$
$$=6+2+2+1$$
$$=5+4+1+1$$
$$=5+3+2+1$$
$$=5+2+2+2$$
$$=4+4+2+1$$
$$=4+3+3+1$$
$$=4+3+2+2$$
$$=3+3+3+2$$
따라서 빈 상자가 없도록 나누어 넣는 경우의 수는 11가지이다.

215

정답	④	세부영역	조합과 곱의 법칙
난도	중	키포인트	경우의 수와 조합

해결전략 두 명이 고정된 상태에서 나머지 세 명이 응시 번호와 다른 자리에 앉는 경우의 수와 자신의 자리에 앉는 두 명의 경우의 수를 구해야 한다.

해설
5개의 의자 A, B, C, D, E에 5명의 수험생 a, b, c, d, e 중 2명의 수험생만이 자기 자리에 앉는 경우는 다음과 같다.

A	B	C	D	E
a	b	d	e	c
a	b	e	c	d

즉, 경우의 수는 2가지이다.
마찬가지로 A, B, C, D, E에서 2개를 선택하는 경우의 수는 $_5C_2 = \dfrac{5×4}{2×1}=10$(가지)이므로 조건을 만족하는 경우의 수는 $2×10=20$(가지)이다.

216

정답	③	세부영역	조합과 분할 및 합의 법칙
난도	상	키포인트	경우의 수와 조합

해결전략 서로 다른 6개의 연필을 같은 종류의 필통 4개에 빈 필통 없이 나누어 넣는 경우를 찾은 후 분할의 방법으로 계산해야 한다.

해설

서로 다른 6개의 연필을 같은 종류의 필통 4개에 빈 필통이 없도록 나누어 넣는 방법의 수는 다음과 같다.

ⅰ) (3, 1, 1, 1)로 분할하는 경우

$$_6C_3 \times {_3}C_1 \times {_2}C_1 \times {_1}C_1 \times \frac{1}{3!} = 20(가지)$$

ⅱ) (2, 2, 1, 1)로 분할하는 경우

$$_6C_2 \times {_4}C_2 \times {_2}C_1 \times {_1}C_1 \times \frac{1}{2!} \times \frac{1}{2!} = 45(가지)이다.$$

따라서 빈 필통이 없도록 나누어 넣는 방법의 수는 20+45=65 (가지)이다.

217

정답	③	세부영역	기댓값
난도	중	키포인트	확률

해결전략 A주머니에서 흰 구슬을 꺼낼 때의 기댓값과 B주머니에서 흰 구슬을 꺼낼 때의 기댓값을 구해 더해준다.

해설

두 주머니 A, B 중 하나를 선택할 확률이 $\frac{1}{2}$이므로

A주머니에서 흰 구슬 1개를 꺼낼 때 기댓값은

$\frac{1}{2} \times \frac{2}{4} \times 800 = 200$(원)

B주머니에서 흰 구슬 1개를 꺼낼 때 기댓값은

$\frac{1}{2} \times \frac{3}{8} \times 800 = 150$(원)

따라서 확률변수 X에 대한 기댓값은 $200 + 150 = 350$(원)이다.

218

정답	④	세부영역	확률의 덧셈
난도	상	키포인트	확률

해결전략 제시된 경우를 각각 나열하여 두 확률을 비교한다.

해설

ⅰ) 주사위를 두 번 던졌을 때 각각의 합이 2일 경우

(1, 1)

ⅱ) 주사위를 두 번 던졌을 때 각각의 합이 3일 경우

(1, 2), (2, 1)

ⅲ) 주사위를 두 번 던졌을 때 각각의 합이 4일 경우

(1, 3), (2, 2), (3, 1)

(두 눈의 합이 5와 같거나 클 확률)

$= 1 -$ (두 눈의 합이 5보다 작을 확률)

$= 1 - \frac{6}{36} = \frac{5}{6}$

(두 눈의 합이 4와 같거나 클 확률)

$= 1 -$ (두 눈의 합이 4보다 작을 확률)

$= 1 - \frac{3}{36} = \frac{11}{12}$

따라서 각각의 합이 4와 같거나 클 확률은 각각의 합이 5와 같거나 클 확률보다 $\frac{11}{12} - \frac{5}{6} = \frac{1}{12}$이 더 크다.

219

정답	②	세부영역	확률의 덧셈
난도	중	키포인트	확률

해결전략 a에 들어갈 수 있는 주사위의 눈을 확인한 후 이에 맞는 b, c의 값을 구한다.

해설

ⅰ) $a = 4$일 때

$2b + c = 4$를 만족하는 값을 (b, c)로 나타내면

(1, 2)

ⅱ) $a = 3$일 때

$2b + c = 6$을 만족하는 값을 (b, c)로 나타내면

(2, 2), (1, 4)

ⅲ) $a = 2$일 때

$2b + c = 8$을 만족하는 값을 (b, c)로 나타내면

(3, 2), (2, 4), (1, 6)

ⅳ) $a = 1$일 때

$2b + c = 10$을 만족하는 값을 (b, c)로 나타내면

(4, 2), (3, 4), (2, 6)

따라서 $2a + 2b + c = 12$를 만족하게 될 확률은

$\frac{9}{6 \times 6 \times 6} = \frac{9}{216} = \frac{1}{24}$이다.

220

정답	⑤	세부영역	독립시행의 확률
난도	중	키포인트	확률

해결전략 돈을 잃고 있을 확률은 6번의 게임 중 4번 이상을 졌다는 것이므로 이에 대한 확률을 구한다.

해설

게임을 6번 했을 때, 동전의 뒷면이 4번 이상 나오면 돈을 잃는다.

따라서 이 게임을 6번 하였을 때 돈을 잃고 있을 확률은

$_6C_4 \left(\frac{1}{2}\right)^4 \left(\frac{1}{2}\right)^2 + _6C_5 \left(\frac{1}{2}\right)^5 \left(\frac{1}{2}\right)^1 + _6C_6 \left(\frac{1}{2}\right)^6 \left(\frac{1}{2}\right)^0$

$= \frac{_6C_2 + _6C_1 + _6C_0}{64}$

$= \frac{22}{64}$

$= \frac{11}{32}$

221

정답	①	세부영역	여사건과 조합
난도	중	키포인트	확률과 조합

해결전략 적어도 남녀가 1명씩 포함되어야 하는 경우를 구하기 위해서는 남자, 그리고 여자로만 구성될 확률을 구한 후 전체의 경우에서 빼줘야 한다.

해설

적어도 남녀 1명씩 포함되어야 하는 경우를 구하기 위해서는 여사건을 이용해야 한다.

ⅰ) 남자만으로 구성될 확률

$$\frac{_3C_3}{_7C_3} = \frac{1}{35}$$

ⅱ) 여자만으로 구성될 확률

$$\frac{_4C_3}{_7C_3} = \frac{4}{35}$$

따라서 적어도 각 성별이 1명씩 포함되는 확률은 (전체 확률)−(각 성별만으로 구성될 확률)이므로

$$1 - \left(\frac{1}{35} + \frac{4}{35}\right) = \frac{30}{35} = \frac{6}{7} \text{이다.}$$

222

정답	④	세부영역	조건부확률
난도	중	키포인트	확률

해결전략 팀원들이 야유회 선호 장소로 B를 선택했을 때, 최종 결정된 야유회 장소도 B일 확률을 구하는 조건부확률 문제이다.

해설

팀원들이 야유회 선호 장소로 A를 선택하는 사건을 X, B를 선택하는 사건을 Y, 야유회 장소가 A로 최종 결정되는 사건을 M, 야유회 장소가 B로 최종 결정되는 사건을 N이라고 하면
팀원들이 야유회 선호 장소로 B를 선택하고, 최종 결정된 야유회 장소도 B일 확률은

$$P(N|Y) = \frac{P(Y \cap N)}{P(Y)}$$
$$= \frac{P(Y \cap N)}{P(Y \cap M) + P(Y \cap N)}$$
$$= \frac{0.4 \times 0.55}{0.4 \times 0.45 + 0.4 \times 0.55}$$
$$= \frac{11}{20}$$

223

정답	②	세부영역	여사건과 조합
난도	중	키포인트	확률과 경우의 수

해결전략 여사건을 이용해 대표로 모두 남자가 뽑히거나 여자가 뽑힐 확률을 구한다.

해설

여사건을 이용하여 구하면 상대적으로 빠르게 풀 수 있다.

ⅰ) 8명 중에서 3명을 뽑는 경우의 수

$$_8C_3 = \frac{8 \times 7 \times 6}{3 \times 2 \times 1} = 56 \text{(가지)}$$

ⅱ) 남자 5명 중에서 3명을 뽑는 경우의 수

$$_5C_3 = \frac{5 \times 4 \times 3}{3 \times 2 \times 1} = 10 \text{(가지)}$$

ⅲ) 여자 3명 중에서 3명을 뽑을 경우의 수

1가지

따라서 남자와 여자가 적어도 한 명 이상씩 뽑힐 확률은 (전체 확률)−(각 성별만으로 대표가 뽑힐 확률)이므로

$$1 - \frac{10+1}{56} = \frac{45}{56} \text{이다.}$$

224

정답	③	세부영역	확률의 덧셈과 곱셈
난도	중	키포인트	확률

해결전략 두 번째와 네 번째에서 해빈이가 이길 확률을 각각 구한다.

해설

두 번째 차례에서 해빈이가 이기려면, 첫 번째 차례에서 해준이는 검은 공을, 두 번째 차례에 해빈이는 흰 공을 꺼내야 한다.

이 경우의 확률은 $\frac{5}{8} \times \frac{3}{7} = \frac{15}{56}$이 된다.

네 번째 차례에서 해빈이가 이기려면, 첫 번째 차례에서 해준이는 검은 공, 두 번째 차례에서 해빈이도 검은 공, 세 번째 차례에서 해준이도 검은 공, 네 번째 차례에 해빈이가 흰 공을 꺼내야 한다.

이 경우 확률은 $\frac{5}{8} \times \frac{4}{7} \times \frac{3}{6} \times \frac{3}{5} = \frac{3}{28}$이 된다.

따라서 해빈이가 두 번째 또는 네 번째 차례에서 이길 확률은 $\frac{15}{56} + \frac{3}{28} = \frac{21}{56} = \frac{3}{8}$이다.

225

정답	⑤	세부영역	독립시행의 확률 및 일차방정식
난도	중	키포인트	확률과 방정식

해결전략 5번을 던져 4칸을 올라가기 위해 몇 번이나 홀수가 나와야 하는지 확인한 후 독립시행의 확률로 답을 구한다.

해설

5번 던져 홀수가 나오는 경우의 수를 a라고 하면 짝수가 나오는 경우의 수는 $5-a$가 된다.

$2a-(5-a)=4$

$\therefore a=3$

즉 4칸을 올라가게 되는 확률은 총 5번 중에 홀수가 3번 나오는 확률과 같다.

따라서 최종적으로 바둑알이 4칸 위에 가 있을 확률은

$_5C_3\left(\dfrac{1}{2}\right)^3\left(\dfrac{1}{2}\right)^2=\dfrac{5}{16}$ 이다.

226

정답	②	세부영역	확률의 곱셈과 덧셈
난도	상	키포인트	확률

해결전략 수요일부터 토요일까지 가능한 날씨의 확률을 구해야 한다.

해설

비가 온 다음 날 비가 올 확률은 $\dfrac{1}{2}$이므로 비가 온 다음날 비가 오지 않을 확률은 $\dfrac{1}{2}$이다.

비가 오지 않은 다음 날 비가 올 확률은 $\dfrac{1}{3}$이므로 비가 오지 않은 다음 날 비가 오지 않을 확률은 $\dfrac{2}{3}$이다.

비가 온 날은 ○, 비가 오지 않은 날은 ×로 표시할 때, 수요일부터 토요일까지의 가능한 날씨에 따른 확률을 살펴보면 다음과 같다.

수	목	금	토	확률
○	○	○	×	$\dfrac{1}{2}\times\dfrac{1}{2}\times\dfrac{1}{2}=\dfrac{1}{8}$
○	○	×	×	$\dfrac{1}{2}\times\dfrac{1}{2}\times\dfrac{2}{3}=\dfrac{1}{6}$
○	×	○	×	$\dfrac{1}{2}\times\dfrac{1}{3}\times\dfrac{1}{2}=\dfrac{1}{12}$
○	×	×	×	$\dfrac{1}{2}\times\dfrac{2}{3}\times\dfrac{2}{3}=\dfrac{2}{9}$

따라서 토요일에 체육대회를 개최할 수 있는 확률은

$\dfrac{1}{8}+\dfrac{1}{6}+\dfrac{1}{12}+\dfrac{2}{9}=\dfrac{43}{72}$ 이다.

227

정답	④	세부영역	독립사건
난도	하	키포인트	확률

해결전략 독립사건을 이용해 문제를 풀 수 있다.

해설

$P(A\cup B)=\dfrac{7}{8}$

$P(A)=1-P(A^c)=\dfrac{1}{4}$

$P(A\cup B)=P(A)+P(B)-P(A)P(B)$

$\qquad\qquad=\dfrac{1}{4}+P(B)-\dfrac{1}{4}P(B)$

$\qquad\qquad=\dfrac{7}{8}$

$\dfrac{3}{4}P(B)=\dfrac{5}{8}$

따라서 $P(B)$의 값은 $\dfrac{5}{6}$이다.

228

정답	①	세부영역	확률의 덧셈과 곱셈
난도	중	키포인트	확률

해결전략 석주가 한 번 던져 이길 확률, 두 번 던졌을 때 이길 확률, 세 번 던졌을 때 이길 확률을 각각 구한다.

해설

ⅰ) 석주가 한 번 던져 이길 확률

$\dfrac{2}{6}=\dfrac{1}{3}$

ⅱ) 석주가 두 번째 던졌을 때 이길 확률

$\dfrac{4}{6}\times\dfrac{4}{6}\times\dfrac{2}{6}=\dfrac{4}{27}$

ⅲ) 석주가 세 번째 던졌을 때 이길 확률

$\dfrac{4}{6}\times\dfrac{4}{6}\times\dfrac{4}{6}\times\dfrac{4}{6}\times\dfrac{2}{6}=\dfrac{16}{243}$

따라서 석주가 이길 확률은 $\dfrac{1}{3}+\dfrac{4}{27}+\dfrac{16}{243}=\dfrac{133}{243}$ 이다.

229

정답	③	세부영역	조합과 분할 및 확률의 정의
난도	하	키포인트	확률과 경우의 수

해결전략 6명 중에서 2명을 선택하는 경우의 수와, 함께 헌혈하는 사원이 동성인 경우의 수를 구한다.

해설
6명 중에서 2명씩 선택할 수 있는 경우의 수는

$_6C_2 \times _4C_2 \times _2C_2 \times \frac{1}{3!} = 15$(가지)이다.

이때 함께 헌혈하는 사원이 모두 남자일 경우의 수는 $_3C_2 = 3$(가지)이고, 함께 헌혈하는 사원이 모두 여자일 경우의 수도 $_3C_2 = 3$(가지)이다.

따라서 함께 헌혈하는 사원이 동성일 확률은 $\frac{6}{15} = \frac{2}{5}$이다.

230

정답	⑤	세부영역	조건부확률
난도	상	키포인트	확률

해결전략 임의로 선택한 1개의 자동차가 불량품일 때, 그 자동차가 C공장에서 생산되었을 확률을 구하는 조건부확률 문제이다.

해설
자동차가 A, B, C공장에서 생산되는 자동차일 사건을 각각 A, B, C라 하고 자동차가 불량일 사건을 E라 하면, $P(A) = \frac{3}{10}$,

$P(B) = \frac{2}{10}$, $P(C) = \frac{5}{10}$이고, $P(E|A) = \frac{2}{100}$, $P(E|B) = \frac{4}{100}$,

$P(E|C) = \frac{a}{100}$이다.

$$\therefore P(C|E) = \frac{P(C \cap E)}{P(E)}$$
$$= \frac{P(C \cap E)}{P(A \cap E) + P(B \cap E) + P(C \cap E)}$$
$$= \frac{P(C)P(E|C)}{P(A)P(E|A) + P(B)P(E|B) + P(C)P(E|C)}$$
$$= \frac{\frac{5}{10} \times \frac{a}{100}}{\frac{3}{10} \times \frac{2}{100} + \frac{2}{10} \times \frac{4}{100} + \frac{5}{10} \times \frac{a}{100}}$$
$$= \frac{5a}{14 + 5a}$$

따라서 $\frac{5a}{14 + 5a} = \frac{25}{39}$이므로 a는 5이다.

231

정답	②	세부영역	확률의 덧셈과 곱셈
난도	중	키포인트	확률

해결전략 전체 경우의 수 중 n을 맨 앞과 맨 뒤에 고정하고 나머지를 나열하는 확률을 구한다.

해설
먼저 n이 맨 앞에 올 확률은 전체 경우의 수 중 n을 맨 앞에 고정하고 나머지를 나열하는 경우의 수이므로 다음과 같다.

$$\frac{7 \times 6 \times 5 \times 4 \times 3 \times 2 \times 1}{\frac{8 \times 7 \times 6 \times 5 \times 4 \times 3 \times 2 \times 1}{2}} = \frac{1}{4}$$

이때 맨 뒤에 올 확률도 마찬가지이다.

따라서 n이 맨 앞 또는 맨 뒤에 오게 나열하는 확률은

$\frac{1}{4} + \frac{1}{4} = \frac{1}{2}$이다.

232

정답	④	세부영역	여사건과 독립사건
난도	상	키포인트	확률

해결전략 시험에 합격하지 못할 확률을 여사건으로 구한 후, 독립사건 공식을 이용해 B과목의 점수가 70점 미만일 확률을 구한다.

해설
시험에 합격하는 사건을 X라 하고, B과목의 점수가 70점 미만인 사건을 Y라 하자.

$$P(X) = \frac{5}{6} \times \frac{3}{4} \times \frac{5}{6} = \frac{25}{48}$$

$$P(Y) = \frac{1}{4}$$

이때 시험에 합격하지 못할 확률은

$P(X^c) = 1 - P(X) = \frac{23}{48}$이다.

또한 $P(X^c \cap Y) = P(Y) = \frac{1}{4}$이므로 구하는 확률은

$$P(Y|X^c) = \frac{\frac{1}{4}}{\frac{23}{48}} = \frac{12}{23}$$이다.

따라서 시험에 합격하지 못했을 때, B과목의 점수가 70점 미만일 확률은 $\frac{12}{23}$이다.

233

정답	⑤	세부영역	여사건
난도	중	키포인트	확률

해결전략 1부터 13까지의 숫자카드에서 두 장 모두 4의 배수일 확률을 구한 후 전체의 경우에서 빼줘야 한다.

해설

적어도 한 장이 4의 배수가 아닌 경우는, 한 장만 4의 배수가 아니거나, 두 장 모두 4의 배수가 아닌 경우이다.

이 경우, 여사건을 활용하여 (전체 경우−두 장 모두 4의 배수인 경우)의 확률을 구한다.

4의 배수는 4, 8, 12이므로 총 3가지의 경우가 있다.

따라서 숫자카드에서 카드를 한 장 뽑았을 때, 그것이 4의 배수일 확률은 $\dfrac{3}{13}$이다.

두 장 모두 4의 배수일 확률은 $\dfrac{3}{13} \times \dfrac{3}{13} = \dfrac{9}{169}$이다.

따라서 구하는 값은 $1 - \dfrac{9}{169} = \dfrac{160}{169}$이다.

234

정답	②	세부영역	확률의 곱셈
난도	상	키포인트	확률

해결전략 흰 구슬을 뽑고 흰 구슬이라고 말할 확률과 검은 구슬을 뽑고 흰 구슬이라고 말할 확률을 구한 후 이때 진짜 흰 구슬일 확률을 구한다.

해설

ⅰ) 흰 구슬을 뽑고 흰 구슬이라고 말할 확률

$\dfrac{4}{7} \times \dfrac{60}{100}$

ⅱ) 검은 구슬을 뽑고 흰 구슬이라고 말할 확률

$\dfrac{3}{7} \times \dfrac{40}{100}$

따라서 흰 구슬을 뽑았다고 말할 때, 진짜 흰 구슬일 확률은

$$\dfrac{\dfrac{4}{7} \times \dfrac{60}{100}}{\dfrac{4}{7} \times \dfrac{60}{100} + \dfrac{3}{7} \times \dfrac{40}{100}} = \dfrac{\dfrac{240}{700}}{\dfrac{240+120}{700}}$$

$$= \dfrac{240}{360}$$

$$= \dfrac{2}{3}$$

235

정답	③	세부영역	확률의 정의
난도	상	키포인트	확률

해결전략 택한 수의 곱이 3으로 나누었을 때, 나머지가 1이 되는 경우를 찾은 후 모든 경우의 수로 나누어 확률을 구한다.

해설

각 열에서 하나씩 택하여 곱하는 경우의 수는 $3 \times 3 \times 3 = 27$(가지)이다.

택한 수의 곱이 3으로 나누었을 때, 나머지가 1이 되는 경우는 택한 세 수의 지수의 합이 짝수일 때다.

1열, 2열, 3열에서 택한 수의 지수를 순서쌍으로 나타내어 지수의 합이 짝수인 경우는 다음과 같다.

ⅰ) (짝수, 짝수, 짝수): $1 \times 2 \times 1 = 2$(가지)
ⅱ) (짝수, 홀수, 홀수): $1 \times 1 \times 2 = 2$(가지)
ⅲ) (홀수, 짝수, 홀수): $2 \times 2 \times 2 = 8$(가지)
ⅳ) (홀수, 홀수, 짝수): $2 \times 1 \times 1 = 2$(가지)

따라서 구하는 확률은 $\dfrac{2+2+8+2}{27} = \dfrac{14}{27}$이다.

236

정답	①	세부영역	독립사건
난도	중	키포인트	확률

해결전략 상자 A에서 짝수가 적혀있는 카드를 꺼낼 확률과 상자 B에서 짝수가 적혀있는 카드를 꺼낼 확률을 구한 후, 두 카드에 적힌 수의 합이 모두 짝수일 확률을 구한다.

해설

상자 A에서 짝수가 적혀있는 카드를 꺼내는 사건을 X, 상자 B에서 짝수가 적혀있는 카드를 꺼내는 사건을 Y라 하자.

$P(X) = \dfrac{2}{5}$, $P(Y) = \dfrac{1}{2}$

두 사건 X와 Y는 서로 독립이므로, 두 상자에서 꺼낸 카드에 적힌 수의 합이 짝수일 확률은

$$P(X \cap Y) + P(X^c + Y^c) = P(X)P(Y) + \{1 - P(X)\}\{1 - P(Y)\}$$
$$= \dfrac{2}{5} \times \dfrac{1}{2} + \dfrac{3}{5} \times \dfrac{1}{2}$$
$$= \dfrac{1}{2}$$

따라서 꺼낸 카드에 적힌 수가 모두 짝수일 확률은

$$\dfrac{P(X \cap Y)}{P(X \cap Y) + P(X^c \cap Y^c)} = \dfrac{\dfrac{1}{5}}{\dfrac{1}{2}} = \dfrac{2}{5}$$이다.

237

정답	④	세부영역	확률의 곱셈과 여사건
난도	중	키포인트	확률

해결전략 갑, 을, 병이 각각 혼자만 성공할 확률을 구해야 한다.

해설

ⅰ) 갑만 성공할 확률

$$\frac{50}{100} \times \left(1 - \frac{20}{100}\right) \times \left(1 - \frac{30}{100}\right) = \frac{7}{25}$$

ⅱ) 을만 성공할 확률

$$\left(1 - \frac{50}{100}\right) \times \frac{20}{100} \times \left(1 - \frac{30}{100}\right) = \frac{7}{100}$$

ⅲ) 병만 성공할 확률

$$\left(1 - \frac{50}{100}\right) \times \left(1 - \frac{20}{100}\right) \times \frac{30}{100} = \frac{3}{25}$$

따라서 구하는 확률은 $\frac{7}{25} + \frac{7}{100} + \frac{3}{25} = \frac{47}{100}$ 이다.

238

정답	④	세부영역	이익과 손해
난도	상	키포인트	일차방정식

해결전략 정가의 식, 할인가의 식, 손해액의 식을 세운 후 할인가로 판매한 금액이 원가에 못 미쳐 손해를 본 것에 대한 식을 세워 b의 값을 구해야 한다.

해설

원가가 a원이므로 정가는 $a \times \left(1 + \dfrac{b}{100}\right)$원, 할인가는

$a \times \left(1 + \dfrac{b}{100}\right) \times \left(1 - \dfrac{b}{100}\right)$원, 손해액은 $a \times \dfrac{4b}{1000}$원이다.

할인가로 판매한 금액이 원가에 못 미쳐 손해를 본 것이므로

$a \times \left(1 + \dfrac{b}{100}\right) \times \left(1 - \dfrac{b}{100}\right) = a - \left(a \times \dfrac{4b}{1000}\right)$이다.

이 식을 정리하면

$\left(1 + \dfrac{b}{100}\right) \times \left(1 - \dfrac{b}{100}\right) = 1 - \dfrac{4b}{1000}$

$1 - \left(\dfrac{b}{100}\right)^2 = 1 - \dfrac{4b}{1000}$

$10000 - b^2 = 10000 - 40b$

$b^2 - 40b = 0$

$b(b - 40) = 0$ $(\because b \neq 0)$

$\therefore b = 40$

239

정답	①	세부영역	원가와 이익
난도	하	키포인트	연립방정식

해결전략 정가의 합과 원가의 차로 연립방정식을 세워 문제를 푼다.

해설

두 음악 CD의 원가를 각각 x원, y원이라고 하면

$\begin{cases} x - y = 3000 \\ 1.12x + 1.12y = 25760 \end{cases}$

(단, $x > y$)

이 식을 정리하면

$\begin{cases} x - y = 3000 \\ x + y = 23000 \end{cases}$

두 식을 연립하여 풀면

$\therefore x = 13000, \ y = 10000$

따라서 CD는 각각 13,000원과 10,000원이다.

240

정답	⑤	세부영역	이익과 판매량
난도	중	키포인트	연립방정식

해결전략 판매한 사탕의 총 개수와 이익(정가와 원가의 차)을 이용해 연립방정식을 세운 후 막대사탕과 알사탕의 개수를 구해야 한다.

해설

막대사탕과 알사탕 개수를 각각 x, y개라 하면

$\begin{cases} x + y = 300 \\ 500 \times \dfrac{125}{100}x + 300 \times \dfrac{140}{100}y - (500x + 300y) = 37000 \end{cases}$

이 식을 정리하면

$\begin{cases} x + y = 300 & \cdots\cdots\ \text{㉠} \\ 25x + 24y = 7400 & \cdots\cdots\ \text{㉡} \end{cases}$

두 식을 연립하여 풀면

$\therefore x = 200, \ y = 100$

따라서 막대사탕의 개수는 200개이다.

241

정답	③	세부영역	비율
난도	중	키포인트	연립방정식

해결전략 식재료비와 소모품비 증가에 대한 식, 그리고 지난 달보다 증가한 이번 달 급식비에 대한 식을 세운 후 이를 연립하여 답을 구해야 한다.

해설

지난 달 식재료비를 x, 지난 달 소모품비를 y라 두면 이번 달 식재료비는 $1.1x$, 이번 달 소모품비는 $1.2y$이므로

$\begin{cases} 1.15(x + y) = 3450 \\ 1.1x + 1.2y = 3450 \end{cases}$

이 식을 정리하면

$\begin{cases} 11x + 11y = 33000 \\ 11x + 12y = 34500 \end{cases}$

두 식을 연립하여 풀면

$\therefore x = 1500, \ y = 1500$

즉, 이번 달의 식재료비는 $1.1 \times 1,500 = 1,650$(원)이고, 이번 달의 소모품비는 $1.2 \times 1,500 = 1,800$(원)이다.

따라서 이번 달 급식비를 내게 된 학생 2명의 소모품비의 합은 $1,800 \times 2 = 3,600$(원)이다.

242

정답	③	세부영역	할인율
난도	상	키포인트	일차방정식

해결전략 정가로 판 금액과 할인해서 판 금액의 매출액이 원가와 이익금의 합과 같다는 식을 세워, 정가의 몇 %를 할인하였는지 구해야 한다.

해설

과자의 정가는 $\frac{130}{100} \times 1000 = 1,300$(원)이고,

정가대로 판 과자의 개수는 $\frac{80}{100} \times 250 = 200$(개)이다.

나머지 20%인 50개는 정가의 x%를 할인했다고 했으므로 판매금액은 $\left(1 - \frac{x}{100}\right) \times 1300 \times 50$이다.

판매금액 합 = 원가 + 이익이므로

$1300 \times 200 + \left\{\left(1 - \frac{x}{100}\right) \times 1300 \times 50\right\} = 1000 \times 250 + 55500$

$250 \times 1300 - 50 \times 1300 \times \frac{x}{100} = 1000 \times 250 + 55500$

$300 \times 250 - 55500 = 650x$

$650x = 19500$

$\therefore x = 30$

따라서 정가의 30%를 할인해서 팔았다.

243

정답	①	세부영역	원가와 이익
난도	하	키포인트	연립방정식

해결전략 양념치킨과 간장치킨의 원가의 합과 이익금의 식을 세운 후 두 식을 연립하면 원가를 구할 수 있다.

해설

양념치킨의 원가를 x, 간장치킨의 원가를 y라 할 때, 두 치킨의 원가 합은 50,000원이므로

$x + y = 50000$ …… ㉠

양념치킨의 원가의 2할은 $0.2x$, 간장치킨의 원가의 1할은 $0.1y$이므로

$0.2x + 0.1y = 7000$ …… ㉡

이 식을 정리하면

$\begin{cases} x + y = 50000 \\ 2x + y = 70000 \end{cases}$

두 식을 연립하여 풀면

$\therefore x = 20000, \ y = 30000$

따라서 양념치킨의 원가는 20,000원이다.

244

정답	②	세부영역	원가와 이익
난도	상	키포인트	일차방정식

해결전략 주가가 20% 오른 경우의 이익과 10% 떨어진 경우의 이익을 더해 총이익에 대한 식을 세운다.

해설

의현이 한 주의 주식을 a만 원에, 총 b개 주를 샀다고 하면 처음 주식을 사는데 쓴 돈은 ab만 원이다.

ⅰ) 주가가 20% 오르고 절반을 판 경우

주식 한 주의 가격은 $a \times \left(1 + \frac{20}{100}\right) = \frac{6}{5}a$이며, $\frac{b}{2}$주를 팔았다.

ⅱ) 주가가 10% 떨어지고 절반을 판 경우

주식 한 주의 가격은 $\frac{6}{5}a \times \left(1 - \frac{10}{100}\right) = \frac{54}{50}a$이며, $\frac{b}{2}$주를 팔았다.

이때 총이익이 42만 원이므로 이를 정리하면

$\left(\frac{6}{5}a \times \frac{b}{2}\right) + \left(\frac{54}{50}a \times \frac{b}{2}\right) - ab = 42$

$\therefore ab = 300$

따라서 처음 주식을 사는 데 쓴 돈은 300만 원이다.

245

정답	⑤	세부영역	정가와 할인가
난도	중	키포인트	연립방정식

해결전략 두 케이크의 정가의 차이와 판매 가격의 합을 이용해 연립방정식을 세워서 정가를 구한 후, 할인된 가격을 계산한다.

해설

A, B 케이크의 정가를 각각 x, y원이라 하면

$\begin{cases} x - y = 2500 \\ \left(1 - \frac{10}{100}\right)x + \left(1 - \frac{10}{100}\right)y = 23670 \end{cases}$

이 식을 정리하면

$\begin{cases} x - y = 2500 \\ x + y = 26300 \end{cases}$

두 식을 연립하여 풀면

$\therefore x = 14400, \ y = 11900$

이때 A케이크의 판매 가격은 $14,400 \times \left(1 - \frac{10}{100}\right) = 12,960$(원)이고, B케이크의 판매 가격은 $11,900 \times \left(1 - \frac{10}{100}\right) = 10,710$(원)이다.

따라서 판매 가격의 차는 $12,960 - 10,710 = 2,250$(원)이다.

246

정답	④	세부영역	원가, 판매금액, 이익
난도	상	키포인트	일차방정식

해결전략 첫째 날, 둘째 날, 셋째 날에 얼마에 판매하는지 구한 후 이익 공식을 이용해 태석이 처음에 산 젤리 개수를 구한다.

해설

젤리 한 개의 원가는 $\dfrac{2000}{3}$ 원이므로 태석이 처음에 산 젤리 x 개의 총 원가는 $\dfrac{2000}{3}x$ 원이다.

이때 $\dfrac{1}{2}x$ 개는 개당 $\dfrac{2000}{3}\left(1+\dfrac{300}{100}\right)=\dfrac{8000}{3}$ (원)에 판매하고,

$\dfrac{1}{4}x$ 개는 개당 $\dfrac{2000}{3}\left(1+\dfrac{200}{100}\right)=2000$ (원)에 판매하고,

$\dfrac{1}{4}x$ 개는 개당 $\dfrac{2000}{3}\left(1+\dfrac{100}{100}\right)=\dfrac{4000}{3}$ (원)에 판매한다.

이를 정리하면 총 판매 금액은

$\dfrac{8000}{3}\times\dfrac{1}{2}x+2000\times\dfrac{1}{4}x+\dfrac{4000}{3}\times\dfrac{1}{4}x$

$=\dfrac{4000}{3}x+500x+\dfrac{1000}{3}x=\dfrac{6500}{3}x$

이익은 '총 판매 금액 − 총 원가'이므로

$\dfrac{6500}{3}x-\dfrac{2000}{3}x=96000$

$1500x=96000$

$\therefore x=64$

따라서 태석이 처음에 산 젤리는 64개이다.

247

정답	③	세부영역	이익과 판매량
난도	하	키포인트	연립방정식

해결전략 상품의 개수와 이익에 대한 연립방정식을 세워 A상품의 개수를 구한다.

해설

판매한 A상품의 개수를 x, B상품의 개수를 y라 하면

$\begin{cases} x+y=40 \\ 200\times\dfrac{50}{100}x+600\times\dfrac{80}{100}y=13500 \end{cases}$

이 식을 정리하면

$\begin{cases} x+y=40 \\ 5x+24y=6750 \end{cases}$

두 식을 연립하여 풀면

$\therefore x=15,\ y=25$

따라서 A상품의 판매 개수는 15개이다.

248

정답	⑤	세부영역	임대료 계산
난도	상	키포인트	일차방정식

해결전략 커피를 내릴 때 드는 월 요금의 계산식을 커피를 몇 잔 내렸는지 구한다.

해설

총 x 잔의 커피를 내렸다면

기본요금은 30000×0.8 원,

1,000잔에 대한 요금은 $1000\times5\times0.8$ 원,

1,000잔을 초과한 요금은 $(x-1000)\times5\times0.6$ 원이다.

임대료로 41,500원을 지불하였으므로

$30000\times0.8+1000\times5\times0.8+(x-1000)\times5\times0.6=41500$

$24000+4000+3(x-1000)=41500$

$28000+3x-3000=41500$

$3x=16500$

$\therefore x=5500$

따라서 커피는 총 5,500잔을 내렸다.

249

정답	①	세부영역	원가와 정가
난도	중	키포인트	연립방정식

해결전략 원가의 합과 정가의 합으로 연립방정식을 세운 후 여기서 나온 값으로 빵과 우유의 원가 차를 구한다.

해설

빵의 원가를 x 원, 우유의 원가를 y 원이라 하면 빵의 정가는 $1.2x$, 우유의 정가는 $1.1x$ 이므로

$\begin{cases} x+y=3000 \\ 1.2x\times0.9+1.1y\times0.9=3000+150 \end{cases}$

이 식을 정리하면

$\begin{cases} x+y=3000 \\ 1.08x+0.99y=3150 \end{cases}$

두 식을 연립하여 풀면

$\therefore x=2000,\ y=1000$

따라서 빵과 우유의 원가의 차는 $2,000-1,000=1,000$ (원)이다.

250

정답	②	세부영역	이익률
난도	상	키포인트	일차방정식

해결전략 이익에 관한 일차방정식을 세워 원가에 몇 %의 이익을 붙여 정가를 정하였는지 구해야 한다.

해설

A제품의 원가를 a라고 하면 정가는

$a+a\times\dfrac{x}{100}=a\times\left(1+\dfrac{x}{100}\right)$

정가의 30%를 할인한 판매 가격은

$a\times\left(1+\dfrac{x}{100}\right)\times0.7$

이때 원가의 19%의 이익이 발생하였으므로 이는 $0.19a$이고, 이익은 '정가의 30%를 할인한 가격－원가'이므로

$0.19a=a\times\left(1+\dfrac{x}{100}\right)\times0.7-a$

$19=\left(1+\dfrac{x}{100}\right)\times70-100$

$19=70+0.7x-100$

$0.7x=49$

$\therefore x=70$

(따라서 원가에 70%의 이익을 붙여 정가를 정하였다.)

251

정답	⑤	세부영역	이익과 손해
난도	중	키포인트	일차부등식

해결전략 할인가에서 원가를 뺐을 때 발생한 손해에 대한 일차부등식을 세워, 반창고 한 개당 원가가 최대 얼마인지 구한다.

해설

반창고 한 개당 원가를 x원이라고 하면 원가의 50%의 이익을 붙였으므로 이익은 $0.5x$원이다.

판매가는 $x+0.5x=1.5x$(원), 할인가는 $1.5x-2,000$(원)이므로

$1.5x-2000-x\le-1000$

$0.5x\le1000$

$\therefore x\le2000$

따라서 반창고 한 개당 원가는 최대 2,000원이다.

252

정답	③	세부영역	할인율
난도	상	키포인트	일차방정식

해결전략 정가의 x%를 할인한 가격에서 원가를 빼면 이익이 되고, 이를 이용해 할인율을 구한다.

해설

정가는 $30,000+30,000\times0.5=45,000$(원)이고, 정가의 x%를 할인한다고 하면,

$45000-45000\times\dfrac{1}{100}x$이다.

이때 이익은 '정가에서 x%를 할인한 가격－원가'이고, 원가의 20%인 이익은 $30000\times0.2=6000$이므로

$\left(45000-45000\times\dfrac{1}{100}x\right)-30000=6000$

$15000-450x=6000$

$450x=9000$

$\therefore x=20$

따라서 할인율은 20%이다.

253

정답	④	세부영역	이익률
난도	중	키포인트	일차부등식

해결전략 원가와 전체비용(원가에 재료비와 인건비를 더한 비용)을 구분하여 계산해야 한다.

해설

짬뽕 한 그릇당 비용은 $5,000+500+500=6,000$(원)이다.

이때 짬뽕의 판매 이익을 전체 비용의 x%라 하면

$6000\times\left(1+\dfrac{x}{100}\right)\le5000\times\left(1+\dfrac{50}{100}\right)$

$6000+60x\le7500$

$60x\le1500$

$\therefore x\le25$

따라서 짬뽕의 판매 이익은 전체의 25% 이하이다.

254

정답	①	세부영역	할인율
난도	상	키포인트	일차방정식

해결전략 정가와 할인가의 합에서 원가를 빼주는 일차방정식을 세워, 정가에서 몇 %를 할인하여 판매했는지 구한다.

해설

400권 중 60%인 240권은 $1,000 \times 1.5 = 1,500$(원)에 팔았고,

40%인 160권은 $1500 \times \left(1 - \dfrac{x}{100}\right)$원에 팔았다.

구입한 원가는 $400 \times 1,000 = 400,000$(원)이고, 이익은 '(판매가 × 판매량) - 원가'이므로

$$1500 \times 240 + 160 \times 1500 \times \left(1 - \frac{x}{100}\right) - 400000 = 104000$$

$$240000 \times \left(1 - \frac{x}{100}\right) = 144000$$

$$1 - \frac{x}{100} = 0.6$$

$$\therefore x = 40$$

(따라서 나머지 40%는 정가의 40%를 할인하여 팔았다.)

255

정답	④	세부영역	이익률
난도	중	키포인트	일차부등식

해결전략 생선의 정가에 몇 %의 이익을 붙여야 문제에서 요구하는 이익률이 가능한지를 부등식을 통해 구한다.

해설

생선 1마리의 가격을 a원이라 하면 600마리의 가격은 $600a$원이다. 운반 도중 100마리를 잃어버렸고, 나머지 500마리를 팔아 구입한 가격의 10% 이상의 이익을 남겨야 한다.
생선 1마리당 b%의 이익을 붙이면

$$500a \times \left(1 + \frac{b}{100}\right) - 600a \geq 600a \times \frac{10}{100}$$

$$500 + 5b - 600 \geq 60$$

$$5b \geq 160$$

$$\therefore b \geq 32$$

따라서 한 개에 적어도 32% 이상의 이익을 붙여서 팔아야 한다.

256

정답	③	세부영역	정가와 이익
난도	중	키포인트	일차방정식

해결전략 최종 이익금이 제시돼 있으므로, 일차방정식을 세워 손거울 1개당 이익과 정가를 구해야 한다.

해설

원가가 2,000원인 손거울에 이익을 x원 붙였다가 다시 40%를 할인한 가격은 $(2000 + x) \times \dfrac{60}{100}$이다.

이때 200개를 판매한 이익이 5,000원이므로 손거울 1개당 이익은 $\dfrac{5000}{200} = 25$원이다.

'이익 = 정가 - 원가'이므로

$$25 = (2000 + x) \times \frac{60}{100} - 2000$$

$$\therefore x = 1375$$

따라서 손거울의 정가는 $2,000 + 1,375 = 3,375$(원)이다.

257

정답	⑤	세부영역	판매가와 판매량
난도	상	키포인트	일차방정식

해결전략 작년에 산 귤과 자두의 가격을 이용해 올해 자두를 몇 kg을 샀는지 일차방정식을 세워 답을 구해야 한다.

해설

작년에 귤 4kg의 가격 = 자두 3kg의 가격이므로, 귤 1kg의 가격을 a원이라 하면 자두 1kg의 가격은 $\dfrac{4}{3}a$원이다.

$$6a + 4 \times \frac{4}{3}a = 34000$$

$$\therefore a = 3000$$

따라서 작년에 kg당 귤의 가격은 3,000원, 자두의 가격은 4,000원이다.
올해 kg당 가격은
귤이 $3,000 \times 1.3 = 3,900$(원), 자두가 $4,000 \times 1.2 = 4,800$(원)이다.
귤 8kg과 자두 $x$kg을 산 가격이 50,400원이므로

$$3900 \times 8 + 4800 \times x = 50400$$

$$\therefore x = 4$$

따라서 은주는 올해 자두를 4kg 샀다.

258

정답	②	세부영역	판매가 계산 · 비교
난도	하	키포인트	일차부등식

해결전략 두 경우의 판매가를 계산하는 일차부등식을 세운다.

해설

구입할 도시락의 개수를 x개라 하면, 온라인 이용 시 가격이 가게를 이용할 경우의 가격보다 저렴해야 하므로

$10000x \times \dfrac{90}{100} + 5000 < 10000x$

$9x + 5 < 10x$

$\therefore x > 5$

따라서 6개 이상 구입할 경우 온라인을 이용하는 것이 더 유리하다.

259

정답	①	세부영역	농도
난도	하	키포인트	일차방정식

해결전략 농도와 설탕물의 양이 주어져 있으므로 설탕의 양을 구하는 공식을 이용한다.

해설

농도가 a%인 설탕물 100g의 설탕의 양은 $\dfrac{a}{100}\times100$이고,

농도가 10%인 설탕물 200g의 설탕의 양은 $\dfrac{10}{100}\times200$이다.

이때 둘을 섞은 후 물 100g을 증발시켜 농도 30%를 만든다고 했으므로

$\dfrac{a}{100}\times100+\dfrac{10}{100}\times200=\dfrac{30}{100}\times200$

$a+20=60$

$\therefore a=40$

따라서 a의 값은 40이다.

260

정답	②	세부영역	거리, 속력, 시간
난도	중	키포인트	연립방정식

해결전략 일주의 집에서 정현의 집까지의 거리와 정현의 집에서 학교까지의 거리, 그리고 각 구간에서의 시간에 대한 연립방정식을 세워 문제를 풀어야 한다.

해설

일주의 집에서 정현의 집까지의 거리를 $x$km, 정현의 집에서 학교까지의 거리를 $y$km라 하자.

$\begin{cases} x+y=2 \\ \dfrac{x}{3}+\dfrac{y}{5}=\dfrac{3}{5} \end{cases}$

이 식을 정리하면

$\begin{cases} x+y=2 \\ 5x+3y=9 \end{cases}$

두 식을 연립하여 풀면

$\therefore x=\dfrac{3}{2},\ y=\dfrac{1}{2}$

따라서 일주의 집에서 정현의 집까지의 거리는 1.5km이다.

261

정답	⑤	세부영역	농도
난도	하	키포인트	일차방정식

해결전략 농도와 소금물의 양이 주어져 있으므로 소금의 양을 구하는 공식을 이용한다.

해설

농도가 20%인 소금물 50g에서 소금의 양은 $\dfrac{20}{100}\times50$이고,

농도가 x%인 소금물 25g에서 소금의 양은 $\dfrac{x}{100}\times25$이다.

여기에 물 25g을 더 넣어 농도가 25%인 소금물 100g을 만들었을 때 소금의 양은

$\dfrac{20}{100}\times50+\dfrac{x}{100}\times25=\dfrac{25}{100}\times100$

$1000+25x=2500$

$25x=1500$

$\therefore x=60$

따라서 추가로 넣은 소금물의 농도는 60%이다.

262

정답	③	세부영역	속력, 거리, 시간
난도	중	키포인트	연립방정식

해결전략 집에서 학원까지의 거리, 그리고 집에서 학원까지 각 구간에서 걸리는 시간에 대한 연립방정식을 세워 문제를 풀어야 한다.

해설

시속 2km로 걸은 거리가 $a$km, 시속 4km로 걸린 거리가 $b$km이므로

$\begin{cases} a+b=9 \\ \dfrac{a}{2}+\dfrac{b}{4}=3 \end{cases}$

이 식을 정리하면

$\begin{cases} a+b=9 \\ 2a+b=12 \end{cases}$

두 식을 연립하여 풀면

$\therefore a=3,\ b=6$

따라서 $b^2-a^2=36-9=27$이다.

263

정답	④	세부영역	속력, 거리, 시간
난도	상	키포인트	연립방정식

해결전략 대웅의 시간과 속력을 중심으로 형진과 지희의 시간과 속력에 대한 식을 세운 후 움직인 거리에 대해 연립방정식 세워 문제를 풀어야 한다.

해설

대웅이 걸린 시간을 x시간, 속력을 시속 $y$km라 하자. 이때 형진과 지희가 걸린 시간은 각각 $(x+4)$시간, $(x+2)$시간이고, 속력은 각각 시속 $(y-3)$km, 시속 $(y-2)$km이다.

이때 세 사람이 잠실에서 출발하여 동시에 남양주에 도착했기 때문에 움직인 거리는 같으므로, 다음과 같이 나타낼 수 있다.

$xy = (x+4)(y-3) = (x+2)(y-2)$

$xy = xy - 3x + 4y - 12 = xy - 2x + 2y - 4$

이 식을 정리하면

$$\begin{cases} 3x - 4y = -12 \\ 2x - 2y = -4 \end{cases}$$

두 식을 연립하여 풀면

$\therefore x = 4, \ y = 6$

따라서 대웅이 시속 6km로 4시간을 걸려 남양주에 도착했으므로 잠실에서 남양주까지의 거리는 24km이다.

264

정답	②	세부영역	거리, 속력, 시간
난도	중	키포인트	연립방정식

해결전략 중현과 한영의 속력을 미지수로 둔 후 거리에 대한 연립방정식 세워 문제를 풀어야 한다.

해설

중현과 한영의 속력을 각각 $x$km/h, $y$km/h라 하면

$$\begin{cases} \dfrac{1}{3}x + \dfrac{1}{3}y = 3.2 \\ 2x - 2y = 3.2 \end{cases}$$

이 식을 정리하면

$$\begin{cases} 5x + 5y = 48 \\ 5x - 5y = 8 \end{cases}$$

두 식을 연립하여 풀면

$\therefore x = 5.6, \ y = 4$

따라서 한영의 속력은 4km/h이다.

265

정답	③	세부영역	농도
난도	중	키포인트	일차부등식

해결전략 B가게에서 산 초코우유를 넣는 양을 미지수 x로 두고 카카오의 함유량에 대한 식을 세운다.

해설

A가게의 초코우유의 양은 1,000mL이고 카카오의 양은

$$\frac{60}{100} \times 1000 = 600$$

B가게에서 초코우유 xmL에 들어 있는 카카오의 양은 $\dfrac{50}{100} \times x$

이므로 두 초코우유를 섞으면 카카오의 양은 $600 + \dfrac{50}{100}x$이다.

이를 정리하면

$$\frac{600 + \dfrac{50}{100}x}{1000 + x} \times 100 \geq 58$$

$60000 + 50x \geq 58000 + 58x$

$\therefore x \leq 250$

따라서 B가게의 초코우유는 최대 250mL까지 넣을 수 있다.

266

정답	①	세부영역	농도
난도	중	키포인트	일차방정식

해결전략 소금물 x의 질량을 구한 뒤 소금의 양에 대한 공식을 세워 $x+y$를 구해야 한다.

해설

물 100g으로 구성된 소금물 xg의 소금의 양을 ag이라 하면,

$$\frac{a}{100+a} = \frac{20}{100}, \ a = 25$$

따라서 xg 소금물의 소금 양은 25g이므로

$x = 100 + a = 125(\text{g})$이다.

소금의 양에 대한 공식을 세우면

$25 + \dfrac{5}{100}y = \dfrac{15}{100} \times (125 + y)$

$2500 + 5y = 15(125 + y)$

$625 = 10y$

$y = 62.5$

따라서 $x + y = 125 + 62.5 = 187.5$이다.

1
자료해석

2
응용수리

267

정답	⑤	세부영역	농도
난도	중	키포인트	일차방정식

해결전략 농도와 설탕물이 주어져 있으므로 이를 이용해 설탕과 물의 양을 구한 후 물을 얼마나 더 넣어야 설탕물의 농도가 5%가 되는지 구해야 한다.

해설

처음 설탕물의 설탕의 양을 xg이라 하면

$$500 \times \frac{20}{100} = x$$

$$\therefore x = 100$$

즉 설탕은 100g이고, 물의 양은 400g이다.

설탕의 양은 물을 첨가하여도 변하지 않으므로 100g이고, 5% 농도의 설탕물을 만들기 위해 첨가한 물의 양을 yg이라 하자.

$$\frac{100}{500+y} \times 100 = 5(\%)$$

$$\therefore y = 1500$$

따라서 첨가해야 할 물의 양은 1.5kg이다.

268

정답	①	세부영역	속도, 시간
난도	상	키포인트	일차방정식

해결전략 60분 후 두 양초의 길이가 같다는 것을 이용해 A, B 양초의 길이와 줄어드는 분속에 대한 일차방정식을 세워 답을 구한다.

해설

A양초의 길이를 $x$cm라 하면 B양초의 길이는 $x-3$cm이다.

A양초는 120분 후 다 타므로 1분에 $\frac{x}{120}$cm만큼 줄어들고,

B양초는 135분 후 모두 타므로 1분에 $\frac{x-3}{135}$cm만큼 줄어든다.

60분 후 두 양초의 길이가 같으므로, A와 B의 '처음 양초 길이 − 타버린 양초길이'가 같음을 알 수 있다.

$$x - \left(60 \times \frac{x}{120}\right) = (x-3) - \left(60 \times \frac{x-3}{135}\right)$$

$$\frac{x}{2} = (x-3) - \frac{4}{9}(x-3)$$

$$\frac{x}{2} = \frac{5}{9}(x-3)$$

$$9x = 10x - 30$$

$$\therefore x = 30$$

따라서 A양초의 처음 길이는 30cm이다.

269

정답	④	세부영역	농도
난도	중	키포인트	연립방정식

해결전략 12% 농도 소금물과 8% 농도 소금물의 양을 미지수로 둔 후 소금의 양과 소금물의 양에 대한 연립방정식을 세워 문제를 푼다.

해설

12% 농도 소금물의 양을 xg, 8% 농도 소금물의 양을 yg이라 하면

소금의 양은 $\left(\frac{12}{100}x + \frac{8}{100}y\right) \times \frac{1}{2} = \frac{2.4}{100} \times 1000$

소금물의 양은 $\frac{x+y}{2} + \frac{x+y}{2} \times 3 = 1000$

이 식을 정리하면

$$\begin{cases} 12x + 8y = 4800 \\ x + y = 500 \end{cases}$$

두 식을 연립하면

$$\therefore x = 200, \ y = 300$$

따라서 12% 농도 소금물의 양은 200g이다.

270

정답	②	세부영역	속력 · 유속
난도	중	키포인트	연립방정식

해결전략 석민과 국현이 도착하는 시간에 대한 일차방정식을 세워 답을 구해야 한다.

해설

출발점부터 반환점 사이의 거리를 $x$km라 하자. 카약과 오토바이의 속력은 시속 40km이고, 강물의 유속이 시속 10km이므로 석민이 강물이 흐르는 방향과 같은 방향으로 이동할 경우의 속력은 시속 50km, 강물의 흐르는 방향과 반대 방향으로 이동할 경우의 속력은 시속 30km이다. 국현이 출발점에 5분 먼저 도착했으므로 식을 세우면

$$\frac{x}{40} + \frac{x}{40} + \frac{5}{60} = \frac{x}{30} + \frac{x}{50}$$

$$\frac{x}{20} + \frac{1}{12} = \frac{x}{30} + \frac{x}{50}$$

$$15x + 25 = 10x + 6x$$

$$\therefore x = 25$$

따라서 출발점부터 반환점까지의 거리는 25km이다.

271

정답	③	세부영역	농도
난도	상	키포인트	일차방정식

해결전략 처음 소금물에 대한 일차방정식을 세운 후 여기서 나온 답을 잘못 섞은 소금물의 일차방정식에 대입해서 문제를 풀어야 한다.

해설

원래 만들려고 했던 11%의 소금물에 사용하려던 10%의 소금물의 양을 xg, 15%의 소금물의 양을 yg이라 하면

$$\frac{10}{100}x + \frac{15}{100}y = \frac{11}{100}(x+y)$$

$$\therefore 4y = x$$

이때 잘못 섞은 소금물은 10%의 소금물을 yg, 15%의 소금물을 xg 섞은 것이므로 농도를 구하면

$$\frac{\frac{10}{100}y + \frac{15}{100}x}{x+y}$$

따라서 여기에 $4y = x$를 대입하면 $\dfrac{\frac{70}{100}y}{4y+y} = \dfrac{7}{\frac{10}{5}}$ 이 되므로 잘못 섞은 소금물의 농도는 14%이다.

272

정답	⑤	세부영역	속력, 유속
난도	중	키포인트	연립방정식

해결전략 배의 속력과 강의 유속을 미지수로 둔 후 거리에 대한 연립방정식을 세워 문제를 풀어야 한다.

해설

배의 속력을 시속 $x$km, 강물의 유속을 시속 $y$km라 할 때, '시간×속력=시간'에 대입하면

$$\begin{cases} \frac{8}{3}(x-y) = 40 \\ \frac{5}{3}(x+y) = 40 \end{cases}$$

이 식을 정리하면

$$\begin{cases} x-y = 15 \\ x+y = 24 \end{cases}$$

두 식을 연립하여 풀면

$$\therefore x = \frac{39}{2}, \ y = \frac{9}{2}$$

따라서 배의 속력은 시속 19.5km이다.

273

정답	①	세부영역	농도
난도	중	키포인트	일차방정식

해결전략 추가로 넣은 물의 양을 미지수로 x로 두고 총 소금물의 양을 구한 후 이를 소금의 양에 대한 공식에 넣어 문제를 푼다.

해설

소금물 200g과 1,200g을 섞은 후 그 절반을 따라버렸으므로 소금의 양은 절반이 된다. 또한 추가로 넣은 물의 양을 xg이라 하면, xg을 채운 후 총 소금물의 양은 $(200+1200) \times \frac{1}{2} + x = 700 + x$ 가 된다.

이때 소금의 양에 대한 공식을 세우면

$$\frac{1}{2}\left(200 \times \frac{10}{100} + 1200 \times \frac{15}{100}\right) = (700+x) \times \frac{125}{1000}$$

$$\frac{1}{2}(20 + 180) = \frac{175}{2} + \frac{1}{8}x$$

$$\frac{1}{8}x = \frac{25}{2}$$

$$\therefore x = 100$$

따라서 추가로 넣은 물의 양은 100g이다.

274

정답	②	세부영역	속력, 거리, 시간
난도	중	키포인트	연립방정식

해결전략 집에서 회사까지의 거리와, 예상 시간을 미지수로 둔 후 시간에 대한 연립방정식을 세워 문제를 풀어야 한다.

해설

집에서 회사까지의 거리를 $x$km, 예상 시간을 y분이라 하면 시속 12km로 갈 때 예상 시간보다 3분($\frac{1}{20}$ 시간) 더 걸리고 시속 15km로 갈 때 5분($\frac{1}{12}$ 시간) 덜 걸린 것이므로 아래와 같이 나타낼 수 있다.

$$\begin{cases} \frac{x}{12} - \frac{1}{20} = y & \cdots\cdots \ ㉠ \\ \frac{x}{15} + \frac{1}{12} = y & \cdots\cdots \ ㉡ \end{cases}$$

이 식을 정리하면

$$\frac{x}{12} - \frac{1}{20} = \frac{x}{15} + \frac{1}{12}$$

$$5x - 3 = 4x + 5$$

$$\therefore x = 8$$

이를 ㉠에 대입하면 $y = \frac{8}{12} - \frac{1}{20} = \frac{37}{60}$ 이다.

따라서 예상 시간은 37분이다.

농도, 거리 · 속력 · 시간

275

정답	④	세부영역	농도
난도	중	키포인트	연립방정식

해결전략 더 넣은 물의 양과 15% 농도 딸기주스의 양, 그리고 6% 농도 딸기주스의 양을 미지수로 둔 후 딸기주스의 양과 딸기의 양에 대한 연립방정식을 세워 문제를 풀어야 한다.

해설

더 넣은 물의 양을 xg, 15% 농도 딸기주스의 양을 yg이라 하면 6% 농도 딸기주스의 양은 $3x$g이므로

$$\begin{cases} 3x+y+x=600 \\ \dfrac{6}{100}\times 3x+\dfrac{15}{100}y=\dfrac{8}{100}\times 600 \end{cases}$$

이 식을 정리하면

$$\begin{cases} 4x+y=600 \\ 6x+5y=1600 \end{cases}$$

두 식을 연립하여 풀면

$$\therefore x=100,\ y=200$$

따라서 6% 농도의 딸기주스 양은 $3\times 100=300$(g)이다.

276

정답	③	세부영역	속력, 거리, 시간
난도	하	키포인트	연립방정식

해결전략 시속 4km로 걸은 거리와 시속 3km로 걸은 거리를 미지수로 둔 후 거리와 시간에 대한 연립방정식을 세워 문제를 풀어야 한다.

해설

시속 4km로 걸은 거리를 $x$km, 시속 3km로 걸은 거리를 $y$km라 하면

$$\begin{cases} x+y=15 \\ \dfrac{x}{4}+\dfrac{y}{3}=4 \end{cases}$$

이 식을 정리하면

$$\begin{cases} x+y=15 \\ 3x+4y=48 \end{cases}$$

두 식을 연립하여 풀면

$$\therefore x=12,\ y=3$$

따라서 시속 4km로 걸은 거리는 12km이다.

277

정답	②	세부영역	농도
난도	하	키포인트	연립방정식

해결전략 5%, 12% 농도 소금물의 양을 미지수로 둔 후 전체 소금물의 양과 소금의 양에 대한 연립방정식을 세워 문제를 풀어야 한다.

해설

5% 농도 소금물의 양을 xg, 12% 농도 소금물의 양을 yg이라 하면

$$\begin{cases} \dfrac{5}{100}x+\dfrac{12}{100}y=350\times\dfrac{10}{100} \\ x+y=350 \end{cases}$$

이 식을 정리하면

$$\begin{cases} 5x+12y=3500 \\ x+y=350 \end{cases}$$

두 식을 연립하여 풀면

$$\therefore x=100,\ y=250$$

따라서 12% 농도 소금물의 양은 250g이다.

278

정답	①	세부영역	속력, 거리, 시간
난도	상	키포인트	일차방정식

해결전략 A기차의 길이를 미지수로 둔 후 기차 길이에 대한 일차방정식을 세워 문제를 풀어야 한다.

해설

A기차의 길이를 xm라 하면 A기차의 속력은 초속 $\dfrac{242+x}{16}$m이고, B기차의 길이가 108m이면 B기차의 속력은 초속 $\dfrac{156+108}{12}=22$(m)이다.

두 기차가 반대 방향으로 달려오며 엇갈려 완전히 지나가는 데 7초가 걸리므로, 7초 동안 두 기차가 달린 거리의 합은 두 기차의 길이와 같으므로 아래와 같이 두 기차의 길이를 나타낼 수 있다.

$$7\times\left(\dfrac{242+x}{16}\right)+7\times 22=x+108$$

$$\dfrac{1694+7x}{16}+154=x+108$$

$$1694+7x+2464=16x+1728$$

$$\therefore x=270$$

따라서 A기차의 길이는 270m이다.

279

정답	⑤	세부영역	농도
난도	중	키포인트	연립방정식

해결전략 덜어낸 주스의 양과 12% 농도 주스의 양을 미지수로 둔 후 주스의 양과 오렌지의 양에 대한 연립방정식을 세워 문제를 풀어야 한다.

해설

덜어낸 주스의 양을 xg, 12% 농도의 주스 양을 yg이라 하면

$$\begin{cases} 500 - x + y = 700 \\ \dfrac{5}{100}(500 - x) + \dfrac{12}{100}y = \dfrac{8}{100} \times 700 \end{cases}$$

이 식을 정리하면

$$\begin{cases} -x + y = 200 \\ -5x + 12y = 3100 \end{cases}$$

두 식을 연립하여 풀면

$\therefore x = 100, \ y = 300$

따라서 덜어낸 주스의 양은 100g이다.

280

정답	②	세부영역	일률
난도	중	키포인트	일차방정식

해결전략 A, B, C 호스로 채우거나 빼는 물의 양을 구한 후 탱크의 절반을 채우는 데 걸리는 시간을 미지수로 두고 일차방정식을 세워 문제를 풀어야 한다.

해설

전체 물의 양을 1이라고 하면 두 호스 A, B로 1시간에 채울 수 있는 물의 양은 각각 $\frac{1}{4}$, $\frac{1}{5}$이다. C호스로 $\frac{2}{3}$만큼 채워진 물을 빼는 데 6시간이 걸리므로 1시간에 빼낼 수 있는 물의 양은 $\frac{2}{3} \times \frac{1}{6} = \frac{1}{9}$이다.

A와 B호스로 물을 채우는 동시에 C호스로 물을 빼낼 때, 물통의 반을 채우는 데 걸리는 시간을 x시간이라고 하면

$$\left(\frac{1}{4} + \frac{1}{5} - \frac{1}{9}\right) \times x = \frac{1}{2}$$

$$(45 + 36 - 20) \times x = 90$$

$$\therefore x = \frac{90}{61}$$

따라서 이 물통에 물을 반 채우는 데 걸리는 시간은 $\frac{90}{61}$시간이다.

281

정답	④	세부영역	일률
난도	하	키포인트	일차방정식

해결전략 이앙기 A와 B의 시간당 작업 속도를 미지수로 두고 넓이에 대한 일차방정식을 세워 문제를 풀어야 한다.

해설

이앙기 B의 시간당 작업 속도를 x라 하면, 이앙기 A의 시간당 작업 속도는 $2x$이다.

$2x + x = 2400$

$\therefore x = 800$

따라서 2,400m²의 논을 이앙기 B만 사용하여 모내기 하면 2,400÷800=3(시간)이 걸린다.

282

정답	⑤	세부영역	일률
난도	상	키포인트	일차방정식

해결전략 사윤과 석훈이 한 시간 동안 하는 일의 양을 알아본 후 둘이서 번갈아 가며 일하는 것을 미지수로 두고 일차방정식을 세워 문제를 풀어야 한다.

해설

전체 일의 양을 1이라고 할 때 사윤이 한 시간 동안 하는 일의 양은 $\frac{1}{2}$이고, 석훈이 한 시간 동안 하는 일의 양은 $\frac{1}{4}$이다.

이때 12분은 $\frac{12}{60} = \frac{1}{5}$시간이고, 두 사람이 $\frac{1}{5}$시간씩 x번 번갈아 가며 일하고, 사윤이 $\frac{1}{5}$시간을 한 번 더 일하여 일을 마쳤으므로

$$\left(\frac{1}{2} + \frac{1}{4}\right) \times \frac{1}{5} \times x + \frac{1}{2} \times \frac{1}{5} = 1$$

$$\frac{3}{20}x + \frac{1}{10} = 1$$

$$\frac{3}{20}x = \frac{9}{10}$$

$$\therefore x = 6$$

따라서 두 사람이 함께 12분씩 6번을 일하고, 사윤이 12분 동안 한 번 더 일했으므로 사윤은 총 7번을 일하였다.

283

정답	①	세부영역	일률
난도	하	키포인트	일차방정식

해결전략 가위와 기계의 시간당 작업 속도를 미지수로 두고 넓이에 대한 일차방정식을 세워 문제를 풀어야 한다.

해설

가위의 시간당 벌초 속도를 a라 하면, 기계의 시간당 벌초 속도는 $3a$이다.

$a + 3a = 20$

$4a = 20$

$\therefore a = 5$

가위를 사용하여 1시간에 5m³를 벌초할 수 있다는 의미이다. 따라서 가위만 사용할 경우 20m³ 넓이의 산소를 벌초하는 데 20÷5=4(시간)이 걸린다.

284

정답	③	세부영역	일률
난도	상	키포인트	일차방정식

해결전략 은표, 기태, 은별이 하루에 하는 일의 양을 알아본 후 은표, 기태, 은별이 일한 날의 수를 미지수로 두고 일차방정식을 세워 문제를 풀어야 한다.

해설

은표, 기태, 은별은 각각 하루에 전체 일의 $\frac{1}{24}$, $\frac{1}{32}$, $\frac{1}{36}$만큼 할 수 있다. 은표가 일한 날의 수가 x일 때, 기태, 은별이 일한 날의 수는 각각 $4x$, $6x$이므로 전체 일한 양에 대한 식을 다음과 같이 세울 수 있다.

$\frac{1}{24} \times x + \frac{1}{32} \times 4x + \frac{1}{36} \times 6x = 1$

$\frac{x}{24} + \frac{x}{8} + \frac{x}{6} = 1$

$x + 3x + 4x = 24$

$8x = 24$

$\therefore x = 3$

따라서 세 사람은 각각 3일, 12일, 18일 일했으며 일한 총 기간은 3+12+18=33(일)이다.

285

정답	④	세부영역	요일
난도	상	키포인트	날짜 계산

해결전략 365일은 52주 1일로 하루씩 요일이 미뤄지고, 윤년은 366일로 2일씩 요일이 미뤄진다는 것을 이용해 문제를 풀어야 한다.

해설

윤년은 4년마다 오므로, 2012년에서 2025년 사이 윤년이 있는 연도는 2016년, 2020년, 2024년이다.

매년 같은 날짜의 요일은 1일씩, 윤년의 경우 2일씩 뒤로 밀리므로 9월 1일의 요일은 다음과 같다.

2013년 9월 1일은 일요일, 2014년 9월 1일은 월요일, 2015년 9월 1일은 화요일, 2016년 9월 1일은 목요일, 2017년 9월 1일은 금요일, 2018년 9월 1일은 토요일, 2019년 9월 1일은 일요일, 2020년 9월 1일은 화요일, 2021년 9월 1일은 수요일, 2022년 9월 1일은 목요일, 2023년 9월 1일은 금요일, 2024년 9월 1일은 일요일이다.

따라서 2025년 9월 1일은 월요일이다.

286

정답	⑤	세부영역	일률
난도	중	키포인트	일차방정식

해결전략 갑과 을이 하루에 하는 일의 양을 알아본 후 갑이 일한 기간을 미지수로 두고 일차방정식을 세워 문제를 풀어야 한다.

해설

전체 일의 양을 1이라 하면 갑은 60일 만에 일을 완성하므로 하루에 하는 일의 양은 $\frac{1}{60}$, 을은 40일 만에 일을 완성하므로 하루에 하는 일의 양은 $\frac{1}{40}$이다.

갑이 일한 기간을 x일이라 하면

$\frac{1}{60} \times x + \frac{1}{40} \times (50-x) = 1$

$2x + 3(50-x) = 120$

$\therefore x = 30$

따라서 갑이 일한 기간은 30일이다.

287

정답	②	세부영역	일률
난도	중	키포인트	일차방정식

해결전략 1분당 가, 나 수도관이 뺄 수 있는 물의 양을 알아본 후 가, 나 수도관을 동시에 사용해서 물을 빼는 시간을 미지수로 두고 일차방정식을 세워 문제를 풀어야 한다.

해설

1분당 가 수도관으로 뺄 수 있는 물의 양: $\frac{1}{120}$

1분당 나 수도관으로 뺄 수 있는 물의 양: $\frac{1}{90}$

1분당 가 수도관+나 수도관으로 뺄 수 있는 물의 양:

$\frac{1}{120} + \frac{1}{90} = \frac{7}{360}$

가와 나 수도관을 모두 사용하여 물을 뺀 시간을 x분이라 하면, 갑이 제시한 방식으로 하수처리장 물을 빼는 경우는 아래와 같이 나타낼 수 있다.

$\frac{1}{120} \times 30 + \frac{1}{90} \times 30 + \frac{7}{360} \times x = 1$

$\frac{7}{360} x = \frac{5}{12}$

$\therefore x = \frac{150}{7} ≒ 21$ (∵ 분 단위 미만은 절사)

따라서 1구역의 하수처리장 물을 모두 빼는 데 걸리는 총 시간은 30분+30분+21분=1시간 21분이다.

일률, 기타 응용수리

288

정답	①	세부영역	일률
난도	하	키포인트	연립방정식

해결전략 지석이와 대원이가 각각 혼자 하루 동안 할 수 있는 일의 양을 미지수로 두고 연립방정식을 세워 문제를 풀어야 한다.

해설

지석이가 혼자 하루 동안 할 수 있는 일의 양을 x, 대원이가 혼자 하루 동안 할 수 있는 일의 양을 y라고 하면

$$\begin{cases} 15(x+y)=1 \\ 14x+18y=1 \end{cases}$$

두 식을 연립하여 풀면

$$\therefore x=\frac{1}{20},\ y=\frac{1}{60}$$

따라서 지석이가 혼자서 일을 한다면 20일이 소요된다.

289

정답	⑤	세부영역	일률
난도	중	키포인트	일차방정식

해결전략 수도꼭지 A, B가 1시간 동안 물탱크를 채우는 데 걸리는 시간을 알아본 후 조건에 따라 물탱크를 가득 채우는 데 걸리는 시간을 미지수로 두고 일차방정식을 세워 문제를 풀어야 한다.

해설

수도꼭지 A는 1시간 동안 물탱크의 $\frac{1}{6}$을 채우고, 수도꼭지 B는 1시간 동안 물탱크의 $\frac{1}{8}$을 채운다.

이때 물탱크를 가득 채우는 데 x시간이 걸렸다고 하면

$$\frac{1}{6}\times2+\left(\frac{1}{6}+\frac{1}{8}\right)\times(x-2)=1$$

$$\frac{1}{3}+\frac{7}{24}x-\frac{7}{12}=1$$

$$\frac{7}{24}x=\frac{5}{4}$$

$$\therefore x=\frac{30}{7}$$

따라서 물탱크를 가득 채울 때까지 걸린 시간은 $\frac{30}{7}$시간이다.

290

정답	④	세부영역	요일
난도	중	키포인트	날짜 계산

해결전략 30일까지 있는 달의 다음달의 말일은 31일임을 추론할 수 있어야 한다.

해설

이번 1일이 화요일이면 4주 후의 화요일은
1+7+7+7+7=29(일)이다.
말일이 수요일이라고 했으므로 30일이 수요일이고 말일이다.
따라서 다음달은 31일까지 있음을 알 수 있다.
다음달 1일은 목요일이고,
1+7+7+7+7=29(일)은 목요일이다.
29+2=31일이므로 말일인 31일은 토요일이다.

291

정답	④	세부영역	일률
난도	중	키포인트	일차방정식

해결전략 시간을 미지수로 두고 A, B 수도꼭지를 사용했을 때와 물이 빠질 때의 양에 대한 일차방정식을 세워 문제를 풀어야 한다.

해설

욕조의 부피를 1로 놓으면, 시간당 A수도꼭지만 사용해서 물을 채울 때 $\frac{1}{4}$, B수도꼭지만 사용했을 때 $\frac{1}{2}$을 채울 수 있다는 것을 알 수 있다.

이와 마찬가지로 물이 빠질 때는 시간당 $\frac{1}{3}$이 빠진다.

x시간 동안 배수구를 막지 않은 상태에서 A, B 수도꼭지로 물을 채운다면

$$\frac{x}{4}+\frac{x}{2}-\frac{x}{3}=1$$

$$\frac{5}{12}x=1$$

$$\therefore x=\frac{12}{5}$$

따라서 욕조에 물이 가득 차는 데 걸리는 시간은 $\frac{12}{5}$시간이다.

292

정답	②	세부영역	일률
난도	상	키포인트	연립방정식

해결전략 A, B발전소가 1시간 동안 한 일의 양(에너지 공급을 위한 일의 양)을 미지수로 두고 연립방정식을 세워 문제를 풀어야 한다.

해설

A발전소가 1시간 동안 한 일의 양을 x, B발전소가 1시간 동안 한 일의 양을 y라고 하자.

A발전소를 3시간, B발전소를 8시간 동안 가동하면

$3x + 8y = 1$ …… ㉠

A, B 발전소를 5시간 동안 함께 가동한 후 A발전소를 15분($\frac{1}{4}$시간)동안 가동하면

$5(x+y) + \frac{1}{4}x = 1$ …… ㉡

㉠, ㉡을 연립하여 풀면

$\therefore x = \frac{1}{9}, y = \frac{1}{12}$

A발전소가 2시간 동안 한 일의 양은 $\frac{2}{9}$, B발전소가 2시간 동안 한 일의 양은 $\frac{1}{6}$이므로 두 발전소를 각각 2시간씩 가동했을 때 한 일의 양은 $\frac{2}{9} + \frac{1}{6} = \frac{7}{18}$이다. 두 발전소를 각각 2시간씩 2회 가동하고 A발전소를 2시간 가동하면 $\frac{7}{18} \times 2 + \frac{1}{9} \times 2 = 1$이다.

(A 2시간−B 2시간−A 2시간−B 2시간−A 2시간)

따라서 필요한 에너지를 공급하려면 A발전소 6시간, B발전소 4시간을 가동하여 총 10시간이 걸린다.

293

정답	①	세부영역	일률
난도	하	키포인트	일차방정식

해결전략 1시간에 정수와 태웅이 할 수 있는 일의 양을 알아본 후 태웅이 혼자 일한 시간을 미지수로 두고 일차방정식을 세워 문제를 풀어야 한다.

해설

1시간에 정수가 할 수 있는 일의 양은 $\frac{1}{15}$, 태웅이 할 수 있는 일의 양은 $\frac{1}{12}$이다.

태웅이 혼자 x시간 일했다면

$\left(\frac{1}{15} + \frac{1}{12}\right) \times 5 + \frac{1}{12}x = 1$

$\therefore x = 3$

따라서 태웅이 혼자 일한 시간은 3시간이다.

294

정답	①	세부영역	일률
난도	중	키포인트	일차방정식

해결전략 갑, 을, 병이 시간당 할 수 있는 일의 양을 구한 후, 셋이 같이 일한 시간을 미지수로 두고 문제를 풀어야 한다.

해설

갑, 을, 병이 일을 혼자 하는 데 걸리는 시간은 각각

갑: 4시간, 을: 4×1.5=6시간, 병: 4×3=12시간

갑, 을, 병 세 명이 함께 일을 한 시간을 x시간이라 하면

$\left(\frac{1}{4} + \frac{1}{6}\right) \times 2 + \left(\frac{1}{4} + \frac{1}{6} + \frac{1}{12}\right) \times x = 1$

$\frac{10}{12} + \frac{1}{2}x = 1$

$x = \frac{1}{3}$

갑, 을, 병이 함께 일한 시간은 $\frac{1}{3}$시간 즉 20분이므로 오전 8시부터 10시까지 갑과 을이 일을 하고, 이후 병이 합류해 20분을 더 일해 오전 10시 20분에 일을 마쳤다.

295

정답	①	세부영역	일률
난도	하	키포인트	연립방정식

해결전략 박 사원과 오 대리가 하루에 할 수 있는 일의 양을 미지수로 두고 연립방정식을 세워 문제를 풀어야 한다.

해설

박 사원과 오 대리가 하루에 할 수 있는 일의 양을 각각 x, y라 하면

$\begin{cases} 6(x+y) = 1 \\ 2x + 8y = 1 \end{cases}$

두 식을 연립하여 풀면

$\therefore x = \frac{1}{18}, y = \frac{1}{9}$

따라서 오 대리 혼자 일을 할 경우 9일이 걸린다.

296

정답	⑤	세부영역	나이
난도	상	키포인트	연립방정식

해결전략 현재를 기준으로 기욱과 현준의 나이를 미지수로 둔 후 연립방정식을 세워 문제를 풀어야 한다.

해설

현재 기욱의 나이를 x세, 현준의 나이를 y세라 하면

구분	$(x-y)$년 전	현재	$(x-y)$년 후
기욱	y세	x세	$\{x+(x-y)\}$세
현준	$\{y-(x-y)\}$세	y세	x세

$$\begin{cases} y = 3(2y-x)+2 \\ x = \dfrac{2}{3}(2x-y)+3 \end{cases}$$

이를 정리하면

$$\begin{cases} 3x-5y=2 \\ x-2y=-9 \end{cases}$$

두 식을 연립하여 풀면

$$\therefore x=49, \ y=29$$

따라서 두 사람의 나이의 차는 $49-29=20$이다.

297

정답	②	세부영역	일률
난도	중	키포인트	연립방정식

해결전략 정우와 남일이 하루에 할 수 있는 일의 양을 미지수로 두고 연립방정식을 세워 문제를 풀어야 한다.

해설

일의 양을 1, 정우가 하루에 할 수 있는 일의 양을 x, 남일이 하루에 할 수 있는 일의 양을 y라고 하면

$$\begin{cases} 14x+14y=1 \\ 4x+8y+8(x+y)=1 \end{cases}$$

이 식을 정리하면

$$\begin{cases} 14x+14y=1 \\ 12x+16y=1 \end{cases}$$

두 식을 연립하여 풀면

$$\therefore x=\frac{1}{28}, \ y=\frac{1}{28}$$

따라서 같은 일을 정우가 혼자 하는 경우 28일이 걸린다.

298

정답	③	세부영역	시간
난도	중	키포인트	일차방정식

해결전략 시침과 분침이 일치하는 시각(분)을 미지수로 두고 시침·분침의 각도에 관한 일차방정식을 세워 문제를 풀어야 한다.

해설

시계의 분침과 시침이 일치하는 시각을 4시 x분이라 하면 분침이 움직인 각도는 $6x$, 시침이 움직인 각도는 $120+0.5x$이다.
(분침은 1분에 1°씩 움직인다. 시침은 한 시간에 30°씩 움직이는데, $\dfrac{30°}{60분}$이므로 1분에 0.5° 움직인다.)

$$6x=120+0.5x$$
$$5.5x=120$$
$$55x=1200$$
$$x=\frac{240}{11}$$

따라서 4시 $\dfrac{240}{11}$분에 분침과 시침이 일치한다.

299

정답	①	세부영역	일률
난도	중	키포인트	연립방정식

해결전략 갑과 을이 일하는 것을 미지수로 두고 연립방정식을 세워 문제를 풀어야 한다. 이때 문제를 풀기 쉽게 하기 위해 분수를 미지수 A, B로 바꾸는 것이 좋다.

해설

갑과 을이 하루에 할 수 있는 일의 양은 각각 $\dfrac{1}{x}$, $\dfrac{1}{y}$이고 함께하면 하루에 일의 $\dfrac{3}{20}$을 할 수 있으므로

$$\frac{1}{x}+\frac{1}{y}=\frac{3}{20}$$

또한 두 사람이 함께 5일을 일하고 나머지를 갑이 혼자서 3일 일하여 완성하였으므로

$$\frac{5}{x}+\frac{5}{y}+\frac{3}{x}=1, \ \frac{8}{x}+\frac{5}{y}=1$$

이때 $A=\dfrac{1}{x}$, $B=\dfrac{1}{y}$라 놓으면

$$\begin{cases} A+B=\dfrac{3}{20} \\ 8A+5B=1 \end{cases}$$

두 식을 연립하여 풀면

$A=\dfrac{1}{12}$, $B=\dfrac{1}{15}$이므로, $x=12, \ y=15$이다.

따라서 $x^2+y^2=144+225=369$이다.

300

정답	④	세부영역	나이
난도	중	키포인트	연립방정식

해결전략 현이, 어머니, 어머니의 나이를 미지수로 둔 후 연립방정식을 세워 문제를 풀어야 한다.

해설

현재 현이 나이를 x, 정우 나이를 y, 어머니 나이를 z라 하면

$$\begin{cases} y = 5x - 17 \\ y + z = 10x \\ (x+25) + (y+25) = z+25 \end{cases}$$

이를 정리하면

$$\begin{cases} 5x - z = -17 \\ 6x - z = -8 \end{cases}$$

두 식을 연립하여 풀면

$\therefore x = 9, \ y = 28, \ z = 62$

따라서 현재 현이의 나이는 9살이다.

NCS·PSAT
수리능력
킬러문항 300제 정답 및 해설

초판인쇄 : 2023년 4월 5일
초판발행 : 2023년 4월 10일
편 저 자 : 박문각 취업연구소
발 행 인 : 박 용
등   록 : 2015. 4. 29. 제2015-000104호
발 행 처 : (주)박문각출판
주   소 : 06654 서울특별시 서초구 효령로 283 서경빌딩
전   화 : 교재 문의 (02)6466-7202
팩   스 : (02)584-2927

판 권
본 사
소 유

ISBN 979-11-6987-224-9

NCS·PSAT
수리능력
킬러문항
300제

13320

9 791169 872249

ISBN 979-11-6987-224-9

 박문각   www.pmg.co.kr   교재 관련 문의 02-6466-7202

PSAT 핵심기출문제 **자료해석**

기본연산법+핵심이론 수록 **응용수리**